시대를 앞서 간 사람들

시대를 앞서 간 사람들

초판 1쇄 발행   2014년 12월 29일

엮은이 ㅣ 성대경
발행인 ㅣ 윤관백
발행처 ㅣ 도서출판선인

등록 ㅣ 제5-77호(1998.11.4)
주소 ㅣ 서울시 마포구 마포동 324-1 곳마루 B/D 1층
전화 ㅣ 02)718-6252 / 6257   팩스 ㅣ 02)718-6253
E-mail ㅣ sunin72@chol.com
Homepage ㅣ www.suninbook.com

정가 23,000원
ISBN 978-89-5933-784-2 93900

· 잘못된 책은 바꿔 드립니다.

시대를 앞서 간 사람들

성대경 엮음

도서출판 선인

책머리에

하마터면 먼 길을 하릴없이 되돌아올 뻔했다. 하얼빈 너머 북만주 외딴 농촌에 자리한 허형식 기념비를 물어물어 찾아갔을 때 그랬다. 요행히 시골길 옆에 외로이 서 있는 기념비를 찾을 수 있었다. 우리 일행은 초라한 제수를 진설하고는 나지막이 추모가를 불렀다. 하지만 누구도 온전히 노래를 부르지 못했다. 목이 메고 가슴이 저려온 탓이었다. 피억압 동포의 해방을 위해 자신의 모든 것을 바친 그의 젊음이 너무도 새파랬기 때문이었다.

먼 곳만 찾지는 않았다. 경북 영주시 풍기읍 금계동의 야산 기슭 강택진 유택 앞에는 목비를 세웠고, 남쪽 바다 암태도에 가서는 무성한 초목에 뒤덮인, 농민운동가 서태석의 퇴락한 생가를 망연히 바라보았다. 충남 당진에 가서는 총을 든 경제학자 안병렬의 옛집을 찾았고, 경남 창녕의 한 고택에서는 남도부가 몰래 남겨둔 유품을 수습했다. 서울의 망우리 공원묘지에서는 '여성운동 선구자'라고 쓰인 박원희의 석비를 찾아 흙더미에 반나마 묻혀있는 그 밑동을 안타까이 파보기도 했다.

이처럼 우리는 언제부터인가 역사 속 인물을 찾아다니고 있다. 되돌아보면 우리는 꽤 오랫동안 모임을 이어왔다. 모두 다 역사 연구를 직업으로 삼는 역사학자들이다. 내가 성균관대학교 사학과에 재직하던 시절, 그 대학원에서 처음 맺어진 모임이므로 근 30년의 연륜을 가진 셈이다. 그 동안 세미나도 같이 했고 여행도 같이 다녔다. 20~30대 젊은이였던 제자들의 머리에도 어느새 서리가 하얗게 내렸다. 세월이 흐른 만큼 모임도 다소 달라졌다.

처음에는 사제의 인연을 가진 역사학자들의 작은 모임이었는데 어느새 뜻이 같은 연구자들도 동석하고 있다. 지금은 동지적 유대감이 우리 모임을 이어가는 버팀목이 되고 있다.

역사 속 인물을 직접 찾아다니기 시작한 게 언제부터였을까. 머리를 맞대고 기억을 맞춰보면 정확히 짚어낼 수 있겠지만, 내 생각으로는 좋이 15년은 넘은 것 같다. 그동안 꽤나 많이 다녔다. 평소에 사료와 논문을 통해서 접하던 인물들이었으므로 그 행적을 답사하러 가는 길은 즐거웠다. 다음에는 누구를 찾으러 갈까. 이 질문은 으레 활기차고 떠들썩한 토론을 낳곤 했다.

우리가 찾아다닌 사람들은 한 결 같이 부귀공명과는 거리가 멀다. 한때나마 높은 직위와 많은 돈을 가졌던 이도 있지만 그것을 목적으로 여기지는 않았다. 그들은 공공선을 실현하기 위해서 자기를 기꺼이 헌신한 이들이다. 정의로운 사람들이다. 인간의 보편적 해방을 위해서 자신이 갖고 있는 귀한 것들을 내놓은 사람들이다. 젊음과 재산 심지어는 목숨까지도 바쳤다. 그러나 그들의 삶이 항상 성공적이었던 것은 아니다. 그렇기는커녕 실패와 좌절, 고난과 희생이 그들의 삶을 뒤따라 다녔다. 그래서일까. 그들의 삶의 궤적을 관찰하노라면 숭고함과 비장함을 느끼곤 했다.

우리는 글을 쓰기로 했다. 그동안 찾아 다녔던 역사 속 인물들에 대해서 말이다. 답사 중에 느꼈던 숭고함과 비장함을 글로 표현하기로 했다. 미처 찾아보지는 않았지만 앞으로 찾아가 보고 싶은 사람들도 포함하기로 했다. 어떤 인물을 선택할 지에 대해서는 글쓴이들이 스스로 결정했다. 그리하여 이 책에 수록된 15인 인물에 관한 원고를 모았다.

이 책은 역사 속 인물들에 관한 열전이다. 혁명의 길에 나섰던 네 사람의 여성, 외세의 침략에 맞섰던 다섯 명의 사회주의자, 그리고 각 방면에서 시대적 사명을 행동으로 옮긴 선구자 여섯 명을 이 책에 실었다. 이 책은 그들의 삶에 관한 기록이다. 헌신에 대한 그들의 고뇌와 결단, 그들이 겪은 실패와 희생에 관한 기록이다. 이 책을 읽는 독자들에게 답사 중 우리가 느꼈던 감흥이 온전히 전달될 수 있기를 기대한다.

이 책은 오랫동안 호흡을 같이 해온 역사학자들의 공동 저작이다. 다양한 전공 분야를 가진 역사학자들이 글을 썼다. 한국사 전공자들이 많되 중국사, 러시아사 전공자들이 힘을 합했고, 시대별로는 조선시대사에서부터 현대사에 걸쳐있다. 여러 주제를 전공하는 역사학자들의 글이지만, 앞서 말한 바와 같이 공공선의 실현을 위해서 헌신한 사람들을 조명한다는 점에서는 공통성을 갖고 있다. 일관된 긴장감을 갖고서 읽을 수 있으리라고 생각한다.

나는 이 책의 출판 동기를 나중에야 알았다. 80 고개를 넘는 원로 역사학자의 장수를 기념하고 축하하기 위한 의도였다는 것을 말이다. 한 개인을 위해서 역사학적 저술을 모은다는 게 미안하고 민망한 일인지라 만류해야겠다고 생각도 했다. 하지만 몇 십년간 정리를 나누고 동지적 유대감을 공유해온 분들의 호의를 저버리기 어려웠다. 감사히 그 뜻을 받기로 했다. 이 책을 위해서 좋은 글을 써주신 이들에게 고마움을 전한다.

불황으로 인해서 형편이 곤란할 터인데도 기꺼이 출판을 맡아준 도서출판 선인의 윤관백 사장께 감사의 말씀을 드리고 싶다. 그리고 이처럼 예쁜 책을 꾸며주신 편집부 여러분께도 고맙다는 인사를 드린다.

2014년 12월
성대경 씀

차 례

2부_ 일제에 맞선 사회주의자

김철수, 상해 국민대표회의의 조직자

김단야, 드높은 이상과 허망한 현실

김두용, 이론을 넘어 현실에 선 재일조선인 민족해방운동가

이한빈, 105일 단식투쟁 끝에 옥사한 선진노동자

방한민, 일제강점기 언론 · 교육운동의 선구자

3부_ 혁명의 길에 선 여성

정칠성, 근우회의 버팀목이 된 신여성

조원숙, 조선부녀총동맹의 맹장

양즈화, 혁명의 약속을 지키다

크루프스카야, 남성 지배 역사가 지운 볼셰비키 혁명가

1부

시대의 선구자

정약용, 새로운 인간관을 바탕으로 토지혁명을 꿈꾸다

박진태

1783년   성균관에 들어감
1789년   희릉직장으로 관료생활 시작
1790년   사간원 정언, 사헌부 지평
1792년   홍문관 수찬
1795년   동부승지, 병조참의, 우부승지
1797년   곡산부사(1년 8월)
1801년   강진현으로 유배(18년)

1. 다산의 성장과 학문

다산茶山 정약용(丁若鏞, 1762~1836)은 조선후기 실학의 집대성자로 널리 알려져 있다. 그는 반계磻溪 유형원柳馨遠의 학문적 경향을 계승한 성호星湖 이익 李瀷을 사숙함으로써 중농적 학풍을 토대로 하면서도 당시 상품화폐경제가 발달한 현실 속에서 중상적 실학풍에도 접근하고 있었다. 결국 다산은 경세적·이용후생적 실학의 인식론을 두루 갖추고 중세 말기 조선사회의 모순을 국가적 차원에서 총체적으로 극복해보고자 했던 실천적 개혁론자였다. 청의 고증학적 경향뿐만 아니라 서학의 기술적 부문과 천주교 교리에까지 심취했던 경험, 그리고 경학을 깊이 있게 궁구함을 바탕으로 중세 신유학인 성리학을 새롭게 읽어냈다. 지주제의 모순과 국가적 수탈구조로 인해 총체적으로 뒤얽힌 조선후기 사회의 현실은 개혁적 실천을 반드시 요구하고 있었고, 이에 다산은 새롭게 정립된 인간관과 사회윤리관을 바탕으로 하고 수학적 치밀함까지 갖춘 개혁론을 적극적으로 제안함으로써 진정한 인간 사랑의 휴머니스트로 이해되기도 한다.

다산은 1762년(영조38) 6월 16일에 경기도 광주군 초부면 마현리(지금의 남양주시 조안면 능내리)에서 4남 1녀 중 4남으로 태어났다. 마재馬峴는 남한강과 북한강이 합쳐져서 서울 지역으로 들어오는 두물머리(兩水里) 바로 아래쪽으로서 그 뒤쪽엔 쇠말산(鐵馬山)이 있고, 초내(苕川)는 그의 집 앞을 흐르는 한강의 실개천이다. 본관은 압해押海로, 압해는 나주의 속현임으로 나주 정씨라고도 한다. 아버지 정재원丁載遠은 근기남인으로서 사도세자의 변고로 시파에 가담하였다가 벼슬을 잃고 귀향했는데, 이때 다산이 출생했기 때문에 다산의 자字를 귀농歸農이라고도 했다. 어머니 해남 윤씨는 고산孤山 윤선도尹善道의 후손이며 윤선도의 증손인 공재恭齋 윤두서尹斗緖는 다산의 외증조부가 된다.

다산 정약용 생가 여유당

다산의 가문은 조선 전기에 8대에 걸쳐 홍문관에 입사할 정도로 학문이 출중하였다. 5대조 정시윤丁時潤이 숙종 때에 정계에서 물러나 만년에 마재에 터를 잡은 이후 고조부터 3세는 모두 벼슬하지 못했다. 증조 정항신丁恒愼만 진사였고, 아버지 정재원도 문과에 응시하지 않았지만 영조의 탕평정책과 더불어 호조좌랑 및 지방관으로 여러 차례 임명될 수 있었는데, 이는 모두 다산 집안의 학통과 정재원의 정치적 · 학문적 능력이 인정되었기 때문이다. 다산의 형제들은 어려서부터 아버지로부터 사서삼경을 배우기 시작했다. 다산도 10세 때부터 과예課藝를 공부하였는데 마침 관직에서 물러나 있던 아버지의 지도로 경전經典과 사서史書 · 고문古文을 부지런히 읽을 수 있었으며, 시율詩律을 잘 한다고 칭찬을 받기도 하였다.[1]

15세에 풍산 홍씨 홍화보洪和輔의 딸과 결혼한 후 다시 벼슬을 시작한 아버지를 따라 서울로 올라갔다. 이듬해 성호 이익의 종손從孫으로서 기호남인의 명문가이며 남인의 학문과 정치의 중심이었던 정헌貞軒 이가환李家煥과 이가환의 조카이며 다산의 자형인 만천蔓川 이승훈李承薰을 통해 비로소 다산은 성호의 학문에 접하게 되었고, 드디어 그를 사숙하면서 기쁘게 학문할 것을 다짐하였다. 또한 1779년(정조3, 18세)에 천진암과 주어사에서 녹암鹿菴 권철신權哲身 및 광암曠庵 이벽李檗 등이 주도한 강학회[2]에 다산도 참석했는지는 분명하지 않지만, 1784년 봄에 큰 형수 기일 제사에 참석하고 한강을 따라 배편으로 귀경하는 길에 다산은 그 형수의 동생인 이벽으로부터 처음으로 천주교 교리에 관한 이야기를 듣고 감동과 충격을 받은 바 있다. 이후 다산은 『천주실의』와 『칠극』 등 천주교 서적을 빌려보거나 혹은 성균관 등에서 공동으로 서학을 학습하는 등 6~7년간 천주교사상에 심취했던 사실을 스스로 이야기하고 있듯이 다산의 인식론 형성에 서학의 영향이 컸음을 알 수 있다.

한편 다산의 학문은 1783년 이후 성균관에서 공부하던 때와 1789년부터 시작되는 초기 사환시기 초계문신抄啓文臣으로 국왕 정조의 특별한 관심 속에서 표表·전箋·조詔·제制를 익히며 방대한 고금의 문헌자료를 섭렵하는 과정에서 크게 확대되었다. 정조가 성균관 유생들에게 내린『중용中庸』인식문제에 관한 과제에 대해 이벽과 깊은 토론 후 이벽의 퇴계학설에 의거한 것과 달리 율곡학설과 합치된 입장에서 올린『중용강의中庸講義』를 비롯하여 성균관에서 매월 내리는 과제와 시험, 초계문신들에게 규장각에서 매월 내리는 과제 등에 성실하게 답하는 과정에서 그의 학문은 성숙되어 갔다. 성호를 사숙하면서 성호의 학문이 퇴계退溪 이황李滉과 연결되었다고 본 다산은 금정찰방 시절엔 퇴계를 읽으며 다산 자신의 공부론을 확립해갔을 뿐만 아니라 생활 속에서 실천하고자 하였다. 또한 경기암행어사 및 1797년부터 1년 8개월간 곡산부사로서의 지방관 시절에는 18세기 말 심각한 현실문제였던 농촌·농민문제를 있는 그대로 직시하고 나름대로의 개혁적 행정을 실천하는 가운데서 자신의 사회개혁론을 독창적으로 제안할 수 있었다.

그리고 강진의 유배시절에 1810년경부터는 6경4서를 비롯한 경학과 주례 등을 깊이 연구하면서 중세의 신유학인 주자 성리학을 전혀 새롭게 해석하고 정리해내는 가운데 다산 자신의 새로운 인간관과 사회적 관계를 바탕으로 한 세계관을 형성해냈을 뿐만 아니라 중국 고대사회의 역사상을 새롭게 이해하면서 다산의 학문은 한층 더 넓고 깊어지게 되었다. 그의 학문의 이러한 성숙은 자신의 실천적 인식론과 결부되어『경세유표經世遺表』·『목민심서牧民心書』·『흠흠신서欽欽新書』등 1표2서의 거대한 국가개혁론을 형성시키기에 이르렀다. 해배된 이후에 다산은 고향 마재에서 한강의 다른 이름인 '열수洌水'를 호로 사용하면서 남한강과 북한강의 두 물이 만나 하나로 합쳐져 큰 줄기로 뻗어 나가듯이 유학의 도학적 전통 위에 고증학과 서학을 수용하여 하나의 실학적 체계로 종합할 것을[3] 염두에 두었는지도 모르겠다. 그는「자찬묘지명自撰墓誌銘」을 지어 자신의 삶을 회고하고 자신의 학문적 이론을 지속적으로 수정·보완하는 가운데 그 방대한 저술을『여유당집與猶堂集』으로 묶어냈다. 자신의 개혁적 이론이 진실로 시행되기를 원하면서.[4]

2. 다산의 공부론과 새로운 인간관

조선후기 사상사의 흐름 속에서 다산은 신유학이라 불리는 주자학의 사유체계를 넘어서 새로운 인간관과 사회윤리를 독자적으로 정립한 것으로 읽혀지고 있다. 우선 언제나 실천을 전제로 한 다산의 공부론을 살펴보자. 자신을 수양하고(修己)와 백성을 다스리는 것(治人)이 본本·말末 공부의 두 과제라는 것은 유학 전통의 공통적 인식이지만, 특히 다산의 공부론이 지닌 특성은 수기·치인의 양자가 어느 한 쪽에 치중하여 기울어짐이 없이 본·말 구조로 균형을 이루어야 하고 처음(始)과 나중(終)의 순서로 실현되어야 한다는 철저한 통합성의 정립에서 확인할 수 있으며, 『중용中庸』의 성誠 개념과 더불어 본말이나 시종의 전체적 연관성을 더욱 확고하게 정립하고 있다. 그리고 바로 이 점에서 다산의 학문체계는 심성수양론으로서의 도학(理學)과 경세론으로서의 실학(事功學)의 양자를 포괄하고 있으며, 구체적으로 육경사서六經四書의 경학과 일표이서一表二書의 경세학 연구로 나타나고 있다. 또한 실천(行)에 근본하는 지행겸진知行兼進의 방법과 부모를 공경하고 하늘을 섬기는 것(事親·事天)을 통한 성인을 이룸(成聖)은 수기치인의 본말구조에 대한 인식과 아울러 그의 공부론이 지닌 실천윤리적 인식의 특징이라고 할 수 있다.[5]

인간의 주체적 자율성과 함께 노동하는 인간형을 강조하는 다산의 새로운 인간관과 사회적 관계를 이전 성리학적 인식틀과 비교하여 살펴보자. 주자가 '명덕明德'을 "사람이 하늘로부터 얻은 것으로 허령虛靈하여 어둡지 않으며 모든 이치를 갖추고 모든 일에 대응하는 것"이라 정의하여 명덕은 인간의 마음(心)에 본체本體로서 본래부터 존재하는 것이어서 심체를 밝힘('明明德')으로써 이미 부여받은 덕德을 발현 혹은 회복하는 공부를 강조했다면, 다산은 명덕을 효孝·제弟·자慈로서 인륜人倫의 실천규범으로 제시하였다. 다산에게 있어서 효제자孝弟慈나 인의예지仁義禮智로서 덕이란 선천적으로 주어진 것이 아니라 실천을 통해 성취되는 행위의 결과로 이해되고, 따라서 자유의지自由意志에 의거하여 주체적 자율성을 지닌 인간은 부단히 인륜규범을 실행하여 새롭게 덕을 성취하는 공부를 강조하였다.6) 결국 효제孝弟는 인륜의 중요한 실천규범이면서 또한 여전제·정전제를 통해서도 지향해야 할 인간사회의 궁극적 목표로서의 도덕이었다.

특히 다산의 새로운 인간관에 의하면, 인간의 본질을 마음(心)으로 인식하고 있을 뿐만 아니라 하늘(天)의 영명함이 인간의 마음에 직통해 있으며 그 마음이 만리萬理를 깨달을 수 있는 영명성靈明性과 모든 일을 주체적으로 처리할 수 있는 자율성自律性을 지닌 것으로 인식하며 마음의 본체(心體)가 지니고 있는 인간의 욕구야말로 인간사人間事를 추진하는 근원이라고 긍정하게 되었다. 따라서 인간은 그 마음의 운용을 통하여 자신과 세계와 역사의 이치를 인식하고 그것에 따라 실행할 수 있는 자율적 주체적 존재로 그려지고 있다. 이를 성리학적 인간관에서, 인간의 본질을 성性으로 인식하고 성性은 곧 리理로서 천리天理가 인의예지로 인간에게 구현되어 있는 만큼 인간은 원리적으로 도덕적 존재이며 다만 인간의 본성은 그가 타고나는 기질氣質의 맑고 흐림(淸濁)에 따라 사회적 처지가 숙명적으로 규정된다고 보며 따라서 인간은 끝없는 노력을 통해 '본연의 성(本然之性)'을 회복해야만 하는 존재로 인식하고 있는 것, 곧 비주체적 인간관에 비한다면, 다산의 경우 인간은 자아의 주체적 자율성이 한층 커진 존재, 열려있는 가능성과 더불어 적극적인 인간으로 정립되고 있음을 볼 수 있다.7)

이와 같이 다산은 "성리학性理學은 도道를 알고 자신을 인식하여 타고난 천성을 실천하는 데 스스로 힘쓰는 것을 뜻한다."8)라고 하여, 성리학의 본래 의미를 공부론과 관련하여 자기실현을 위한 실천공부로서 적극적으로 정의하면서, 한편으로 성인을 이루는 공부를 강조하고 있다. 곧 "홀로 있음을 삼가 하여 하늘을 섬기고, 힘써 서恕를 행하여 인仁을 실현하고, 또 항구恒久하여 중단함이 없으면 이는 성인聖人이다"라고9) 세 가지 방법론을 제시하고 있다. 여기서 근본적 왕정론의 일환으로 논의되고 정립된 조선후기 실학의 사회 윤리론, 특히 다산의 사회 윤리론에서 가장 주목되는 점을 살펴볼 수 있다. 다산은 종래의 오륜五倫을 포괄하면서도 인간의 상호관계에 바탕을 둔 '효孝 · 제悌 · 자慈'라고 하는 새로운 윤리 요목을 정립하고 그러한 덕목과 그것을 실현하는 보편적인 대도大道로서의 '서恕'라고 하는 개념을 전혀 새롭게 정립한 것이다. 즉 그는 인간관계에서 내가 하고 싶어 하는 마음을 확장하여 타인의 마음에까지 미치게 함으로써 비로소 두 마음이 하나가 되는 서恕를 실천하고 인仁을 실현하여 효제孝悌가 충만한 사회를 구현하고자 하였다. 그것은 오륜과 같은 상하 수직적인 계서적階序的 지배의 윤리질서가 아니라 각기 주체성을 갖춘 대등한 인간들의 상호 이해에 바탕을 두는 새로운 사회윤리, 실천적 사회윤리로 정립된 것이며, 다산은 그것을 모든 인간관계를 하나로 관통하는 '기본', 즉 인륜을 실현하는 보편적 큰길로서 '공자의 도道'의 진수로 해석해냈던 것이다.10)

요컨대 다산은 18세기 말에서 19세기 전반기에 걸친 조선의 사회현실을 총체적 난국으로 인식하였다. 그리고 그의 토지론은 깊은 경학 연구를 바탕으로 정립한 새로운 인간관과 사회윤리관의 인식론으로 근본적인 개혁에 주목함에 따라 형성되었던 것이다. 이른바 다산의 여전론閭田論과 정전제井田制 이론은 근본을 알고 실천이 강조되는 그의 공부론과 더불어 적극적으로 제안된 실천적 국가개혁론이라고 할 수 있다.

3. 농민적 균산

조선후기는 지주제가 발달하고 상품화폐경제가 발전하면서 농촌사회가 분화하고 농민층이 크게 분해되었다. 이것은 자영농적 토대 위에 구축된 중세적 조선국가의 지탱을 근본적으로 뒤흔드는 것이었다. 대동법 및 균역

법 등을 비롯한 부세제도의 개선이 일정하게 강제되기도 했으나 토지소유와 관련한 근본적인 농업개혁은 이루어지지 않아 사회적 모순은 심화되어 갔다. 다산은 젊은 시절 중앙 및 지방 관료를 역임하고 유배시절에는 향촌에 오래 체류하면서 이러한 현실을 직간접적으로 체험할 수 있었다. 농민경제의 안정과 그것을 바탕으로 한 중세 국가의 유지를 내용으로 한 그의 농업개혁론은 이러한 과정을 거쳐 형성되었다.

다산은 대과에 합격하여 정식으로 관료생활을 시작한 이듬해인 1790년(정조 14)에 정조의 권농 윤음에 대응하여 「농책農策」을 제시한 바 있다. 그의 토지론으로는 처음으로 여겨지는 그 글에서는 여타 실학자나 농촌지식인들과 크게 다를 바 없는 정전불가론 위에서 균전론적 인식을 확인할 수 있을 뿐이다.11) 아직까지 농업 및 토지에 관한 다산의 인식은 구체적 연구를 바탕으로 한 것이라기보다는 당시 지식인들의 기본적 인식이 원론적 차원에서 정리되고 있는 수준이라고 할 수 있다.

그러나 8년 후 곡산부사로서 실제 목민하는 과정에서 농업부문에 대한 실질적 연구를 바탕으로 제안된 「응지론농정소應旨論農政疏」(정조 22, 1798)에서부터는12) 전문성을 지닌 내용들이 한층 구체적으로 나타나고 있음을 볼 수 있다. 농업기술의 개량을 통한 농업생산력의 발전을 꾀한 '편농便農', 농가경제의 실질적 이익을 위한 '후농厚農', 농민들의 사회적 지위 향상을 위한 '상농上農' 3부분으로 나뉘어 농업정책이 정리되고 있다.13) 그리고 토지소유 및 농업경영을 중심으로 한 그의 농업론은 그 이듬해 제시된 「전론田論」(정조 23, 1799)의14) 여전제閭田制에서 본격적으로 구체화되었다. 여전론은 그의 농책이나 농정소와 관련되면서도 초기 이론과 아주 다를 뿐만 아니라 18세기 후반의 일반적인 농업론과도 월등히 다른 새로운 내용을 지니고 있었다. 농민들에 의한 토지의 공동소유와 공동경영을 강조한 여전론은 현실의 지주제를 근본적으로 부정함으로써 농업개혁과 사회개혁을 제시하였다.

우선 다산은 당시의 농민층 분화 현상을 심각하게 인식하고 있었다. 농민들은 대부분 토지 없이 남의 토지를 빌려 경작하고 있으며(農夫無田 皆耕人田)[15] 호남 지역의 경우는 100호 가운데 농지를 대여하여 지대를 수취하는 자가 5호이고, 자기 토지를 자경하는 자가 25호이며, 남의 토지를 차경하는 자가 70호라고 파악하고 있었다.[16] 「전론」에서도 당시 지배신분층으로서 문무 양반관료 및 지방 사족 중에는 100결 이상의 천석꾼들이 많으며, 영남 지역의 최씨나 호남지역의 왕씨 중에는 400결 이상의 만석꾼도 있음을 지적하고 있다. 그리고 당시 전국의 토지 결수와 호구수(1호=10구)를 균등하게 비교해 볼 때 전자는 990명을 희생시켜 1호를 살찌우게 하는 것이고, 후자는 3,990명을 희생시켜 단지 1호를 살찌우게 하는 것이라고 하여 농민층 분해 현상을 구체적으로 제시하고 있다.[17] 이러한 상황에서 군왕과 관리는 백성의 어버이로서 백성을 위해 그 자산을 균등히 하는 것이 책무라고 하였다.

> 하늘이 백성을 낼 적에 먼저 전지田地를 마련하여 생령生靈으로 하여금 먹고 살게 하였다. 또한 이미 백성을 위하여 임금과 목자牧者를 두어 백성의 부모가 되게 하고, 백성의 재산을 균제均制케 함으로써 모든 사람들을 다 잘 살게 하였다. 그런데도 군목君牧이 된 자가 팔짱을 끼고 바라보기만 함으로써 그 모든 자식(백성)들이 서로 싸우고 빼앗아 먹는 것을 막지 못하여 힘센 자들은 더욱 많이 얻고 약한 자들은 밀려나 땅에 처박혀 죽게 한다면 군목된 자가 백성의 군목 노릇을 잘했다고 하겠는가! 고로 백성의 자산을 균등하게 하여 다 같이 잘살게 하는 자가 군목된 자이고 백성의 자산을 균제하지 못하여 다 같이 살 수 있게 하지 못하는 자는 군목의 의무를 저버린 자이다.[18]

다산은 우선 국가와 민의 관계를 부모와 자식의 관계로 보고, 군목君牧 곧 임금과 관리를 부모로 설정하고 있다. 사환기仕宦期뿐만 아니라 유배기 이후의 만년에 걸쳐서도 다산은 중세 유학의 윤리관에 기초한 도덕적 가치관을 분명하게 지니고 있었다. 성리학적 윤리관에 의하면 부모와 자식 사이는 자애와 효도로 맺어지며 결코 경쟁의 관계가 아니었다. 결국 다산은 국가와 백성을 대항對抗관계로 보지 않고 자효慈孝관계로 설정하여 도덕적인 군왕과 관리가 어린 백성을 보살핌으로써 약육강식의 경쟁 상태에 놓여 있는 사회의 현실을 조정하고 관리해야 하고, 그것이 곧 국가의 책임이라고 보고 있다. 다산이 「전론」에서 목표로 하고 있는 농업개혁론의 핵심은 바로 농민층의 '균산均産'으로 이해된다.

> 지금 나라 안의 전지는 대략 80만 결이고 인민은 대략 800만 구이다. 시험 삼아 1호를 10명으로 잡는다면 매 1호가 전 1결을 가져야만 그들의 자산이 균등하게 될 것이다.[19]

다산은 위 글에 달고 있는 원주原註에서 영조 45년(1769) 전국 8도의 시기전時起田은 논(水田)이 34만 3천결, 밭(旱田)이 45만 7천 8백결이고 여기에는 간리奸吏들이 누락시킨 것과 산전山田 및 화전火田은 포함되지 않았음을 밝히고 있으며, 영조 29년(1753) 경향(京外)의 총 인구는 730만 명으로 당시 누락된 인구와 그 사이 새로 생겨난 인구는 70만을 넘지 않을 것으로 파악하고 있다. 결국 18세기 중엽 조선의 경작지를 논과 밭을 합하여 80만결이라고 보고, 인구를 800만 명으로 파악하여 1호당 구수口數를 10명으로 한다면, 매호당 1결씩을 소유하여야 자산이 균등해진다고 보았다.

그리고 그 자산을 균등하게 하는(均制其産) 방법은 애초부터 오직 국가가 강력한 권력을 바탕으로 부유한 자들의 것을 거두어 가난한 자에게 나누어 주는(損富益貧) 방식을 설정하고 있다.[20] 구체적으로는 자영할 수 있을 만큼의 토지 이상을 소유한 자들을 제거함으로써 지주제를 부정하는 것이었다. 이것은 백성의 자산, 그 소유권에 대한 국가의 강력한 개입을 의미하는 것으로서 무상몰수 무상분배를 연상하게 한다. 이러한 방법론은 결코 쉬운 것이 아니어서 조정의 대신들이 '부지런히 애쓰고 끊임없이 힘써서(孳孳焉汲汲焉)' 해야 할 일이며, 그렇게 하지 않으면 안 되는 이유를 백성의 어버이로서의 도리에서 찾으며 당위와 명분을 강조하고 있다.

4. 농자득전

한편 다산은 세상에서 어떤 분야보다도 농사에 최선을 다하는 것이 가장 중요하다고 강조하면서 토지는 농사짓는 사람으로 하여금 소유하게 하고 농업에 종사하지 않는 자들은 토지소유에서 배제하는 것이 옳다고 보았다. 정전론과는 달리 일반적인 한계성에도 불구하고 당시 일부 농업개혁론자들이 관심을 가지고 제기한 균전론과 한전론도 그 제도가 농민의 토지소유를 인정하지만, 한편 비농민 곧 상업이나 수공업에 종사하거나 특히 놀고먹는 선비 계층까지 농지를 소유하게 한다는 측면에서 다산은 이를 부정적으로 보았다.[21]

그러면 농사짓지 않는 사람은 기본적으로 토지소유에서 배제되고 곡식도 얻지 못한다면 어떻게 될 것인가. 다산의 '농자득전農者得田'의 논리는 일정한 사회적 분업관계를 전제로 하고 있었다.

> 농사짓는 사람이 전지田地를 갖게 하고, 농사짓지 않는 사람은 그것을 갖지 못하게 하며, 농사짓는 사람이 곡식을 얻게 하고 농사짓지 않는 사람은 그것을 얻지 못하게 한다. 공장工匠은 그가 만든 기계로 곡식을 교환하게 하고, 상인은 화폐로 곡식과 바꾸게 하니 문제될 것이 없다. 그런데 선비(士) 같은 경우는 열 손가락이 유약하여 힘든 작업을 감당하지 못하니 그들이 밭을 갈겠는가? 김을 매겠는가? 개간을 하겠는가? 거름을 주겠는가? 그들의 이름이 장부책帳簿冊에 기록될 수 없는 즉 가을에 분배받을 곡물도 없을 것이니 장차 어찌 하겠는가? 답하기를, 아! 내가 하고자 하는 바의 여전법閭田法은 바로 이 문제를 해결하기 위한 것이다.[22]

우선 다산은 당시의 현실인식을 바탕으로 사회적 분업에 관한 이해가 매우 높음을 알 수 있다. 중세적 농본주의에 의해 농업이 여전히 기본산업으로의 위치를 지닌다는 것 외에도 농촌수공업 및 상품화폐경제의 발달과 더불어 상업, 그리고 교육 및 연구의 직업적 분업이 갖는 중요성을 다산은 분명히 인식하고 있었다.

그러한 인식론 하에서 농사짓지 않는 사람들을 토지 소유에서 배제하더라도 공인工人은 수공업제품으로, 상인商人은 재화로 각각 곡식과 바꾸면 된다는 것이다. 문제는 선비(士)계층이다. 생산적인 노동에 전혀 종사하지 않는 선비계층은 어찌 할 것인가? 여전제는 이들 계층까지 포함하여 전 인민이 노동하는 구조로 짜여진 사회개혁론임을 강조하고 있다.

> 무릇 선비란 어떤 사람인가? 선비는 어찌하여 손과 발을 놀리며 남의 토지를 삼키고 남의 노동력을 착취해서 먹고 사는가. 무릇 선비들이 놀고먹는 경향이 있는 고로 땅의 이로움이 완전히 열리지는 않았다. 놀고서는 곡식을 얻을 수 없다는 것을 안다면 또한 장차 방향을 바꾸어서 농사(南畝)와 인연을 맺게 될 것이다. 선비가 직업을 바꾸어 농사와 인연을 맺게 되면 토지의 이로움이 열릴 것이고, 선비가 직업을 바꾸어 농사와 인연을 맺게 되면 풍속風俗이 도타와질 것이며, 선비가 직업을 바꾸어 농사와 인연을 맺게 되면 난민亂民이 수그러들 것이다.23)

균산均産을 바탕으로 한 여전제는 기본적으로 지주제를 부정하는 것이었다. 조선후기 지주제하에서 선비계층이란 대체로 지주층을 가리킨다고 할 수 있는데, 이들은 손과 발을 놀리고 움직이지 않으며 남의 토지를 병탄倂呑하고 지대地代를 통해 남의 노동력을 착취하고 있어 토지의 이용도가 매우 낮았다고 보고 있다.

여전제라는 총체적인 노동구조 속에서 국가가 그들 유식游食하는 선비계층을 토지소유에서 배제시키고, 노동하지 않아 그들로 하여금 식량마저 얻지 못하게 한다면 그들 선비계층도 반드시 농사와 인연을 맺고 농업에 종사하게 될 것으로 보았다. 그리고 선비계층의 농업 종사는 다목적 효과를 기대할 수 있는 것으로 이해하였다. 우선 다수의 새로운 노동력이 토지에 투여됨에 따라 토지의 이용도가 크게 확대되어 농업생산력이[24] 한층 발전 하리라는 것이다. 그리고 그보다도 더욱 근본적이고 종합적인 효과는 그동 안 지배신분으로서의 선비계층이 농업노동을 통해 피지배신분의 하층 농 민과 더불어 실질적인 농업공동체를 형성함으로써 마을의 풍속이 도타워 지며 아울러 난민도 수그러든다는 데서 찾았다. 결국 여전론은 다산의 새 로운 인간관을 토대로 새로운 사회윤리가 관철됨으로써 이상적인 왕정王政 실현을 모색한 개혁론임을 살필 수 있다. 그러나 그것은 사회적 분업을 인 정하더라도 여전히 농업을 가장 중요시하는 가운데 농민적 균산과 농민만 이 토지를 점유해야 한다는 적극적인 견해를 바탕으로 여타 개혁론과는 달 리 총괄적 사회개혁의 성격을 지닌 채 전혀 새로 고안되었다.

5. 여전론과 그 형성의 의미

이제 여전론의 내용과 그 형성의 의미를 짚어보면 다음과 같다.[25] 여전 론이 궁극적으로 지향하고 있는 논점은 중세 농업사회의 기본적 생산수단 인 토지를 근본적으로 개혁하되 모든 토지는 국유라는 인식하에 농사짓는 농민들만이 토지를 점유하여 노동하는 모든 농가호가 질적으로 균산적 상 태를 이루는 것이었다. 실현과정은 현실의 기본모순인 지주제를 부정하고 혁파하는 것으로 시작하며, 토지국유화의 대의명분은 군목君牧과 백성(民)을 성리학적 사회윤리의 근간인 부자父子간의 자효慈孝관계로 설정한 데서 적 극적으로 구하고 있었다.

여전제도는 다산의 심각한 위기의식 위에서 실천을 전제로 구체적으로 기획되었다. 지형지세에 따라 자연스럽게 구분되는 주민생활권을 중심으로

여閭를 나누어 30여 호로 여민을 구성하게 하였다. 직업적 분업이 전제된 여전제에서 여 단위의 농가호들은 각기 점유한 토지의 경계를 구분하지 않고 도덕과 능력을 겸비한 여장閭長의 지휘에 따라 공동으로 농업노동에 종사하고 노동량에 따라 수확물을 분배하였다. 상인商人이나 공인工人들은 각기 재화로 곡물을 취득할 수 있고, 선비(士)계층은 그들이 지닌 지식을 바탕으로 가르치는 직업에 종사할 수 있으며 특히 농업기술을 개발하여 농업생산력을 제고시키는 경우 크게 우대받을 수 있었다. 기존의 지주제하에서와 같이 놀고먹는(遊食) 선비계층은 철저히 배제되어 전체 인민이 노동하는 사회구조가 여를 단위로 설계되었다. 다만 농업인구가 절대적이라는 데서 여전제는 공동농장제 혹은 협동농장제로 지칭될 수 있다. 국가와의 관계도 여를 단위로 공동으로 대응할 수 있었다. 조세는 농민을 위주로 설명되고 있지만 각 농가호당 점유한 토지의 평균 수확물의 1/10에 해당하는 정액세를 여의 도당都堂에서 공동으로 먼저 공제한다. 군역도 여민을 3분하여 1/3은 호정戶丁으로 대오를 편성하게 하고 나머지는 호포戶布를 내어 군사재정에 충당하며, 여장을 중심으로 공동 노동하는 농업공동체를 그대로 군사적 지휘 및 훈련체제로 활용함으로써 병농일치의 군사제도의 효율을 기할 수 있게 하였다. 결국 여전제는 균산을 통한 농민경제의 안정과 국가재정의 확충을 바탕으로 부국강병을 모색한 개혁론으로 이해되며, 농업협동과 사회적 분업을 전제한 공동체 건설이라는 면에서 이전의 여타 실학적 토지개혁론과도 뚜렷이 구별된다.

모순의 본질을 직시함에 따라 그 개혁이 근본을 향할수록 방법은 단순해지지만 실천은 극히 멀어진다. 그래서 현재가 아닌 이후 궁극적으로 추구해야할 바로서의 이상론理想論이 위치하고 방법마저 보이지 않아 무의미에 가까우면 공상적이라 이르기도 한다. 조선후기 실학의 왕정론王政論이 일반적으로 그렇듯이 여전론도 유학적 이상론의 성격을 분명히 지니고 있다. 지주제의 기본모순과 국가적 수탈구조가 총체적으로 뒤얽혀 질식 상태로

다가온 현실에 대해 다산은 토지제도의 개혁에 근본적으로 다가갔으나 방법론적 근거는 성리학적 윤리의 명분에 적극적으로 기대었다. 토지의 국유화과정에서 군목君牧 혹은 황제皇帝뿐만 아니라 여민을 행정적 군사적으로 총괄 지휘하는 여장閭長은 유학적 수양을 통해 이룬 성인聖人처럼 그려졌다. 성리학적 사회윤리가 관철되는 이상적 사회에서는 여타 작은 모순들은 저절로 소멸된다고 보아서인지 여전제 구상에서 논의 자체가 누락되거나 구체적이지 않았다.

이러한 실상을 지닌 여전론의 의미는 무엇일까? 특히 다산에 의해 그 특별한 개혁론이 창안된 사실을 어떻게 읽을 수 있을까? 다산의 사고思考도 학문을 수행하는 공부과정과 더불어 형성되었다. 보편적 유학 수학기를 거쳐 성호의 경세적 학풍에 깊이 매료되면서 같은 시기에 이가환·이승훈 등 성호 좌파(親西派) 지식인들과 서학을 깊게 접할 수 있었던 것은 그에게 충격이었다. 특히 중세 유학으로서의 주자학을 비판적으로 읽고 다산 자신의 새로운 인간관 및 사회윤리관을 전혀 새롭게 정립할 수 있었던 것은 같은 계열의 녹암 권철신 및 광암 이벽으로부터 받은 영향이 컸다.[26] 그리고 다산은 금정찰방 시기 이후 퇴계를 사숙하고 진지眞知와 실천實踐의 공부방법뿐만 아니라 결과적으로 학문적 영향을 크게 받기도 하였다.[27]

경학에 대한 새로운 인식을 바탕으로 다산은 주체적 자율성을 지닌 인간관을 새로 정립하고 아울러 상하 수직적 윤리질서를 넘어 대등한 인간관계를 전제로 실천적 사회윤리[恕]를 전혀 새롭게 구축하였다. 또한 다산의 공부론에 의하면 수기修己·치인治人이 어느 한 쪽에 치우침이 없이 본말本末 구조로 균형을 이루고 있고, 아울러 시종始終의 실현순서를 분명히 하고 있었다. 특히 행行에 뿌리를 둔 지행겸진의 방법이 강조되고 궁극적으로 성인을 이루는 것으로 짜여진 그의 공부론은 실천윤리적 인식의 특징을 지니고 있었다. 결국 다산은 독서와 수양을 통해 지식과 인격을 계발할 뿐만 아니라 18세기 말의 사회적 현실을 직시하고 '치인'에 동일하게 다가가 근본인 토지문제를 먼저 풀어보고자 하였다. 사회의 총체적 불신을 근원적으로 극복하기 위해서 토지를 국유로 하여 균산적 농민을 설정하지 않을 수 없었고 그 실현을 위해서는 성리학적 대의명분이나 고경古經을 통해 군왕의 대권을 인정하는 것이 자연스러웠다. 자율적 인간에게 도덕적 책임을 물을 수 있게 되어 노동하는 인간으로 구성된 사회구조를 강력하게 주문할 수 있었고 '수기'와 더불어 인격이 계발된 지식인들이 황극皇極으로 다스리는 사회를 구상하였다. 여전론은 비관적일 만큼 심각하게 다가온 조선후기 사회에 대한 다산의 현실인식이 그의 철저한 공부론과 어우러져 적극적으로 형성된 실천적 개혁 구상이었다.

6. 원리로서의 정전제 실시와 사회적 균직론

1801년(순조1) 정조 사후 노론 벽파를 중심으로 한 권력의 강화과정에서 밀려난 다산은 전라도 강진으로 유배되었다. 그 후 그 자신의 주관적 생각과는 달리 유배기간이 오래도록 지속되자 1810년경부터 다산은 육경사서 등을 중심으로 한 경학연구에 몰두하였다. 한·위 이래 명·청시대까지 선유先儒의 학설 중 경전에 보탬이 될 만한 것들을 널리 수집하여 살펴서 잘못된 것을 가려내고 취사선택하여 옛 성인의 본지本旨를 깨치는 데 진력함에 따라 다산 나름대로의 학설을 갖출 수 있게 되었다.[28] 1816년경에는 그에 대한 독자적인 주석을 마무리할 수 있었으며, 이듬해에는 주례周禮에 대응하는 『방례초본邦禮草本』, 곧 『경세유표經世遺表』를 작성하여 전면적이고 독창적인 국가개혁론을 제안하게 되었다. 특히 다산은 중국의 고법 가운데 요전堯典·고요모皐陶謨·우공禹貢 3편과 『주례』 6편을 정밀하게 연구하여 토지제도를 바로잡고 부공賦貢을 균평히 하는 제도가 지극히 엄혹하고 준열하였으며,[29] 이러한 제도는 오늘날에도 회복할 수 있다고 인식하기 시작하였다.30) 특히 우공과 주례의 연구를 바탕으로 정전제井田制의 원리와 부공제賦貢制의 이론을 새롭게 밝혀내고 있다.31)

정전이란 '구일법(九一之法)'의 모범을 보이기 위해서 평평한 곳을 택하여 만든 것으로, 천하의 모든 땅을 정전으로 구획하여 만든 것은 아니다.32) 즉 '정자형井字型'으로 구획하는 전지는 어디까지나 토지와 그 세율이 명백하게 1/9법인 것임을 만백성에게 보여줄 표준 정지井地라는 것이다. 다산의 정전제 구획의 특징은 곧 광활한 평원에서 표준형 정전만을 정방형으로 만든다는 것으로, 나머지 크기와 모양이 천차만별이어서 비뚤어지고 비탈진 토지라도 모두 표준 정지의 내용을 갖추도록 면적을 헤아려 곱하고 나누며(乘除) 잘라내고 보충하여(折補) 구획한다면 곧 전국의 전지를 모두 표준정전의 내용을 갖춘 것으로 만들 수 있다는 것이다. 단 이 경우에도 공전公田만은 가능한 한 모두 정방형으로 구획한다는 것이다.

정전의 구획은 우선 냇가에 있는 땅에서부터 시작하여 사방 10보步를 1묘畝로 하고, 10묘의 길이(100보)를 한 변으로 하는 정방형의 토지(사방 100보=100묘)를 1부夫로 하고, 3부의 길이를 한 변으로 하는 정방형의 토지를 1정井으로 만든다. 이어서 100정=1성成, 100성=1종終, 100종=1동同을 만든다. 그리고 정전제론에서는 결부법을 폐기하고 일체 경묘법頃畝法을 사용하는 것을 전제로 하며, 호조 경전사經田司의 추진에 따라 전국적으로 시행되는 정전의 구획은 각 군현을 단위로 이루어진다.

사적 소유가 발달한 조선후기 현실에서 고대의 정전제를 도모하기 어려우나, "반드시 수백 년을 두고 흔들리지 않아, 차츰차츰 회수하고 차례대로 시행한 다음이라야 선왕의 법을 회복할 수 있을 것"이라고33) 하여, 기본적으로 토지국유의 원칙을 전제로 하고 있다. 궁극적으로 국유를 염두에 두고 있더라도 현실적으로 토지제도를 개혁하기 위해 당장 시행해야만 하는 제도로서의 정전제로서는 우선 전국의 각 정전 가운데 '공전'만이라도 반드시 '왕토' 곧 국유로 확보해야 한다는 기획이다.

선왕의 뜻은 천하 백성들로 하여금 모두 균평히 전지를 얻도록 하려는
것이 아니고 균평히 직職을 얻도록 하려는 것이다. 직을 농사로 얻은 자
는 전지를 다스리고 직을 공工으로 얻은 자는 기물器物을 다스리며, …
각자 그 직사의 수행을 통해 양식을 얻도록 했다. 다만 농사를 직사로
하는 자가 가장 많았으므로 선왕이 중하게 여겼던 것이다. … 후세에
정전법을 논하는 자들은 선왕의 법이 본래 이와 같다는 것을 생각하지
않은 채 매양 농사짓는 자인가 아닌가를 불문하고 온 천하 사람들로 하
여금 균평하게 인구에 따라 전지를 나누어 얻도록 하고자 하니, 이것은
과연 어느 시대의 무슨 법이며 어느 성인이 제정하여 어느 책에 기록되
어 있는 것인가. … 천하의 전지를 다 빼앗아 농부들에게 나누어준다면
이는 고법古法이다. 만일 그렇게 할 수가 없다면 천하의 전지를 헤아려
그 중 1/9을 취하여 공전으로 만든다면 이 또한 고법의 반半은 된다.[34]

　고대 선왕이 시행한 정전법의 핵심 내용 중의 하나는 그 의도가 균전을
통한 균산에 있는 것이 아니라 균직均職에 있다는 것이다. 여기서 정전불가
론의 가장 큰 논지인 '계구분전計口分田'의 균전론 장애가 확실하게 지양된
다. 백성 각자는 자신의 직업적 일을 수행함으로써 분업에 기초한 바람직
한 사회를 이루게 된다는 논리의 확인이고, 이는 주곡농업인 정전제 이외
에 부공제를 운용하여 여타 산업분야 또한 새로 개발 진흥함으로써 국가의
경제·산업 분야를 대폭 확충하고 항산恒産의 일터를 다수 창출하여 9직職
종사자들에게 배분한다는 논리와 연결될 것이었다. 여전론 이래 사회적 분
업에 기초한 협동적 사회공동체 건설을 전망한 총체적 사회개혁론·국가건
설론은 다산의 현실인식과 더불어 한층 구체화하고 있고, 반드시 시행되어
야 하는 제도로 인식되었다.
　그리고 사적소유가 발달하여 사회적 권력을 지닌 지주들이 전횡하는 현
실에서 전국토를 공전화하기까지는 우선 고법의 반에 해당하는 전국 전지
가운데 1/9을 취하여 공전을 만들고 공전 1구역마다 부근의 사전 8구역씩
을 결합시키는 방식으로 정전제를 시행한다는 것이다. 원리로서의 정전제

라는 것은 공전 1구역에다 사전 8구역을 결합시켜 하나의 정지井地를 만들고, 사전의 농부들로 하여금 공전을 공동 경작하도록 하여, 그 공전의 수확물만을 국가에 바치는 것을 본질로 하기 때문이다. 나머지 8구역의 사전 수확물은 그 전부를 경작자 농민이 각기 차지하고 정전제와 관련해서는 어떠한 다른 징색도 없기 때문에 완벽한 1/9법이 된다는 것이다.

각 정지井地마다의 '공전'을 확보하여 국가의 소유로 하는 데 드는 막대한 비용은 국가의 유고전留庫錢을 동원하거나 관이 광산채굴을 담당하여 거기서 얻은 이윤을 활용하며, 나아가 중앙의 고관대작·4군문대장·4도유수·8도감사·병사·수사·군현수령 등 관원들의 봉록을 2/10만 지급하고 나머지는 회수하여 공전 구입에 충당한다. 그리고 전국의 '전지를 많이 가진 사민士民' 곧 지주층이 솔선하여 기증하는 '원납전願納田'을 접수하여 공전을 확보한다는 것이다.[35]

다산의 정전제에서 사전배분의 원칙은 토지생산성을 최대한으로 높이는 것에 기초하고 있음을 볼 수 있다.

> 전지를 분배하는 법은 전지를 경치耕治하는 데 중점을 두는 것이지 전산田産을 마련해 주는 데 있지 않다. … 양육할 식솔의 많고 적음은 선왕이 묻는 바가 아니었다. 적임자를 얻어서 전지를 맡기매 그가 힘을 다해 경작하면 곡식이 많이 날 것이요, 곡식이 많이 나면 백성의 식량이 풍족해지고, 백성이 풍족해지면 피疲·병病·쇠衰·유幼한 자와 공工·상商·우虞·형衡·목牧·포圃·빈嬪이 모두 그 가운데에서 즐거이 양식을 얻을 수 있을 것이다. 이것이 바로 성인의 뜻이다. … 선왕이 경작 능력을 헤아려 전지를 배분하는 것은 마치 재능을 헤아려 관직을 주는 것과 같다.[36]

> 8인의 식구에 5, 6인의 경작 능력을 가진 자에게만 100묘를 배분하고, 1부夫1부婦로 100묘를 경작할 수 없는 자에게는 25묘를 배분한다.[37]

정전제에서는 힘 있는 노동력을 구사하여 토지를 경작하고 생산력을 높일 수 있는 조건을 기준으로 공전 외 8구의 사전을 배분한다는 원칙이 분명하고, 이 또한 분업에 기초한 사회구성을 분명하게 염두에 두고 있는 논리로 다산은 읽어냈다. 사회적 분업론은 '정전난행설井田難行說'의 중요 근거의 하나인 '인다지소론人多地少論'을 극복할 수 있는 근거가 되기도 하였다. 그리고 5~6명의 성인 노동력을 비롯하여 노인과 아이를 포함한 8인으로 구성된 1가家에 정전 1구역으로서의 100묘의 전지를 분배하는데, 부부만의 성인 노동력으로 이루어진 단출한 가족에게는 25부를 설정하고 있는 것이 대체적인 기준이었다. 그것은 성인 노동력 일반을 기준으로 한 원칙에서 어긋난 것 같으나, 전자의 경우 고립노동보다는 경작상의 집단노동을 강조했다고 보거나 혹은 보조노동력을 염두에 둔 측면이 있을 수 있는 것으로 이해하기도 한다.[38]

이렇게 볼 때 지금 개혁하지 않으면 망할 수밖에 없는 조선후기의 현실에서 다산이 시행하고자 한 정전제의 구상은 기본적으로 토지국유제 원칙하에 궁극적으로 그것을 추구하되 현실적으로는 과도적 차원에서 정전 가운데 공전만을 국유로 확보하여 대체로 평지에 방형으로 만든 공전 1구역 외에 부근의 사전 8구역을 계산상으로 만들어 8구역의 농민들은 공전을 공동으로 경작하여 그 공전에서의 수확물 전체를 국가에 조세로 내고, 나머지 각 구역에서 농민들이 경작하여 수확한 내용은 농민의 소유로 함으로써 향리를 비롯한 중간수탈이 전적으로 배제된 1/9세법을 시행하여 농민경제의 안정과 국가경제의 성장을 꾀한다는 것으로 볼 수 있다. 또한 사회적 분업을 전제하면서 농업생산력을 제고시킨다는 원칙으로 구수口數가 아니라 5~6인의 성인 가족 노동력을 기준으로 100묘씩 배분한 사전은 처분권을 제외한 사용·수익권만을 농민이 소유하여 경작(耕治)되는 것으로서 소농경제의 성장을 바탕으로 한 정전제 사회개혁론임을 살필 수 있다. 여전제와의 차별성은 농민적 균산이 아니라 정전제와 부공제의 통일적 운용으로 9직을 중심으로 한 실질적 사회분업의 토대 위에서 균직이 강조되고 있으며, 여閭 단위의 농장적 공동경작 형태가 아니라 소가족을 단위로 한 소농경영의 활성화를 강조한 데 있을 뿐 토지국유와 농자득전 등의 큰 틀에서 다산의 농업·토지문제 인식은 계승되고 실천을 위해 구체화되고 있었다.

7. 정전제 운영과 다산의 생각

실천적 사회개혁론으로서의 정전제를 다산은 『경세유표』의 전제田制 중 「정전의井田議」(1-4)라는 별도의 글을 통해 조선후기 당대에서 시행할 것을 강조하고 있다. 위에서 살펴보았듯이 그 골자는 정전제의 근본 원리는 1/9 법에 있는 것이니, 사회적 분업을 전제로 하되 아직도 농경이 주된 산업인 조선후기에 농사짓는 농민이 일정한 토지를 점유하여 그 사전을 가족 노동력으로 경작하여 그 수확물을 온전히 자신의 소유로 하되, 국가와의 관계에서는 사전 농민이 공전에서의 공동노동으로 1/9세를 분명하게 납부하고, 다른 한편으로 군역을 부담하는 것으로서 소농경제의 안정과 부국강병 국가를 건설하는 데 있다고 할 수 있다. 그리고 우선 공전만이라도 국유로 확보하여 시행하는 현재의 정전제는 어디까지나 과도적인 제도이다.

먼저 위에서 살펴본 방법에 의해 자금조달이 이루어지면 토지를 매입하여 공전을 설치하고 경계를 정하는 작업이 이루어진다. 이를 담당할 관청으로 경전사經田司를 설치하여 제조提調 5인, 부정副正 2인, 주사主事·중사中士 4인을 둔다.[39] 표준정전은 경전어사經田御史(經田司 郎官)가 주관하여 구획하고, 더욱 확대하는 정전은 당해 군현에서 재물이 많지 않더라도 재간이 있거나 덕망과 위세가 족히 한 고을 화목하게 할 수 있는 사람을 뽑아 이를 구획하도록 위임하며, 9품인 감역監役이나 참군參軍 몇 자리를 제수하여 이들을 우대하고 군현 전체의 일반정전을 구획함으로써 경계를 확정한다.[40]

표준정전은 주민의 의견을 묻지 않고 관에서 설정하되 공전을 확보하는 값은 후하게 지불하며, 사전에 현실적으로 존재하는 지주제를 인정한 상태에서 지주로 하여금 사전 8구의 농부(作人)를 엄선하여 8구역을 갈라주도록 하고 있다. 따라서 공전 경작(耕農)에 노동력을 제공하면서 사전을 경작하는 '전자(佃者)'도 이 경우는 정전제 하의 농민이기도 하지만 실질적으로는 여전히 지주제하의 병작농으로 존재함으로써 정전제가 지향하고 있는 지주제적 모순의 극복과는 일단 거리가 멀어 보인다. 곧 그들은 지대뿐만 아니라 전세도 작인이 부담하던 조선후기 병작농민의 실태를 그대로 유지하는 것이었으며, 다만 정전제의 논리대로라면 공전 노동력과 정전제하의 군역 부담 외에 다른 징색을 받지 않는 수준일 뿐이다. 과도적 형태의 정전제에서 볼 수 있는 풍경이지만, 다산은 조선후기 현실에서 중간수탈의 근원적 제거는 매우 큰 폭의 진보적 개혁이라고 생각하였다. 백성이 국가를 신뢰할 수 있는 단초라고 여겼던 것이다.

그리고 8농부는 각각 그 집에 반드시 건장한 남성(壯男) 3명이 있어야 전지(田地)를 받는다고 하여 장정(壯丁) 3인 이상의 우수한 노동력을 갖춘 농가에 우선적으로 사전을 배분하겠다는 의미로 읽힌다. 또한 그런 농가를 비롯한 모든 사전 농민들은 100묘 이상의 전지를 받지 못하도록 하여 정전제에서는 기본적으로 광작(廣作)을 염두에 두지 않은 것으로 이해된다. 곧 다산의 정전제는 인구수를 헤아려 토지를 나누어준다(計口分田)는 의미의 균전(均田)뿐만 아니라 노동력 수와 무관하게 가호 당 경작지를 배분한다는 의미의 균작(均作)을 거부하는 것이었다. 노동력 수에 비례하여 토지를 분배하되 1가구 당 사전 1구역 곧 100묘 이상의 전지를 지급받지 못하게 하고, 100묘 내에서는 가구 내 성인노동력의 수에 따라 차등 배분하는 것이다. 곧 다산의 정전제는 조선후기 농업생산력 향상을 최대로 추구하는 가운데 소농경영의 안정을 토대로 작동되는 국가를 염두에 둔 것이었다. 그가 강조하고 있는 농업생산력의 발달도 결국은 집약적 소농경영의 활성화를 전제로 하고 있음을 볼 수 있다.

한편 표준정전은 백성이 비록 좋아하지 않더라도 관에서 강압적으로 시행하는 것이 마땅하나, 더욱 확대하는 정전은 백성이 만약 좋아하지 않는다면 강제로 할 필요는 없다고 보았다.[41] 또한 다산은 축언築堰·축보築洑의 토건기술에다 구체적 설명을 곁들여 가며 저습지 개간을 장려하여 공전 확보와 정전제의 점차적인 확대 실시를 추구하여 결국 전국의 전지를 '왕토'로 확보해야 한다는 것이다. 이는 조선후기 현실에서 지주제를 부정하고 이를 극복하기 위해 반드시 시행되어야 하는 정전제임을 확인할 수 있게 한다.[42] 그리고 전국적으로 획정된 공·사전의 실태가 객관적으로 일목요연하게 드러나도록 한 전지의 지도, 곧 어린도魚鱗圖도 군현별로 작성하되 대략 사방 1리마다 그림 한 폭을 만들고 각 도편圖片마다 도설圖說로서의 전적田籍을 반드시 기재하도록 하고 있다.

정전제는 군현을 단위로 시행하여, "이 고을 백성은 저 고을 전지를 경농하지 못하는데 혹 이 마을에서 오직 저 마을 전지에만 의지하는 백성이 있으면 백성을 저 마을로 이사시켜 농사하도록"하며, 또 촌리村里의 제도는 전지로 묶는데, 4정井은 1촌村, 4촌은 1리里, 4리는 1방坊, 4방은 1부部가 된다. 촌에는 1감監, 리에는 1윤尹을, 방에는 1노老를, 부에는 1정正을 각각 두고 인의仁義로 인도해서 공전을 경작하고, 효제孝悌를 깨우쳐서 사전을 경작한다는[43] 것이다.

공전 농사를 사전 농사보다 반드시 우선해야 하며, 공전 경작을 위한 사전에서의 노동력 조발은 사전 1부夫(區, 100畝)당 1명(이를 '전수佃首'라 함)을 택하여 8명이 공전을 경농하도록 한다. 사전 1부 안에 농사짓는 자가 여러 명인 경우 그 경작하는 면적의 비율에 따라 노동력을 내도록 한다. 그리고 최소 행정단위의 장인 촌감村監이 이를 관리한다. 촌감은 옛날 전준田畯의 직에 해당하는데, 1년에 곡식 24곡斛(240斗)을 녹봉으로 받는다.[44]

공전 농사에 필요한 종자는 첫 해 봄에만 관에서 공급하고, 모든 공전 배미에 보리 심는 것을 금하는데 그것은 지력이 쉴 수 없고 번경翻耕하지 못하며 모내기를 제 때에 하지 못한다는 이유에서다. 그리고 가을 수확 시에는 이윤과 촌감의 입회하에 사전 8구區의 농부가 함께 타작하여 포장해 두었다가 봄에 세곡稅穀으로 바친다.[45]

원리로서의 정전제에서 공전 수세는 전국 각지에 표준정전을 설치하고 우선 공전만을 국유화하여 그 공전 1구역과 결부된 사전 8구역의 8농부의 노동력으로 공동 경작된 공전의 소출 전부를 전세로 수취함으로써 1/9세법을 실현하는 것이지만, 실제로는 공전에서의 수확을 토지등급에 따른 정액세의 형식으로 거두어들이는 방식을 제시하고 있다.

먼저 공전 설치 3년 뒤에 경전어사가 3년 동안의 문부文簿를 가지고 공전을 순시하며 이윤 및 촌감과 회합하여 전지의 비옥하고 메마름을 보아서 공전을 9등급으로 나눈다. 논(水田)의 경우, 전지 2묘반畝半(1斗落)당 수확이 조租 100두斗인 경우는 상지상등上之上等, 80두는 상지중등, 60두는 상지하등, 50두는 중지상등, 40두는 중지중등, 30두는 중지하등, 25두는 하지상등, 20두는 하지중등, 15두는 하지하등으로 책정하여, 이후 그 정해진 액수를 세稅로 거두어들인다. 논에 미나리나 세모골(三春蒲)을 심은 것은 모두 상지상등에 준하는 것으로 하고, 연(芙蕖)을 심은 것은 중지중등에 준하는 것으로 한다.[46] 또한 밭(旱田)도 9등급으로 나누는데, 밭 2묘반에서 봄가을에 벼 100두와 맞비길만한 수확이 나오는 곳은 상지상등, 벼 80두에 해당하는 수확이 나오는 곳은 상지중등에 준하는 식으로 한다. 밭 상지상등에 파·생강·담배·고구마 등을 심은 곳은 상지상등 논보다 훨씬 수확이 많다. 그러나 이러한 곳에서도 2묘반(1두락) 수세는 100두로 제한하였다. 공전에서 이미 정해진 세를 충당하고도 남은 곡식은 9등분하여 그 하나는 촌감의 몫으로 하고 나머지는 8구역의 8농부들이 먹도록 하며 관에서는 간여하지 않는데,[47] 이러한 조처는 모두 노동의욕을 제고시키고 상업적 농업을 적극 권장하려는 논리로 이해된다. 풍흉시에는 수세에 증감을 두도록 했으며,[48] 수전·한

전에서의 공전 수세 외에 산전·화전·궁방전·둔전·공수전·아록전·역전·도전·참전·노전 등에서의 수세에 대해서도 따로 규정을 마련하고 있다.[49]

 그리고 다산은 일찍이 여전론의 구상에서부터 병농일치 사상을 분명히 하고 있었는데, 정전제에서도 이를 제안하고 있다. 정전을 구획하고 세밀한 경계작업이 끝나면 농부로서 군사의 대오를 편성해야 한다. 다산은 힘이 센 자를 농부로 만들고, 그 농부를 군사로 만들어야 한다고 늘 생각해 왔다. 그의 군사대오의 편성 방식은 8부夫가 1정井, 4정이 1촌村, 4촌이 1리里가 됨으로 1리에는 128부夫가 있는 셈인데, 이를 10대隊로 편성하여 정졸正卒 100명, 화병火兵 10명, 대장隊長 10명, 기총旗總 5명, 교련관敎鍊官 2명, 초관哨官 1명을 두는 것이다.[50] 정전의 토지제도로 엮어진 촌리의 행정제도는 그대로 군사제도로 연결되고 있다. 다산은 정전 농민의 경제적 안정과 국가 경제의 윤택함을 바탕으로 실질적인 부국강병을 추구하고 있었다.

 근본을 알고 언제나 실천을 강조한 자신의 공부론에 의거하여 다산은 지속적으로 사유思惟해 왔다. 18세기 말에서 19세기 전반기에 걸친 시기의 조선사회 현실은 매우 절박한 것으로 다가왔다. 농업생산력이 발달하였으나 오히려 농민은 죽어가고 국가재정마저 파탄나고 있는 형국을 현직관료뿐만 아니라 농촌의 재야 지식인들은 어떤 형태로든 설명할 수 있어야 했다. 외세의 침략보다는 내적으로 백성이 난을 생각(思亂)할 수 있는 현실에서 다산은 농민과 토지를 생각하고 국가를 분석하였다. 상품화폐경제가 발달하고 사회적 분업이 일정하게 강조되고 있더라도 여전히 농업이 중심인 사회를 전제로 그의 개혁론이 전개되었다. 농업사회에서 생산수단인 토지의 사적소유로 빚어진 지주제의 모순을 직시한 다산은 그 어려운 문제를 풀어보고자 그의 진지성을 발휘하였다. '입민지본立民之本'이 균전에 있다고 본 초기의 생각이 실학의 일반론과 크게 다르지 않다고 하더라도, 이후 농업생산력 향상과 토지의 소유 및 경작의 문제를 늘 함께 생각한 그의 개혁론은 모순에 대한 인식의 절실성 만큼이나 실천을 전제로 구체화되어 갔다.

여전론과 정전제 이론이 그러하였다. 20여 년의 간극을 지닌 두 이론이지만 문제의 근본을 바라보는 관점이 진지하고 일관된 데서 나온 다산의 생각에는 공통된 연속성이 다분히 강하게 나타난다. 고질적인 지주제 극복을 위해서는 토지국유를 바탕으로 토지론과 왕정론을 지속적으로 강조하였고, 농사짓는 농민만이 토지를 점유하여 경치耕治함으로써 생산력을 향상시킬 뿐만 아니라 농민의 국가와의 관계에서 중간수탈을 근원적으로 배제시킬 생각도 기본적으로 이어졌다. 한편 사회적 분업에 관한 생각이 한층 구체적으로 확립되고 있는 가운데 농민적 균산보다는 9직을 중심으로 한 실질적인 균직으로의 뚜렷한 변화, 여 단위의 협동농장적 운영보다는 개별 가호 단위의 소농경영의 안정적 성장을 강조하는 방향으로의 흐름은 다산 생각의 단절성이라기보다는 오히려 실천을 위한 구체성으로 읽힌다. 오랜 경학 연구를 통해 깨친 원리로서의 정전제를 과도적인 형태로나마 조선후기의 현실에서 시행하고자 구체성을 띤 채 제안된 사실도 같은 맥락으로 읽을 수 있다. 개체로서의 농민보다는 공적인 국가를 우선시 한 다산이지만, 국가 혹은 국가기구의 이름으로 농민을 수탈하는 구조는 결단코 극복되어야 농민의 신뢰를 회복할 수 있다고 보았다. 사회적 분업을 전제로 전 인민이 노동하는 구조로 짜여진 다산의 토지론은 기본적으로 주체적 자율성을 지닌 인간을 대상으로 하고 있으며, 국가는 국유인 토지를 매개로 농민을 비롯한 전 백성의 자율적인 노동을 강하게 요구할 수 있다고 생각하였다.*

제176주기 다산 묘제 및 헌다례(2012년 4월 7일)

2

김옥균, 개화의 길에 뿌린 피와 눈물

성대경

1872년 알성문과 장원급제
1882년 수신사 고문으로 일본 시찰
1884년 갑신정변
1894년 중국 상하이 동화양행에서 암살당함

1. 작은 편지에서 읽는 큰 역사

김옥균(金玉均, 1851~1894)이 쓴 편지가 있다. 지금껏 세상에 알려지지 않았던 이 편지는 김옥균이 1883년 12월 11일에 일본에서 서울의 김윤식金允植에게 보낸 것이다. 이 편지에는 당시 조선 왕조가 변혁과 전환의 소용돌이 속에서 안으로는 새로운 체제를 갖추고 밖으로는 거세게 침투하는 외세에 맞서 자신을 지켜내려고 몸부림치는 정황이 생생하게 담겨 있다. 특히 임오군란 뒤 일본과 청국이 무역침탈로 나라를 쑥대밭으로 만들고 국정을 가로채 농단하는 엄중한 시기에 국가의 안위를 두고 노심초사하는 우국 관료 김옥균이 수학의 동문이며 외아문外衙門의 상관인 김윤식에게 보낸 편지라

문자상 표현 뿐 아니라 글의 행간에서도 그의 갈등과 고뇌를 느낄 수 있다. 읽는 이의 관심에 따라 다양한 문제를 설정하고 고찰할 수 있겠는데 우선 편지의 서술 순서에 따라 다음과 같이 다섯 가지 대목을 살펴보겠다.

① 기기국 신설, 병대가초, 세관 개설, 외약첨결에 대하여

② 국채 모금에 대하여

③ 울릉도 벌목 사건

④ 북사(北社)에 대하여

⑤ 어윤중과의 관계

이 편지에는 이 밖에도 한성순보 발간에 관련한 얘기를 비롯해 관심 꺼리가 더 있으나 먼저 이 다섯 문제를 당시의 역사적 사실을 검토하면서 김옥균과 김윤식이 어떻게 관련하고 있었는지를 살펴볼까 한다.

2. 기기국 신설, 병대가초, 세관개설, 외약첨결에 대하여

김옥균은 편지 서두에서 세모를 맞아 고국의 사우師友가 몹시 그립다면서 운양雲養 부자의 안부를 묻고는 곧 바로 기기국器機局의 신설, 군대의 증원, 세관의 개설, 외국과의 조약체결을 거론하며 이제 나라의 근대화가 순조롭게 진척되고 있으니 이를 경하한다고 했다. 그러나 이것이 김옥균의 진정에서 우러나는 칭송 같지는 않다. 그는 임오군란 이후 조선을 둘러싼 국내외 정세를 심각한 위기로 받아들이고 이를 극복하기 위해 일대 변혁을 시도해야할 시점이라 고뇌하고 있는 사람이었다. 따라서 위에서 열거한 일들이 나라의 발전에 기여할 만큼 만족스런 성과가 아니라는 것 잘 알고 있을 터인데 이것을 나라 발전의 기초가 된다며 기뻐하고 있는 것은 이 일 모두가 김윤식이 관여하여 성사된 것이기 때문에 그를 칭송하느라 편지 첫 머리에 열거한 것이 아닌가 생각한다. 이제 그 내용을 구체적으로 살펴본다.

1) 기기국 신설

기기국은 신식 무기제조기관이다. 1881년
영선사領選使 김윤식은 38명의 유학생과 기술
자(서양공학 학습을 위한 유학생 20명, 무기제조 기술 실
습생 18명)를 중국 천진의 기기제조국에 데리고
가서 소총·탄환 등의 무기 제조기술을 배우
게 했다. 그러나 당시 유학생의 자질이 근대
적 과학기술을 습득하기에 능력이 턱없이 부

김윤식

족했고 천진의 기기제조국의 교육환경도 일종의 도제제도에 의존하고 있
어 조선 유학생을 일개 공장 노동자로 처우하는 형편이었다. 여기에다 유
학비용이 부족해서 귀국하는 자가 속출하였고 그나마 임오군란 이후 정부
에서 이들을 돌보지 못해 천진 기기창을 통한 선진 무기제조기술의 습득
계획은 실패로 끝나고 말았다.

이 실패를 만회하기 위해 김윤식은 1883년 4월에 천진 기기국 관계자와
협의하여 청국으로부터 조그만 손기기小手機器를 구입하고 중국 기술자 4명
을 고용한 다음 그때까지 천진에서 고학하고 있던 잔존 유학생 15명을 귀
국시켜서 삼청동 북창에 기기창을 설치했다.

그러나 우리나라 최초의 근대적 병기공장이라 할 수 있는 이 기기국은
동력을 사용하는 공장형태의 생산이 아니라, 청국에서 황급하게 구입한 조
잡한 기계로 기술자들의 손재주에 의지해서 무기를 만드는 가내수공업 수
준의 공장에 불과했다. 이것이 당시 조선의 군비계획에 얼마만큼 기여를
했겠는가. 후일 김윤식은 자신이 추진한 무비강화정책은 이홍장李鴻章 등의
권유로 추진은 했지만, 이것이 당시의 급무가 아니었다면서 조선의 사정을
깊이 생각하지 못한 일이었다고 그의 문집에서 스스로 반성하고 있는 데서
도 그간의 실상을 알 수 있다.

그러나 김옥균으로서는 김윤식의 노력으로 기기국이 창설되고 그 총판 總辦에 임명되기까지 했으니 어찌 축하하지 않을 수 있겠는가.

2) 병대가초兵隊加招

임오군란이 일어나자 그때 천진에 머물러 있던 김윤식과 어윤중은 청국이 군대를 파견하여 이 사태를 수습해주길 요청했다. 이에 청국은 즉각 마건충馬建忠과 정여창丁汝昌으로 하여금 군함을 이끌고 인천으로 내달아 일본측 군함과 대치했고 잇달아 오장경吳長慶의 대군이 도착하여 서울과 인천 일대에 청·일 양군이 넘치게 되었다.

이때 군란의 진압을 진두지휘한 자가 마건충과 청장 오장경의 막료 가운데 한 사람인 24세의 원세개元世凱였다. 그는 군란으로 재집권한 대원군을 납치하여 중국으로 압송하고 대원군의 장남 이재면李載冕의 훈련대장직을 해임하여 남별궁에 유폐시켰다. 그리하여 군란의 봉기 가담 무력의 생활 근거지인 왕십리, 이태원 일대를 급습하여 조선군을 살육작전으로 완전히 소탕해버렸다. 청국군을 끌어들이고 조선군을 해산한 참담한 과정에서 마건충, 정여창, 오장경, 원세개와 긴밀히 협조한 장본인이 김윤식과 어윤중이었다.

이렇게 서울을 점령한 청국군은 원세개로 하여금 새로 장정 500명을 선발하여 신건친군新建親軍 좌영左營이라 이름하고 잇달아 또 500명으로 우영右營을 조직하여 이들을 청군 장교 지휘로 훈련하여 새 군대로 조직하였다. 훈련도감을 비롯한 조선군의 모든 기관을 혁파하여 스스로 자신의 궁궐 호위 무력까지 원세개에게 위임하고 있는 고종은 춘당대에서 오늘은 중국군의 훈련을 관람하고 내일은 일본군의 사열을 받는 한심한 꼴을 보이고 있었다.

이 시기 개화관료들은 하나같이 부국강병을 정치의 지상목표로 삼고 있었다. 그렇기 때문에 김옥균도 그 어려운 재정 속에서도 61명의 청년을 일본에 유학시켜 정치·경찰·우편·관세·재정에 관한 실무지식을 배우게 하면서 그 중 30명을 도야마(戶山) 군사학교에 입학시켜 군사교육을 받게 하였으며 그 후 박영효가 광주유수로 좌천된 불우한 정치 상황에서도 사관유학생 신복모申福模, 이규완李圭完, 유혁로柳赫魯 등을 일본에서 귀국시켜 거의 1,000명에 가까운 신식군대를 훈련·양성하고 있었다. 김옥균이 당시 300만원의 차관을 얻기 위해 일본에서 동분서주하고 있었던 것도 나라의 재정파탄을 타개하기 위해서이기도 했지만, 군대양성의 재정을 뒷받침하는 것이 초미의 목적이었을 것이다.

그러나 이 편지에서 거론한 병대가초兵隊加抄는 1883년 10월에 친군 전영前營을 신설한 것을 시작으로 친군 각 영에 교련소를 증설한 것을 말한 것인지 아니면 김윤식이 강화유수에 임명되자 원세개가 강화도에 직접 내려가 강화병정 500명을 특별 선발하여 원세개의 지도로 청군식 훈련을 시켜 이를 진무군鎭撫軍이라 이름하여 김윤식에 위임한 사실을 두고 한 말인지 분명치는 않다.

그러나 당시 나라의 궁핍한 재정상태와 청·일을 비롯한 국제적 무력관계를 냉철하게 검토하지는 않고 군대를 대량 양성하는 것을 국가발전에 크게 기여하는 것으로 생각한 김옥균의 정치사상에 비판적 재조명이 필요한 것은 아닌지 모르겠다.

3) 세관개설

세관문제는 1876년 2월에 〈조일수교조약朝日修交條約〉이 체결되고 잇달아 그 해 7월에 조인한 〈수교조규부록〉과 〈무역장정〉, 그리고 12월에 동래부사 홍우창洪祐昌과 부산항 일본관리관 곤도(近藤眞鋤)가 〈부산항 일본인거류지조차조약〉을 조인함으로써 실질적으로 제기된 문제이다. 그때 정부에서는 부산항 수출입 화물의 관세를 그 세목과 통행규칙을 정하여 1878년 9월에 부산 두모진豆毛鎭에 세관을 설치하고 조선 상인부터 관세를 징수했는데, 일본 관리관이 부산세관 설치가 병자조약에 위배된다면서 일본상인을 동원하여 동래부에서 세관 설치 반대시위를 벌이는 사태가 발생했다. 이때 일본공사 하나부사(花房義質)가 일본 해병을 군함에 싣고 와 부산에 상륙시켜 시위에 가담시켰다. 동래부사는 일본의 무력시위에 굴복하여 새로 설치한 세관을 철폐하고 말았다.

이와 같이 조선과 일본 간의 무역은 조선의 자주적 관세권의 부인, 일본화폐의 유통, 영사재판권의 행사라는 일본의 강요에 따른 세 가지 불평등한 조건을 포함하고 있었다. 이에 따라 개국 이래 아무런 관세의 제재도 받지 않는 자본주의 상품이 일본 상인들을 통해 물밀 듯 조선 시장으로 쏟아져 들어 왔다. 또 일본인들이 그들의 일본화폐로 조선에서 쌀·콩 등 곡류와 금·은 및 조선화폐를 수매·수출하여 조선시장을 교란하고 경제파탄에 빠트렸다.

이에 조선 정부는 1880년 김홍집金弘集 2차 수신사 때부터 미곡 남출監出금지, 즉 방곡령문제와 무관세 무역의 일정세로의 개정을 일본 정부에 줄기차게 제의했다. 그러나 일본은 갖은 핑계로 지연책을 쓰면서 무관세 무역을 무려 7년간이나 계속했다. 그리하여 1882년에야 김윤식, 어윤중이 관여하여 체결한 조미조약朝美條約에서 비로소 조선의 관세자주권이 규정되고 그 세칙의 대강이 다음과 같이 약정되었다. 즉 수입품의 경우 일용생활필수품은 시장가격의 10%, 사치품(양주, 여송연, 시계류 등)은 30%의 세율을 책정하고 수출품은 일률적으로 5%로 규정했다. 이때 조선 정부의 대미 수교를 획책한 배경에는 미국과의 조약에서 공정한 세칙을 규정한 다음 이것을 근거로 삼아 그동안 일본 측에 피탈된 관세권을 되찾으려는 의도가 숨어 있었으며, 김윤식과 어윤중이 이 조약 체결에 깊이 관여했던 것이다.

그러나 이 규약은 임오군란 후 묄렌도르프(Möllendorf)와 마건충이 민영목

閔泳穆을 앞세워 일본과 협상하는 과정에서 수입종가세의 10%를 승인하는 것으로 타협하였으나, 실제상 시행하지도 않고 있는 상황이 계속되었다. 이와 같이 묄렌도르프의 해관세칙 개정의 대일교섭이 조미조약과 동일한 조건을 획득하지 못한 1883년 8월에 정부에서는 개항장인 인천에 조병직趙秉稷, 부산에는 이헌영(李鑢永), 원산에는 정현석鄭顯奭을 감리監理로 임명하여 본격적으로 세관업무를 관장하려고 그 체제를 갖추기 시작했다. 그러나 이런 중요한 시기에 해관총세무사海關總稅務司 총재總裁라는 특별한 직위에서 조선의 통상·관세를 전단專斷하던 묄렌도르프는 1883년 9월에 다께조에竹添進一郞의 회유에 빠져 인천, 부산, 원산의 해관세 수세업무를 일본제일은행에 위탁하는 것을 골자로 하는 이른바 〈조선통상삼항지해관세금취급방가정약朝鮮通商三港之海關稅金取扱方假定約이라는 어처구니없는 조약을 당시 일본 제일은행 부산포지점 주임 오오하시(大橋半七郞)와 체결하는 일이 벌어진다. 이것은 곧 조선의 관세, 수세업무를 묄렌도르프의 명의로 일본 제일은행에 양도하는 꼴이 된 것이다.

4) 외약첨결

이 편지에서 김윤식을 칭송하며 언급한 외약첨결外約添結은 아마도 조·미수호통상조약과 잇달아 체결한 조朝·영英, 조朝·독獨 간 수호조약을 두고 한 말일 것이다.

19세기 중엽 이후 청국은 이른바 그들의 번속국藩屬國을 차례차례 자본주의 열강에 빼앗기고 있었다. 1852년에는 버마를 영국에, 1860년에는 아무르강 이북 땅과 연해주를 러시아에, 1874년에는 베트남을 프랑스에, 1879년에는 유구琉球를 일본에 빼앗겼다. 이럴 때 운요호사건을 구실로 조선침략에 나선 일본이 조선과 맺은 1876년의 강화도조약 제1조에 "조선은 자주국이며 일본국과 더불어 평등한 권리를 가진다"는 구절을 내걸었다. 이것은 조선문제로 청국이 종주권을 내세우고 개입하는 것을 방지하려는 일본의 음흉한 의도가 숨어 있는 조항이었다. 이를 알아차린 청국이 허물어져가는 중화체제를 유지하기 위해 조선에 대한 종래의 명목적인 종속관계를 실질적 종속관계로 전환하려고 획책한다.

그 계략은 두 가지 방책으로 추진되었다. 하나는 일본이 통상조약으로 조선에서 취득한 통상·무역상 특별이권을 중국도 동일하게 담보하는 조약을 요구한 것으로 이것은 1882년 8월 진주사陳奏使 조영하, 김홍집과 어윤중이 천진에서 중국의 주복周馥 마건충과 맺은 조중상민수륙무역장정朝中商民水陸貿易章程을 약정함으로써 청국의 뜻대로 이루어 졌다.

그 또 다른 하나가 조선으로 하여금 서구 열강과 수호조약을 체결하도록 하여 그 조약 속에 조선이 청국의 속방임을 조문으로 명시하는 방법이었다. 당시 고종은 수신사 김홍집이 일본에서 가져온 황준헌黃遵憲의『조선책략朝鮮策略』때문에 촉발된 전국적인 유생들의 위정척사 상소에 골머리를 썩이다가 그것을 벗어날 묘책을 찾았다. 곧 조선의 개국을 권장하고 있는 이홍장에게 김윤식과 어윤중을 보내서 청국 황제의 소지諭旨를 얻어서 유생들의 항의를 잠재우려고 계획했던 것이다. 그런데 이홍장은 황제가 소지를 내리는 것은 사체事體에 맞지 않다면서 미국과의 수교를 권하며 주복 마건충과 조약내용을 검토 협의케 했다.

오랜 진통 끝에 조미조약이 최종 타결되는 단계에서 이홍장과 미국 대표 슈펠트Shufeldt 사이에 이견이 드러나 협약이 벽에 부딪쳤다. 이홍장은 조선이 청국의 속방이란 조문을 조약 속에 반드시 명시해야 한다고 완강하게 주장하고 슈펠트는 그럴 필요가 없다며 대립한 것이다. 이 대립 가운데서 김윤식과 어윤중은 조약문에는 조·청의 종속관계 명시를 하지 않는 대신 조선의 국왕이 별도로 미국의 대통령에게 조선이 청국의 번속국임을 밝힌 조회照會의 글로 통보하는 방식의 절충안으로 조미조약을 마무리하였다. 그야말로 수치스러운 국제조약이었다. 당시 조선의 당면과제는 청으로부터의 정치적 독립이 중요 목표였는데, 김윤식과 어윤중의 세계관의 한계성과 외교역량의 미숙으로 슈펠트의 견해를 이용하지 못한 채 이홍장의 계략에 빠져 조선이 청국의 속방임을 국제적으로 공표한 조미수호조약을 체결하고 말았던 것이다. 이와 같은 부끄러운 조약은 1883년 10월에 영국과 그리고 잇달아 독일과의 통상조약에서도 똑같이 되풀이되었다.

3. 차관실패에 대하여

편지의 성격상 이 문제는 가장 중요한 내용이 되겠는데, 김옥균은 자세한 얘기는 직접 만나서 말하겠다면서 일이 성공하지 못한 까닭이 자기가 일을 잘하지 못하였기 때문이 아니라고 열심히 변명만 늘어놓고 있다.

김옥균이 1883년 6월에 일본에 간 목적은 300만 원의 외채를 얻기 위해서였다. 임오군란 후 나라의 재정곤란은 극에 달해 이를 타개하기 위한 방안을 둘러싸고 개화파를 대표한 김옥균과 수구 민씨 척당을 대표한 묄렌도르프의 대립은 심각했다. 당시 이홍장이 파견한 묄렌도르프는 명색은 통리교섭통상사무아문의 참의參議라는 직책이었으나, 실질적으로는 외아문의 고문 역할을 하면서 민씨 척족, 특히 민영익閔泳翊과 굳게 결탁되어 있는 외교·통상의 실질적 총지휘자였다.

심각한 재정파탄을 당오전當五錢 발행으로 타개하려 한 묄렌도르프의 계획은 당시 전환국典圜局이 직영하는 서울의 삼청동주전소는 민태호閔台鎬, 평양주전소는 민응식閔應植, 강화주전소는 조영하가 각각 관활하고 있는 처지였으므로 당오전의 주조권을 독점하고 있던 위의 세 사람의 이익을 보장하는 정책 그 자체였다. 게다가 묄렌도르프는 곧 전환국 총판의 감투를 쓰게 될 위인이었다.

김옥균은 갑작스런 악화惡貨 발행정책은 나라에 해독이 된다면서 당오전

주조에 반대하고 외채外債모집으로 재정위기를 극복해야 한다고 묄렌도르프에 맞섰다. 김옥균과 묄렌도르프의 논쟁은 『갑신일록甲申日錄』에 자세하다. 재정파탄의 해결방책이 곧 정부 내의 주도권을 좌우하는 중요한 쟁점이라는 것을 파악한 김옥균은 어렵게 얻어낸 국왕의 국채위임장을 가지고 일본으로 간 것이다. 그러나 전일에 위임장만 있으며 돈을 빌려 주겠노라 큰소리치며 약속한 이노우에 가오루(井上馨)를 비롯한 일본의 고위 인사들이 하나 같이 김옥균에게 등을 돌리고 외면했다. 김옥균은 이 사실을 묄렌도르프의 모함에 현혹한 다께조에 일본 공사가 김옥균이 소지한 위임장이 가짜라고 일본 당국에 보고했기 때문이라고 『갑신일록』에 적어 놓았다. 그러나 실은 당시 일본 정부의 대외정략, 특히 대청·대조선 정책의 갑작스런 전환 때문이었다. 일본은 장차 있을 청국과의 결정적 대결 또는 전쟁을 위해 군비증강에 모든 재력을 경주한다는 방침을 굳힌 시기여서 조선에 경제적 지원을 해줄 의사도 그리고 재정적 여력도 없는 실정이었다. 당시 일본 정부는 개화파에 의한 조선의 개혁운동을 지지하는 것처럼 야단스레 떠벌이면서 속으로는 침략적 음모를 치밀하게 추진하고 있었다. 300만원 국채 차관문제는 처음부터 일본 측의 거짓 선심에 김옥균이 놀아난 느낌이 없지 않다. 일본의 명치유신을 모델로 일본의 도움을 받아 나라의 개화를 이룩하겠노라 골몰하던 시기의 김옥균에게 일본의 교활한 속셈을 꿰뚫어보는 냉철한 경계심이 없었다는 것을 지적하는 것은 조금 지나친 비판이 될 것인가 모르겠다.

4. 울릉도 벌목사건

『일성록日省錄』1881년 5월 22일조에 통리기무아문이 일본 외무성에 일본인의 울릉도 벌목 금지를 통고한 기록이 있다. 이 일본인 벌목사건 때문에 이규원李圭遠을 울릉도 검찰사檢察使로 임명해 현지에 내려 보냈는데, 1882년 6월 5일에야 돌아와 고종에게 복명한 흥미로운 내용이 있어 그 일부를 소개한다.

고종이 울릉도의 지리를 자세히 묻고 만약 이 곳에 읍邑·진鎭을 설치한다면, 어느 지역이 마땅하겠는가, 뽕나무와 닥나무가 숲을 이루고 있다니 만약 이 섬을 개척한다면 백성들이 즐거이 따르겠는가 묻는다. 이에 대해 이규원이 뱃사람과 약초 장사치에게 물어보니 따르겠다는 사람이 많더라고 답한다. 고종이 채약採藥과 조선造船을 우리나라 사람이 하느냐 물으니 이규원이 호남 사람이 가장 많은데 모두 배를 건조하거나 미역(藿)과 전복(鰒)을 따고, 다른 도 사람들은 주로 약초를 채집한다고 답한다. 이규원이 일본 놈들이 이 섬에 송도松島라는 표목을 세워놓고 있더라며 한 뼘의 땅이라도 곧 조상이 물려준 땅인데 어찌 버릴 수 있겠느냐고 말하니 고종이 즉각 이를 일본에 경고할 뿐만 아니라, 울릉도를 개척하는 일 또한 하루 속히 실행하는 것이 좋겠다고 군신간 의견이 일치하는 보기 좋은 복명이 기록되어 있다. 이규원은 이 공로로 경상좌도 병마절도사에 임명되었다.

김옥균은 이 편지에서 울릉도 일은 박봉사에게 말해 놓았으니 물어보라 말하고 당분간 공개하지 않는 것이 좋겠다는 부탁까지 하였다. 그런데 김옥균이 이 편지를 쓴 1883년 12월 11일에서 불과 한 달 뒤인 1884년 1월 11일, 의정부에서 동남제도개척사東南諸道開拓使 김옥균의 장계에 의거하여 울릉도 문제를 처리했다는 것을 왕에게 보고한 기록이 『일성록』, 『승정원일기』, 『비변사등록』과 『한성순보漢城旬報』에 일제히 실린 것이다. 김옥균이 의정부에 올린 장계狀啓의 내용은 이러하다.

울릉도 목재를 일본인이 몰래 벌목해서 배로 실어낸다길래 목재 실은 배를 잡아 그 연유를 조사해보니 울릉도 도장島長이라 칭하는 자의 허가증을 가지고 돈과 쌀로 목재와 교환한 것이라고 말한다. 그러니 뇌물

을 탐하여 법을 어긴 도장 김석규金錫圭를 추조秋曹로 압송하여 벌해야
한다.

김옥균이 일본에서 차관 300만 원을 성사시키려고 동분서주하고 있을 때
국내에서는 엄청난 음해모략이 난무하고 있었다. 위에서 말한 국왕의 신임
장이 김옥균이 만든 가짜라는 설과 관세를 담보로 잡혔다는 설, 그리고 또
하나 경향간에 널리 퍼진 모함은 김옥균이 울릉도를 일본에 팔아먹었다는
소문이었다. 이럴 때 박봉사가 울릉도 벌목사건을 김윤식에게 전했으니, 이
를 서둘러 처리하여 김옥균에 관한 시끄러운 날조유언사태를 진정시키려
고 김윤식, 박봉사 두 사람이 김옥균 명의로 장계를 올린 것이 아닌가 생각
해본다.

박봉사가 누구인지 알아보려 했으나 자료를 찾을 수도 없었고 다만 1881
년 신사유람단이라는 이름으로 62명의 대규모 사찰인원이 일본에 파견된
적이 있었는데, 이 때 일본 외무성을 시찰부서로 담당한 민종묵閔種默의 수
행원 중에 일본 외무성을 시찰한 박회식朴會植이란 사람이 있는데 이 사람
이 아닌가 생각하나 확신할 수는 없는 일이다.

아무튼 이 울릉도 벌목사건은 김석규를 서울로 잡아 올린 기록으로 끝났
고 정작 이름도 밝히지 못한 벌목 범인은 일본인이기 때문에 아무런 처벌
도 하지 못했다. 그때나 지금이나 외국인 범죄에 대해서는 영사재판권·치
외법권 어쩌고 하면서 손도 못 대고 넘어갔을 뿐 아니라, 1884년 1월에 거
론된 이 사건이 그 해 7월 30일에 가서야 평해平海군수가 울릉도 첨사를 겸
임하는 것으로 일단락 끝난다.

한 가지 기이한 인연처럼 생각되는 일은 김옥균이 갑신정변에 실패하여
일본으로 도망한 직후 이 장의 첫머리에서 얘기한 울릉도 검찰사 이규원이
김옥균의 동남제도개척사 겸 포경사의 벼슬자리를 승계했다는 사실이다.

5. '북사北社'에 대하여

편지에서 가장 눈에 띄는 말은 '북사'이다. 임오군란 이후 이른바 '북사'의 동지들이 조정에서 냉대 받고 있으니 이게 가슴 아픈 일이요 왜 이렇게 되었는지 알지 못하겠다고 한탄한 대목은 여러 생각을 하게 만든다. 여기 거론한 '북사'라는 말이 단순히 북촌을 지칭한 것인지 아니면 당시에 실제로 존재했던 비밀결사를 일컬은 것인지는 모르겠으나 필자가 최초로 접하는 명칭이기 때문에 생각을 넓혀서 살펴볼까 한다.

사社 자에는 여러 가지 뜻이 있다. 그 가운데 민호民戶 25가家를 1사社로 칭하는 경우, 6리六里 사방四方의 토지를 구획하는 뜻, 그리고 벗들이나 동지들이 어떤 일을 함께하기 위해 여럿이 모여서 조직한 단체를 칭하는 경우가 있다.

김옥균의 개화사상은 조선조 후기의 실학자 박지원 등 북학파의 계통을 이어 그 기초가 잡혔다는 사실은 이제 누구나 다 알고 있는 역사다. 이 일은 박규수朴珪壽에 의해 이루어졌다. 1866년 그가 평안감사 때 미국의 무장해적선 제너럴셔먼호를 불태워 양이공신으로 1874년 우의정까지 올랐지만, 그 후 정부 내에서는 개국론을 주장하는 입장이었다. 그러나 그의 주장은 세계정세에 어두운 고루한 관료가 절대 다수를 차지하고 있는 조정에서 무력한 소수 의견에 불과했다. 그리하여 그는 재동의 자택 사랑방에서 재주 있는 북촌의 청년들을 모아 후진양성의 교육을 시작했다.

이 때 박규수 사랑방에 모인 김옥균, 홍영식, 박영효, 서광범 등이 박규수를 통해 실학의 북학론을 계승·발전시키고 또 한편으로는 오경석吳慶錫, 유대치劉大致를 통해 알게 된 세계정세와 근대 사회에 대한 새로운 지식에 자극되어 이른바 개화사상을 형성했다. 이를 중심으로 하여 사상적 동지들을 규합함으로써 하나의 정치세력을 조직했다. 이 개화사상과 정치세력의 산실이 바로 박규수 댁의 사랑방이었기 때문에 이곳에서 수학한 동문을 중심으로 조직한 한 모임을 북사라고 비밀스럽게 명칭한 것이 아니겠는가 추정해 보는 것이다.

김옥균이 임오군란 이후 북사 동지들이 민씨 척당의 눈 밖에 나서 중요 직위에서 배제되거나 지방 한직으로 좌천된 것을 김윤식에게 절절히 호소하며 한탄하고 있는데, 이런 하소연은 극히 가까운 사이에나 할 수 있는 일이다. 특히 미국사행을 마치고 귀국하는 홍영식과 이에 관해 얘기하며 함께 울기까지 했다면서 당신은 홍영식을 몇 번이나 만났느냐는 사연까지 적은 것을 보면 김옥균이 김윤식을

홍영식

북사의 동지처럼 생각했기 때문에 있을 수 있는 일이 아닌가 싶다.

김윤식은 8세에 부모를 사별하고 숙부 김익정金益鼎의 집에서 성장했는데, 어린 그를 키운 숙모가 연암의 손녀이며 박규수의 사촌 누이였다. 이런 인연으로 김윤식은 박규수의 사랑을 받으며 자랐고 유신환兪莘煥의 문하에서 민태호, 민규호 등 민씨 척당의 두목격인 인물들과 동문수학한 연줄로 늦게 대과에 합격했으나, 조정의 요직에 발탁된 사람이다. 그리고 임오군란 때 청국의 무력을 끌어들여 민씨 세력을 부활시킨 공로와 이홍장, 마건충 등 청국세력의 후원을 받아 동도서기東道西器라는 1880년대 조선의 개화정책을 통상외교에서 실천하고 있던 이른바 온건파 개화관료였다.

김옥균이 이 편지에서 북사의 영락한 처지를 탄식하며 호소한 이면에는 김윤식 당신이 북사가 이런 지경에까지 이르지 않도록 보호해 줄 수도 있었던 것이 아니냐는 원망도 글귀 밑에 짙게 깔려 있음을 느끼게 한다.

6. 어윤중과의 관계

편지의 끝 부분은 어윤중과 관계되는 얘기
로 채워졌다. 편지 중간쯤에서 김옥균은 그 동
안 청국에서 활동하던 서북경략사西北經略使 어
윤중이 서울에 돌아왔다는 소식을 들었다면서
얼마나 반가웠겠는가, 또 두 분이 만나 몇 번
이나 다정한 얘기를 나누셨는지 부럽기 그지
없다고 인사말을 했다. 그런데 왜 다시 어윤중
얘기를 끄집어내었을까. 더구나 어윤중의 편
지를 받은 김옥균이 정작 어윤중에게는 답신

어윤중

을 하지 않고 김윤식에게 보내는 편지 속에 어윤중과 있었던 조금은 구차
한 얘기를 길게 늘어놓았을까.

어윤중이 김옥균에게 보낸 편지에서 무슨 말을 해서 김옥균의 비위를 거
슬렀는지, 그 내용의 전체를 알 수 없으니, 이 편지에 기록된 다음 두 가지
로 살펴볼 수밖에 없다. 첫째, 남의 말 믿는 것을 가벼이 해서는 안 된다는
것인데, 이 말은 "김옥균! 자네 왜 내 충고를 가볍게 받아 넘기는가, 제발
내 말을 믿고 따르게"라는 어윤중의 뜻이 담겨 있다. 둘째, 육지는 바다가
될 수 없고 큰 나무는 하루아침에 자랄 수 없다는 것인데, 이것은 김옥균의
평소의 언동을 나무라는 은유의 말인 듯싶다. 즉 김옥균이 무능하고 부패
한 민씨 척족세력을 몰아내고 새로운 나라를 건설해야 한다는 주장을 겨냥
하여 세상이 그리 쉽게 바뀌는데 아니라는 걸 강조하는 뜻으로 제시한 경
고인 듯 생각된다. 그리고 큰 나무가 하루아침에 쑥 자라는 것이 아니라는
말도 사람은 시간을 두고 각고刻苦 정진해야 덕성과 능력을 갖춘 거물巨物이
될 수 있는 것이니 국가 동량棟樑의 재목인 김옥균이 지금은 자중자애 해야
한다는 비유의 충고인 듯하다.

김옥균과 어윤중의 출세는 어윤중이 1869년 정시庭試문과에, 김옥균이 1872년 알성謁聖문과 장원으로 급제하면서 시작됐다. 두 사람이 똑같이 22세의 나이었으니, 어윤중이 김옥균보다 세 살 연상이었다.

당시 정국은 안으로 민씨 척족 중심체제로 전환하는 시기였고, 밖으로 일본에 잇달아 서양열강에도 문호를 개방하는 대변화가 시작되는 시기였다. 이와 같은 격변시대의 유능한 청년 개화관료로서 두 사람은 일본과 청국을 오가며 눈부신 활동을 전개했다. 그러나 1882년의 임오군란을 계기로 두 사람의 개화사상에 결정적 차이가 발생했다. 두 사람 모두 임오군란 소식을 외국에서 들었는데, 어윤중은 김윤식과 함께 청국 무력을 대동하고 김옥균은 일본공사 하나부사와 군함에 동승하고 동시에 고국에 돌아왔다.

어윤중은 청국의 무력으로 군란의 주모자로 지목한 대원군을 천진으로 납치하고 청국과의 전통적인 종속관계를 유지하면서 나라의 근대화를 추진하려 했고, 김옥균은 청국의 대원군 납치가 주권을 훼손한 행위라 크게 분개하며 청국의 무력과 정치적 압력으로 나라의 개혁이 방해받고 있다고 판단하여 청국으로부터의 독립과 부국강병론을 지향했다. 결국 임오군란을 계기로 청국과의 사대관계를 유지해야한다는 김윤식·어윤중파와 종래의 종속관계를 청산해야한다는 김옥균·홍영식파가 온건개화파와 급진개화파로 사상적 지향을 달리하며 분열하였다.

이리하여 정국은 청국의 막강한 영향을 받으며 청국의 양무운동洋務運動이 모델로 진척되었는데 그 중심에 김윤식과 어윤중의 이름이 크게 떠올랐다. 이 시기 어윤중은 감성청減省廳 당상관으로 임명되어 나라의 용원용비冗員冗費(중요하지 않은 벼슬아치나 꼭 필요치 않은 재정지출)를 감축하여 관제개혁과 폐정쇄신을 과감하게 추진한 일을 비롯해 서북경략사로 두만강 연안의 관북 18개소의 진보鎭堡를 철폐하여 백성들의 부담을 가볍게 하였고 특히 해란강 일대의 조선인을 내쫓고 그 곳에 중국인을 이주시키려는 오대징吳大徵에 견결하게 대항하여 백두산정계비定界碑를 찾아 그 실사를 통해 간도의 조선인을 보호한 큰 업적도 올렸다. 이에 대한 선망도 작용했는지는 모르겠으나 그와는 경쟁적인 처지에 있었던 김옥균은 어윤중이 세 살 선배를 내세우며 충고하는 말투를 견디지 못하고 이 편지에서 말했듯이 말다툼까지 하며 고집으로 맞섰다.

어윤중이 김옥균에게 보냈다는 편지는 김윤식도 잘 알고 있는 내용일 수도 있겠다. 이런 일을 꿰뚫어 본 김옥균이 논쟁하기 힘든 어윤중 대신 자기 의견을 곱게 들어주는 김윤식에게 마음을 털어놓은 것이나 아닌지 모르겠다. 이미 이때쯤엔 김옥균의 정변 계획이 짜이기 시작했을 수도 있다고 가정한다면, 어윤중을 자신의 사업대열에서 배제하고 있었던 게 아닌가 싶다. 그렇기 때문에 김옥균이 쿠데타 후 조직 발표한 신내각 명단에 김윤식은 예조판서로 올랐는데, 어윤중이란 이름은 보이지 않은 것이다.

아무튼 어윤중이 김옥균에게 보낸 편지는 당시 나라를 뒤덮다시피 떠도는 헛소문과 묄렌도르프와 원세개 등 청국 세력과 민씨 척족의 위협으로부터 김옥균을 보호하려는 선의를 품은 것이 분명한 터인데, 김옥균이 이에 대해 배냇병 운운하는 험한 대꾸로 웃어 넘기려한 것은 큰 실수가 아닌가 생각된다. 뒷날 김윤식은 『속음청사續陰晴史』에서 김옥균을 평해서 말하길, "함께 나라를 위해 일하기로 약속했는데……청국이 우리의 자주권을 침범하는 것에 격분하여 드디어 갑신정변을 일으켰다. 온 나라 사람이 그를 역적으로 지목하였다. 나는 정부에 있었기 때문에 그를 주토誅討하지 않을 수 없었다. 그러나 그와 나는 서로 속마음을 잘 알아서 그가 애국심에서 그렇게 한 것이지 다른 의도가 있었던 것이 아니었음을 나는 안다"고 했다. 열여섯 나이 차이를 뛰어넘은 김윤식의 지극히 아름다운 동료애가 잘 드러난다. 이런 사이였기 때문에 김옥균이 어윤중에 대한 조금은 불편한 감정을 서슴없이 털어놓은 것이 아닌가 생각한다.

7. 편지의 행간, 역사의 여운

김옥균의 간찰은 매우 희귀하다. 그가 정변에 실패하여 역적이란 죄명으로 암살되었기 때문에 세상 사람들이 겁을 먹고 그와 관련한 문건들을 없앴기 때문일 것이다. 이 편지는 김윤식이 소장하고 있었기 때문에 살아남은 행운의 한 조각이다.

이 편지는 김옥균과 김윤식 사이의 통신이지만 또 다른 두 사람의 이름이 등장한다. 어윤중과 홍영식이다. 거의 같은 시기에 대과급제를 거쳐 관계에 나선 이 네 사람은 세계를 누비며 나라를 위해 진력했다. 그러나 임오군란으로 인한 정세변화로 개화의 열정을 하나로 결속하지 못하여 도모하는 일마다 좌절한다. 홍영식은 갑신정변 때 죽고, 김옥균은 암살당하고 어윤중은 아관파천 때 살해되었다. 이 편지의 행간에서 묻어나는 김옥균의 갈등과 울분까지 감득感得한다면 당시의 역사적 진실을 밝혀낼 여지는 더욱 확대될 수 있을 것 같다.

그러나 필자에겐 그럴 능력이 없어 그저 수필처럼 가벼운 글을 쓰려던 계획이었는데, 써내려 가다보니 수필도 아니고 논문도 아닌 우스꽝스런 글이 되었다. 독자의 용서를 빈다. "이하 필자가 새로 발굴한 편지 사진과 탈초문, 번역문을 싣는다."

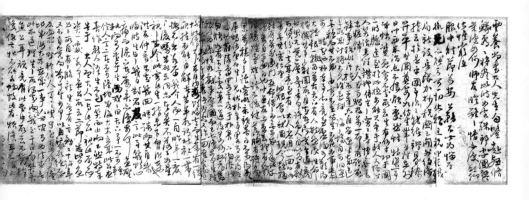

雲養尙書大人先生句鑒°

赴壑修鱗 看看將盡 此時爲客殊邦 家國懸懸當復如何 師友睽離之情亦復難
抑 伏惟窮沍° 服中體節萬安 公務不必爲惱否° 胤兄亦能支安一切 伏頌且祝° 聞
器機局新設 兵隊加抄 稅關已開 外約添結云° 於是乎國事次次就緒 竚見日臻昇平
民國奠安 如侍生輩 身雖在外 日聞西來消息 不勝頌慶° 然惟特獎一事感悚蹙恧
實不知所云° 生有何寸功于國 一時驟進至於此 極 未能見重于我人 又增外人笑
話° 直欲鑽地 侍生之實實眞情 戱毫未粧飾 大人或可燭及萬一耶° 所謂所幹事 殆
非片楮所可達 只自留連半歲迄無所成 計將不久治還 拜誨之場自家洞達 無隱 而
其不成之由 實不在侍生不善爲事 此亦可燭知也° 朴奉事亦竟至虛歸可歎° 而大抵
銀一物 爲萬古天下有人物然後性命之機關 其事之難固所自知者 而當今通商世界
尤覺一層憂憂奈何 許多人自以爲有錢可貸紛紛去來 竟至有大人虛用心一回 而此
萬無其實伏望洞燭焉° 以我國現今貌樣 雖有萬外衙門 懸命保之 必無可成之道 此
等源委自可面白也° 聞魚友上京云 想有幾回煖爐剪燈之話 不勝健羨 胸有許多累萬
積千之話 實非床頭暴白不可得 萬萬犀燭伏望° 而生之見狀 朴奉事畧有可得而歸
也° 蔚陵島畧言及于朴君 下詢後姑勿煩 如有可言處 第一道及若何 政府拔人爲職
惟如戱事辱國而已 亦復奈何 生雖欲狀聞 不明言其裏許 則空又作一回唇舌而已 故
此停耳° 來月內斷欲歸去° 而生常有一縷耿結不能自解者 昔年所謂北社一帶 惣不
出若爾幾介人 而一自昨年一變之後 疇昔所云同志者 莫不落落如星 視之甚冷冷 此
實此生一結未下胸次者也° 洪友仲育未知幾回晤談 而其自米歸時 生與之幾日對眉
及言此事° 幾欲心痛而淚下者屢矣亦復奈何 魚聖執向有書于生而戒之日 天下事
一不可輕信人言 二者不可陸地成海大木立成° 此公本喜作敎人語 生不過一笑而止
而已° 然特奉告于大人望大人一與此公 視此紙而奬一噱若何 魚公所云二節悉皆魚
公之所自由之胎疾° 生曾有言勉已十許年又不自覺而喩于生奈何° 以自家所經歷反
而求之則輕信人言之害果至於如何 又陸地成海大木立成一事 人世間有爲法 本無
此等道理 生之所深知而言幾至于口吻獎矣° 魚公耳頑 竟有此書中所云° 不覺捧腹
便甚忙不能各幅 故此有煩讀耳° 不備上狀

癸未 十二月十一日 侍生 金玉均 再拜

(탈초: 성대경)

운양雲養 상서대인尚書大人 선생께 글월 올립니다.

세월 가는 것이 빨라 어느덧 이 해도 저물어 갑니다. 이 때 타국의 손(客)이 되어 집과 나라에서 멀리 떨어져 있으니 사우師友와 헤어져 있는 안타까운 정 또한 억누를 길 없습니다. 이 한 겨울에 복중체절服中體節이 만안하오시며 공무公務에 얼마나 괴로우십니까. 큰 아드님 또한 평안하다니 두루 엎드려 송축합니다.

기기국器機局이 신설되고 군대가 늘어나고 세관이 이미 열리고 외국과 조약도 더 체결되었다 하니 이제 나라 일이 차차 기초가 잡혀서 가만히 보건대 날로 평화롭게 되고 백성과 나라가 안정되니 시생배侍生輩처럼 몸은 비록 나라 밖에 있어도 날마다 듣게 되는 조국 소식에 기쁨을 참지 못하겠습니다.

그러나 생각건대 특별히 나를 표창해주신 일은 두렵고 부끄러워 실로 말할 바를 모르겠습니다. 내가 나라에 무슨 조그만 공이라도 있겠습니까. 한때 마구 달려 나아가다가 이렇게 되었는데 우리나라 사람에게는 소중하게 보일 수도 없거니와 또한 외국 사람의 웃음거리가 될 뿐이니 곧 땅 속으로 기어들어가고 싶은 마음이 나의 거짓 없는 진정이며 조금의 꾸밈도 없는 말입니다. 대인께서 혹 제 심정의 만분의 일이라도 헤아려 주실 런지요.

이른바 내가 관계하고 있는 일은 대부분 편지로 말씀드릴 수 없겠습니다. 다만 반년이나 계속 머물러 있으면서 이룩한 것이라고는 없는데 이제 곧 귀국하려고 계획하고 있으니 돌아가 뵈옵게 되는 자리에서 직접 숨김없이 말씀 드리겠습니다. 일이 성공하지 못한 까닭이 사실은 내가 일을 잘 하지 못하였기 때문이 아니라는 것을 잘 살펴서 알아주십시오.

박봉사朴奉事도 마침내 헛되이 귀국하게 되었으니 한탄스럽습니다. 대저 돈이란 물건은 먼 옛날 세상부터 사람 있은 연후에 생긴 성명기관性命機關이라 이 일의 어려움은 처음부터 스스로 알았지만 오늘 날 통상하는 세계에서는 나라의 이해가 맞지 않아 서로 시끄럽게 부딪히는 것임을 더욱 깨달 았으니 어찌 합니까. 많은 사람이 스스로 돈이 있다면서 빌려줄 수 있다고 해서 바쁘게 가고 오고 했습니다마는 마침내 대인께서 마음을 써주시기까 지 했는데도 허사로 돌아가 아무 실속이 없으니 통촉해 주시기를 엎드려 바라옵니다. 오늘날 우리나라 형편으로는 비록 만 개의 외아문外衙門이 있 어 목숨을 걸고 이를 보증한다 해도 꼭 성사되는 길은 없을 것입니다. 이 원인들과 결과에 대해서는 만나서 스스로 밝히겠습니다.

들건대 어윤중이 서울에 돌아왔다는데 몇 번이나 만나서 다정한 이야기 를 하셨습니까. 부럽기 그지없습니다. 가슴 속에 가득 쌓여있는 천만가지 이야기들은 실로 이 편지에서 밝힐 수 없으니 제발 깊이 헤아려 주시기 바 랍니다.

나의 현상見狀은 박봉사가 대략 보고 귀국했습니다. 울릉도(蔚陵島, 현재는 鬱陵島)일은 박군에게 그 대략을 말하였으니 물어보신 다음에 아직은 번다 스럽게 만들지 마십시오. 이야기해야 할 곳이 있을 것 같으면 간략하게 첫 머리만 말씀 하시는 것이 어떻겠습니까.

정부가 사람을 발탁해서 일을 맡겼는데 생각건대 장난질처럼 나라를 욕 되게 하였을 뿐이니 또한 다시 어찌 하겠습니까. 내가 비록 장계를 올리고 자 하여도 그 숨겨진 이야기를 명백하게 이야기할 수 없을 터인즉, 공연히 또 한 번의 쓸데없는 입놀림이 될 뿐이기 때문에 이만 그치겠습니다.

다음 달 안으로 단연코 귀국하려고 합니다. 그리고 나는 마음에 깊이 맺 혀 잊을 수 없을 뿐만 아니라, 스스로 풀지 못하는 한 가닥 근심의 매듭을 가지고 있습니다. 옛날 이른바 북사北社 전체에서 가까운 몇 사람 말고는 아무도 나서는 이가 없는데 작년 변란 이후로 옛 동지라고 말할 수 있는 사 람들이 별처럼 떨어지지 않은 사람이 없고 세상에서 이들을 싸늘하게 보고 있으니 이것이 진실로 내 가슴에 납득이 아니 되는 한 매듭입니다.

홍중육(洪英植) 동무는 몇 번이나 만나 얘기 하셨습니까. 그가 미국에서 돌아올 때 며칠 동안 나와 만난 자리에서 이 일에 대해 말하면서 얼마나 마음이 아프던지 여러 번 눈물을 흘렸습니다만, 이 또한 다시 어찌 하겠습니까.

　어성집(魚允中)이 얼마 전에 나에게 편지를 보내어 나를 훈계하여 말하기를 세상일에는 첫째 남의 말을 믿는 것을 가벼이 해서는 아니 되며, 둘째 육지는 바다가 될 수 없고 큰 나무는 하루아침에 쑥 성장할 수 없는 것이라 했습니다. 이 사람은 남을 가르치는 말로 이 말을 사용하기를 좋아합니다만, 나는 그냥 한번 웃고 그만 두었을 뿐입니다. 그러나 특별히 대인에게 말씀드리는 것이니 바라건대 대인께서 이 사람을 한번 만나시고 이 편지를 보여주면서 함께 한번 껄껄 웃으시는 것이 어떨까 해서입니다. 어공魚公이 말한 이 두 가지는 이것이 모두 어공이 스스로 가진바 태어날 때부터의 병입니다. 내가 일찍이 말로 나무라며 서로 다툰 지 이미 십년이 지났는데 스스로 깨닫지 못하고 또 나를 깨우쳐주려하니 어찌합니까. 자기 경험에만 의지하여 이치에 맞지 않는 해답을 찾으려 하면 남의 말을 믿지 않는 해악이 드디어 여기까지 이르니 어찌 합니까. 육지성해陸地成海 대목입성大木立成에 대한 일도 세상사는 사람 사이에 생기는 모든 일에 이런 따위 도리道理는 본래 없다는 것을 내가 깊이 알고 있다고 입이 닳도록 여러 번 말했습니다. 어공의 귀가 꽉 막혀서 마침내 이 편지에서 말씀드린바와 같은 일이 있게 되었으니 나도 모르게 배를 잡고 웃게 됩니다.

　인편이 매우 바쁘다 해서 따로따로 글월을 못 올립니다. 그러하오니 이 편지로 번거롭더라도 읽어 주십시오. 이만 줄입니다.

계미(癸未-1883)년 12월 11일

시생侍生 김옥균 재배

(번역: 성대경)

3

이범진, 한국과 러시아동맹을 추진한 외교관

김영수

1895년 궁내부협관
1896년 법부대신
1896년 주미 한국공사
1899년 주러 한국공사

1. 이범진, '비밀요원' 대 '극단인물' 상반된 두 시선

그동안 한국에서는 근대 한국 정치가 중 한명으로 이범진을 기억했다.
그 이유는 아관파천 직후 법부대신을 역임한 이범진이 권력에서 밀려나
1896년 6월 주미 한국공사로 임명되었고, 1896년 12월 워싱턴에 도착하여
외교관의 생활을 시작했다고 파악했기 때문이다.[1] 따라서 한국에서 오랫
동안 외교관 이범진은 잊혀진 인물이었다.

1899년 3월 이범진은 주러 한국공사로 임명되었다. 이범진은 러시아와 일본의 대립 시기인 1899년부터 1905년까지 주러 한국공사 신분으로 한국 외교정책을 직접적으로 수행했다. 즉 러일전쟁 전후 한국의 외교정책을 밝혀줄 수 있는

주러 한국공사관

인물이 바로 주러 한국공사인 이범진이었다.

1906~1910년 러시아 외무대신을 역임한 이즈볼리스끼(А.П. Извольсккий)는 이범진에 대해서 "이범진이 러시아에 거주하는 한국의 마지막 비밀요원이었다"고 평가했다.[2] 러시아 외무부는 러시아에서의 이범진의 활동을 기억했다. 1900~1906년 러시아 외무대신을 역임한 백작 람즈도르프(В.Н. Ламздорф)는 이범진을 1등급 스따니슬라브 훈장을 받도록 주선했다.[3]

하지만 일본정부는 러시아정부와는 달리 이범진을 극도로 경계했다. 1901~1905년 일본 외무대신을 역임한 고무라(小村壽太郞)는 이범진을 '극단주의자'라고 규정하면서 이범진을 반드시 '제거할 인물'이라고 주장했다.[4] 더구나 일본정부는 1911년 이범진이 사망했을 때 장례식을 위해서 그의 시신을 서울에 옮기는 것조차 금지시켰다.[5]

러시아와 일본 외무대신은 왜 이범진에 관해 상반된 평가를 내렸을까? 이범진이 한국을 둘러싼 러시아와 일본 외교정책에 미친 영향력은 무엇인가? 이러한 상반된 평가를 이해하기 위해서는 이범진의 정치와 외교 활동 등을 주목할 필요가 있다. 특히 러일전쟁 전후 이범진의 외교정책을 살펴보면 상반된 평가가 이해될 수 있을 것이다.

지금까지 이범진에 관한 한국의 연구 성과는 그가 러시아와 일본에 미친 영향력에 비해 매우 적은 편이다. 이러한 일련의 연구는 이범진을 최초로

복원했다는 측면에서 의의를 갖는다.[6] 하지만 기존 연구는 이범진의 부분적인 활동을 대상으로 연구했기 때문에 그의 일대기를 전체적으로 구성할 수 없었다. 그 이유는 한국에서 이범진의 개인적인 회고록과 문집을 발굴할 수 없었기 때문이었다. 당시 일본 헌병대가 서울에서 이범진의 자택을 자주 수색했기 때문에 이범진의 부인은 그의 편지를 비롯한 이범진 관련 기록을 스스로 파기했다.

러시아학자 삐스꿀로바는 러시아에서 최초로 이범진 생애에 관한 연구를 최초로 진행했다.[7] 최근 러시아에서 이범진의 생애와 관련된 책이 출판되었다.[8] 이 책은 이범진에 관한 러시아측 자료를 정리했다는 데에 중요한 의미를 갖는다. 하지만 이 책은 을미사변 전후 이범진의 정치세력 형성, 러일전쟁 전후 이범진의 외교정책 등을 주목하지 못했다.

이 글은 이범진의 정계 진출과정, 러일전쟁 전후 이범진의 외교활동 등을 추적하면서 그의 일대기를 전체적으로 구성할 것이다. 또한 필자는 러일전쟁 전후 이범진의 외교정책을 살펴보면서 한국의 외교정책을 조망할 것이다.

2. 이범진의 정계진출과 국내정치활동

1852년에 태어난 이범진은 훈련대장을 역임한 이경하李景夏의 서자庶子였다. 이범진은 갑신정변 당시 명성황후를 구해준 인연으로 명성황후의 총애를 받아 민비 가문과 긴밀한 관계를 맺을 수 있었다.[9] 이범진은 갑신정변 이후 고종의 특명에 의해 규장각직각奎章閣直閣으로 승진하고, 삼국간섭 이후 상의사장尙依司長, 제용원장濟用院長, 궁내부협판宮內府協辦 등 궁내부의 중요 관직에 발탁되었다.[10] 이렇듯 고종과 명성황후의 신임을 받은 이범진은 을미사변 이후 러시아공사관에 은신하면서 고종의 어려운 상황을 해결하

기 위해 노력했다.[11]

삼국간섭 이후 이범진은 러시아공사관과 연결되면서 그 동안 정계에서 소외받았던 인물을 결속했다. 춘생문사건에 가담한 궁내부관료 중 대다수가 과거시험을 거치지 않고 관직에 진출한 신진관료였다. 이 중 주석면朱錫冕과 김홍륙金鴻陸은 함경도 출신으로 춘생문사건 당시 러시아공사관과 연결되었던 점을 주목할 필요가 있다. 그밖에 궁내부관료 출신은 아니지만 아관파천 직후 관직에 발탁된 김도일金道一과 조윤승曹潤承이 함경도 출신이었다.[12] 여기에 이학균李學均과 이병휘李秉輝도 춘생문사건 당시 러시아공사관과 연결되었다. 이러한 사실을 통해 이범진은 함경도출신을 중심으로 러시아와 관련된 인물을 결속하여 자신의 궁내부 인맥을 형성한 것으로 보인다. 그 이유는 고종이 중앙 정계에 정치세력을 형성하지 못한 함경도 출신을 궁내부에 발탁하여 자신의 정치적 영향력을 강화하려 했기 때문이었다.

한편 이범진이 궁내부 협판에 임명된 직후 추진했던 1895년 9월 '개국기원절' 행사를 주목할 필요가 있다.[13] 이날 행사는 궁내부에서 행사를 주관했다. 고종과 명성황후는 이날 행사에 직접 참석하였는데 고종은 직접 개회 연설을 하고, 행사가 끝난 후 실무를 담당한 궁내부 관료들에게 품계를 올려주었다.[14]

이날 행사의 준비위원회에서는 외국인 중 궁내부 고문관宮內府 顧問官 리젠드르(C.W. Legendre) 장군, 러시아공사 베베르의 부인의 자매이자 궁내부에 소속된 존타크(Antoinette Sontag) 여사, 그리고 건축사 사바찐(Середин-Сабатин А.И.)도 포함시켰다. 그래서 리젠드르 장군은 사무장事務長이라는 명예위원으로 외국인들을 접대하였고, 존타크 여사는 음식과 식탁 준비를 담당했으며, 사바찐은 식장의 장식 부분을 총괄했다.[15] 사실 개국기원절은 일본의 영향력을 약화시키고 왕실의 정치적 영향력 확대를 보여주는 상징적인 행사였다.

개국기원절 행사에 관여했던 47명 중 궁내부관료는 41명이었다.[16] 이 중 최영하崔榮夏와 주석면은 이범진과 함께 춘생문사건에 가담했다. 이학균은 을미사변 이후 이범진과 함께 러시아공사관에 은신했다.[17] 현흥택玄興澤과 이명상李明翔은 러시아공사관과 긴밀한 관계를 유지했던 인물이었다.[18] '개국기원절' 행사를 통해 궁내부 협판 이범진은 이학균, 최영하, 주석면, 현흥택, 이명상 등과 연결되어 자신의 궁내부 인맥을 확대했던 것으로 보인다.

1895년 10월 8일 을미사변 당일 궁내부협판 이범진은 "러시아와 미국 공사관에 도움을 요청하라"는 고종의 지시를 충실히 수행했다. 이범진은 추성문과 영추문 사이의 담장 주변을 살펴보았지만 이미 군인들로 꽉 차 있는 것을 확인했다. 광화문으로 달린 이범진은 이곳도 군인들이 포위했다. 이범진은 궁궐 동남쪽 모서리인 동십자각으로 향했고 경비가 소홀하다는 것을 파악했다. 이범진은 보초를 서고 있는 2명의 일본 병사가 멀리가기를 기다렸다가 4.5미터(15피트) 정도의 높이에서 뛰어내렸다. 대궐 담장이 높았기 때문에 다리를 다친 이범진은 절뚝거리면서 주한 미국과 러시아 공사관에 도착해서 현장의 상황을 전달했다.[19]

이범진은 1895년 11월 28일 고종을 구출하려는 춘생문사건이 실패하자 피신했다. 춘생문사건 실패 이후에도 이범진은 고종의 아관파천 의사를 확인했고, 미국 공사관으로 도피한 이윤용·이완용과 함께 김홍집내각에 대항할 방법을 모색하였다.[20] 이범진은 러시아 공사의 지원을 확인하는 한편 고종에게 '궁중宮中의 여화餘禍'가 있을지 모른다는 서신을 보냈다.[21]

이범진은 규장각 각감閣監 이기동李基東을 통해 사촌 누이동생인 이상궁李尙宮을 설득하여, 춘생문사건 당시 실패했던 가마를 이용한 파천 방법을 추진하였다. 이상궁과의 친분관계를 바탕으로 이기동은 이상궁이 대궐로 들어갈 때 가마를 호위할 수 있었다. 이를 통해 이기동과 이상궁은 대궐을 자연스럽게 출입할 수 있었고, 대궐 수비대의 경계를 늦출 수 있었다.[22] 이러한 노력 이외에 이범진은 춘생문사건 당시 동원하지 못한 장교 이승익李承益과 김원계金元桂 등을 통해 공병대를 투입하여 러시아공사관의 문밖과 통로를 경계시켰다.[23]

1896년 2월 11일 새벽 고종은 가마를 타고 경복궁에서 정동에 소재한 주한 러시아공사관으로 피신했다. 아관파천이 성공되자 고종은 측근 인물을 내각관료로 임명했는데 그 중 자신이 가장 신뢰하는 이범진을 법부대신에 임명했다. 그리고 고종은 법부대신 이범진에게 을미사변에 대한 전면적인 재조사를 지시했다.[24]

아관파천 이후 이범진은 자신의 궁내부 인맥을 승진시켜 정치적 영향력을 강화했다. 이범진은 법부대신에 임명된 직후 춘생문사건에 함께 가담한 이병휘를 법부검사로 발탁하였고, 그 다음날 법부형사국장에 임명했다.[25] 법부를 장악했던 이범진은 을미사변 관련 혐의자 13명을 체포하여 김홍집 내각과 연결된 인물을 제거하려 했다.[26] 또한 이범진은 주석면을 학부참서관으로 임명하고, 김홍륙을 외부협판으로 기용하려 했다. 두 사람은 윤치호 등의 반발로 임명되지 못했지만 이후 각각 내부참서관內部參書官과 비서원승秘書院丞에 임명되었다.[27]

정치적 영향력을 확대하려는 노력과 함께 이범진은 자신의 인맥을 동원하여 러시아를 통해 일본을 견제하려는 외교적 활동을 전개했다. 이범진은 러시아 황제 대관식에 한국대표를 파견하여 러시아의 지원을 확고하게 하려고 노력했다. 이범진은 주석면과 김홍륙을 동원하여 외부주사인 김도일을 러특파참서관露特派參書官으로 승진시켰다. 이들은 김도일을 러시아로 파견하여 자신들과 연결된 정보망을 구축했다.[28]

한편 을미사변 이후 고종은 특히 엄상궁을 총애했다. 엄상궁은 러시아공사관에 물품을 보내는 등 러시아공사관과 긴밀한 관계를 유지했다.[29] 이러한 상황을 파악한 이범진은 아관파천 직전 궁내부 전선사장典膳司長인 김명제金明濟를 보내 엄상궁이 아관파천에 협조할 것을 주장하여 설득시켰다.[30] 이러한 인연으로 이범진은 엄상궁과 긴밀한 관계를 형성하며 엄상궁을 후원했다. 아관파천이 성공되자 엄상궁은 고종의 주변에서 간접적으로 정치적인 영향력을 행사할 수 있었다.[31] 이후 엄상궁은 1897년 10월 영친왕英親王

이은李垠을 출생하여 엄귀인嚴貴人에 봉해져서 정치적 영향력을 확대했다.[32]

위에서 언급한 이범진의 정치세력을 정리하면 후원인물로 이학균과 현흥택, 주요인물로 홍종우·주석면·김홍륙·김도일·조윤승·이병휘·최영하 등으로 추정된다. 궁내부에 기초한 이범진의 정치세력은 러시아와의 연대를 적극적으로 추진한 고종의 의사를 충실히 수행했다.

이범진은 1896년 4월 미국 연대를 주장하는 정치세력의 반발 때문에 법부대신에서 규장원경으로 임명되었다. 규장원경에 임명된 이후에도 이범진이 간접적으로 정국에 관여하자 독립협회에 기반한 정치세력은 이범진의 정치적 영향력을 완전히 제거하려고 시도했다. 독립협회에 기반한 정치세력은 1896년 6월 국내에서 정치적 영향력을 행사하지 못하도록 주미 한국공사로 이범진을 임명시켰다.[33] 이에 대해 이범진은 1896년 7월 주미공사 임명을 철회해줄 것을 요구하는 상소를 올렸다.

이러한 상황에서 주한 러시아공사 베베르도 정치세력의 대립이 정변으로 발전된다면 일본이 한국에 직접적으로 개입할 가능성이 높기 때문에 이범진의 주미공사 부임을 재촉했다.[34] 결국 고종은 "왕실이 이범진의 공훈을 알고 있다"면서 이범진의 주미공사 사임을 반려했다.[35]

그 후 이범진은 1896년 12월 워싱턴에 도착하여 외교관의 생활을 시작했다.[36] 1899년 3월 이범진은 주러 한국공사로 임명되었다. 당시 한국은 1899년까지 도쿄, 워싱턴에만 자국 공사를 주재시켰다. 그런데 의화단 사건 이후 한국과 만주를 둘러싸고 러시아와 일본이 첨예하게 대립하게 되었다. 주미공사를 역임한 이범진의 주러공사 임명은 고종의 신임 아래 한국 외교 분야의 업무를 수행하는 핵심인물이 바로 이범진이라는 것을 의미한다.

3. 주러 한국 공사 이범진의 외교활동

고종은 1899년 3월 15일 러시아, 프랑스, 오스트리아 3국 주재 한국공사로 이범진을 임명했다.[37] 이범진은 자신의 임명을 미국 국무장관 존 헤이에게 서면으로 알렸고, 1900년 3월 유럽을 향해 출발했다.[38] 런던을 거친 이범진은 1900년 6월 11일 파리에서 빈으로 출발했다. 이범진은 1900년 7월 3일 1등 수행원 김도일과 그의 비서 남필우를 동반하여 러시아 수도 뻬쩨르부르크에 도착했다.[39] 이범진은 1900년 7월 13일 러시아 황제 니꼴라이 2세를 알현한 자리에서 고종의 친서를 제출했다.[40]

주러 한국공사 이범진은 1900년 하반기부터 뻬쩨르부르크 소재 호텔 '노르트'(Норд)에서 공사업무를 시작했다. 이범진은 1900년 12월 한국정부로부터 공사관운영을 위한 자금 7870엔을 받았다.[41] 이범진은 한국과 러시아의 관계를 강화하기 위해서 러시아 외무대신을 자주 만나려고 노력했다. 이범진은 1901년 3월 오스트리아 황제 및 프랑스 대통령에게 '금척대훈장'을 수여하기 위해서 뻬쩨르부르크에서 빈과 빠리로 향했다. 이범진은 오스트리아 외무차관을 면담하고 한국과 오스트리아의 관계를 강화하기 위해서 노력했다.[42]

1901년 3월 12일 고종은 유럽과의 외교 관계를 강화하기 위해서 영국, 독일, 프랑스 주재 신임 한국공사를 임명했다. 당시 고종은 주미 한국공사까지 새로운 인물로 기용했지만 주러 한국공사인 이범진만은 그대로 유지했다. 1899년까지 해외주재 한국공사는 단지 동경과 워싱턴에만 파견되었다.[43] 고종은 새로 임명된 공사를 통해서 유럽과의 외교관계를 강화하려고 시도했는데, 그 이유는 향후 '한국중립화'를 위한 유럽 열강의 지지를 획득하려 했기 때문이다.

고종의 한국중립화 계획을 달성하기 위해서 러시아는 매우 중요한 위치에 놓여있었다. 당시 고종은 극동지역에서 러시아의 외교방향에 관해서 항상 주의를 기울였다. 1901년 9월 고종은 러시아와 일본의 만주와 한국 교환에 관한 황성신문의 보도를 주목했다. 고종은 즉시 이범진에게 전보를 보내서 더욱 상세한 정보 및 이범진 공사의 견해를 자문했다.[44]

1898년 주한 러시아공사를 역임한 마쮸닌(Матюнин Н.Г.)은 1900년 12월 '압록강삼림채벌권'에 관한 기간을 연장해줄 것을 한국정부에 요청했다. 이미 1900년 8월 마쮸닌은 서면으로 이범진에게 다음과 같이 요청했다. 러시아의 이권 유효기간을 12년으로 설정해줄 것, 러시아가 청국과의 평화협정 체결에 따라 압록강 연안접경 지역에 3년 동안 작업하는 것을 지지해 줄 것 등이었다. 이범진은 시베리아를 거쳐 한국으로 돌아가는 김도일을 통해서 고종과 한국외무대신에게 보내는 서한을 동봉했다. 이범진은 편지에서 '압록강삼림채벌권'에 관한 기간을 연장해줄 것을 제안했다.[45]

1901년 1월 이범진은 마쮸닌에게 서울의 정치적 상황을 다음과 같이 알려주었다. 이범진에 따르면 고종은 이범진의 편지를 받았지만 친일세력에 둘러싸여 있는 상태여서 '압록강삼림채벌권'에 관한 기간 연장의 결단을 내리지 못했다. 따라서 이범진은 마쮸닌에게 고종이 추가 협정에 관한 체결을 이범진에게 위임할 것을 요청하는 전보를 주한 러시아공사 빠블로프(Павлов А.И.)에게 보낼 것을 제안했다.[46] 당시 일본은 '압록강삼림채벌권'에 관한 러시아의 이권을 강력히 반대했는데, 그 이유는 러시아가 압록강 지역을 군사적 목적으로 이용할 수 있기 때문이었다. 하지만 이범진은 일본의 한국 정책에 관해서 경계심을 갖고 있었다. 이범진은 일본보다는 러시아가 '압록강삼림채벌권'을 획득하는 것을 찬성했다. 결국 한국정부는 1901년 4월 11일 '압록강삼림채벌권'에 관한 기간을 추가적으로 3년 연장했다.

1903년 10월 초 주러 한국공사관 비서 곽광희는 서울에서 뻬쩨르부르크에 도착했는데, 곽광희는 러일전쟁의 가능성에 대비한 한국중립화방안에 대한 고종의 편지를 이범진에게 전달했다. 이범진은 고종의 편지를 전달하기 위해서 러시아 외무차관 오볼렌스끼(Оболенский В.С.)를 접견했다. 오볼렌스끼는 이범진에게 한국중립화방안에 대해서 검토할 것을 약속했지만 러시아정부가 한국중립화방안을 지지할 수 있을지는 보장하지 않았다. 그날 저녁 이범진은 주러 일본공사도 접견하면서 한국중립화 방안에 관한 일본의 견해를 파악하려고 노력했다. 주러 일본공사는 한국중립화 방안에 대해서 시종일관 침묵했고, 단지 한국의 독립을 달성하기 위해서는 일본, 중국, 한국 3국이 연합할 것을 강조했다.[47] 이범진은 만약 러일전쟁이 발생하여 한국이 중립화를 선언하면 일본과 러시아가 각각 한국중립화 선언을 지지하지 않을 것이라는 사실을 파악했다. 그럴 경우를 대비하여 이범진은 차라리 한국과 러시아가 동맹을 체결하는 것이 유리하다고 판단했다. 이범진은 당시의 정세를 판단하면서 한국의 가장 위험한 국가가 바로 일본이라고 생각했다. 따라서 이범진은 한국과 러시아의 동맹에 관한 고종의 비밀 편지를 러시아 외무대신 람즈도르프(Ламздорф В.Н.)에게 전달했다.[48]

1904년 1월 21일 고종은 러시아와 일본이 충돌할 경우에 중립을 준수할 것이라는 성명서를 발표했다. 하지만 이범진은 고종의 중립화 성명서에 관한 내용을 람즈도르프에게 제출하지 않았다. 그 이유는 이미 고종이 1903년 11월 특사 현상건을 통해서 니꼴라이 2세(Николай II)에게 전달한 동맹의 편지 내용과 모순되었고, 러시아정부와 외교적인 마찰을 고려했기 때문이었다.[49]

고종의 특사 현상건은 1904년 1월 11일 유럽과 러시아를 방문하고 서울에 도착한 직후 고종을 알현했다. 다음날 현상건은 주한 러시아공사 빠블로프를 찾아가 고종의 의사를 전달했다. "한국의 독립을 위해 러시아의 지원이 필요하다. 러시아와 일본의 관계가 파열되면 한국은 강력하게 엄정한 중립을 준수할 것이라는 선언을 각국에 타전할 것이다."

현상건은 한국이 일본의 전신선을 이용하는 상황에서 '전시중립화'를 서울에서 선언하기 불가능하기 때문에 "상해 러시아 영사관을 이용할 수 있는가"를 빠블로프에게 문의했다. 현상건은 만약 러시아 영사관이 어렵다면 프랑스 영사관을 통해서 '중립화선언'을 각국에 타전할 것이라고 밝혔다. 빠블로프는 "인천에서 상해 출발 선박이 1월 18일이기 때문에 아직 시간이 있다며 본국정부와 협의가 필요하다"며 즉답을 회피했다.50) 고종은 러일전쟁이 발발하면 한국의 전시중립화를 실현하려고 결심했다. 고종은 '전시중립화' 선언 과정에서 러시아와 충분한 협의를 거쳤다.

빠블로프는 1904년 1월 18일 '러일전쟁이 발생하면 한국이 중립화를 준수한다'는 한국의 지침이 인천에서 한국 선박을 통해서 즈프(Чифу)로 출발했다고 보고했다. 빠블로프는 한국의 '전시중립화' 선언에 대해서 "고종이 한국과 일본의 동맹과 보호에 관한 서명을 단절시켰다"고 높이 평가했다.51)

고종은 한국이 '전시중립화' 선언을 결정한 이유와 배경을 대해서 러시아 외부대신에게 설명해줄 것을 빠블로프 공사에게 요청했다. 빠블로프는 1월 18일 본국 정부에 보낸 보고서에서 "고종은 일본의 위협과 압력에 대항하고 일본의 동맹조약에 관한 강요에 대응하기 위해서 중립준수선언을 결심했다. 하지만 고종은 사실상 러일전쟁 발생할 경우 한국 중립의 훼손을 근거로 러시아와의 동맹을 스스로 공개적으로 공표할 것을 결심했다"고 기록했다.52)

공개적으로 공표한다는 사실은 한국과 러시아 사이에 이미 체결된 비밀협정을 발표한다는 것을 의미했다. 이것은 러시아와 한국이 비밀로 한러동맹 협정의 존재를 의미했다. 결국 고종은 러일이 보장하는 전시중립화 방안을 구상했다. 하지만 고종은 러시와 일본이 전시중립을 보장하지 않을 경우는 한러동맹을 실현시킬 것을 추진하려 했다.

결국 1904년 1월 21일 고종은 러시아와 일본이 충돌할 경우에 중립을 준수할 것이라는 성명서를 즈프 주재 프랑스 영사관에서 발표했다. 하지만 이범진은 고종의 중립화 성명서에 관한 내용을 람즈도르프에게 제출하지 않았다. 그 이유는 이미 고종이 1903년 11월 특사 현상건을 통해서 니꼴라이 2세(Николай II)에게 전달한 동맹의 편지 내용과 모순되었고, 러시아정부와 외교적인 마찰을 고려했기 때문이었다.53)

1904년 2월 1일 이범진은 주한 러시아 외교관 케르베르그(Керберг П.Г.)에게 고종, 현상건 등에게 전달할 것을 요청하는 편지를 보냈다. 이 편지의 주요 내용을 살펴보면 첫째 이범진은 서울에 있는 일본 첩보요원의 감시를 피하기 위해서 새로운 형태의 전보를 보낼 예정이다. 둘째 이범진이 한국의 중립화 성명을 러시아 외무부에 전달하기는 어려운 실정이다. 셋째 러일전쟁이 발생할 경우 한국이 러시아와 동맹을 체결하는 것을 피할 수 없다. 그 이유는 한국중립이 러시아와의 동맹 협정을 파괴시키기 때문이었다.

이범진은 러시아가 만주를 합병하고 압록강 유역의 경계를 통제할 것이라고 생각했다. 이범진은 영국과 미국이 자국의 이해관계 때문에 러시아의 중국 북동쪽 영향력을 제한할 것이라고 판단했다. 이범진은 영국과 미국이 한국의 독립 구상을 지지하지 않을 것이라고 생각했다. 이범진은 한국이 러시아와의 협정에 근거하여 자국의 독립을 스스로 확보해야한다고 판단했다.54) 이범진은 한국의 독립을 유지하도록 지원할 수 있는 유일한 나라가 러시아라고 확신했다. 이범진은 러시아가 1877~1878년 전쟁당시 발칸반도에서 불가리아와 세르비아를 해방시켰듯이 극동에서 한국의 독립을 위해서 노력해줄 것을 희망했다.55)

러일전쟁 전후 고종은 한국중립화 방안을 보장받기를 희망했다. 그런데 서구열강이 한국중립선언을 승인하지 않자 고종은 한국과 러시아의 동맹 방안을 추진했다. 고종은 러시아와 일본의 전쟁 때문에 한국중립이 손상된다면 러시아와의 동맹을 공표할 것을 결심했다. 하지만 고종은 한국과 러시아의 동맹 방안을 실현할 수 없었다. 고종은 현실적으로 일본정부와 친일세력의 압력과 위협 때문에 한국의 중립을 준수하는 성명서를 발표했다.

이범진은 고종의 명령에 따라 러일전쟁이 발생할 경우 한국의 중립을 보장 받을 수 있도록 노력했다. 하지만 일본과 러시아가 한국의 중립을 거절하자 이범진은 한국과 러시아의 동맹을 체결하기 위해서 노력했다. 이범진은 한국과 러시아의 긴밀한 상호협력을 발전시키려고 노력한 주요한 인물이었다.

4

홍명희, 뛰어난 작가·민족해방운동가

장세윤

1907년 일본 동경 다이세이중학교(大成中學校) 편입학
1919년 괴산에서 3·1운동 주도
1924년 『동아일보』 편집국장
1926(?)년 조선공산당 입당
1927년 신간회 창립 주도
1928년 『조선일보』에 『임꺽정』 연재 시작
1930년 신간회 주최 제1차 민중대회사건 주모자로 피
　　　체, 옥고
1948년 월북, 이후 북한정권 내각 부수상 등 역임

1. 홍명희가 주목되는 이유

　　벽초碧初 홍명희(洪命憙, 1888~1968)는 저명한 소설가이면서 또한 민족해방운
동가, 언론인, 정치가로 크게 활약한 인물이다. 그러나 1987년 납북 및 월북
작가 해금조치가 공식적으로 이루어지기 전까지만 하더라도 그의 활동이
나 작품을 언급하는 것은 금기시되어 한동안 잊혀지다시피 하였다. 한국문
학사에 길이 남을 역저 『임꺽정』마저 독자들이 쉽게 볼 수 없는 형편이었
다. 즉 '월북문인'이라는 혐의를 벗어나지 못하여 그의 문학작품까지도 출

판되기 어려웠던 것이다. 그러나 1985년 사계절 출판사에서 어려움을 무릅쓰고『임꺽정』9권을 출간한 이후 그의 작품은 독자들에게 상당한 반향을 일으켜 왔다. 더욱이 2000년대 초 남북한의 화해 분위기가 고조되고, 교류가 가속화함에 따라 이제 그의 활동도 새로운 관점에서 조명할 필요가 제기되고 있다.

그동안 홍명희와『임꺽정』등에 관해서는 문학사나 문학이론의 관점에서 상당수의 연구가 진행되었으나, 그와 신간회 민족운동과의 관계에 대해 역사학적 관점에서 진행한 연구는 거의 없는 실정이다. 필자가 2002년 발표한 소론「벽초 홍명희의 현실인식과 민족운동 -일제 강점기를 중심으로」(『한국독립운동사연구』15, 한국독립운동사연구소)는 한국 역사학계에서 거의 최초로 홍명희에 대해 정리한 논문이 아닌가 한다. 이후 홍순권에 의해 홍명희에 대한 간단한 개설적 서술이 이루어졌다. 홍순권은 그를 "혁명적이며 민족적이고자 했던 '중간 길' 지식인의 문학과 정치적 선택"이란 부제를 달아 홍명희 전기를 약술하였다. 따라서 홍명희의 다양한 활동 가운데 신간회 등 일제하 민족운동이나 해방 직후의 정치활동을 조명하고 객관적으로 검토 평가하는 심층적 연구가 필요하다.

또한 조선왕조의 지배 이데올로기로 작용하였던 유학(성리학)을 기본소양으로 하는 명문가에서 출생하여 기득권을 유지하려는 보수적 입장을 견지하기 쉬운 입장에 처해있으면서도, 이와 대조적으로 각종 민족해방운동에 투신하는 등 실천적 면모를 보였던 그의 활동은 주목할 만한 것이었다. 물론 그의 활동에 대한 평가는 여러 갈래에서 할 수 있다고 생각한다. 그러나 그의 현실인식과 사상의 변화, 그에 따른 논리의 변화와 민족해방운동 참여는 한국근대사의 흐름에 비추어 볼 때 하나의 모범적 사례가 될 만하다고 본다. 이에 신간회 활동 등 일제강점기 활동을 중심으로 하여 그의 현실인식과 민족해방운동 등을 간단히 개관하고, 그의 활동이 오늘의 우리에게 주는 의미를 검토하고자 한다.

2. 가계와 성장배경

홍명희는 조선왕조가 내우외환에 직면하였던 1888년 충북 괴산군 괴산읍 인산리에서 홍범식洪範植과 은진 송씨 사이에 태어났다. 본관은 풍산, 자는 순유舜兪, 후일의 호는 가인假人 · 可人 · 벽초였다. 풍산豊山 홍씨는 조선 후기에 10대 벌열閥閱에 들 정도로 위세를 떨쳤는데, 당색으로 보면 대체로 노론 계열에 속하였다. 그러나 홍명희의 먼 직계 조상은 관계에 뚜렷한 두각을 드러내지 못하였다.

하지만 증조부 홍우길(洪祐吉, 1809~1890) 대에 이르러 현달할 수 있었다. 홍우길은 문과에 장원급제한 뒤 경상도와 평안도 관찰사, 이조판서 등의 요직을 두루 역임하였다. 홍우길은 같은 집안으로서 당대의 저명한 문인 학자였던 홍석주 · 홍길주 형제와 절친한 사이였으며, 서화에 뛰어나『휘경원지徽慶園誌』등의 작품을 남겼다. 한편 조부 홍승목(1847~1925)은 원래 전라도 나주 출신으로, 감역監役을 지낸 홍우필(洪祐弼, 1819~1897)의 차남이었으나, 같은 집안인 홍우길의 양자로 들어갔다. 홍승목은 1875년 별시문과에 급제한 뒤 형조와 병조의 참판을 지냈고, 1906년에는 중추원 찬의에 임명되었다. 또 부친 홍범식(1871~1910)은 1888년 소과(成均試)에 급제한 뒤 내부 주사 등을 거쳐 1907년 태인군수에 임명되었다가 1909년 금산군수에 임명되었다. 이처럼 그의 집안은 조선왕조 말기에 이르러 명문사대부 집안으로서의 면모를 갖추게 되었다.

부친 홍범식은 부모를 효성스럽게 섬기고 형제들을 우애로써 대하며 학문을 좋아하고 글재주가 뛰어났다. 그러나 몸이 쇠약했으며 성품이 매우 부드러운 반면, 불의를 보면 용납할 줄 모르고 원칙을 지키는 외유내강형의 인물이었다고 한다.

홍명희의 직계 조상들은 대대로 서울의 북촌에 거주하다가 고조부 홍정주洪定周의 생존시기인 19세기 중엽부터 괴산에 자리잡은 것으로 추정된다.

특히 증조부 홍우길 대인 1860년경 충청도 괴산에 선산과 함께 가족들의 거주지(仁山里)가 마련된 것으로 판단된다. 그의 가문은 조선 후기의 당색으로 보면 대체로 노론계열에 속했던 것으로 알려져 있다.

그는 다섯 살 때 천자문을 배우기 시작하여『논어』·『맹자』등 4서 3경을 열세 살 때까지 배웠다. 그리고 열네 살 때 서울로 가서 15세 때인 1902년 중교의숙中橋義塾에 입학하여 1905년(18세 때)에 졸업하였다. 따라서 그는 집안의 완고한 유교적 분위기를 벗어나 새로운 학문을 접할 수 있었다. 주목되는 사실은 이때 홍명희가『동주열국지東周列國志』나『서한연의西漢演義』등 대중 역사서와『삼국지三國志』·『수호지水滸志』·『서유기西遊記』·『금병매金甁梅』같은 소설류를 즐겨 탐독했다고 하는 사실이다. 또 서울의 학교를 마치고 귀향한 뒤 부친의 권유로『춘추春秋』를 읽어야 했다고 회고하였다. 따라서 그는 유학적 소양을 갖춘 뒤 신학문을 접함으로써 구시대 학문에 머물지 않는 장점을 가질 수 있었다.

충북 괴산의 홍명희 생가

홍명희의 부친 홍범식의 고택(충북 괴산군 괴산읍)

3. 홍명희의 현실인식과 대응

1) 일본 유학과 귀국

홍명희는 괴산 향리에서 양잠교사로 괴산에 온 일본인 부부와 접촉한 뒤, 스스로 먼저 일본 유학을 결심하게 되었다. 마침 일본 유학을 반대할 줄로 예상했던 부친 홍범식이 오히려 유학에 적극 찬성하여 여러 가지 도움을 받을 수 있었다. 1906년 일본 동경에 건너간 그는 메이지대학(明治大學) 법과나 와세다대학(早稻田大學) 정경과를 가라는 주위의 권유를 물리치고 기초부터 차근차근 다진다는 생각으로 동경의 다이세이중학교(大成中學校) 입학을 준비하였다. 이를 위해 먼저 도요상업학교(東洋商業學校) 예과 2학년에 편입하였다. 동경에서는 먼저 온 유학생 문일평, 이광수 등과 어울렸다. 이 듬해 20세 때 다이세이중학 3학년에 편입하여 서양과 일본의 근대문학을 비롯한 다양한 분야의 독서에 열중하였다.

사실상 이때의 폭넓은 독서가 홍명희의 시야를 넓히고, 문학적 재질을 살리는데 크게 기여했을 것으로 추정된다. 일본에 유학중이던 1909년 대한흥학회에 가입하여 『대한흥학보大韓興學報』에 논설문 「일괴열혈一塊熱血」, 한시 「우제偶題」, 애도문 「조배공문弔裵公文」 등을 기고하였다. 그러나 이듬해 2월 졸업시험을 앞두고 학업을 포기한 채 귀국하고 말았다. 그는 자서전에서 문예에 탐닉한 나머지 교과서는 경멸하여 별로 관심을 끌지 못한 원인이 컸다고 술회하였다. 하지만 성적은 늘 상위권이었다고 한다. 주목되는 사실은 그가 일본인 교사나 일본인 학생의 차별을 체험했다고 하는 점이다. 이는 추후 그의 행보에 적지 않은 영향을 주었을 것으로 보인다.

1910년 2월 귀국한 홍명희는 『소년』지에 끄릴로프의 우화를 소개한 「쿠루이로프 비유담」(2월호), 안드레이 니에모예프스키의 시를 번역한 『사랑』(8월호) 등을 발표하는 등 문예활동에 관심을 보였다. 그러나 같은 해 8월 29일 부친 홍범식의 순절로 큰 충격을 받았다. 이후 그는 1912년 말까지 고향에 칩거하며 부친의 3년상을 치렀다.

일본 유학기간 동안 그가 어떠한 인식과 사고를 갖고 있었는가는 자세히 알 길이 없다. 그러나 그가 기고한 글이 남아있어 이를 통해 그의 인식과 사고의 한 면모를 살펴볼 수 있다. 특히 홍명희는 마르크스주의에 상당히 경도되었던 것 같다. 왜냐하면 아들 홍기문洪起文이 "내가 조선에 있을 때부터도 우리 아버지는 벌써 맑스주의를 공부해야 된다고 그렇게 고생하시는 중에도 원서를 얻어다가 읽으시고 가와카미(河上肇)·야마가와(山川均) 등의 책을 사오시었다"고 회고하고 있기 때문이다.

당시 홍명희가 22세 때인 1909년 3월 기고한 「일괴열혈一塊熱血」이란 글을 통해 그의 사고와 인식을 살펴볼 수 있다. 그는 동포들이 당시와 같이 참담한 경우에 도달한 원인을 당쟁 가운데서 찾았다. 그리고 한국인들이 단합심과 독립심이 모자란 반면, 고식심姑息心과 의뢰심은 특별히 많다고 지적하였다. 또한 지방열이 매우 심하다고 한탄하였다. 그는 결론적으로 동포들의 단합을 거듭 강조하였다. 이로 미루어볼 때 홍명희는 일본에 유학한 경험을 통해 우리민족의 장점과 단점을 비교, 검토할 수 있는 안목을 갖게 되지 않았나 판단된다.

2) 부친 홍범식의 순절과 해외 망명

홍범식은 고종 8년(1871) 괴산군 인산리에서 출생하였다. 2세 때인 1872년 조부 홍우길을 따라 서울로 갔다. 그는 집안의 유교적 분위기에서 성장하여 겸손하고 검소하였다. 어려서부터 어른이 되어서까지 글을 외는 소리가 입에서 그치지 않았다고 한다. 그는 1888년 성균관 진사가 되었다. 23세이던 1893년에 모친 윤씨의 상을 당하여 지나칠 정도로 슬퍼하여 주위에서 걱정했다고 한다.

1907년 전라도 태인 군수로 부임할 당시는 전국적으로 의병이 활발하게 봉기하던 상황이었다. 이에 일제는 일본군을 동원하여 의병에 대한 대대적 탄압작전을 전개하였다. 이때 홍범식은 각 마을을 돌아다니며 의병의 실상을 파악하고 의병들을 구제하는데 앞장섰다. 군수로 재임 중 그는 급여 이외에는 단 한 푼이라도 백성에게 수탈하지 않았으며, 수리사업과 농정을 잘하여 백성들의 칭찬이 자자하였다. 이에 감복한 군민들은 태인군 경내 38방坊에 모두 목비를 세워 그의 덕을 칭송하였고, 인근의 고부와 정읍에서도 목비를 세워 그의 선정을 현창코자 하였다. 그러나 그는 사람을 시켜 관할지 안에 있는 그 목비를 모두 거두어 오게 하여 불태워버렸다.

39세이던 1909년 금산군수로 부임한 뒤에도 태인에서 그랬던 것처럼 선정을 베풀었다. 특히 치소 남쪽에 연병장이 있었는데, 오래 전에 연병장이 폐지되어 주민들이 농사를 지어 생계를 유지했으나, 김우식金宇植이란 사람이 국유화하여 버렸다. 이에 그곳을 개간하여 농사를 짓던 농민들이 홍범식에게 찾아와 이 사실을 호소하였다. 그러자 홍범식은 실상을 상부에 보

고하여 다시 농민들에게 농사를 지을 수 있도록 땅을 되돌려주어 군민들을
감복시켰다.

한편 일본은 1910년 8월 22일 대한제국의 '합병'을 강행하였고, 이 사실을
8월 29일 공포하였다. 이 소식을 접한 홍범식은 한동안 아무 말이 없다가
유서를 쓴 뒤 나무에 목을 매고 자결하고 말았다. 이는 '한일합방' 직후 최
초의 순절이었다. 그의 자정自靖 순국은 큰 파문을 일으켰다. 부친 홍범식의
순절은 청년기의 홍명희에게 커다란 충격을 준 것 같다. 홍명희는 3년상을
마친 직후 해외로 망명하여 민족운동에 투신하는 한편, 남양 등을 유랑하
였기 때문이다.

홍범식은 장남 홍명희에게 남긴 유서에서 다음과 같이 당부하였다고 한다.

> 기울어진 국운을 바로잡기엔 내 힘이 무력하기 그지없고 망국노亡國奴
> 의 수치와 설움을 감추려니 비분을 금할 수 없어 스스로 순국의 길을
> 택하지 않을 수가 없구나. 피치 못해 가는 길이니 내 아들아, 너희들은
> 어떻게 하나 조선사람으로서의 의무와 도리를 다하여 잃어진 나라를 기
> 어이 찾아야 한다. 죽을지언정 친일을 하지 말고 먼 훗날에라도 나를
> 욕되게 하지 말아라.

홍명희는 부친의 이러한 유지를 평생 잊지 않고 실현하기 위해 노력했
다. 또한 이를 평생의 좌우명으로 삼아 자제들의 훈도에도 부친의 순국사
실을 강조했다고 한다. 또 작가 현승걸에 따르면 홍명희는 월북 이후에도
홍범식의 유서를 항상 가까이에 놓고 아침저녁으로 바라보며 마음을 바로
잡고 항상 깨끗하게 살려고 애썼다고 한다. 홍명희가 후일 친일파로 전락
한 다수의 명망가들과는 달리 일제 말기까지 나름대로의 지조를 지킨 동기
를 이러한 측면에서 이해할 수 있을 것이다. 또 부친의 순절은 일제의 식민
지 지배에 대한 강한 거부감을 갖게 했을 것이다.

23세 한창때 아버지가 자결한 사실은 그에게 심각한 후유증을 앓게 하였

다. 일종의 허무주의에 빠지기도 했던 것이다. 그는 이 당시의 심정을 매우 허무한 심정으로 회고하기도 하였다. 이후 그는 부친상을 마칠 때까지 거의 대외활동을 중단한 채 향리인 괴산과 서울만 왕래하다가 갑자기 중국으로 떠나게 되었다.

그는 1912년 겨울 만주 안동현에 체류했다가 이듬해인 1913년(26세) 정인보와 함께 상해로 갔다. 여기에서 박은식 · 신규식 · 신채호 · 김규식 · 문일평 · 조소앙 등 쟁쟁한 명사들과 함께 독립운동 조직인 동제사同濟社에 가입하여 활동하였다. 이후 그는 독립운동 자금을 모집하기 위해 1914년 7월 정원택 · 김진용 · 김덕진과 함께 남양(싱가포르) 일대를 순방하였다. 하지만 남양에서의 활동이 뜻과 같이 되지 않자 1917년 12월 30세 때 남양 생활을 청산하고 싱가포르를 떠났다. 이듬해 중국 상해와 북경에 머물렀다. 북경에서 신채호를 다시 만나 평생지기로서 교유하게 되었다.

3) 반봉건의식과 식민지 '조선'에 대한 인식

홍명희는 양반출신임에도 불구하고 투철한 반봉건의식을 갖고 있었다. 그의 고향 괴산에서는 홍명희가 노비를 해방시키고 토지까지 분배해주었다는 일화가 전해오고 있다. 또 여성의 지위에 대해서도 매우 진보적 생각을 갖고 있었던 것으로 전한다. 그가 쓴 강담講談소설『임꺽정』에는 벌써 아버지와 어머니의 성을 함께 쓰면 어떻겠느냐는 이야기가 나온 것을 볼 수 있다. 1920~30년대 상황에서 이런 이야기 자체가 매우 혁신적인 발상이라는 사실은 두말 할 필요도 없다.

그는 양반에 대해서도 비판적 견해를 피력하였다. 즉 양반정치는 진취적이 아니라 퇴영적이요, 행동적이 아니라 형식적이며, 이용후생적이 아니라 번문욕례繁文縟禮적 단점을 지니게 되었다고 보았다. 때문에 이 계급 자체의 붕괴는 예정되어 있었다고 비판하였던 것이다. 특히 그는 조선 양반의 핵심사상을 관벌주의官閥主義로 파악하였다. 그러나 이 관벌주의가 반드시 부정적인 것만은 아니라고 보았다. 봉건사회를 부정하기는 하지만, 나름대로 내적 발전 가능성을 모색할 수 있다고 본 것이다.

또 국망 직전 발표한 「일괴열혈一塊熱血」에서 조선후기의 당쟁을 비판하면서 한국인의 결점을 지적한 외국인의 말을 수용하여 한국인들의 단합과 각성을 촉구하였다. 이는 당시 위기에 처한 대한제국의 현실을 냉정하게 직시하고 나름대로 현실의 난국을 타개하려는 홍명희의 현실인식과 세계관을 드러낸 대목이라고 하겠다.

그는 후일 한 문예잡지(『신소설』 창간사)에 당시 식민지 조선 사회를 매우 비판적으로 인식·평가하는 내용을 기고하였다. 그의 이러한 인식은 그로 하여금 예술을 "생활의 도구"로 간주하는 데까지 나아가게 하였다. 그는 다음과 같이 말했다. "우리는 예술로 살기보다 사람으로 살아야 하겠다. 우리는 어디까지 우리의 생활을 본위로 예술을 창조하여야 하겠다. 아니 예술은 구경 우리 생활의 한 도구다. 우리는 그 도구를 가지고 우리의 진영을 개척하자."

해방 직후 그는 추후 작품구상을 묻는 설정식과의 대담에서 "한국 끄트머리는 양반사회의 부패상, 이것은 내가 제일 누구보다도 자신이 있지요, 나 자신이 몸소 겪어보기도 했으니까. 그리고 일제시대 40년 동안 신음시대의 모든 강압과 반항, 친일파의 준동을 테마로 하고 끄트머리로 새 조선을 하나 썼으면 좋겠는데" 하고 밝혔다. 이로써 그가 조선왕조 말기의 부패상을 몸소 체험하면서 강한 비판의식을 갖고 있었음을 확인할 수 있다.

또한 그의 여성관도 비교적 개방적이고 남녀평등을 지향하는 것이었다. 그러나 민족해방운동에 헌신해야 할 청춘 남녀들이 연애문제로 시간과 정력을 낭비하는 것을 비판하는 것은 물론, 죄악시하기까지 했다.

한편 홍명희는 식민지로 전락한 조선이 당장 독립하기는 어렵다고 보았다. 때문에 이러한 내용을 담고 있는 일제 측의 정보자료도 있다. 그러나 이러한 해석과 평가는 일제 치안당국의 지나친 폄하와 단순화라고 생각된다. 또 1930년대와 1940년대 전반기 다수의 문인들이 일제의 회유와 강요에 의해 친일과 변절의 길을 걷는데 반해 홍명희는 자신의 지조를 굳게 지키며 흔들림 없는 모습을 보여 대조를 이루었다. 특히 그는 이광수의 현실순응적 문예관과는 달리 특유의 반전反戰 문학관을 갖고 있었음은 매우 주목되는 사실이라고 하겠다.

이 같은 사례는 그가 남긴 글로 확인할 수 있다. 그는 『조선일보』 1936년 1월 4일자에 투고한 「문학에 반영된 전쟁 –특히 대전 후의 경향」에서 세계대전 이후 전쟁문학이 현저히 과거의 것과 다른 점은 곧 반전문학이 발생한 것이라고 보았다. 또한 영웅 · 명장 · 용사에 대한 찬송가이던 과거의 전쟁문학을 대전이 청산시켰다고 명쾌히 진단하였다. 그리고 레마르크(E. M. Remarque)의 『서부전선 이상없다』를 비롯한 제1차 세계대전 이후 유럽의 반전문학을 소개하였다. "파시즘이 증장할수록 제2대전이 절박할수록 그 위기를 방지하려고 국제협회 작가들이 맹렬히 활동할 것이니, 그들의 문학이 앞으로 더욱 성하여 갈 것은 거의 의심없는 일이다"라고 하며 낙관적으로 결론짓고 있다. 이렇게 보면 그는 우리민족의 장래에 대해서도 낙관적 전망을 갖고 있었다고 유추할 수 있다.

4. 괴산 3 · 1운동 주도와 사회단체 활동

1) 괴산 3 · 1운동 주도와 투옥

충청도 지방의 3 · 1운동은 다른 지방보다 비교적 늦게 일어났다. 충남은 3월 3일 예산을 시발로 각 지역에서 시위운동이 전개되었다. 그러나 충북 지방은 3월 19일 괴산에서 최초로 일어난 뒤 각 지역에 파급되었다.

괴산의 3·1운동은 홍명희가 주도하였다. 홍명희가 괴산의 3·1운동을 주도하게 된 배경은 광무황제(고종)가 붕어하자 이 국장에 조문하고자 서울로 갔던 데서 그 발단을 찾아볼 수 있다. 때마침 그는 서울에서 의병장으로 명성을 떨쳤던 한봉수를 만나 손병희의 자택을 함께 방문하여 손병희로부터 괴산의 만세시위운동을 주도할 것을 부탁받고 만세운동을 전개하기로 결심하였던 것이다.

괴산 3·1운동 기념비

위 기념비에 새겨진 홍명희, 홍성희 등 3·1운동 주동자의 이름

　홍명희는 서울에서 3·1독립선언식과 광무황제의 인산에도 참가한 뒤 귀향하였다. 그리고 각 면의 유지들을 찾아 의거할 것을 모의하고 이재성李載誠과 홍용식洪用植, 윤명구尹命求 등 여러 동지를 규합하였다. 그리하여 3월 18일 자기 집에 동지들을 규합한 뒤 이튿날인 3월 19일 괴산 장날을 이용하여 만세시위를 전개하기로 결의하였다. 이 자리에서 홍명희는 독립선언서를 이재성에게 건네주며 등사하도록 하였다. 이재성은 자신의 집으로 돌아와서 홍명희의 서숙부庶叔父인 홍용식 등과 함께 자신의 등사판을 이용하여 3백여 매의 독립선언서를 인쇄하였다.

　3월 19일 괴산 장터에는 수백 명의 군중이 모여들었다. 이에 홍명희 등 주동자들은 장꾼들 앞에 나가 독립만세를 선창하며 만세시위를 주도하였다. 삽시간에 장터는 '대한독립만세' 소리로 진동하였다. 이에 당황한 경찰이 긴급출동하여 홍명희·이재성·홍용식 등 18명을 체포하고 태극기와 독립선언서를 압수하였다. 그러나 시위군중은 점차 늘어났다. 시위군중은 괴산경찰서로 몰려가 사로잡힌 시위군중을 석방할 것을 요구하며 투석전을 전개하였다. 사태가 위급해지자 충주에서 헌병수비대 20명이 급파되어 경찰과 함께 시위군중의 탄압에 나섰다. 오후 10시경 시위대는 경찰서에서 밀려났으나, 이튿날 새벽 2시경까지 만세시위를 전개하였다.

　이 때의 시위에는 학생들도 다수 참여하였다. 청주농업학교 학생 홍태식洪台植이 크게 활약하였고, 괴산보통학교 4학년 급장 곽용순郭容淳은 이병석 등 35명의 학생과 함께 학교를 뛰쳐나와 태극기를 흔들고 전단을 뿌리면서 경찰서쪽으로 달려가다가 경찰에 체포되었다. 이때 홍규호와 이덕호 등 8명이 경찰에 맞아 부상을 입었다.

　괴산의 만세시위는 다음 장날인 3월 24일에도 일어났다. 이번의 주동자는 홍명희의 동생인 홍성희洪性熹였다. 그는 괴산읍 서기 구창회具昌會, 괴산군 소수면 서기 김인수金仁洙 등과 함께 만세시위를 의논하고 시위를 주도하였으나, 곧 일경에 피체되었다. 홍성희가 잡히자 김인수와 권담權澹·민광식閔光植의 선동에 의해 분노한 군중들은 더욱 거세게 만세시위운동을 전개하였다.

괴산의 3·1운동에 홍명희와 홍성희, 홍태식·홍용식 등 홍명희의 친척과 지인들이 많이 참가하였다. 홍명희의 아들 홍기문도 후일 "그때 우리 아버지·작은 아버지·종조·재종조는 기미년 사건으로 모두 옥중에 계시기 때문에 철없는 내가 늙은 증조부를 모시고 이사 차비를 차리게 되었다."라고 그 당시 겪은 어려움을 실토하였다.

3·1운동을 주도한 결과 홍명희는 소위 '치안유지법' 위반 혐의로 징역 1년 6개월을 언도받고 복역하였다. 동생 홍성희 역시 1년의 옥고를 치렀다.

2) 사회운동 참여와 언론활동

1925년 9월 15일 서울 돈의동에 위치한 명월관에서 홍명희와 한위건·백관수·백남운·김준연·안재홍·조병옥 등 26명이 '조선사정연구회'를 결성했다. 이 단체는 자치운동 및 극좌세력을 동시에 견제하려는 비타협적 민족주의 노선을 천명한 것으로 알려져 있다. 이 단체의 결성 목적은 이들이 발표한 성명서를 통해 살펴볼 수 있다. 성명서 주요 부분을 보면 다음과 같다.

> 극단적 공산주의를 주장하며 외국의 제도·문물·학설과 같은 것을 곧 채택하여 통용, 실시하려는 것과 같이 과격한 주장을 하는 사람이 있어도, 조선에는 조선의 역사가 있고 독특한 민족성이 있다. 이와 같은 것은 조선민족을 자멸로 이끄는 것이므로 능히 그 가부를 연구하고 장점을 살려 민족정신의 보지保持에 노력해야 한다.

따라서 홍명희도 처음에는 이처럼 온건한 사상을 품고 이에 동조하는 사고방식을 가졌을 것으로 판단된다. 그러나 이 단체가 실제로 활동을 전개한 것은 이 해 말경이었다. 즉 11월 28일 종로 기독교청년회관에서 제1차 조사보고회를 열면서였다. 하지만 이 단체는 1927년 4월 경 해체되었다. 홍명희는 1924년 5월『동아일보』취체역取締役 주필겸 편집국장으로 취임하였으나, 1925년 4월『동아일보』에서 물러났다. 하지만 곧 시대일보 발간에도 간여하였는데, 시대일보사로 옮겨 편집국장에 이어 부사장직에 취임하였던 것이다. 그는 부사장의 직책을 맡았다. 이 신문의 발간에는 홍명희와 절친했던 이승복李昇馥도 깊숙이 관여하였다.

시대일보는 서울 명동에 사무소를 두고 1924년 3월 31일자로 육당六堂 최남선崔南善이 주도하여 창간호를 발간하였다. 최남선이 사장겸 주간이었고, 발행인겸 편집국장은 진학문秦學文이었다. 시대일보는 짧은 기간 안에 민중의 지지를 얻어 민족지의 면모를 갖추었다. 그러나 이 신문을 도우려는 유지들의 출자가 부족하여 곧 경영난에 부딪혔다. 보천교측에서 약간의 출자를 하면서 경영에 관여하자 사내 분쟁이 야기되었고, 이 분쟁수습을 이유로 같은 해 7월 자진 휴간하게 되었다. 이에 특정 종교집단에서 신문사를 기관지로 삼는 것을 반대하는 움직임이 일어나 최남선 등이 한달 반만에 속간하기는 했지만, 앞길이 순탄치 못했다. 이에 따라 1925년 4월 홍명희와 이승복 등의 새로운 진용이 가담하여 이 신문을 맡게 되었다. 특히 이 신문에는 유진웅이 1만 원을 출자했고, 이상설의 아들 이정희李庭熙, 충남의 부호 이석구李錫九 등도 자금을 지원하였다. 이 신문은 '순수애족주의'를 지향했다고 한다. 시대일보 서무부장직을 맡으며 영업국장과 함께 무한 책임사원이었던 김인현金寅炫은 시대일보의 성격을 이렇게 규정하였다. 그러나 1926년 8월부터 자금난으로 휴간한 뒤 결국 발행권이 취소되어 이 신문은 폐간되고 말았다.

홍명희는 이후 같은 화요회 출신인 이승복과 함께 신간회를 주도하였다. 그러나 홍명희는 언제인가 조선공산당의 당원으로 들어갔다가 김철수金錣洙에 의해 출당되었다. 다만 입당과 출당의 시기는 분명치 않다. 김철수가 당권을 장악하고 당원의 자격에 대해 전권을 행사할 수 있었던 시기는 제3차 조선공산당을 재건한 1926년 9월부터 같은 해 12월 사이였다. 왜냐하면 김철수는 재건한 당을 코민테른에서 승인받기 위하여 12월에 서울을 떠나 모스크바로 출발했기 때문이다. 따라서 홍명희가 출당되는 시기는 1926년 9월에서 12월 사이였을 것으로 추정된다.

　이 시기 홍명희의 활동에 대해 당시의 한 잡지는 아래와 같이 묘사하였다.

　　원래는 화요계火曜系의 인물이었으나, 중간에 그와 이반하여 자기의 그룹을 만들고 그의 영수격이었다. 사회주의의 연구가 깊은 사람으로 자타가 일시는 그를 사회주의자로 인정하였었으나, 화요(회)에서 이반하여 그의 그룹이 이루어진 후의 그의 태도는 민족주의적이었다.

　그러나 1927년 2월 신간회 창립 당시 홍명희를 수반으로 하면서 권태석·송내호를 보조자로 하는 조선공산당의 '신간 프락치'를 두고 신간회 내에서 사회주의를 선전하며 당의 정책 실시에 노력중이라는 정보자료도 있어 이와 대조적이다. 또 김준연金俊淵은 해방 직후인 1945년 홍명희가 조선공산당의 비밀당원이었다고 회고하였다. 신간회 본부와 지회의 갈등이 계속되던 1928년 당시 홍명희가 어떤 노선을 견지하였는지 확실치 않지만, 당시 조선공산당에 가담하고 있지 않았던 것으로 판단된다. 왜냐하면 그는 1928년 10월 조선공산당 관련 혐의로 검거되었다가 불기소로 석방되기 때문이다.

　그러나 일부 인사의 증언이 다른 경우도 있다. 어쩌면 체포될 당시 그는 당원이었으나, 심문과정에서 이를 부인하여 석방되었을 가능성도 있다. 그러나 이를 계기로 그는 표면적으로는 주위의 여러 사람들에게 조선공산당에서 손을 뗀 것으로 인식되었을 것이다. 어쩌면 조선공산당원 검거 사건이 홍명희의 사상과 인식의 변화에 상당한 계기가 되었을 것으로 보인다. 말하자면 급진적 민족해방운동 조직과의 표면적 결별이라는 돌발적 사건이 이후 그를 문예활동과 재야생활로의 침잠으로 인도했을 가능성이 크다고 하겠다.

5. 신간회 창립과 민중대회 사건 주도

1) 신간회의 창립

1927년 2월부터 1931년 5월 사이에 좌 · 우파 민족운동 계열 인사들의 합작조직으로 결성된 신간회는 시기에 따라 전국에 120에서 150여개의 지회를 갖고 있었고, 회원수는 약 2만에서 4만 명에 이르는 거대한 민족운동 조직이었다. 따라서 신간회는 일본제국주의 하에서 가장 규모가 컸던 항일민족운동 단체였던 것이다. 특히 이 신간회 운동은 청년 · 여성 · 노동 · 농민 · 형평 · 사상 및 사회운동 등 각 부문운동과 조직적 · 이념적으로 연계되어 있었다. 또한 잘 알려진 것처럼 다수의 사회주의자들이 참여하고 있었다. 그런데 홍명희가 이 신간회의 창립에 크게 기여하였다.

그와 매우 절친한 관계를 유지했던 이승복李昇馥은 홍명희의 활약을 회고하는 상세한 회고록을 남기기도 하였다. 이승복의 증언처럼 신간이란 명칭은 홍명희가 제안한 "신간출고목新幹出枯木"에서 유래하였다. 일제의 정보자료에도 이러한 사실이 탐지되어 기록되어 있다.

홍명희가 본격적으로 신간회 창립을 추진한 시기는 1926년 12월경으로 판단된다. 이듬해인 1927년 1월 19일 홍명희를 비롯하여 문일평, 신채호, 안재홍, 한용운 등 28인의 이름으로 신간회 창립이 공표되었다. 앞 이승복의 증언처럼 홍명희의 지시에 따라 신간회의 강령과 규약 제정 등의 실무는 이승복과 장남 홍기문 등이 맡았다. 신간회 창립기(1927. 2. 15 창립 후~1929. 6)를 주도한 인물은 회장 이상재가 아니라 조직부 총무간사를 맡았던 홍명희였다고 평가할 수 있다.

창립 전후시기 신간회 강령은 다소 강경한 것이었지만, 일제 강점기 합법적 조직을 표방했기 때문에 노골적 내용을 강조할 수 없었다. 1927년 1월 14일자 『조선일보』 지상에 발표된 신간회 강령은 이러한 경향을 반영한다. 그러나 이러한 강령은 일제 당국의 허가를 받을 수 없었기 때문에 당국과 절충하여 발기대회 당시에 발표된 강령으로 수정되었다. 즉 1927년 1월 19일에는 3개 항의 신간회 강령과 27명의 발기인 명단을 발표하였다. 신간회의 강령은 다음과 같았다.

一. 우리는 정치적, 경제적 각성을 촉진함.
二. 우리는 단결을 공고히 함.
三. 우리는 기회주의를 일체 부인함.

일제 당국의 감시와 견제를 받던 상황이었으므로 위와 같이 모호한 강령을 내세울 수밖에 없었던 것이다.

한편 신간회 창립시 홍명희는 조직부 총무간사로 선임되었는데, 이때 선출된 각 부의 총무간사는 아래와 같았다.

서무부 권태석權泰錫   재무부 박동완朴東完
정치문화부 신석우申錫雨   조사연구부 안재홍安在鴻
출판부 최선익崔善益   조직부 홍명희洪命憙
선전부 이승복李昇馥

홍명희는 「신간회의 사명」이란 글에서 민중의 정치적 각성과 한국인들의 노력을 강조하고 '과학적 조직행동'으로 노력해야 한다고 강조하였다. 특히 "신간회의 나갈 길은 민족운동만으로 보면 가장 왼편 길이나 사회주의 운동까지 겹치어 생각하면 중간 길이 될 것이다. 중간 길이라고 반드시 평탄한 길이란 법이 없을 뿐 아니라, 이 중간 길은 도리어 험할 것이 사실이요, 또 이 길의 첫머리는 갈래가 많을 것도 같다. 곧 구체적으로 말하면 구경 성공 실현 불가능을 구실삼거나 소위 계급적 진행을 표방하는 기회주의자들까지도 처음에는 겉으로 신간회와 유사한 단체를 조직하여 신간회의 길을 민중 앞에 혼란케 할 시기가 없지 않을 것 같다. 그러나 기회주의자들의 길은 얼마 가지 않아서 앞이 막힐 것이요 신간회의 길은 앞이 막히지 않을 것이니 조금이라도 앞을 내다보는 사람이면 갈래 잡기에는 그다지 힘이 들지 아니할 것이다."라고 하여 중도노선에 입각한 협동전선적 성격의 조직임을 분명히 밝혔다. 아울러 기회주의자들에 대한 경계도 늦추지 않고 있다.

신간회 창립대회는 1927년 2월 15일 종로의 기독교청년회관 대강당에서 성황리에 개최되었다. 이 대회에서 회장에는 기독교계의 원로 이상재가 선임되었고, 부회장에는 결성과정에서 중요한 역할을 한 홍명희가 선출되었다. 그러나 이승복의 증언처럼 홍명희는 끝내 고사하여 천도계열의 중진 권동진이 부회장을 맡게 되었다.

2) 신간회 지회 설립 지원활동과 신간회의 활동 방침

창립대회 이후 신간회가 지회 설립을 통하여 조직 확대에 착수하자 이에 호응하여 전국 각지에서 지회를 결성하려는 움직임이 활발히 전개되었다. 1927년 3월 함경북도 나남지회 설립을 시작으로 전국 각지에서 지회 설립 운동이 활발하게 추진되었으며, 6월에는 경성京城지회가 세워져 회장에 한용운, 부회장에 허헌이 선출되었다. 신간회가 창립 이후 활발한 활동을 펼쳐가자 같은 해 5월 27일에는 자매단체인 근우회槿友會가 여성단체들의 합작으로 창립되기까지 하였다.

한편 신간회는 지방에서 지회 설립 신청을 하면 본부에서 특파원을 파견하여 지회 설립대회에서 신간회 창립의 취지를 설명하고 현황을 보고하는 연설을 하였으며, 경우에 따라서는 설립대회 이후 별도의 강연을 하기도 했다. 그런데 지회설립 대회시 본부에서 가장 빈번하게 파견한 인물은 홍명희와 안재홍이었다. 특히 홍명희는 지회에서 본부에 특정인물의 파견을 요청하는 경우 가장 빈번하게 지명되었다. 이는 그가 조직부 총무간사직을 맡고 있었고, 지방의 진보적인 활동가들 사이에서 신간회의 실질적인 지도자로 널리 인정받고 있었기 때문이 아닌가 한다. 한편 호남지역인 전남지역 지회의 경우 전남 완도 출신인 신간회 상무간사 송내호宋乃浩가 많이 파견되어 전남지역 지회 설립을 지원하였다.

신간회 본부에서는 영남과 호남지역의 조직력 강화에 주력했는데, 홍명희는 안재홍과 함께 경상남·북도 지역의 지회 설립 지원을 거의 도맡은 것으로 판단된다. 홍명희는 1927년에 지회 설립을 위해 영남 일원에서 정력적인 지원활동을 전개하였다. 그는 영남지역의 지회 설립을 위해 주로 안재홍과 함께 영남지역을 순회하며 각 지회 설립대회에 적극 참가하여 신간회 창립의 취지를 설명하거나, 신간회의 현황에 대해 보고하는 일을 하였다. 그리고 설립대회를 마친 밤에는 별도의 강연을 하는 경우가 많았다. 여러가지 시의적절한 주제에 대한 강연 등을 행함으로써 지역인사들의 계몽과 신간회 지회 설립 등의 민족운동에 적극 앞장섰다. 본부대표 대신 경성지회에서 대표를 파견하는 경우도 있었는데, 이때는 주로 이관구李寬求, 박의양朴儀陽, 김무삼의 활동이 많았다. 그런데 홍명희의 장남 홍기문도 1회 파견되어 지회 설립에 공헌하기도 하였다.

홍명희와 안재홍의 권유로 영남지역 뿐만 아니라 충청도 지역에도 신간회 지회가 세워졌다. 예를 들면 신간회 영동지회와 괴산지회도 설립되었다. 다만 신간회 괴산지회는 주동자 안철수安喆洙 등이 1929년 2월 독립운동을 전개한 혐의로 일본 경찰의 탄압을 받아 붕괴하고 말았다. 괴산지회가 홍명희의 영향을 크게 받았음은 당연했다.

홍명희와 안재홍의 연설세목을 통해 당시 신간회 주요 지도자들의 생각이나 방침 등을 대략 파악할 수 있다. 특히 1927년 9월 4일 상주지회 설립 기념강연회에서 한 안재홍의 연설내용 요점을 검토해볼 때 신간회 지도자들의 운동방침을 어느 정도 짐작해 볼 수 있다. 안재홍은 아래와 같은 내용 요지를 강연하였다.

① 1919년 독립운동은 그 자체는 실패로 돌아갔지만, 정신적으로 우리 민족에게 준 교훈은 큰 것이었다. 장래 전민족의 단결로 실제행동으로 나갈 필요가 있다. ② 현재와 같은 교육제도는 결국 조선혼을 소멸시키는 것이므로 조선인에 대해서는 조선인 본위의 교육을 실시할 필요가 있다. ③ 산업교통의 여러 정책은 다 일본인 본위로서 조선인에게는 조금도 이익된 점이 없을뿐더러 오히려 우리들을 사멸로 이끄는 것이다.

이러한 안재홍의 연설내용은 경상도지역 지회 설립시 동행하여 강연한 홍명희의 강연내용과 별 차이가 없었을 것으로 추정된다. 따라서 위의 내용은 홍명희의 생각이나 연설내용과 대동소이한 것으로 간주할 수 있다고 본다.

특히 안재홍의 연설내용은 신간회 지회의 정책과 활동에 중요한 지침이 된 것으로 평가되고 있다. 왜냐하면 이후 많은 지회의 정책안에 위 안재홍의 연설내용이 거의 그대로 반영되어 나타났기 때문이다. 이런 점으로 미루어볼 때 홍명희와 안재홍 등 저명인사들의 지회 특파는 신간회를 대중운동으로 선전, 홍보하고 발전시키는 데 중요한 계기가 되었던 것으로 볼 수 있다. 더욱이 특파원이 참석할 수 있다고 통보하는 날에 따라 각 지회의 설립대회 날짜가 조정되는 사례가 있는 것을 볼 때 이러한 사실은 분명하다고 하겠다.

신간회의 출범과 전국 각지에서의 지회 설립은 이후 꾸준히 지속되어 창립 10개월 후인 1927년 12월 27일에는 설립된 지회 수가 100여 곳을 돌파하여 이를 축하하는 기념식이 개최되기도 하였다. 신간회가 이처럼 급속히 발전하게 된 배경에는 민족주의계열 인사들은 물론 조선공산당계열 등 사회주의계열이 참여하였고, 각종 사회·사상단체도 참여하였기 때문이다. 그리하여 창립 1주년이 되던 1928년 2월 신간회는 123개 지부에 2만 여명의 회원을 아우르는 거대한 사회조직으로 발전하였다.

주목되는 사실은 홍명희의 장남 홍기문 역시 신간회, 특히 경성京城지회에서 큰 활약을 하였다는 사실이다. 또 차남인 홍기무(본명 洪起殷)는 1927년 9월 홍명희가 신간회 영덕지회 설립대회 지원차 출장을 갔을 때 동행하여 '경성과학연구회' 회원 자격으로 축사를 하기도 했다. 1929년 휘문고보에 재학중이던 홍기무는 광주학생운동과 관련하여 일제 경찰에 검거되어 심한 고문을 당했을 뿐만 아니라, 이를 계기로 결국 학교에서 제적되고 말았다. 한편 홍명희는 1928년 10월 19일 치안유지법 위반 혐의로 검거되었다가 열흘만에 불기소로 풀려났다. 조선공산당 관련 혐의를 받았으나, 증거가 충분치 않았기 때문이다.

그러나 신간회의 발전에 비례하여 일제 당국의 감시와 탄압은 더욱 강화되었다. 특히 창립 이래 1928~29년까지 공개적 집회를 금지당한 신간회는 민족운동의 전개에 큰 지장을 받지 않을 수 없었다. 이러한 상황에서 1929년 6월 28~29일 이틀에 걸쳐 복대표대회複代表大會가 열렸다. 복대표대회란 원래 각 지회에서 회원수에 비례하여 대표회원을 선출하고 그 대표회원들이 본부에 모여 정기대회를 개최하여 규약의 개정과 임원을 개선해야 하지만, 정기대회가 금지되었기 때문에 몇몇 인접 지회가 합동으로 대표, 즉 복대표 1인을 선출하고 그 복대표들이 모여 정기대회를 대신하는 대회였다. 이 복대표대회를 계기로 신간회의 규약이 개정되고, 간부진이 대거 교체되는 등 큰 변화가 있었다. 특히 복대표대회에서 중앙집행위원장으로 허헌許憲이 선출되고 새 간부진 78명이 선임되었다. 그런데 이 간부진 가운데 창립시부터 참여하였던 간부는 중앙집행위원으로 선출된 홍명희를 포함하여 이관용·김명동(이상 중앙집행위원)·박희도(朴熙道, 중앙집행위원 후보)·권동진(중앙검

사위원장) 등 5명에 지나지 않았다. 그만큼 종전의 지도부는 지회 대표들에게 불신임을 받았던 것이다.

3) 신간회 민중대회 사건과 투옥

새로 출범한 허헌위원장 체제하의 신간회는 종전에 비해 활발한 활동을 전개하기 시작했다. 복대표대회 이후 허헌 등 신임 중앙간부들은 종래의 침체된 활동을 극복하고 실천적 활동으로 나아가려는 여러 가지 계획을 구체화해갔는데, 광주학생운동 직후 계획한 민중대회 사건은 그 대표적 사례라고 할 수 있다. 그러나 민중대회 사건을 계기로 일제측은 신간회에 대하여 대대적 탄압을 자행했다.

민중대회 사건은 허헌, 홍명희 등 좌파 민족주의자들이 주도하였으며 사회주의자들은 이 민족운동에서 소외되는 경향을 보였다. 따라서 민중대회 사건은 반드시 신간회 관련 운동만으로 한정시킬 수 있는 성격의 항일운동은 아니었다고 평가된다. 그 이유는 3·1운동 이후 역량이 향상된 각 종교, 언론, 주요 사회단체 등의 연합형태로 구성되었기 때문이다. 그러나 민중대회 사건은 사전에 주요 지도자들이 체포되어 실행되지는 못하였지만, 신간회 본부와 각 지회가 청년총동맹, 근우회 등과 함께 1930년 이후 광주학생운동을 전국적으로 확산시키는 데 크게 기여한 것으로 볼 수 있다.

1929년 11월 3일 광주학생운동이 발발하자 신간회 간부들은 이 사건을 전국적으로 확대시켜 보다 규모가 큰 민중운동으로 확산시키려는 계획을 세웠다. 이것이 소위 '민중대회' 사건의 계기가 되었다.

허헌·홍명희 등 신간회 중앙 간부들이 주도하여 12월 13일에 이른 바 '민중대회'를 개최하려는 계획은 12월 10일 결정된 것으로 파악된다. 이날 광화문 부근 허헌의 집에서 신간회 위원장 허헌과 천도교의 원로이며 신간회 검사위원장인 권동진, 동아일보사 사장 송진우, 조선일보사 부사장 안재

홍, 중외일보 조사부장 이시목李時穆, 천도교 계통의 손재기孫在基, 그리고 홍
명희와 조병옥趙炳玉, 이관용, 신간회 경성지회장 한용운, 『동아일보』편집
국장 주요한朱耀翰 등 11명이 회동하였다. 당시 3대신문으로 평가되던 동
아 · 조선 · 중외일보의 핵심적 간부들이 모임에 참가한 것은 광주학생운동
을 계기로 이 학생운동의 진상을 널리 알리고 일제 식민지 통치의 실상을
폭로, 규탄하려는 목적이 크게 작용한 것으로 분석된다. 이 모임에서 허헌
과 홍명희 등은 '광주사건(광주학생운동)'의 정체(진상) 폭로, 구금된 학생들의
무조건 석방, 경찰의 학교유린 배격, 포악한 경찰정치에 대한 항쟁 등을 목
표로 일대 민중운동으로서 '민중대회'를 개최할 것을 결의하였다.

　이 때 추후 개최될 민중대회의 연사로는 권동진 · 허헌 · 김항규 · 이관
용 · 홍명희 · 조병옥 · 이원혁 · 한용운 · 주요한 · 손재기 · 김무삼 등 11명이
선정되었다. 홍명희 등 11명이 서명한 이 결의문은 12월 10일 밤에 인쇄되
었다. 물론 이 결의문은 신간회나 민중대회 관련 주요 인사들과 사회단체,
그리고 다수 대중들의 민중대회 참여를 독려하는 데 사용할 것이었다. 이
날 모임에서는 허헌 위원장이 민중대회를 널리 알리는 광고와 격문 등을
인쇄하는 임무를 맡기로 하였다.

　이에 따라 허헌은 김무삼(일명 金東駿)에게 광주학생운동의 진상과 구속 학
생들의 석방을 요구하는 취지의 표어로 격문 2만장을 인쇄해줄 것을 의뢰
했는데, 김무삼은 이를 수락했다. 그러나 나중에 김무삼이 인쇄한 2종의 민
중대회를 알리는 광고는 일본 경찰에 압수되고 말았다.

　그러나 이러한 계획은 사전에 일경에 탐지되어 실행되지 못하였다. 일본
경찰은 신간회 간부들의 이러한 움직임을 정탐하고 12일에 홍명희와 김항
규를 불러 이 계획에 대해 경고하였다. 그러나 홍명희 등은 조선총독부 경
찰 당국의 경고에도 불구하고 민중대회 개최 계획을 그대로 밀고 나가기로
하였다. 이에 경찰당국은 민중대회 개최 예정 당일인 12월 13일 새벽 6시에
신간회 중앙집행위원장 허헌을 비롯한 20여 명의 간부들을 체포하였고, 신

간회 본부를 수색하여 각종 인쇄물을 압수하였다.

다행스럽게도 이날 체포를 면한 홍명희는 이관용·조병옥·김무삼·이원혁과 비밀리에 만나 추후 대응책을 협의하였다. 그 결과 민중대회는 예정대로 치르기로 하고 압수된 격문의 내용을 적은 '통고문'을 작성하여 조선·동아·중외일보 등 한글신문사와 각 지회에 배포하는 한편, 전국의 신간회 지회에 대하여 "본부와 같은 행동을 취할 것"을 지시하는 내용의 통고문을 발송키로 하였다. 이에 따라 김무삼은 그 자리에서 통고문을 작성했으며, 이원혁은 이 통고문을 앞의 3대 일간지에 배포하였다. 하지만 그 직후 홍명희와 이관용, 조병옥, 이원혁 등 4명은 경찰에 체포되고 말았다. 혼자 체포를 면한 김무삼은 이 때 작성한 통지문을 각 지회로 발송하고 그날 저녁 인사동의 조선극장에서 격문을 뿌리는 등 크게 활약했으나, 그 역시 며칠 후 체포되고 말았다.

이처럼 신간회 민중대회 사건으로 여러 동지들과 함께 일경에 검거된 홍명희는 경기도 경찰부 유치장에 갇혀있다가 서대문형무소 구치감으로 이송되었다. 이 사건으로 91명이 검거되었는데, 이 가운데 홍명희와 권동진·허헌 등 11명이 12월 24일 서대문형무소로 넘어가게 되었다. 이들 11명 가운데 권동진·한용운 등 5명은 이듬해 1월 기소유예로 풀려났으나, 홍명희·허헌·이관용·조병옥·이원혁·김무삼 등은 기소되었다. 그리고 기소된 지 8개월만인 9월 6일에야 이들에 대한 예심이 종결되었다. 예심종결과 함께 홍명희 등 6명은 모두 유죄판결을 받아 경성지방법원의 재판에 회부되었다. 이처럼 민중대회 사건에 관련되어 홍명희는 투옥되고 말았다. 때문에 『임꺽정』연재는 상당기간 중단될 수 밖에 없었다.

그러나 신간회 민중대회사건에 대한 공판은 예심종결 후에도 몇 개월 동안이나 지연되어 해가 바뀐 1931년 4월 6일에야 열렸으며, 4월 24일의 언도言渡 공판에서 홍명희·허헌·이관용은 보안법 위반으로 각각 징역 1년 6월을, 조병옥·김무삼·이원혁은 같은 죄목으로 각각 징역 1년 4월을 선고받았다. 그 후 이들은 모두 상소를 포기하여 형이 확정되었으며, 잔여 형기를 얼마 남기지 않고 있던 1932년 1월 22일 가출옥으로 감옥을 나오게 되었다. 민중대회 사건으로 옥중에 수감된 신간회 주요 임원들은 추운 날씨, 서대 문형무소의 열악한 조건과 대우로 인해 큰 고통을 겪어야 했다. 그러한 광경을 목격한 신간회 동지이자 그 사건의 변호사였던 김병로金炳魯는 중요한 회고 기록을 남겼다.

이렇게 홍명희는 신간회 민중대회 사건으로 두 번째 투옥이 되어 만 2년 가량의 옥고를 치렀다. 그는 이 기간 동안에 장남 기문과 아우 성희에게 편지를 보냈는데, 특히 기문에게 보낸 편지에서 옥중에서 큰 고초를 겪고 있음을 실토한 바 있다. 홍명희 등 신간회 간부들은 민중대회 사건으로 체포되어 큰 고통을 겪으면서도 항일민족운동에 대한 열정은 굽히지 않았다. 그러한 사실은 홍명희가 장남 기문에게 보낸 편지를 통해서도 확인할 수 있다. 홍명희는 하루라도 빨리 나가 신간회 활동을 재개하고 싶었던 것이다.

이처럼 홍명희 등 민중대회 사건 당사자들은 여러 가지 어려움을 겪으면서도 후일의 민족운동에 대비하는 등 나름대로 분투하였다. 특히 그는 옥중에서 위장병을 앓고 있었지만, 『조선일보』에 연재하던 『임꺽정』 집필은 계속하여 '조선어' 및 '조선 정조情調'의 현창 등 민족문화 수호 및 창달에 강한 의지를 드러냈다.

4) 신간회의 해소

신간회의 해소 원인에 대해서는 여러 가지 설이 있으나, 여기서 상론할 필요는 없다고 생각된다. 지금까지의 연구 결과에 따르면 초창기에 적지 않은 사회주의자들이 신간회에 참여한 것으로 판명된다. 그러나 1928년 2월과 4월, 7월에 있었던 제3·4차 조선공산당 검거사건으로 다수의 신간회

관계자들이 검거되면서 신간회는 큰 타격을 받았다. 이에 따라 신간회에 참여했던 좌파 민족주의자들은 사회주의자들을 경계하게 되고, 조선일보계 인사들은 『조선일보』의 정간 해제라는 초미의 과제해결에 몰두하게 되었다.

이에 따라 신간회 본부의 주요 간부직을 맡고 있던 신석우와 이승복이 총무간사직을 사임하였고, 한기악韓基岳 · 홍성희洪性熹 · 장지영張志暎 · 안석주安碩柱 등은 간사직을 사임하였다. 즉 조선공산당의 궤멸과 신간회 본부를 장악하고 있던 조선일보계 인사들의 타협적 노선으로 신간회 활동은 현저히 약화되었던 것이다. 말하자면 신간회 본부 핵심인사들 중 조선일보계는 물러났고, 대부분의 조선공산당계는 검거되거나 해외 망명의 길을 가게되었던 것이다. 이후 신간회 본부는 물론이고 지회활동도 크게 위축되고 말았다.

조직의 지도부에서부터 지역 지부에 이르기까지 신간회 조직에 참여한 멤버들은 좌 · 우 양 세력은 물론 중도세력도 참가한 협동전선적 성격을 띠었다. 물론 신간회의 한계와 문제점도 누차 지적되었다. 그러나 신간회가 갖는 민족운동사적 의미는 결코 과소평가될 수 없을 것이다. 신간회 회원의 상당수가 조선공산당원이었고, 1928년 조선공산당 검거사건으로 이들 중 상당수가 일제에 검거되는 등 큰 손실을 받았다. 이후 신간회는 비타협적 민족주의운동 노선으로 전환하는 경향을 보였다. 하지만 1931년 5월 일제의 탄압으로 결국은 큰 타격을 받고, 좌 · 우 양 진영에 의해 '해소'되고 마는 것이다.

현재 자료에 따라 상이한 해석이 엇갈리고 있지만, 신간회 당시 홍명희의 역할에 대해서는 추후 심층적 규명이 필요하다고 본다. 그가 사회주의 사상에는 공감했을 것으로 보이지만, 공산주의자는 아니라고 보는 견해가 일반적이다. 한편 일제측 정보자료는 그가 신간회 내의 조선공산당 프랙션의 책임자의 지위에 있으면서 각 지회에 총간사 및 간사, 회원 등의 프랙션을 조직하여 조선공산당의 정책을 수행한 것으로 파악하고 있다. 그리고 이러한 임무수행은 국민적 대중당 운영에 대한 코민테른의 방침을 충실히 수행한 것이라고 평가하기도 한다. 이와 같이 홍명희의 사상적 경향에 대해서는 여러 가지 기록과 평가가 있다. 그가 감옥에 있을 때인 1931년 5월 신간회는 결국 해소되고 말았으나, 신간회의 해소에 대해서는 반대입장을 견지한 것으로 알려져 있다.

일본제국주의 강점기에 신간회의 사례처럼 대규모로 존속하며 전국적으로 광범위한 활동을 전개한 좌우협동전선적 성격의 민족운동 조직은 사실상 존재하지 않았다고 할 수 있다. 따라서 홍명희의 신간회 창립 주도와 관련 활동은 중요한 의미가 있다고 하겠다.

6. 홍명희의 문예관과 그에 대한 인물평

홍명희는 훗날 소설 『임꺽정』의 집필은 실상 경제적 동기에서 비롯되었다고 실토한 바 있다. 그러나 실제로 그것과는 별개로 그의 집필 의도는 강한 현실비판이라고 해야 할 것이다. 그러한 가능성은 이미 『임꺽정』 집필 이전인 1926년과 1929년에 발표된 글을 통해 살펴볼 수 있다. 당시 그는 문학의 효용과 실재성, 사회주의적 문학관을 다음과 같이 피력하였다.

즉 그는 "새로이 일어나게 된 신흥문예 그것은 이 생활에서 분리된 문학에 대항하여 서게 되는 생활과 디렉트한 관계를 가진 문학이어야만 할 것이다. 생활을 떠난 문예는 생활의 문예는 아닌 까닭이며, 그리고 인생은 실재하는 생활의 권외에 있는 것이 아닌 까닭이다.……세계를 들어서 새로운 계급의 발흥은 바야흐로 대홍수를 일으키게 되었으니, 금일의 시대사조는 사회변혁, 계급타파, 대항, 해방 등의 사상이니, 이 시대의 문예가 이것을 중심사상으로 하고서 새로이 출발할 것은 당연한 일이다. 사회변혁, 계급타파의 사상은 한입으로 말하면 경제사상의 발현이니, 이것을 중심사상으로 한 문예가 맑스·엥겔스로부터 계통을 받은 사회주의 경제사상을 다분히 가질 것은 물론이다. 그리고 이것은 구계급보다도 신흥계급에서만 볼 수 있는 현상이라 함이 옳겠다"고 말했던 것이다.

홍명희 생가 부근의 제월정. 그의 문학의 고향이라고 할 수 있다.

고향 제월대 언덕 앞에 새워진 '벽초 홍명희 문학비'

물론 홍명희의 이러한 문예관은 당시의 국내외 시대사조를 반영한 것이었다고 할 수 있다 그러나 그럼에도 불구하고 이러한 문예인식은 그의 진보적 사상관을 엿볼 수 있게 하는 하나의 척도가 된다고 하겠다. 한편 홍명희는 당시 유행하던 프로문학과 민족문학의 본질에 대해서도 "양 문학운동은 시간적으로 합치한다"라고 밝혔다. 이러한 홍명희의 논리는 프로문학과 민족문학이 궁극적 목적은 다를지 모르나 민족해방을 쟁취하기까지는 한시적으로 합치할 수 있다고 주장하는 내용이었을 것으로 생각된다.

『조선일보』에 연재하였던 소설『임꺽정』이 당시『조선일보』독자층은 물론 각계에 상당한 파급을 미친 사실은 잘 알려진 대로이다. 이『임꺽정』에 홍명희 자신의 사상과 당시 현실에 대한 인식이 강하게 반영되었다는 사실은 분명하다. 현재『임꺽정』에 대해서는 문학 분야에서의 연구는 많다고 할 수 있지만, 역사분야에서의 연구는 미흡한 실정이다.

한편 홍명희는 옥중에서도 완강하게 투쟁하다가 사경을 헤매던 중 1934년에 형 집행정지로 풀려나 요양하고 있던 김창숙金昌淑에게 1940년경 서신을 보내 절개를 지키고자 하는 자신의 굳은 의지를 다짐한 적이 있었다. 그 내용을 알려주는 김창숙의 편지가 남아있다. 또 은인자중하던 홍명희를 상찬하는 김창숙의 시도 전해지고 있다. 이를 통해 일제 말기 은둔하면서 해방의 그날을 위해 은인자중하는 홍명희의 모습을 상상해볼 수 있다.

홍명희에 대한 평가는 대체로 일치하고 있다. 1931년 발간된 한 잡지는 홍명희에 대해 다음과 같이 평가하였다. 그의 인물됨을 이해하는 데 참고가 될 것으로 본다. 이하에서 간단히 소개하고자 한다.

> 원래는 화요계火曜系의 인물이었으나, 중간에 그와 이반하여 자기의 그룹을 만들고 그의 영수격이었다. 사회주의의 연구가 깊은 사람으로 자타가 일시는 그를 사회주의자로 인정하였었으나 화요에서 이반하여 자기의 그룹이 이루어진 후의 그의 태도는 민족주의적이었다. 그는 학자이고 연구가 문학이며 현대 조선에서 재사才士로의 이름이 높다. 그의

명철한 뇌흉은 사색적이요, 그 위에 다독多讀이어서 학자로의 기대가 많다. 광주학생사건 당시에 허헌 등과 같이 방금 서대문형무소에서 복역 중이요 가정의 일화逸話로서는 부자간에 담배도 마주 피우고 술도 같이 먹는다는 것이 한 이야깃거리였다.

당시 『조선일보』 기자였던 김을한金乙漢은 해방 이후에 다음과 같이 평가하였다. "해방 후 이북으로 간 성우誠友 홍모洪某와 평주(平洲—이승복; 필자)는 오랜 동안 신문사의 운영 책임자로 있는 동안에 신문경영을 가장 잘 알고, 또 수완이 있는 사람으로 유명하였으며, 특히 성우는 스스로 제갈량으로 자처할 만큼 권모술수에 능하였다." 그러나 이는 해방 이후 월북한 사실을 의식한 의도적 폄하라고 생각된다. 홍명희에 대한 평가는 대체로 그가 공산주의자는 아니라는 데 일치하고 있다.

이런 면을 본다면 그가 진보적 인물로 평가받으면서도 훌륭한 성품의 소유자로 세인의 존경을 받고 있다는 사실을 알 수 있다. 그러나 그 역시 한계가 있었다. 1946년 발행된 『신천지』 잡지에 실린 글을 보면 「"기성적인 것에 대한 반항, 권위에 대한 반항, 이 반항의 정신이 그로 하여금 40년을 지켜오게 한 것인데, 이 고절孤節이란 비타협적 태도는 일제의 모든 제도에 대해서만이 아니라, 계급적으로는 자기의 핏줄이 당기는 봉건제도에 대해서도 그러하였다. … 반항의 정신이 비평의 태도에 그치고 행동화하지 못한 이유는 어디 있느냐?" 그가 일찍이 말하기를 "내가 다른 데는 유약해도 무엇이든지 안하는 데는 강하지" 한 바와 같이 그가 항상 행동에 주저하고 사리고 촌탁忖度하는 것은 역시 그 계급적 속성을 버리지 못한 귀족취미에서 나온 것이라고 볼 수밖에 없는 것이다」라고 평가하고 있는 것을 볼 수 있다.

한편 이원조李源朝 역시 1946년 봄 한 잡지에 발표한 '벽초론'에서 홍명희에 대해 긍정적으로 술회하였다. 이원조의 이러한 평가는 비교적 정확한 지적과 인식이라고 평가할 수 있다.

7. 해방 이후 및 북한에서의 활동

홍명희는 58세 때인 1945년 8월 15일 일제의 패망으로 꿈에 그리던 광복을 맞아 '눈물 섞인 노래'라는 시를 지어 해방 당시의 감격을 표현하였다. 이 시는 홍명희가 일제의 패망 전후시기에 고향인 괴산 제월리에 피신해 있을 때 일제의 패망 소식을 듣고 지은 것으로 전해진다. 이 시에 나오는 님은 경술국치 당시 자결한 홍명희의 부친 홍범식으로 추정된다. 이런 부류의 시가 갖는 작품성에 대해 시인 정지용은 혹평하기도 하였으나, 이 시에는 부친의 유훈을 나름대로 잘 받들어 일제의 회유나 압박을 거절하고 지조를 지키고자 한 홍명희의 심경이 잘 드러나 있다고 하겠다.

홍명희는 이 해 8월에는 괴산군 치안유지회 회장에 추대되었다. 한편 『서울신문』 1946년 1월 5일자에 좌·우익의 여러 단체에서 일방적으로 자신을 임원으로 선임·발표하는 데 항의하는 내용의 성명을 발표하기도 하였다. 같은 해 3월 서울신문사 고문직을 사임하였다.

노년의 홍명희

홍명희는 해방 직후 한동안 고향인 괴산의 제월리에 머물렀지만, 1945년 가을 상경하여 서울신문사의 고문을 맡아 본격적인 사회활동을 전개하였다. 『서울신문』은 잘 알려진 바와 같이 조선총독부의 어용지였던 『매일신보』의 사옥과 시설을 거의 그대로 인수하고 발행호수(지령)도 그대로 계승하여 새롭게 출발한 일간지였다. 이 신문은 해방 직후 남한 사회에 큰 영향력을 행사하였는데, 발행부수도 많은 편이었다.

그런데 주목되는 사실은 이 신문의 경영 및 편집진에 신간회 출신 인사들이 대거 참여하였다는 점이다. 『서울신문』 발행 당시 사장은 82세의 고령

이었던 오세창吳世昌이 추대되었는데, 3 · 1운동 당시 민족대표 33인의 한 사
람으로 널리 알려졌던 명망가였기 때문에 원로우대 명목으로 추대된 셈이
었다. 한편 홍명희와 함께 고문으로 추대된 권동진은 신간회 부회장을 맡
은 사람이었다. 홍명희의 장남 홍기문은 편집국장을 맡았고, 상무 이원혁,
취체역 김무삼, 주필 이관구 등은 모두 신간회 경성지회에서 활동한 인물
들이었다. 특히 김무삼과 이원혁은 신간회 민중대회 사건으로 홍명희와 함
께 옥고를 치른 동지였다. 또한 이후 홍명희의 차남 홍기무도 서울신문사
에 입사하여 출범시 문화부장을 맡았다가 얼마 후 편집 부국장이 되었다.
이렇게 본다면 출범 직후 『서울신문』은 실질적으로 신간회 출신 인사들이
운영을 주도했다고 볼 수 있다.

홍명희는 이후 정치활동에 투신하여 1948년 4월 18일부터 30일까지 평양
에서 열린 '남북조선 제정당諸政黨 사회단체 대표자 연석회의'와 '남북조선
제정당 사회단체 지도자협의회'에 참가하였다. 그 이후 남쪽으로 귀환하지
않고 북한에 잔류하게 되었다. 같은 해 6월 29일부터 7월 5일까지 평양에서
열린 '남북조선 제정당 사회단체 지도자협의회'에 참가하였다. 8월에는 차
남 홍기무의 안내로 서울에 있던 가족들이 38선을 넘어 평양에 도착하여
가정을 이루었다. 또한 8월 21~26일에 해주에서 열린 '조선최고인민회의 남
조선 대의원 선거를 위한 남조선 인민대표자대회'에 참가하여 북한 정권의
정통성을 뒷받침하는데 일조하였다.

마침내 1948년 9월 그는 북한, 즉 '조선민주주의인민공화국' 제1차 내각
(수상 김일성)에서 박헌영朴憲永 · 김책金策과 함께 부수상으로 임명되었다. 북
한 정권의 고위 관료로 새로운 정치활동을 전개하게 되었던 것이다. 그는
1962년까지 내각 부수상을 수차 연임하였으며, 1968년 사망 때까지 최고인
민회의 상임위원회 부위원장 등 고위직을 지냈다. 그러나 그는 김일성과
개인적인 관계를 맺고 있던 명목상의 지도자였을 뿐으로 실제 권력과는 거
리가 멀었다는 평가가 일반적이다.

한편 홍명희의 계모 조경식趙璟植 여사는 홍명희를 따라 월북하지 않고 그대로 괴산에서 살았다. 부근에 현숙하기로 명성이 자자했고 대가족의 대소사를 휘잡아 가정을 이끌었다.

그러나 그녀는 1950년 한국전쟁의 와중에 우익 인사들에 끌려가 살해당하고 말았다. 홍명희가 북한에서 고위 관리를 하고 있다는 이유였다. 홍명희가의 큰 비극이었다.

결국 홍명희는 1968년 3월 5일, 우리 나이 81세 때 노환으로 별세하였다. 그의 시신은 평양 교외 애국열사릉에 안장되었다.

해방 이후와 북한에서의 더욱 구체적인 활동내용은 생략하고 추후 별도의 원고를 통해 정리코자 한다. 주목되는 사실은 상당수의 주요 인사들이 김일성의 정적으로 간주되어 숙청되거나 부침浮沈을 거듭하는 것과는 달리 홍명희는 시종일관 일정한 예우와 그에 걸맞은 직책을 수행하고 있는 사실을 확인할 수 있다. 이는 홍명희의 사고방식이나 행태와도 관련이 있다고 생각된다. 물론 그가 정치 분야보다는 문화나 학술, 스포츠(올림픽) 행정 분야에 주로 종사하고 있었다는 사실을 볼 때 우연한 사실은 아니라고 본다.

홍명희의 소설 '임꺽정'의 무대 철원 고석정

8. 홍명희를 어떻게 평가할 것인가

홍명희는 1920년대에 여러 사회운동 단체 및 좌우협동전선적 형태의 신간회 활동, 그리고『임꺽정』연재 등을 통한 민족문화 수호활동의 전개 등 일제 강점기 여러 가지 형태의 민족해방운동에 참가한 민족해방운동가였고, 또한 언론인이자 정치가 · 소설가로 한국근현대사에 큰 족적을 남겼다고 할 수 있다.

이 글은 그의 다양한 행적과 사상 가운데 특히 일제하 현실인식과 사회운동, 신간회 민족운동 등을 간략히 정리하려 한 것이다. 홍명희는 조선왕조의 지배이데올로기로 기능하였던 성리학을 기본소양으로 하는 양반 명문가에서 출생하였다. 따라서 일반적으로 기득권을 유지하려는 보수적 성향을 취하기 쉬운 입장에 처해 있었다. 그러나 자신의 일본 유학과 그 체험, 조국의 멸망과 부친 홍범식의 순절, 또한 그 충격에 따른 해외 유랑, 가문의 몰락, 그리고 신채호 등 선각자들과의 교류 등을 통해 새로운 세계관과 인생관을 갖게 된 것으로 보인다. 따라서 그는 당시 식민지 '조선'이 직면하고 있던 모순구조를 예리하고도 정확하게 인식하고 있었으며, 나름대로 그러한 시대의 요구에 충실히 대응하려는 자세를 드러냈다. 그러나 자신의 계급적 속성—명문 양반계급 출신 특유의 소극성과 비혁명가적 기질 등—을 일부 벗어나지 못한 한계도 지적될 수 있다.

그러나 그는 철저한 반봉건의식과 반제(반일) 사상을 견지하며 양심적 지식인의 실천적 면모를 보여주었다는 점에서 높이 평가할 만 하다. 이러한 입장에서 일제 식민지 지배구조의 모순 인식과 그에 대한 저항 및 비타협적 태도, 그리고 부친 홍범식의 유지 계승 등이 돋보이는 그의 행적은 근대 한국민족해방운동사와 문학(문예운동)사에서 중요한 의의를 남겼다고 하겠다.

그는 1919년에 고향인 충청북도 괴산의 3 · 1운동을 주도한 것은 물론, 1920년대 전반기 신사상연구회와 화요회 등 진보적 지식인 그룹에 소속하여 각종 민족해방운동을 주도하였다. 그리고 1927년 초에는 일제하 최대의 좌우 협동전선인 신간회의 창립과 활동, 지회 설립과 민중대회 사건 등을 주도함으로써 실천적인 민족해방운동가의 면모를 보였다. 또 교육운동과 『임꺽정』 연재, 언론활동을 통해 자신의 이상을 실천하기도 했다. 이후 그는 1940년대 전반기 일본제국주의의 탄압이 심해지자 서울 근교에서 은둔하여 지조를 지키면서 조국의 해방에 대비하는 지사적 풍모를 보였다.

결국 홍명희의 현실인식과 사상적 변모, 각종 민족해방운동과 신간회 활동, 문예활동 투신은 특유의 재기와 정확한 현실인식에서 연원한바 컸으나, 부친 홍범식의 순절(자결)이 큰 영향을 끼친 것으로 분석된다. 또한 그의 식민지 시기 현실인식은 기본적으로 반제·반봉건의식이 중요한 토대를 이루었던 것으로 추정된다.

특히 그의 가문은 물론 홍명희 자신의 유교사상적 전통과 성장배경을 감안할 때 그의 사상적 변모와 민족해방운동(민족주의운동 및 사회주의운동) 투신, 신간회 활동, 그리고 한국문학사에 중요한 의의를 남긴 문예활동 등의 업적은 유교지식인의 근대적 변용과 적응이라는 전형적 사례를 보여주고 있다는 점에서 우리에게 시사하는 바 크다.

한편 그는 1920년대 중반 조선공산당에 가입한 것으로 판단되지만, 후일 김철수에 의해 제명된 것으로 보인다. 그러나 우리는 그의 사상에 대해서 민족주의냐 사회주의냐 하는 획일적 시각에서 접근하기보다는 '진보적 민족주의자'로 혹은 양심적 지식인, 선각적 민족해방운동가, 저명한 작가(소설가)로 평가하는 편이 더 타당할 것으로 생각된다.

홍명희의 생애는 크게 보면 네 시기로 구분할 수 있다. 즉 ① 초기부터 1918년 7월 유랑 후 귀국까지의 사상적(실천적) 모색기, ② 1919년~1926년까지의 비타협적 민족주의자, 혹은 초기 사회주의자로서의 활동기, ③ 1927년~1945년 8월까지의 신간회 활동과 『임꺽정』 집필 등 문예활동 및 운둔기, ④ 해방 이후의 정치활동기로 나눌 수 있다. 그는 이 시기별로 상당한 사상적 변화와 그에 상응한 행태를 보이는 것으로 파악된다.

이런 점에서 볼 때 홍명희의 신간회 창립 주도와 주요 활동은 대단히 중요한 민족운동사적 의미를 갖는다고 평가할 수 있을 것이다. 그리고 이인 · 김병로 · 허헌 변호사 등과의 교류 역시 그의 삶과 민족해방운동에 큰 영향을 끼친 것으로 판단된다.

홍명희의 해방 직후 정치활동과 북한에서의 활동에 대해서는 추후 별도의 연구와 평가가 필요하다고 본다.

5

이여성, 이론과 실천을 겸비한 민족운동가 *

최재성

1920년대 일본 유학시 북성회·일월회 참여
1929년~1936년『조선일보』·『동아일보』근무, 숫
    자조선연구 집필
1944년 건국동맹 참여
1945년 건국준비위원회 선전부 위원, 조선인민공
    화국 선전부장 대리
1946년 민주주의민족전선 부의장
1947년 근로인민당 상임위원
1948년 남북협상 참여

동생 이쾌대가 그린 이여성의 초상화

1. 부잣집 맏아들에서 불의에 저항하는 청년으로

이여성(1901~미상)은 본명이 이명건李命鍵으로 1901년 12월 31일 경상북도 칠곡군 지천면 신동리 웃갓 마을에서 태어났다. 그의 가정환경은 매우 부유하여 3천평에 달하는 집터 울타리 안에 교회당, 운동장, 연못, 집안 아이들용 학교까지 있었다고 한다.[1] 학교라고는 하지만, 당시 대부분의 사립학교들이 그렇듯 옛날 서당으로 쓰던 건물에 학교 간판을 붙인 정도였을 것이다.

그는 9세 때 서울 유학을 시작하여 보통학교를 마치고 사립 보성학교에 진학하였다. 그가 어릴 때부터 서울 유학을 하게 된 것은, 집안에 교회당을 세울 정도로 그의 집안이 일찍부터 기독교를 받아들였다는 사실과 경부선 철도가 개통되면서 그가 태어난 신동에 역이 설치되어 사람과 물자의 교류가 활발했다는 사정이 크게 작용하였을 것으로 보인다.

비교적 평탄하게 자란 그가 처음 겪은 큰 사건은 보성학교 4학년 때인 1917년 학내 문제로 보성학교를 자퇴하고 중앙학교로 옮긴 것이었다. 그 사건의 내막은 이렇다. 1917년 보성학교 4학년 1학기 초에 2학년 학생 시계 분실 사건이 발생하여 경찰이 학생들을 신체검사하는 일이 벌어졌다. 이에 4학년 학생들이 학교 당국을 상대로 학교 내에서 일어난 일을 스스로 해결하지 못하고, 경찰을 불러들인 것에 대해 규탄했고, 경찰 개입 배후에 일본인 교유가 있음이 드러나자 일본인 교유 배척사건으로 발전하여 2·3·4학년 학생들이 일제히 동맹 휴학했다. 사태 수습과정 중 이여성 등 4학년생 8명이 동맹 휴학 주도 책임으로 퇴학원을 제출하고, 1917년 5월, 8명 모두 중앙학교에 편입했던 것이다. 그는 편입 이듬해인 1918년 3월 중앙학교를 제9회로 졸업했다.[2]

이 사건은 당시 경찰 개입 배후를 문제 삼은 과정에서 드러난 것이기 때문에 일본인 교유 배척을 본격적인 민족운동으로 보기는 어렵다. 왜냐하면 조선인, 일본인이란 '민족'의 문제가 아니라 경찰을 불러들인 '교유'의 문제였기 때문이다.

2. 비밀 결사를 통해 민족해방운동에 투신

이여성이 민족운동에 투신하게 된 것은 중앙학교 졸업 후 중국행 때부터라고 봐야 할 것이다. 그는 중앙학교를 졸업한 1918년 그해 9월 김원봉(약산), 김두전(약수)과 함께 중국으로 향했다. 그 세 사람 가운데 당시 상황을 유일하게 글로 남긴 이는 김약수이다. 그의 글에 따르면 세 사람의 중국행은 세 사람의 독자적 결정이 아니라 '그룹'의 결정이었고, 그 결정 내용은 중국의 사관학교 유학이었다.[3] 여기서 먼저 규명되어야 할 것은 이 세 사람을 한 일행으로 만든 '그룹'이 무엇이었는가 하는 점이다. 이 세 사람이 맺어지는 데는 김원봉의 고모부 황상규가 매개 역할을 했다고 하며, 황상규는 약산若山·약수若水·여성如星의 호를 지어주었다고 한다.[4] 이 사실을 고려하면 김약수가 말한 '그룹'이란 황상규가 관여한 대한광복단으로 볼만하지만, 대한광복단은 1918년 1월에 이미 총사령 박상진을 비롯한 중심인물들이 모두 체포되어 활동할 수 없게 된 상태였다. 따라서 이 '그룹'이 무엇을 뜻하는지는 알 수는 없지만, 비밀결사였던 것은 분명하다.

또 이 세 사람 사이의 공통점이라면 군대에 대한 관심이다. 김약수는 군인이 되기 위해 1915년 일본 육군사관학교 입학을 시도한 적이 있고, 김원봉도 군사학을 배우러 독일을 유학하기 위해 천진 덕화학당에서 독일어를 배웠다. 또 이여성은 어렸을 때 해군 사관이 되어 잠항정 부대를 이끄는 꿈을 갖고 있었다고 한다.[5] 이렇게 보면 세 사람의 공통점은 군인이 되는 꿈을 갖고 있었거나 군사학에 관심을 갖고 있었다는 것이다.

이 세 사람이 일행이 되어 중국에 간 것은 북경사관학교에 가기 위한 것이었는데, 그것이 여의치 않았는지, 세 사람이 1918년 9월 남경 금릉대학에 입학하였다고 한다. 그러나 김약수는 남경으로 가지 않고 안동현에 머물러 있었던 것으로 보인다.

이후 그들은 만주 길림에서 둔전병을 육성할 계획을 세우고 실행을 위해

노력했다. 평상시에는 농경을 하다가 유사시 군대로 전환한다는 둔전병 계획은 1910년대 간도에서 조직된 경학사 등을 모델로 한 것으로 보인다. 이처럼 비밀결사와 군사훈련 계획은 이여성의 항일 민족운동의 시작이었던 셈이다.

그러던 중 3·1운동이 일어났다는 소식을 듣고, 생각이 다른 김원봉만을 남겨 둔 채 이여성과 김약수는 귀국했다. 귀국한 이여성은 4월 17일 대구에서 혜성단을 결성하고 격문을 배포했다가 체포되어 3년형을 선고받고 대구 교도소에서 3년간 복역했다.[6]

이여성 주도로 조직한 혜성단도 비밀결사 가운데 하나였다. 이여성은 혜성단을 결성하고, 격문을 제작, 배포하는 활동을 하다가 일제 경찰에 체포되어 3년의 옥고를 치렀다. 본격적인 항일 민족운동에 참여한 것이었다.

3. 일본 유학과 사회주의 운동 참여

1919년부터 1922년까지 3년간 옥고를 치르고 출옥한 이여성은 바로 일본 유학길에 올랐다. 그가 선택한 길은 도쿄 릿쿄(立敎) 대학에 입학하여, 경제학을 공부하는 것이었다. 유학 초기 그의 사상의 일면을 볼 수 있는 것은 「전선戰線의 운명론運命論」이란 제목으로 1923년 1월 25일과 26일 이틀에 걸쳐 『조선일보』에 게재된 글을 통해서이다. 그 내용의 요지라고 생각되는 부분은 다음과 같다.

> … 필자는 이러한 험지險地에 있어 운명의 고식적 보수적 정조貞操로서 스스로 아귀를 불러들이는 그 '후유…운명'론자의 미맹迷盲과 '안분수명安分守命'이라는 신인神人 관계의 추상적 윤리설에 대해 그 무지를 통적痛摘코자 하나이다. … 신神의 존부를 회견懷譴하는 현대인은 이제로부터 <u>신을 축척蹴하고 자아를 기起하며 신의 영자影子인 운명을 척擲하고 자아</u>

의 노력에 소訴(밑줄-인용자)코자 하는 것이외다.

위 글에서 이여성은 신神 대신 자아, 운명 대신 노력을 강조하고 있다.[7] 둘째 날에 게재된 글 말미에는 '4256, 신원新元을 당하여 특히 이글을 써 … 우리 지방 농촌에 계신 여러 형제께 올림!'이라는 문구가 기재되어 있다. '우리 지방 농촌에 계신 여러 형제'는 조선 농민 전체를 가리키는 것으로 보이지만, 어린 시절 이여성의 집안에 교회당까지 있었음을 감안하면, 유신론자였던 자신이 이제 신을 버리고 사회주의 사상을 수용하여 유물론자가 되었음을 고향의 가족·친지들에게 선언한 것으로 해석할 수도 있다. 또 4256년은 단군기원으로서 이여성이 이처럼 일제의 연호 대신 단군기원을 사용한 것이 주목되는데, 이는 이여성이 3년간의 옥고를 치렀음에도 민족운동에 대한 자신의 의지를 견지하겠다는 것으로 해석된다.

『조선일보』에 이 글을 기고한 때는 이여성이 북성회 창립에 참여한 직후였다. 북성회는 흑도회로부터 분리되어 1922년 12월 말에서 1923년 1월 초 사이에 창립되었다. 흑도회로부터 분리된 것은 아나키즘과 맑스주의의 분화를 의미하는 것이었고, 이여성과 함께 김약수·김종범·송봉우·변희용·김장현·안광천 등이 중심인물이었다.[8] 이여성은 이때 김약수와 3년 만에 재회하여 같이 활동했다.

이여성은 북성회 기관지 『척후대』 편집 겸 발행인으로 활약했다. 『척후대』는 1923년 3월 창간되어 월 1회 발행되었고, 발행부수는 약 1천부였다. 이여성은 또 1924년 5월 동경 조선유학생 학우회 위원으로 일본 경시청 편입 요시찰인(갑종)으로 분류되어 일본 경찰의 감시를 받기도 했다.

이후 1925년 1월 3일 일월회가 결성되었다. 일월회는 '운동의 확대강화, 새로운 대중 본위의 신사회 실현'을 목표로 레닌 1주기를 기해서 조직되었다.[9] 1925년 1월 19일밤 동경부 하호총정下戶塚町 스코트 홀에서 일월회 발회 기념 강연이 있었는데, 이여성은 유영준, 안광천, 김영식과 함께 연사로 나섰고, 그의 연제는「민족문제에 대하여」였다. 이어 같은 해 10월 25일 일월회 임시총회에서 조직 갱신이 있었는데, 이여성은 안광천과 함께 상무위원에 선출되었고, 또 서무부를 맡게 되었다.

이여성은 일월회에서도 기관지『사상운동』의 편집인 겸 발행인을 맡았다. 그에 대해 홍양명은 이렇게 묘사했다. "그(이여성을 지칭함-인용자)의 도쿄東京 유학시대에 잇서서는 사회과학의 전도傳導적 역할 또는 조선朝鮮의 좌익左翼운동의 뢰류磊流를 일윗다고 할 일월회의 창설자의 1人으로 또 그 기관잡지「사상思想운동」의 경영자-여기에도 그는 만여 원의 거액을 부담하엿다-로 또 名편집자로 가장 유력하게 활약하엿다."10)

『사상운동』은 1925년 3월 3일 제1권 제1호 발행으로 시작되었다.『사상운동』 발행과 경영에는 홍양명의 말과 같이 이여성이 많은 경비를 부담했던 것으로 보인다. 창간호를 포함해『박경식 자료집』에 수록된『사상운동』의 발행 상황을 보면, 창간호부터 1925년 10월 15일 제2권 제3호(10월호)까지 편집 및 발행인은 이여성이었다. 이후 '두 달 동안 수면의 상태 계속' 후 1926년 1월 발행된 제3권 제1호부터는 박낙종으로 바뀌었다.

일제는『사상운동』과『조선노동』이 일본에서 조선인에 의해 발행되는 잡지로서 '한 번 조선에 이입되면 청소년 간에 환영幻影을 갖게 하여 애독하는 경향'이 있다고 하여 불온시했다. 특히『사상운동』은 '재일본 조선인 운동단체 발행지 가운데 가장 많은 발행 부수와 큰 영향력'을 갖고 있는 것으로 이입부수는 1천부인데, 주로 조선 내 각지 사상단체 관계자가 구독하는 경향이 있고, '식민지의 자치, 조선의 해방 등을 표방(배일 또는 공산주의 고취)'하여 '거의 매호 차압 처분'하고 있다고 했다.11) 그리하여 1년 3개월 동안 통책 11호에 8회의 압수, 2회의 벌금에다가 조선 내에서는 11호 모두 압수되었던 것이다.

일제가 이처럼 불온시하였던『사상운동』에 이여성은 편집·발행인으로서 뿐만 아니라 필자로서도 활발히 참여했다. 제3권 제4호에 쓴 '사회주의 강좌'가 대표적인 것이다.

『사상운동』이 계속 일제의 탄압을 받는 동안 이여성은 새로운 신문 발행 계획에 참여했다. 김광수·박낙종·안광천·김세연 등과 함께 발기하여 1926년 6월 1일 창간을 목표로『대중신문大衆新聞』발간 작업에 뛰어들었다. 이후 대중신문은 6월 5일 창간되었고, 일월회는 같은 해 11월 28일 해체되었다. 이여성은 일월회가 해체된 시점을 전후하여 중국 상해로 건너갔다.

4. 『동아일보』 배척 운동과 연설회

이여성은 북성회와 일월회 기관지 편집, 발행, 기고뿐만 아니라 수시로 발생하는 현안에 대처하는 모임이나 연설회에도 열성적으로 참여했다. 먼저『동아일보』배척운동 참여인데, 그 경위를 보면 다음과 같다. 1924년 1월『동아일보』사설로 이광수가 쓴「민족적 경륜」이 발표되자 일본에서도 이여성이 백무·변희용·이헌·한위건·한재겸 등이 사죄 및 논설 취소를 요구하고, 2월 5일 高田町 雜司ケ谷 일화일선 청년회관日華日鮮靑年會館에서 학우회 회합을 하여, 동아일보사 배척운동을 결의했다. 그에 따라 11단체 명의의 성토문을 4천매 작성하여 일본과 조선 각지 조선인 단체에 발송했다.12)

이여성은 일본에서 강연회 연사로도 활동했다. 1925년 5월 10일에 동경부 하호총정下戶塚町 스코트 홀에서 일월회 강연회가 있었는데, 청중은 1천여 명으로 성황을 이루었다고 한다. 연사는 이여성을 포함해 변호사 후세 다쓰지(布施辰治)·송언필·김정규·안광천 등 5명이었다. 이여성은「종교의 비판」이란 연제로 강연을 했다.

그밖에도 이여성은 여러 행사에서 강연이나 연설을 한 듯한데, 그 가운데 어느 노동조합 대회에서 이여성의 축사를 들은 홍양명은 다음과 같이 그 광경과 소감을 피력했다. "그때 나는 엇던 노동조합의 대회에서 그가

「立敎대학」의 교복을 입고 일월회의 대표로써 축사祝辭를 한 것을 들엇다. 내가 그를 처음 대하기는 이때엿다. 그의 첫 인상은 그가 일에 대하야 진실하고 진정에 대하야 열정을 가지고 또 어느 편이냐 하면 사무적인 침착한 태도를 가진 얌전한 청년이엿다."

당시 이여성은 조선 내에서의 강연 활동도 병행했는데, 대표적인 것은 1923년 여름에 있었던 일본 유학생 학우회 주최『동아일보』후원 순회 강연회였다. 이 순회 강연회는 1920년부터 시작되었는데, 1920년 7월 제1회 동경유학생 하기순회강연이 실시되어 단장 김준연 등 18명이 참여한 가운데 3개의 대로 나누어 강연이 이루어졌다. 이듬해인 1921년 7월에도 제2회 순회강연이 있었다. 1923년 이여성이 참여한 강연회는 제3회였고 그가 속한 강연대는 제2대에 속했다.

이여성이 속한 제2대 순회강연은 동래를 시작으로 경주·대구 등 경남·북, 전주·광주·목포 등 전남·북, 원산·함흥 등 함남에서 있었다. 대구 강연에서 이여성은 다른 두 명의 연사와 함께 강연 도중 체포되어 3주 정도 조사를 받은 일이 있었다. 그것은 7월 10일 대구 조양회관에서 있었던 강연이었다. 한재겸과 이정근이 강연을 마치고 이여성이「경제생활의 폐멸과 금후의 방향」이란 연제로 강연하다가 중간에 임석 경관이 '치안에 방해되는 강연'이라 하여 해산을 명하고, 세 사람을 체포하여 조사했던 것이다.[13] 이여성의 강연 내용이 민족 감정을 고취하거나 반일적이었기 때문으로 보인다.

이들 세 사람은 대구검사국에서 취조를 받다가 7월 31일 취조를 마치고 불기소 조치되어 석방되었다. 이여성은 석방 후 전주로 이동하여 강연 활동을 계속했는데, 전주에 도착하자마자 경찰서에 호출되어 주의를 받고 나서야 강연을 시작할 수 있었다. 세 사람 중 이정근은 '병으로 귀향했다'는 것으로 봐서 고문의 후유증이 아닌가 생각된다.

이여성은 이후 8월 14일 함흥 강연에서도「평화의 욕구와 현실」이란 연제로 '평화의 내용과 조선인 최근 정형情形'을 발언하다가 임석 경관의 주의를 받아 강연을 완결치 못하고 하단해야 했다. 대구에서 연설 도중 중단 당하고 일제 경찰에 3주 동안 구금되어 조사를 받은 일이 있었음에도 이와 같이 주의를 받을 내용의 연설을 재개한 것은, 이여성의 소신과 성격을 엿볼 수 있는 한 단면이라 생각한다.

5. 세계 약소민족운동에 대한 관심

이여성이 1926년 대중신문 창간을 계획했다는 동정 이후 이여성의 행적은 언론에서 사라진다. 그리고 1929년 1월 1일자 『조선일보』에 「비율빈比律賓의 과거와 현재」라는 글을 연재하면서 다시 등장한다. 1926년 하반기부터 약 2년 반 정도 되는 시기에 그는 중국 상해에 건너가 활동하면서 동시에 결혼 생활도 하게 되었다. 그의 부인은 성악가 박경희朴慶姬인데, 『조선일보 사람들』에서는 동명이인의 박경희(朴慶姬와 朴景嬉) 이야기가 섞여 있다.[14]

상해에 있는 동안 이여성은 '약소민족 운동'에 관한 공부에 몰두했던 것으로 보인다. 왜냐하면 1929년 1월부터 약소민족 운동에 관한 글을 왕성히 발표하였기 때문이다. 이여성이 약소민족문제 관심을 갖게 된 것과 그것을 글로 발표한 이유는 다음 두 가지 글을 통해 짐작할 수 있다. 먼저 「비율빈比律賓의 과거와 현재」라는 기고문에서는 "강자에게 배울 것이 있다면 약자에게도 배울 것이 있다."는 생각과, 강대국 연구와 소개는 많은 반면, 약소국의 그것은 너무 적다는 점에서 약소민족 문제를 연구하게 되었고, '이 방면 연구에 충동을 일으킬' 목적이라는 것이다.[15]

또 「민족문제개관」이란 기고문에서는 "만일 본론을 통하여 스스로의 기망期望을 말하라 하면 첫째로 민족문제에 대한 정당한 파악을 촉진코자 하는 것이요, 둘째로 그것을 위하여 일반의 주의를 환기코자 하는 것이며 셋째로 본 논문에 記한 진지 엄숙한 비판을 환기하여서 이상以上의 목적을 관철코자 하는 것이다."[16]라고 약소민족문제에 대한 논문의 집필과 발표 동기를 부연했다.

이여성이 쓴 약소민족문제에 대한 글 가운데 맨 첫 번째는 필리핀에 관한 것이었다. 하필이면 필리핀이었나 하는 의문은, "먼저 비율빈比律賓으로 비롯하였으나 다른(다음-인용자) 순서는 애급埃及으로 약속하여 볼까한다. 그 이유는 미국의 비율빈이 영국의 애급으로 더불어 세계 식민 정국상政局上 흥미 있는 대칭적 관계를 가지고 있는 까닭이다."라는 설명을 통해 해소된다.

이여성의 첫 번째 약소민족문제 글인 「비율빈比律賓의 과거와 현재」는, 필리핀 민족운동 보다는 필리핀에 대한 개황, 즉 위치·인종·언어·지세·종교·산업·지방제도 등에 관한 소개에 그치고 있다는 느낌이 있는데,『조선일보』에 3회에 걸쳐 연재했다. 그리고 이 글은 같은 제목의 책으로 묶여 1929년 4월 시문사에 발행, 시판했다.

이어 이여성은, 약속대로 두 번째는 이집트에 관한 글을 집필했던 것으로 보인다. 그러나 그 내용은 확인할 수 없다. 다만, 「조선출판경찰월보朝鮮出版警察月報」를 통해 그 글이 검열과정에서 삭제되었다는 정황을 파악할 수 있다. 이여성이 조선일보에 두 번째 연재한 글은 「유태인의 민족운동」이었는데, 이는 연재 시작 직전인 1929년 8월 하순 있었던 유태인과 팔레스타인 사이의 유혈충돌을 배경으로 한 것이었다. 이어 1929년 11월 하순부터 연재한 「민족문제개관」은 6회까지 게재되다가 '당국의 주의'가 있어 중단되었다. 그 상황은 「조선출판경찰월보朝鮮出版警察月報」 제28호에서 확인할 수 있다. 당국이 주의를 준 이유는 '안남, 비율빈 외 11개소의 과거, 현재에 민족운동 기타 개관을 소개, 치안을 방해할 우려 있음'이었다.

이여성이 약소민족문제와 약소민족운동에 대해 지대한 관심을 보였던 것은, 앞에서 서술한 동기에서 알 수 있지만, 그밖에도 우리 조선민족의 민족운동에 도움을 받기 위한 생각도 있었음을 어렵지 않게 유추할 수 있다. 그는 당시 세계정세를 정밀히 관망하고, 강대국의 식민지인 약소민족이 벌

이고 있는 운동을 주시하면서 우리의 민족해방투쟁 과정에 시사점을 얻고
자 하였던 것이다.

6. 신문사 기자로서 현실 문제에 적극 개입

이여성이 정확히 언제부터 기자가 되었는지 알 수 있는 자료는 없다.
1928년 말 상해로부터 돌아온 후 어느 시점이 될 터이지만, 명확한 시점은
알 수 없는데, 적어도 "기자의 협애한 독서록은 이 모든 문헌을 섭렵키에
부족한 바 많았다."라는 글(1929년 11월)을 통해서 볼 때, 1929년 11월에는 『조
선일보』 기자로 일하고 있었음이 확인된다. 『조선일보』 사회부장을 하고
있던 1930년 10월 이여성은 조사부장으로 좌천되었는데, 그 상황은 일제 측
기밀자료17)를 통해 파악할 수 있다.

1930년 10월 기자맹휴 사건이 있었고, 그 후 10월 9일 이사회가 개최되어,
10일자로 인사 조치가 있었다. 이 인사에서 사회부장 이여성은 조사부장으
로 좌천되었다. 이에 이여성 등은 12일 경부터 동정 파업을 위해 기자들을
선동하였고, 다시 이여성·이선근·안석주 등 3인은 13일 사표를 제출(안석
주는 사장의 권고로 14일부터 복직)했다. 결국 동정 맹휴가 성공하지 못해 부사장
안재홍의 알선으로 이여성·이선근 2명은 복직하여 17일경부터 통근했다.
이후 이여성은 『조선일보』 조사부장으로서 1931년 7월 만보산사건 취재차
특파원으로 파견되기도 했다.

이후 이여성은 1932년 10월 『동아일보』 정리부 사원으로 입사하여 1933
년 6월 조사부장이 되었다. 그가 『조선일보』를 떠나 『동아일보』로 옮긴 경
위는 정확히 알 수 없으나 1932년 봄부터 조선일보사에 생겼던 파동, 즉 사
장 안재홍이 영업난 속에 '만주동포 구호의연금 유용 혐의'로 구속되고 유
진태가 후임 사장에 임명되어 한 달 남짓 재임하였던 한편 사채업자 임경

래에게『조선일보』판권이 넘어갔던 상황을 배경으로 하여 생겨난 일이 아닌가 추측된다.

이여성은 동아일보사에 입사하여 사설 작성을 담당하다가 1936년 일장기 말소사건으로 정간 중이던 때 후임 편집국장 물망에 오르기도 했으나 1936년 12월 10일 사임해야 했는데, 이는 조선총독부가『동아일보』속간 조건으로 부과한 요구에 따른 것이었다. 이때 총독부는 그들이 부적당하다고 인정한『동아일보』간부 및 사원 13명을 그만두게 했다.[18] 이여성도 그 13명 가운데 한 명으로 동아일보사와 언론계를 떠난 것이었다.

7. 숫자조선연구 집필 · 출판으로 식민지 현실 폭로

숫자조선연구 제1집과 제3집의 표지사진.

1931년부터 1935년 사이에 5권으로 출판된『숫자조선연구』는 당시 식민지 조선 현실을 정확하고 과학적으로 인식하고자 이여성이 노력한 소산이었다. 약소민족운동에 관한 관심이 민족해방투쟁 과정에서 '타산지석'을 삼기 위한 방편이었다면, 식민지 조선 현실에 대한 과학적 인식은 내부에서 동력을 구하기 위한 탐색 과정이었다고 할 수 있다.

그리하여 이여성은 1931년 4월 19일자부터 『조선일보』에 원고를 연재하기 시작했다. 그 연재는 8월 28일자까지 54회에 걸쳐 계속되었고, 그 결과를 책으로 묶어 출판하였다. 1931년 7월에 나온 제1권은 54회 연재물 가운데 6월 9일까지 연재되었던 43회 분량을 엮은 것이었다. 이여성이 숫자조선연구를 집필한 목적은 『조선일보』에 연재를 시작하면서 '두언頭言'으로 밝힌 맨 첫 구절을 통해 명확히 알 수 있는데, 그 내용은 다음과 같다. "조선인으로 조선의 실사정을 밝게 알아야 할 것은 무조건하고 필요한 일이다. 그러면 조선의 실사정을 밝게 알고자 하는 데 있어서 … 해당 사물의 질량을 표시하는 숫자의 행렬과 및 그 변화의 족적을 표시한 통계적 기록을 찾아보는 것이 가장 첩경일 것이다."[19] 집필 목적이 조선인으로 하여금 조선의 실사정을 밝게 알게 하기 위한 것이었음을 밝히고 있는 것이다.

숫자조선연구가 출판되자 여기저기서 반응이 뜨거웠다. 먼저 제1집과 제2집이 나온 이후 『동아일보』 경제부장을 지냈던 김우평이 『동아일보』에 독후감을 발표했다. 또 제3집에 대해서는 함상훈, 제4집에 대해서는 홍효민, 제5집에 대해서는 백남운 등이 호평을 하였다. 숫자조선연구에 대한 호평은 무애 양주동의 다음의 글에서 절정을 이루었다.

> 세계정국에 관한 책, 사회운동에 관한 책, 우리 생활 현실에 관한 책을 권하고 싶은데, … 그 방면의 책을 읽는 이로서 꼭 읽어야 할 것임에도 불구하고 넘기기 쉬운 책이 있으니 그것은 곧 이여성·김세용 공저 '숫자조선연구'이다. 다른 책은 구태여 내가 일일이 이름을 들어 소개하고 싶지 않으나 이 책 한권은 기회 있을 때마다 남에게 권하기를 영광으로 삼는다.[20]

숫자조선연구가 전체 5권을 마지막으로 완간되었을 때 출판기념회 계획도 있었는데, 발기인은 여운형 · 안재홍 · 백남운 · 김준연 · 김호진을 비롯하여 10명이었고, 일시와 장소는 1935년 5월 10일 오후 5시, 장곡천정 금곡원이었다. 발기인의 면면을 보더라도 숫자조선연구에 대한 당대인의 관심은 충분히 짐작하고도 남는다.

8. 역사화 그리기

이여성이 역사화를 그린 것은 '조선 화가들도 남의 흉내만 내지 말고 좀 더 조선 색채가 농후한 독특한 경지를 개척하려면 먼저 조선 옛 풍속에 관한 고찰이 절대로 필요'하다는 생각에서였다. 이여성은 '각 시대의 중대하고 흥미를 끄는 인물 또는 사건을 그림으로 재현하는 동시에 이를 체계화시켜 〈눈으로 보는 조선 풍속사〉를 만든다는 원대한 계획'을 세웠다.

이여성이, 각 시대의 중대하고 흥미를 끄는 인물 또는 사건을 재현한 그림인 역사화(그는 풍속화로 불렀다.)를 그리면서 가졌던 자세는 다음의 글을 통해 분명히 알 수 있다.

> 풍속화는 형식에 있어서는 한 장의 그림에 지나지 않으나 그 내용 그 정신에 있어서는 전혀 역사에 남아있는 인간사회의 풍속습관이 중심이 되는 것이니만큼 자유로운 구상을 용서치 않으며 반드시 출전에 충실하여 한 줄의 선이나 점 하나라도 역사적 근거를 잊어서는 안되니만치 작자로서의 고심은 더욱 큰 것이다. 그러나 바야흐로 파묻혀 없어지려는 옛 풍습을 그림으로 재현하여 후세에 남겨둔다는 것은 뜻있는 일인 줄로 믿고 시작해 본 것이다.[21]

그리하여 제일 먼저 그린 그림이 〈격구지도擊毬之圖〉였다. 그림 그리기에 대한 이여성의 흥미는 어린 시절부터 시작되었다. 그 후 이여성의 그림이 세상에 처음 공개된 것은 1934년 10월 서화협회전에 출품된 〈어가소연漁家

小宴)으로 보인다. 이어 1935년 10월 1일부터 3일깐 청전 이상범과 함께『동아일보』사옥에서 열린 2인 전시회에도 수십점을 출품했다. 현재 남아 있는 1935년작 〈수국송뢰도水國松籟圖〉는 그 무렵에 그려진 그림으로 추정된다. 그 이후에도 1936년 2월에『동아일보』에 두 개의 그림(〈설훈雪薰〉, 〈설경雪逕〉)이 실렸는데, 이들 그림은 모두 산수화로 보인다.

이여성이 〈격구지도〉 이후 1938년 초까지 이미 완성된 역사화는 모두 12점이었다. 〈격구지도〉와 〈청해진대사 장보고〉 등 역사화 그리기에 대한 이여성의 자세를 보면, 얼마나 철저히 고증에 충실했는지를 알 수 있다. 먼저 〈격구지도〉는 무예도보통지, 용비어천가, 경국대전 등을 통해 격구가 6~7백 년 전에 성행했다는 고증을 하고, 이왕직 아악부 뒤뜰에 있는 옛 태복시 신당벽화를 구도 자료로 삼아서 그린 것이었다. 또 〈청해진대사 장보고〉는 삼국사기, 신당서, 일본 승려 엔닌(圓仁)의『입당구법순례기』등을 문헌자료로 하고, 경주의 금관총, 식리총, 양산부부총 등을 회화적 자료로 하여 완성한 작품이었다.

이여성의 역사화 중 유일하게 남아있는 격구도(1936)

이어 1938년 여름 한 잡지사 기자가 이여성의 집을 찾았을 때 〈가례동모의嘉禮同牟儀〉 작업 중이었는데, 그 그림의 완성을 위해 고종 황제의 옛 지밀내인을 찾아가서 소재를 얻기도 했다. 이어 1939년 4월 15일부터 21일까지 5회에 걸쳐 이여성은 동양화 감상법에 대한 강좌를 신문에 연재했는데, 그중 4회 강좌 내용에 〈처용무〉가 소개되어 있는 걸로 봐서 이 그림도 강좌 시점 이전에 완성되었음을 알 수 있다.

이처럼 이여성이 역사화 그리기에 몰두한 것은 '남의 흉내만 내는 대신 조선 색채가 농후한 독특한 경지를 개척'하기 위해서였다. 그 생각이 '각 시대의 중대하고 흥미를 끄는 인물 또는 사건을 그림으로 재현하는 동시 이를 체계화시켜 〈눈으로 보는 조선 풍속사〉를 만든다는 원대한 계획〉으로 나아갔던 것이다. 이 역사화 그리기는 민족문화를 계승하고 보존하기 위한 이여성의 노력이 겉으로 드러난 표현물이었던 것이다.

9. 복식사 연구

이여성이 1947년 백양당이란 출판사를 통해 『조선복식고』라는 책을 발행되었을 때 한 신문은 광고에서, 이 책을 두고 '우리의 민족문화 건설의 烽火'라고 표현했다. 35년간 이민족 지배 아래 민족문화가 파괴, 단절되었다가 해방을 맞아 제기된 민족국가 건설과 함께 민족문화 계승과 재건 역시 시급한 과제로 대두되었던 시점에 발행된 책에 대한 기대감의 표출이었다고 생각한다.

그러나 이 『조선복식고』는 하루아침에 이룩한 업적은 아니었다. 앞 광고에서 '저자의 20년간 심혈 경주傾注로써 이루어진'이라고 표현한 것처럼 오랜 동안의 노력이 쌓여서 빛을 보게 된 결실이었다. 이여성의 『조선복식고』라는 결과물은 1930년대 중반 이후 역사화 그리기, 그리고 동시에 역사화

속 인물을 보다 정확히 묘사하기 위한 고증 과정에서 차곡차곡 축적된 저자의 역사 지식이 배어 있는 것이었다. 그것은 '이 소저小著는 나의 역사수업 기간 중 역사 도회圖繪를 만들러 가는 길에서 얻어진 한 개의 부산물로서 극히 좁은 틈으로 문화 조선의 일반을 엿본 것이기는 하나 이렇게 보아가는 동안에 행여 문화 조선의 거상巨像을 인식할 수 있을까 하는 것이 나의 기대였다.'라는 저자의 머리말22)을 통해 여실히 알 수 있다.

수필 「갓」은 이여성이 하였던 복식사 연구의 내용을 단편이나마 살필 수 있는 첫 번째 글이라 할 수 있다. 이 글에서 이여성은, 갓을 두고 "이 땅『선민先民의 전속傳俗』이요 『향속鄕俗』으로서만 가장 유구한 세월을 지나 또는 가장 많은 사람의 머리를 타고 오늘날에 이르게 되었다. …『갓』에 이르러는 사대事大도 없었고 기화奇華도 없었다. 이 점에 있어서 우리의 『갓』은 줄기찬 전통력의 빛나는 한 전리품이라고나 하여둘까(!)."23)라고 평가하여 우리 복식 문화에 대한 자부심과 우수성을 드러냈다.

또 「조선의복朝鮮衣服의 특질特質」이라는 글은 복식 전반에 대한 평가인데, 우리 복식 문화에 대한 자부심과 우수성을 강조하는 자세는 계속되어 조선복(우리 민족 전통 의복)의 우수성을 강조했다. 인류 역사상 옷이라는 것은 추위와 더위 등을 막기 위한 것과 동시에 멋을 부리기 위한 이유에서 출현하였는데, 우리 민족 전통 의복은 두 가지를 모두 충족시키는 우수성을 갖고 있다는 것이다.24) 이러한 시각은 「이조 복식의 사회적 구성」이란 글을 거쳐 『조선복식고』에까지 이어진다.

『조선복식고』는 한국 역사에 대한 공부 및 연구, 그리고 복식 문화에 대한 인식을 집중·집적하여 저술한 것이었다. 이것은 원래 일본에서 출판하기 위해 일본어로 쓰여진 것을 해방 이후 우리 글로 번역하여 출판하였다. 그리고 저자 서문은 '해방 다음해 7월 10일'로 되어 있어 1946년에 번역을 마치고 그 다음해에 출판된 듯하다.

이여성은 1930년대 중반 이후 역사화 그리기, 그리고 동시에 역사화 속

인물을 보다 정확히 묘사하기 위한 고증 과정에서 차곡차곡 축적된 저자의 역사 지식을 『조선복식고』에 모두 쏟아 부은 것이다. 복식사에 대한 연구 역시 역사화 그리기와 마찬가지로 민족문화를 계승하고 보존하기 위한 이여성의 노력에서 이루어졌던 것이다. 그리고 이들 작업은 직접적인 민족해방투쟁은 아닐지라도 민족해방 이후 신생 민족국가가 맞게 될 중요한 과제와 밀접히 관련된 것이었다. 새로 수립된 민족국가로서는 민족 정체성을 회복하는 일이 제일 중차대한 과제가 될 것이고, 민족 정체성을 회복하기 위해서는 민족의 역사와 고유문화를 복원·계승하는 일이 또 선결돼야 할 것이기 때문이다. 그런 면에서 이여성의 역사화 그리기와 복식사 연구는 머지않아 맞게 될 민족국가 건설을 대비하는 일이기도 했다.

6

전태일, 노동해방의 불꽃 *

임송자

1964년~1970년 평화시장 시다, 삼일사 미싱보조,
       통일사 미싱사, 한미사 재단보조, 왕성사
       재단사
1969년 바보회 조직
1970년 삼동친목회 결성
1970년 근로기준법을 준수하라! 외치며 분신

1. 근로기준법을 준수하라!

1970년 11월 13일 오후 2시 서울 중구 을지로 6가 평화시장 앞길에서 평화시장 재단사 전태일(1948.8.26~1970.11.13)은 휘발유를 온몸에 끼얹고 불을 당겼다.[1] "근로기준법을 준수하라!", "우리는 기계가 아니다! 일요일은 쉬게 하라!", "노동자들을 혹사하지 말라!"는 구호를 외치다가 쓰러졌다. 분신과 함께 『근로기준법 해설』이란 책을 불태웠다.[2] 근로기준법이 엄연히 존재하면서도 준수되지 않는 비참한 노동현실을 기업주와 정부당국에 경고한다

는 의미였다. 재단사가 분신했다는 소문은 순식간에 평화시장 일대에 퍼지고, 소식을 듣고 달려온 수 십 명의 노동자들은 2시 20분경 데모를 벌이기 시작했다. "우리는 기계가 아니다! 업주들은 근로기준법을 지켜 달라"는 혈서를 쓴 플래카드를 들고 시위를 벌였다. 잠시 후 그들은 경찰의 곤봉 구타로 머리가 깨어지고 구둣발에 짓밟히면서 경찰서에 연행되었다.

메디칼센터로 달려가 응급치료를 받은 전태일은 어머니와 동료들에게 자신이 못 다 이룬 일을 꼭 이루어 달라는 부탁을 하고, 어머니와 동료들은 그의 말에 맹세를 하였다. 그는 몇 시간 후 성모병원으로 옮겨졌으나 의사는 회생할 가망이 없다고 진단했다. 별다른 치료 없이 입원실에 있던 그는 밤 10시가 조금 지나 스물 두 해의 짧은 생을 마감하였다.

전태일은 노동자들의 투쟁자세가 확고하지 못하여 적극적으로 데모에 호응할 만한 사람이 적기 때문에 소기의 성과를 거두기 위해서는 자신의 죽음을 통한 항의가 필요하다고 판단하였다. 그는 바보회 창립을 전후로 여러 차례에 걸쳐 죽음을 통한 저항의 전술을 생각한 것으로 보인다. 1969년 6월 말, 바보회 창립 당시에 그는 "몇 목숨 없어지면 해결된다"고 말한 적이 있으며 바보회가 해체되어 실의에 빠졌던 1969년 겨울에는 좀 더 진지하게 죽음이라는 문제를 고려하고 있었다. 1969년 겨울 무렵에 쓴 일기장 곳곳에 '죽음'에 대한 기록이 보이며, 1969년 11월 1일을 전후하여 쓴 것으로 추정되는 소설작품에서도 법의 모순을 고치려고 노력하다 좌절한 대학생이 자살하게 되는 이야기가 나오고 있다. 1970년 8월 9일의 일기에도 "생을 두고 맹세한 내가, 그 많은 시간과 공상 속에서 내가 돌보지 않으면 아니 될 나약한 생명체들. 나를 버리고, 나를 죽이고 가마"라는 내용이 나오며, 삼각산에서 돌아온 뒤에도 마음이 통하는 동료와 여러 번 죽음에 대해 이야기한 적이 있었다. 11월 7일로 예정된 데모 계획을 세울 때에도 전태일은 근로기준법 화형식을 갖자고 제안했으며, 이날 처음 동지들이 모인 자리에서 분신을 예언하였다.[3]

전태일이 어떠한 영향을 받아 저항의 방식으로 분신을 생각하게 되었는지 밝히기 어렵다. 그런데 한국사회에서 소신燒身의 소식으로 충격을 받은 때가 있었다. 『경향신문』은 고 딘 디엠 치하의 베트남에서 한 불교 승려가 고 딘 디엠의 탄압에 저항하여 1963년 6월 11일 소신한 사건을 보도하였다. 베트남 사이공 시내 한복판에서 52세의 승려가 자신의 몸에 기름을 붓고 소신한 사건은 사회적으로 커다란 충격을 주었다. 그의 소신은 그해 10월까지 6명의 승려가 같은 방법으로 목숨을 끊게 만드는 단서가 되었다. 독재와 부패에 저항하는 베트남 승려의 소신을 접한 지식인들은 1961년 『사상계』 11월호에 발표됐던 김동리의 소설 「등신불」을 떠올렸을 것이다. 「등신불」은 학병으로 징집되었다가 탈출하여 정원사에 의탁하게 되는 주인공이 원혜대사로부터 정원사의 금불각에 안치되어 있는 등신불의 내력을 전해 듣는 내용을 담고 있다.

만적스님의 소신공양이 1963년 6월 베트남에서 현실로 재현된 것에 세상은 커다란 충격을 받았다. 미국에서는 반전의 물결이 거세게 타올랐고 미국 케네디 정부는 얼마 후 월남 군부를 사주해 쿠데타로 디엠을 실각시켜 버렸다.⁴⁾ 그로부터 7년 후 한국에서 스물 두 살의 젊은 노동자가 분신한 것이다. 분신은 "변화를 추구하는 강력한 열망에도 불구하고 지배권력의 압도적인 폭력성으로 인하여 이를 실현할 수단을 갖지 못할 때, 약자가 최대한의 도덕적 힘을 발휘할 수 있는 가장 치열한 무리로써 선택"하는 것으로⁵⁾ 전태일의 분신은 단순한 저항이 아닌 "근로자도 인간이다", "근로기준법을 지켜라"라는 인간선언이었으며, 정치권력과 자본에 대한 항거였다. 조영래는 1970년 11월 13일 전태일의 죽음은 가난과 질병과 무교육의 굴레 속에 묶인 버림받은 목숨들에게도, 저임금으로 혹사당하고 있는 노동자들에게도, 먼지구덩이 속에서 햇빛 한번 못보고 하루 열여섯 시간을 노동해야 하는 어린 여공들에게도, '인간으로서의 최소한의 요구'가 있다는 것을 밝히기 위한 '인간선언'이었다고 강조하였다.⁶⁾

전태일의 분신은 경제성장우선정책에 의해 모순이 누적되고, 이로 인해 군부정권의 체제위기가 현재화되고 있다는 것을 보여주는 상징적인 사건이었다. 이원보는 "경제개발에 희생된 노동자들의 인간선언이면서 노동운동의 전환을 갈망하는 밑바닥 노동자들의 요구를 대변한 것", "이전의 노동운동이 위로부터 주어진 것이라면 앞으로의 그것은 밑으로부터의 힘에 의해 변화할 것임을 예고"[7]하는 것으로, 구해근은 "한국 노동계급 형성의 시작을 알리는 사건", "수백만 명의 노동자들, 그들의 가슴속에 저항과 반항의 정신을 심어"준 사건으로 평가하였다.[8]

1970년 전태일 분신은 운동사에서 한 획을 그은 사건으로, 1960년대 반민족적·반민주적인 집권세력에 대한 민족·민주운동에서 1970년대 민족·민주·민중운동으로 나아가는 계기를 마련해 준 것으로 중요한 위치를 차지하고 있다. 1970년대 학생운동, 노동운동, 반독재민주화운동세력은 전태일 분신사건에 직간접적으로 영향을 받아 1960년대의 한일회담 반대투쟁, 6·8 부정선거 규탄투쟁, 삼선개헌 반대투쟁이라는 민족적이고 민주적인 운동에서 점차 민중을 발견하고 민중생존권 투쟁을 비롯한 민중운동을 전개해 나갔다. 이러한 의미에서 전태일 분신사건은 사회적으로 노동문제에 무관심했던 당시의 시대상황 속에서 노동자들의 생존권을 비롯한 민중의 권리를 사회 전면에 부각시켰으며, 1970년대 사회운동의 성격을 변화시키는데 중요한 역할을 하였다.

2. 노동자의 삶과 사상적 변화

전태일은 1964년 봄 평화시장에 시다로 취업하였고, 1965년 가을 삼일사 미싱보조가 되었다. 1966년 가을 통일사 미싱사 일을 맡게 되고, 점차 청년노동자로 성장하였다. 전태일의 인간에 대한 사랑은 그의 수기 곳곳에서 드러난다. 재단사와 업주와의 유착관계를 보면서 "나도 어서 빨리 재단사가 되어서, 노임을 결정하는 협의를 할 때는 약한 직공들의 편에 서서 정당한 타협을 하리라고 결심"한 것이라든지, 폐병 3기의 여공이 각혈을 하고 해고당하는 모습을 보며 비정한 현실의 노동조건을 바꾸어 보겠다고 결심한 것은 그의 사상의 기저에 인간에 대한 사랑이 진하게 깔려 있음을 드러내는 것이다. 이러한 사상을 바탕으로 그는 바보회를 만들고, 모범업체 설립을 구상하고, 삼동친목회를 만들어 근로조건 개선을 위한 투쟁을 전개하였다.

전태일의 가족사진(앞줄 오른쪽이 전태일)
출처: (재) 전태일재단 홈페이지

평화시장에서 시다로 취직했을 때의
전태일(뒷줄 왼쪽에서 세 번째가 전태일)
출처: (재) 전태일재단 홈페이지

"부한 환경에서 거부당한 생활"과 환경을 뼈아프게 느끼면서 "밋지는(밑지는) 생명을 연장하려고 애쓰는 불쌍한 사람들을 위해 일하리라고" 막연하게 생각하던 그가 구체적으로 실행에 옮기기 시작했던 시기는 1966년 추석 명절이 지난 후였다. 통일사 미싱사로 일하던 그가 업주와 재단사와의 유착관계로 인해 대부분의 여공들이 억울한 일을 당하고 있음을 깨닫고, "어서 빨리 재단사가 되어서 공임 타협을 할 때에는 약한 직공들 편에 서서 정당한 타협을 하리라고 결심"을 하였으며, 곧바로 한미사 재단보조로 들어갔던 것이다. 한미사에서 재단보조로 4개월여를 일하고 난 후, 1967년 설 대목이 되기 전인 1월경에 재단사가 되었다.[9]

한미사 공장 안에서 동료들과 함께(맨 오른쪽이 전태일)
출처: (재) 전태일재단 홈페이지

그는 1967년 설을 10여 일 앞두고 대목 일이 끝난 후, 얼마간 연상의 처녀와 짝사랑하게 된다. 조영래는 이러한 변화에 대해 이성에 대한 사랑이 전태일에게 '사치'였기에 "짧은 사랑은 고백 한번 못한 채 끝나버렸다"고 서술하였다.[10] 그러나 여기에는 여러 가지 복합적인 문제가 내재되어 있었다. 전태일은 2월 14일자 일기에 "앞날의 출세를 위해서", "완전한 재단사가 되기 위해서", "스스로 절제할 수 없는 감정의 포로가 되기 이전에" 마음의 정리를 하였다고 쓰고 있다.[11] 여기에서 전태일의 인간적인 갈등을 엿볼 수 있다. 그는 "출세"와 "완전한 재단사"가 되길 갈망했지만, 연상의 처녀가 한미사 주인의 처제 되는 사람이었기에 고민을 할 수밖에 없었던 것이다. 결국 전태일은 "출세"를 위해 사랑을 정리하기로 마음먹었다고 또 다른 2월 14일자의 일기에 적고 있으며, 2월 15일자 일기에서는 "잠시나마 나의 생애 최고의 행복의 시간과 순간"이었다고 기록하였다.

그러나 연상의 처녀와의 짝사랑 이야기는 이후 써내려간 일기에도 지속적으로 나오고 있으며, 3월 23일자까지 계속되고 있다.[12] 이 시기에 전태일은 이룰 수 없는 사랑으로 번민하였으며, "다만 한 가지 목포(표)를 향하여 행하여(였)을 뿐이다. 출세 바로 출세다. 출세뿐이다"라고 일기에 적으면서 "출세"에 몰두하고 있었다. 또한 이 시기에 그는 배움에 대한 열의로 연합중고등 통신강의록을 사서 대학입시를 보겠다는 결심도 하였다.

추석 대목 일이 끝난 후 1월말 경부터 전태일은 한미사에서 소일거리만 하다가 3월 2일에 운왕사에서 일을 시작하였다. 한미사에서 언제 해고되었는지 정확한 날짜를 알 수 없다. 2월 23일자 일기에서 "이 해 안에 안전한(완전한) 재단사가 되자. 그리고 군에 가기 전 2년간은 돈을 버러야지(벌어야지). 최소한 집 한 채는 장만해야지 … 나는 지금 한미사 이 집에, 온 생애를 걸다싶이(시피)했다. 여기서 일이 계획대로 잘 되어 나가야 한다"고 했지만, 곧 해고 된 것으로 보인다.

1967년 4월 이후부터 1969년 8월까지의 기록은 존재하지 않아 바보회 창립까지의 과정은 알 수가 없다. 조영래는 전태일의 어머니 이소선과 그의 친구들로부터 전해들은 이야기를 토대로 이 시기의 공백을 메우고 있다. 전태일이 9월 30일경 친구 원섭에게 보낸 편지에서 "자넨 내가 삼년 전부터 제품계통의 재단사인 줄은 잘 알 걸세"라고 쓴 것으로 보아 계속 재단사 일을 한 것 같다. 전태일은 재단사 일을 하면서 1968년 말경에 재단사들의 모임을 만들기로 작정하였으나 여러 가지 사정으로 모임 결성이 지연되어 1969년 6월에야 정식으로 바보회를 창립할 수 있었다.

전태일의 삶에서 사상적으로 변화가 일어난 시기를 구분하자면, (1) 근로기준법을 알게 되고 바보회를 결성한 시기, (2) 업주로부터의 해고와 바보회 해체로 인한 번민의 시기, (3) 삼각산 신축공사장에서 결의를 다지고 다시 평화시장으로 돌아와 근로조건 개선운동을 전개한 시기로 나눌 수 있다. (1)의 시기에 전태일은 노동자도 기계취급만 받는 존재가 아니라 인간으로서 누려야 할 권리가 있다는 것을 철저히 깨닫게 된다. 이리하여 바보회를 만들고, 평화시장의 근로조건을 개선하기 위한 활동에 집중하였다. 그리고 근로기준법 해설서를 구입하여 공부하면서 평화시장 노동실태를 조사하였다. (2)의 시기는 노동실태 조사작업이 실패로 돌아갔던 시기이다. 노동실태 조사과정에서 업주에게 발각되어 전태일은 해고되었으며, 바보회도 해체되었다. 그는 좌절과 번민 속에서 기업주에 대한 투쟁의지를 다져나갔다. 이 시기에 "불합리한 현실"에 대한 비판의식이 강해지고, "한정된 자본으로 막대한 이득을 취"하려는 기업주들의 "생산주의 경쟁"으로 피해를 입게 되는 것은 노동자들과 소비자들이라는 사실을 깨닫게 된다. 이러한 자각을 바탕으로 "올해와 같은 내년을 남기지 않기 위하여 나는 결코 투쟁하련다"고 결심을 하게 된다.

그런데 그가 구상한 투쟁 방식은 진정주의와 이상주의를 벗어나지 못하였다. 대통령과 근로감독관에게 진정서를 보내려고 했으며, 모범업체 설립을 계획한 것은 진정주의와 이상주의의 모습을 드러내는 것이었다. 진정서에서 박정희 대통령에게 "혁명 후 오늘날까지 저들은(저희들은) 각하께서(께서) 이루신 모든 실제를 높이 존경"하며, "삼선개헌에 관하여 저들이(저희들이) 아지(알지) 못하는 참으로 깊은 희생을 각하께선(께서) 마침내 행하심(행하신 것을) 머리 숙어(숙여) 은미(음미)"한다고 하였다. 또한 "각하께선(께서는) 국부"이기에 "자식된 도리로써 아픈 곳"을 알려드리니 고쳐달라고 호소하고 있다. 근로감독관에게는 기업주들이 "많은 폭리를 취하고도 조그마한 양심의 가책을 느끼지 않"으니 선처해 달라고 간청하였다.

모범업체 설립계획은 1968년 12월에 착상하여 1969년 4월부터 계획을 세운 바가 있었으나 진전을 보지 못한 상태에 있었다. 바보회 해체로 번민하면서 구체적으로 계획을 세웠던 것으로 보인다. 그 구체적인 계획은 "종업원을 기업주와 하등의 차이도 없이 대우하고도 사업을 해 나갈 수 있다는 기본을 보이기 위한 기업체"를 만드는 것이었다. 1970년 3월에 작성한 모범업체 설립계획서에 의하면, 그 설립의 목적은 "정당한 세금과 근로기준법을 준수하고도 제품계통에서 사업을 할 수 있다는 것을 여러 경제인에게 입증시키고, 사회의 여러 악 여건 속에서 무성의하게 방치된 어린 동심을 하루 한시라도 빨리 구출"하는 것이었다. 또한 "인도주의적 정신에 입각한 사업방침"으로 "철저한 품질관리와 실용적인 제품을 생산"하겠다는 것이었다.[13]

위 두 개의 계획에는 일맥상통하는 사상이 내재되어 있다. 대통령은 '국부'이므로 자식을 잘 돌봐야 한다는 생각, 모범업체를 설립하여 어린 여공을 구출하고 보호해야겠다는 생각에는 가부장적인 의식이 내재되어 있는 것이다. 가부장적인 의식에는 윗사람은 아랫사람을 따뜻하게 보살펴야 한다는 온정주의가 당연히 따라붙는다.

이는 스무살이라는 연령적인 한계와 당시의 시대적인 한계에서 기인한 것으로 보인다. 그리고 중학교도 제대로 나오지 못한 것이 학력의 전부였던 그가 가부장제에 내재된 모순구조나 왕조시대의 유산으로 이어진 '국부' 의식 즉, 대통령=국부, 국민=자식으로 인식하는 것이 어떠한 문제점이 있는지를 인식하기 어려웠을 것이다. (3)의 시기에 평화시장으로 다시 돌아갈 것을 결심한 그의 1970년 8월 9일자 일기에도 이러한 온정주의가 그대로 드러나고 있다. "내가 돌보지 않으면 아니 될 나약한 생명체들", "너희들의 곁을 떠나지 않기 위하여 나약한 나를 다 바치마"라고 하였다. 남자이고, 오빠인 전태일의 입장에서 여공들은 돌보아야 할 의무가 있으며, 여공들은 보호되어야 할 나약한 존재인 것이다.

그러나 그의 사상은 온정주의에만 머무른 것이 아니었다. 그의 사상의 기저에는 인간에 대한 무한한 사랑이 자리하고 있었다. 여공 보호라는 온정주의는 점차 인간으로서 기계취급을 받는 모든 노동자를 향한 사랑으로 발전·승화되어 나갔다. 그것은 가진 자가 자신을 포장하기 위해 가식으로 생색내는 인간애가 아닌, 밑바닥 인생 속에서 통절히 느끼면서 체득한 인간애였다. 그리하여 그는 "인간으로서의 모든 것을 박탈당하고 박탈하고 있는 이 무시무시한 세대에서, 나는 절대로 어떠한 불의와도 타협하지 않을 것이며, 동시에 어떠한 불의도 묵과하지 않고 주목하고 시정하려고 노력할 것"이라고 결의하였다.

(3)의 시기는 평화시장으로 다시 돌아와 1970년 9월 왕성사 재단사로 취직하여 근로조건개선을 위해 활동한 시기이다. 삼동친목회를 조직하여 바보회 시절에 시도했던 설문작업을 재개하였으며, 노동청장에게 보내는「평화시장 피복제품상 종업원 근로개선 진정서」를 만들어 여러 신문사에 투고하기도 하였다. 이러한 노력에 힘입어 10월 7일 경향신문에「골방서 하루 16시간 노동. 근로조건 영점…평화시장 피복공장 소녀 등 2만여 명 혹사」라는 기사가 실릴 수 있었다. 이때부터 업주와 근로감독관의 회유가 시작되었다. 근로감독관이 "직업도 없이 돌아다니고 있어서 진정사항을 들어줄 수가 없어 취직을 하면 일주일 내로 다 개선"해 주겠다고 하여 전태일은 삼미사에 재단보조로 취직하였다. 그러나 노동청의 약속은 지켜지지 않았다.

『경향신문』 1970. 10. 7.

전태일은 적극적인 투쟁방식으로 시위하기로 결정하였다. 그동안의 싸움방식에서 벗어난 획기적인 전환이었다. 진정을 통한 권리획득 방식에서 벗어나서 적극적으로 데모하여 투쟁하여야만 성과를 얻을 수 있다는 자각을 이 시기에 하게 된 것이다.

10월 20일 노동청 앞에서 시위하기로 계획했으나 무산되었고, 다시 24일 국민은행 앞에서의 시위계획도 불발로 끝났다. 11월 7일까지 요구조건을 들어주겠으니 데모하지 말라고 회유하여 기다렸으나 아무런 변화가 없었다. 철저히 배신을 당하면서 전태일은 기업주와 노동당국과 경찰이 긴밀히 유착되어 있다는 것을 깨닫기 시작하고, 투쟁의 대상을 업주만이 아니라 노동당국에도 돌리기 시작하였다. 그리고 전태일의 필사적인 투쟁주의가 발화한 시점도 이때였다. 이리하여 11월 13일 "근로기준법을 준수하라", "우리는 기계가 아니다!", "일요일은 쉬게 하라!", "노동자를 혹사하지 말라!"라는 구호를 외치며 온 몸을 던져 투쟁하였다.

3. 분신사건의 파장

한국노총은 노동운동의 지도체로 자임하고 있었음에도 노동조직으로서 노동자의 권익을 대변하는 역할을 다하지 못하였다. 한국노총 16개 산업별 노조간부들도 전태일 분신사건의 책임에서 자유로울 수 없었다. 한국노총은 분신사건이 발생하자 간부를 현장에 급파하여 작업환경과 근로실태 조사를 실시하였다. 그리고 성명서를 발표하여 "근로기준법을 무시하고 종업원을 저임금으로 혹사 착취함으로써 분신자살에까지 이르게 한 악덕기업주 평화, 동화 및 통일상가 등 각 기업체의 비인도적인 노동관리를 규탄하는 동시에 이것이 노동조합 조직이 미치지 못한데서 온 극한적인 사태"였다고 밝혔다. 그러나 전태일 분신사건에 대한 책임을 스스로 짊어지고 적극적으로 투쟁을 전개하지는 않았다.

한편 한국노총은 청계피복노조 결성에 첫 물꼬를 트는 역할을 하였다. 한국노총은 13일, 14일 양일간 국제부 차장 김성길과 사무총장 윤영제를 사건 현장에 파견하였다.[14] 김성길은 파출소에 연행된 삼동회 회원들을 면회하여 이들과 대화하면서 노동조합을 만들기로 결심하였다. 그리고 윤영제 또한 경찰서 유치장에 갇혀 있던 최종인을 면회하여 평화시장 상황을 전해 들었다. 한국노총에서 파견한 간부들을 통해서 삼동회원들은 전태일의 뜻을 이어가기 위해서는 노동조합이 필요하다는 것을 자각하였다. 사실 이때까지만 해도 삼동회 회원들은 노동조합이 어떤 조직인지, 무엇을 하는 조직인지 몰랐었고, 심지어 노동청과 노동조합의 차이도 모르고 있던 사람도 있었다. 노동조합을 결성하자는 여론은 급히 조성되어 이후 이소선이 업주와 노동당국에게 8개항의 요구조건을 제시할 때, 노조결성 지원이라는 것을 포함시킬 수 있었다.[15]

11월 17일, 한국노총 간부, 노동청, 평화시장 대표들이 모여 장례문제를 논의하였다. 이 날 노동청에서 장례위원회를 구성하였는데 위원장에 한국노총 위원장, 부위원장에는 노동청 차장, 위원에는 16개 산별위원장과 한국노총 부위원장 및 노동청·사용자·노동자대표 등을 선정하였다.[16] 이날 밤 서울법대생 여러 명이 유족을 찾아와 장례를 법대학생장으로 할 것을 제의하였다. 이에 이소선은 아들의 시신을 넘겨주겠다고 승낙하고 사체인계서까지 써주었다.[17] 빈소에 학생들이 몰려와 분향을 하고 학생장을 하기로 했다는 소식이 언론에 알려지자 관계기관에서는 학생장을 포기하도록 회유하였다. 결국 학생장은 이루어지지 않았다.

영결식은 분신 5일 만인 18일에 창동 감리교회에서 진행되었다. 장의위원회 위원장인 한국노총 최용수 위원장은 조사에서 "만일 당국이 좀 더 감독행정을 철저히 해주었더라면 오늘의 전군과 같은 비극은 없었을 것이다" 라면서 "이 사건을 계기로 기업인들은 물론 모든 국민이 냉철히 반성하라"

고 호소하였다. 또한 유족대표인 전태일의 동생 전태삼은 "가난한 종업원에겐 빵을 나눠주고 악한 업주에겐 죽음으로 항거한 형이 큰 뜻을 펴지 못하고 가셨다"는 조사를 하였다.

전태일 분신사건의 파장이 전사회적으로 급속도로 확산되어 나가자 사업장 감독행정을 기피하거나 포기하고 있던 노동청은 11월 24일 현행 근로기준법에 적용되지 않는 16인 이하의 고용기업체라도 연쇄적으로 밀집해 있는 사업장일 경우 법의 적용범위를 확대, 1개 사업장으로 규정하여 근로기준법을 적용할 것이며, 현재의 근로감독관 60명을 90명으로 늘리고 노동청 안에 근로기준센터를 설치하겠다고 밝혔다. 이러한 노동청의 대책은 당시의 노동현실로 볼 때, 근본적인 해결책이 아닌 일시적인 미봉책에 지나지 않았다. 근로기준법이 적용되는 사업장에서도 법을 준수하지 않는 경우가 허다하였으며, 대다수의 근로감독관들은 기업주와 야합하여 노동자들의 정당한 요구를 외면하고 있었던 것이 노동현실이었다. 또한 노동청은 전태일 분신사건이 터지자 즉시 작업장 실태조사에 들어갔지만 유해하고 비인도적인 작업환경을 시정하는데 소극적이었다. 통풍장치를 11월 말까지 설치하도록 각 사업장에 지시했을 뿐, 유해환경의 표본처럼 되어 있는 칸막이에 대해 노동청 당국은 자진철거를 종용하는 것으로 계획을 세웠으며 절대적으로 부족한 화장실 문제도 해결을 짓지 못하였다.

분신사건 후 한국노총과 노조간부들은 장례위원이 되어 애도를 표시하고 기업의 '비인도적 노무관리와 당국의 무책임'을 규탄하였다. 그러나 학생들이 연일 시위에 가세하고 종교계에서도 금식기도회와 추모예배를 갖으며 기독인으로서의 참회와 결의를 다지고 있었음에 적극적으로 대응하지 않았다. 학생, 지식인, 소장 노동운동가들은 이러한 한국노총을 비판하면서 전태일 분신사건의 1차적 책임이 있다고 규탄하였다.

한국노총은 당시 10월의 위원장 선거 후 내부분열로 진통을 겪고 있었다. 한국노총은 1970년 10월대회를 앞두고 이찬혁(현 위원장)을 지지하는 파와 최용수를 지지하는 파로 분열되었으며, 각 산별노조, 특히 섬유노조와 외기노조에서는 대회에 참석할 대의원 선출을 둘러싸고 극심한 내분을 겪었다. 분열에 휩싸인 채 한국노총 전국대의원대회가 16일 개최되었고 위원장 선거 결과 최용수(전력노조 위원장)가 재석 136명 중 72표를 얻어 이찬혁을 9표차로 누르고 당선됐다.

이찬혁을 중심으로 한 세력은 섬유노조와 외기노조 대의원 25명(섬유노조 21명, 외기노조 4명)이 대회에 참가하였더라면 이찬혁의 위원장 당선에 유리하게 작용하였을 것으로 판단하였다. 이찬혁을 중심으로 한 세력은 선거패배에 불만을 품고 최용수 위원장의 권위를 인정하지 않았다. 더욱이 한국노총은 12월 1일 중앙위원회를 소집하여 평화시장 근로조건 개선, 전태일기념관 건립문제 등을 협의하려 했으나 전 위원장이었던 이찬혁계로 알려진 8개 산별노조(외기·금융·전매·철도·화학·부두·연합·섬유노조) 위원장들이 "현 집행부가 섬유, 외기노조의 분규를 조속히 해결하지 않는 한 노총에 협조할 수 없다"고 대회를 거부하였다. 이러한 고질적인 분열상은 한국노총 결성 이래 지속되고 있었다. 정부의 경제성장정책 과정에서 소외되고 있는 노동자들을 대변할 노동조직으로서 자기역할을 포기한 단적인 사례라고 할 수 있다.

4. 민주노조운동의 단초를 열다

1970년 11월 20일 전국연합노조 청계피복지부(가칭) 결성준비위원회를 구성하고 준비위원장에 최종인(삼동친목회 회원)을 선출하였다. 11월 27일에는 전국연합노조 청계피복지부 결성대회가 한국노총 회의실에서 개최되었다. 이날 노동자대표 50여 명과 기업주 대표, 한국노총, 노동청 관계자들이 참석한 가운데 전국연합노조 청계피복지부가 결성되었다. 대회에서 조합원들은 "전태일씨의 숭고한 근로정신을 받들어 3백만 근로자의 모범이 되겠다"는 결의문을 채택하는 한편 이소선은 "내 아들의 죽음이 헛되이 않도록 해달라"는 격려사를 하였다.

그때의 상황에서 노동조합 결성은 노동자들의 조직적인 투쟁이라는 지난한 과정을 거쳐야 가능하였다. 그런데도 청계피복노조가 빠른 시일 내에 결성될 수 있었던 것은 전태일의 분신에 의한 사회적 여론이 강한 압력으로 작용하였기 때문이다. 또한 전태일의 어머니 이소선이 아들의 유업을 잇기 위해 노력한 결과로써 획득된 것이었다. 이소선은 "내 아들의 뜻이 이루어질 때까지 장례를 치루지 않겠다"며 아들의 시체 인수를 거부하였으며, 업주와 당국에 대해 8개항의 요구조건을 내세웠다. 이소선의 완강한 태도와 사회적 여론의 강한 압력으로 1970년 11월 16일 이승택 노동청장은 8개항의 요구조건을 무조건 수락할 것을 공약하였다.[18] 이로 인해 전태일의 장례식이 있은 지 이틀 후에 결성준비위원회를 구성했고, 1주일 후인 27일에 결성대회를 개최할 수 있었다.

피복 계통인 청계피복노조가 섬유노조에 소속되지 않고 연합노조를 택했던 것은 섬유노조 측에서 가입을 거부했기 때문이었다는 주장이 있다.[19] 어용노조였던 섬유노조 측에서 청계노조를 골치 아프게 생각하여 거부했다는 것인데, 좀 더 살펴볼 여지가 있다. 한국노총 산하 노조 중에서 섬유노조만을 특정하여 어용노조로 단정하는 것은 문제가 있으며, 연합노조는 왜 청계노조를 받아들였는지에 대한 설명도 궁색해질 수밖에 없게 된다. 이 문제에 대해서는 노조 내부의 분열로 설명할 여지는 없는지 생각해 볼 필요가 있다. 당시 섬유노조나 연합노조는 내분을 겪고 있었지만 섬유노조의 경우는 분열의 정도가 극심하였다. 섬유노조의 경우 8월의 대의원대회 문제가 발생하여 법정 공방으로 이어졌으며, 12월 20일 대의원대회에서 현 위원장 이춘선을 불신임하고 새 위원장에 노진호를 선출하기까지 수습이 어려운 상태였다. 따라서 섬유노조의 경우 청계노조를 받아들 수 있는 여유가 없었을 것이라는 추측이 가능하다.

청계피복노조의 특징은 소수의 선도적인 인물들, 즉 이소선과 삼동회원들의 주도에 의해 급조되었다는 것이다. 대체로 노동조합은 사업주의 노조결성 방해, 부당노동행위 등 숱한 난관을 뚫고 대다수 노동자들의 투쟁에 의해 결성되는 과정을 밟는다. 이러한 조직결성 과정을 거치면서 노조는 대중성을 획득해 나갈 수 있는 것이다. 이에 반해 청계피복노조는 소수의 선도적인 인물에 의한 조직결성, 단기간의 급조 등으로 인해 노조결성 이후의 활동에서 제약을 받게 되며,[20] 이로 인해 조직결성 초기 사용주와 정부당국의 노조활동 방해 등에 대항하는 방식도 선도적인 투쟁에 머무를 수밖에 없게 된다. 그 단적인 예를 1970년 12월의 투쟁에서 볼 수 있다. 노동자들의 노조가입을 독려하기 위해 "노동조건 개선 위해 노동조합 가입하자"는 플래카드를 평화시장 입구에 걸어 놓자 경찰관이 플래카드 무단설치는 광고물단속법 위반이므로 뜯을 것을 요구하였다. 이에 격분하여 10여 명의 임원들이 "플래카드 하나 못 달게 하는 노조를 해서 무엇하겠느냐"고 격분하면서 사무실 집기를 내던지고, 부지부장 임현재와 이소선 등 12명이 모두 집단분신을 기도하는 사건이 일어났다.[21] 이러한 투쟁으로 청계피복 노사협의회를 발족시킬 수 있는 성과를 얻어낼 수 있었다. 그때만 해도 노동조합 간부들은 노사협의회라는 것조차 알지 못했다. 그런데 이러한 성과 획득은 전태일 분신사건의 여파로 노동자들의 극단적인 투쟁이 연이어 일어남으로써 사회적인 이목이 집중된 상황이었기에 가능하였다. 노동청이나 평화시장 업주들은 노동자들을 자극하지 않고 상황을 모면할 필요가 있었기에 이 사건에 대한 한국노총 사무총장과 연합노조 간부의 중재를 받아들일 수밖에 없었던 것이다. 연합노조에서는 이 사건을 계기로 최일호를 상근직 지도위원으로 파견하였다.

청계피복노조는 한국노총 연합노조 산하 지부로 결성되었고, 조직활동 초기에는 한국노총에서 파견된 인물을 지부장으로 영입하였다. 이로 인해 조직활동과 운영에서 한국노총이 파견한 인물과 집행부 사이에서 갈등이 초래되었다. 청계피복노조 초대 지부장 김성길과 2대 지부장 구건회는 한국노총에서 파견한 인물이었다.[22] 노조활동 초기 집행부를 비롯한 조합원들은 전태일의 분신에 대한 책임감으로 노조에 참여했을 뿐[23] 노동조합이 무엇인지도 모르고 노조를 어떻게 운영해 나가야 하는지에 대한 인식도 부재했다. 이러한 한계를 메우기 위해서는 노동조합에 대한 실무능력과 경험을 가진 인물이 필요하였다. 이러한 사정에서 한국노총 출신 인물들을 영입하였다. 김성길과 구건회는 활동 초기 그들의 실무 능력으로 노조가 체계를 갖추는데 일정한 기여를 하였으나 그들은 보수적이고 관료주의적인 방식으로 노조를 이끌어나가고자 하였다. 이것이 한국노총 파견 간부와 집행부 사이의 갈등의 원인이 되어, 결국 지부장으로서 역할을 다하지 못하고 단명하게 되는 결과를 초래하였다.[24]

1971년 9월 12일 제3대 지부장으로 최종인이 선출되면서 삼동회 출신이 노조를 장악할 수 있었다. 최종인은 1973년 6월부터 두 달 간 최일호가 지부장으로 활약한 것을 제외하고 1971년 9월부터 1976년 4월 사직할 때까지 지부장으로서 청계피복노조를 이끌어갔다. 최종인 집행부는 '양심적' 한국노총계 인물인 최일호를 통해 노조의 행정적 · 실무적 지원을 받으면서 활동을 전개하였다.[25]

청계피복노조는 1975년 2월 7일 노동교실 점거농성을 통해 노동교실 정상화를 이루었고, 1975년 11월 '근로기준법수호투쟁위원회'를 결성하고 12월 23일부터 단식농성을 감행함으로써 근로시간 단축과 다락철거의 요구를 관철시켰다. 1976년 3월에는 견습공 임금직불제를 요구하면서 임금투쟁을 전개하여 노조의 요구를 관철시켰다.

그런데 1975년 11월부터 1976년 3월까지의 투쟁은 집행부가 배제된 상태로 전개된 것이었다. 여기에는 집행부와 중견 조합원 사이의 갈등이 존재하였다. 집행부는 노사교섭을 통해 문제를 해결하려 한 반면, 중견조합원은 전투적인 싸움을 통해 문제를 관철시키려 했다. 중견조합원은 이소선-장기표-양승조로 이어지는 라인으로 전투적인 투쟁노선을 견지하고 있었다. 이러한 갈등으로 1976년 4월 9일 최종인 집행부는 전원 사표를 제출하였고, 4월 16일 이승철이 지부장에 선출되었다. 그러나 파벌싸움은 계속 이어져 1977년 6월에는 양승조가 지부장직을 맡게 되었으며, 이후에도 여러 차례 지부장이 바뀌었다. 이러한 과정은 1970년대 여타 민주노조와 달리 파벌싸움이 심각했다는 것을 단적으로 보여주는 것이라 할 수 있다. 파벌싸움이 노조의 운영이나 활동에 대한 방식을 놓고 일어났다지만, 그 이면에 감정적인 갈등도 존재하고 있었다는 점에서 심각한 문제를 야기하기도 하였다.

청계피복노조는 다른 사업장의 투쟁을 지원하거나 격려하는 연대활동에 적극적이었다. 1976년부터 1977년 중반까지 서울시내 봉제업체를 비롯하여 섬유업체 사업장에서 벌어진 체불임금투쟁, 임금인상투쟁, 노동조합결성 등을 지원하는 투쟁을 수차례에 걸쳐 전개하였다. 1977년 7월 10일에는 협신피혁 노동자 민종진의 질식사에 항의하는 노동청 점거투쟁을 단행하였다. 이러한 투쟁과정에서 선진적인 노동자들은 단초적이지만 연대투쟁에 대한 인식을 갖게 되었다. 그러나 연대활동이 지극히 비조직적·일회적으로 전개되었으며, 지도부의 부재 등으로 인해 투쟁이 더 이상 발전하지 못했다는 한계를 안고 있었다.[26]

청계피복노조의 노동교실 운영은 다른 민주노조와 다른 특징을 갖는다. 최장집은 노동교실은 교육수준이 낮은 노동자들을 의식화시키는 도구로서, 또한 노동조합과 대학생, 교회단체 등의 외부세력과 연결하는 통로가 된 것으로[27] 그 의의를 높게 평가하고 있다. 그런데 주목할 점은 청계피복노조가 새마을교실을 설치하여 교육을 실시한 실적이 우수하다고 인정받아 한국노총으로부터 1973년 5월 12일 단체표창을 받았다는 점이다.[28] 대체로 민주노조들은 1970년대 중반기까지 공장새마을운동에 대한 문제의 본질을 명확히 인식하지는 못했던 것 같다. 1970년대 중·후반기에 들어서면서 점차 공장새마을운동이란 단지 기업주를 위해 품질향상과 생산성향상운동에 노동자들을 무보수로 동원하는 것으로 인식하기 시작하였으며, 이때부터 공장새마을운동에 대해 비판적인 입장을 견지했을 것으로 보인다.[29]

1973년 5월 21일 새마을노동교실 개관식에 함석헌을 초청한 것을 구실로 정부와 기업주는 노동교실 운영권을 일방적으로 빼앗았다. 그리하여 노동교실 정상화는 노동조합의 주요 관심사가 되었는데, 1975년 2월 7일 노동교실 점거농성을 통해 노동교실을 노동조합에서 운영할 수 있게 되었다. 노동교실은 1976년 4월 이승철 집행부가 들어서면서 노동실장도 이소선이 맡게 되면서 여러 가지 다른 면모를 보인다. 프로그램도 노동자들의 권리의식을 고취시키는 방향으로 변화하고, 강사도 기존에는 종교단체나 YMCA 소속의 인물들이나 대학생들이었으나 이재오, 이양원, 김세균이나 남민전 출신들로 바뀌었다. 이리하여 노동교실은 '배움의 장, 투쟁의 장, 연대의 공간'으로 자기역할을 하게 되었다.[30]

정부는 청계피복노조를 탄압할 목적으로 1977년 7월 22일 이소선을 연행하여 구속하였으며 동시에 노동교실을 강제적으로 폐쇄하였다. 이에 청계피복노조 조합원 40여 명이 노동교실에서 이소선 석방과 노동교실 반환을 요구하며 결사투쟁을 전개하였다. 이 과정에서 신승철(21·재단보조)·박해창(20·재단보조)의 할복기도, 민종덕의 투신, 전순옥(27·이소선의 장녀)·임미경(19·미싱보조)의 투신기도가 있었다.[31] 결국 9·9투쟁으로 조직의 핵심간부와 조합원들이 거의 다 구속되었고, 이를 계기로 청계피복노조는 급속히 위축의 길로 들어서게 되었다.

1970년대 민주노조 대부분이 도시산업선교회나 가톨릭노동청년회의 영향을 받아 조직, 운영되었다. 반면, 청계피복노조는 종교의 영향을 받지 않았으며, 학생운동 출신 활동가들과 연계되어 있었다는 점에서 여타 민주노조와 대비되는 특징을 갖는다.[32] 전태일 장례식을 학생장으로 치루는 문제를 놓고 평화시장 노동자와 관계를 맺기 시작한 학생운동 출신 활동가들은

이후 청계피복노조와 연계하여 활동하였다. 장기표, 이재오, 이영희, 김세
균 등 학생운동 출신 활동가들은 집행부와는 직접적으로 관계를 맺지 않았
으나,[33] 이소선과 장기표를 잇는 라인을 통해 청계피복노조 운영이나 투쟁
방향 등에 개입하였던 것으로 보인다. 일부 노조 간부들은 장기표와 함께
사회과학 서적을 읽기도 하였으며, 장기표의 영향으로 상임집행위원회 간
부 이승철, 대의원 이숙희 · 정선희 · 임금자 · 차인애 등이 강경파로 성장하
였다. 이들 강경파로 성장한 노조원들은 1975년 2월 7일 노동교실 점거농성
의 주도세력이었다. 장기표는 1976년 3월에 전개된 견습공 임금직불제 투
쟁과정에서 견습공 임금직불제에 대한 이론적 근거를 제공하였고,『씨알의
소리』에 「시다의 권리」를 싣기도 하였다.

5. 민중 '주체' 인식의 변화와 발전

전태일 분신사건은 1970년대 학생운동사의 하나의 분수령이 되었고, 노
동문제에 대한 학생운동세력의 관심을 고조시킴으로써 운동의 방향을 새
롭게 정립하는 계기가 되었다.[34] 1960년대 학생운동은 한일회담 반대투쟁
(1964.3.24~6.3), 한일협정비준 반대투쟁(1965.2.18~8.27), 1966년 밀수규탄투쟁,
1967년 6 · 8부정선거 규탄투쟁, 1968년의 헌정수호 · 민족수호투쟁, 1969년
의 삼선개헌 반대투쟁으로 이어졌다. 이념적으로 볼 때, 한일회담 반대투
쟁, 한일협정비준 반대투쟁, 밀수규탄투쟁의 민족주의적 이념의 맥은 6 · 8
부정선거 규탄투쟁, 헌정수호 · 민족수호투쟁, 삼선개헌 반대투쟁의 반독재
민주주의운동으로 계승되었다. 민주주의, 민족주의를 위한 이러한 일련의
운동은 1969년 3선개헌 반대의 격렬한 투쟁의 여파로 많은 학생들이 구속
됨으로써 1970년에 대학은 거의 침체상태에 들어갔다. 이는 1960년대에 지
속되어 온 정치투쟁이 계속 좌절을 겪게 되는 것에서 기인한 것이었다.[35]

이러한 상황에서 학생운동 세력의 일부는 정치운동에 집중했던 그간의 운동의 한계를 반성하면서 보다 근본적으로 사회를 변혁시키기 위해서는 장기적인 전망 속에서 운동이 전개되어야 한다고 인식하였다. 그리하여 외자도입 문제나 경제종속 문제에 대해 관심의 폭을 넓혔으며, 빈민촌이나 광산 등 민중이 존재하는 곳에서 현지조사 활동을 수행하기도 했다. 이러한 활동이 단초적으로 전개되는 과정에서 전태일 분신사건이 발생하였으며, 분신사건을 계기로 학생들은 보다 적극적으로 노동현실에 주목하여 '민중' 주체의 운동이념을 정립해 나가기 시작하였다. 이러한 의미에서 전태일 분신사건은 운동의 지평을 넓히는 출발점이 되었다.

전태일 분신사건이 일어나자 서울대 법대생 70여 명은 11월 16일 가칭「민권수호학생연맹 준비위원회」라는 이름으로 노동조건 개선을 위한 모임을 가졌다. 이날 학생들은 노동실태를 조사할 것이며 조사결과 노동조건이 가혹하다는 결론이 내려질 경우 이의 개선을 정부에 건의하자고 호소하였다. 전태일의 장례식이 있던 18일에는 서울대 상과대학생 200여 명이 노동운동과 학생운동을 연계시켜 추진해 나가기로 결의하고 '근로조건 개선'을 요구하였다. 이는 1970년대 학생운동이 노동운동과 결합하는 최초의 사건이었다. 20일에는 200여 명의 서울대 법대생들이 추도식을 갖고, "전씨의 죽음을 헛되게 하지 말자"고 외치며 정부당국에 근로조건 개선을 촉구했다.[36] 또한 서울대 문리대, 이화여대, 고려대, 연세대 등에서 전태일 추모식을 거행하고 "근로조건을 개선하라"는 결의문을 채택하였다. 이렇게 1970년 11월의 학생운동은 근로조건 개선운동으로 결집되었다. 조기방학과 종강으로 근로조건 개선운동은 소강상태로 들어갔지만 겨울방학을 이용하여 노동실태 조사작업을 지속적으로 수행해 나갔다. 이러한 활동은 학생들이 역사변혁의 주체로서 노동자와 민중을 확인하는 계기가 되었다.

1971년 학생운동세력은 교련반대와 학원자유 수호운동을 전개하면서 한편으로는 노동운동의 민주화, 민중생존권 등을 주장하였다. 1971년 후반기

'민주', '민족'과 함께 '민중'을 학생운동의 이념으로 내세웠다. 9월 7일 전국 학생연맹은 "노동운동의 민주화를 위하여 노동자들과 결합하여 싸우되 특히 미조직 노동자의 노조 결성 투쟁을 집중 지원하고 추석을 전후하여 속출할 것이 예상되는 체불 노임 지급요구 투쟁과 감원반대투쟁을 지원"하는 것이 학생운동의 과제 중의 하나라고 주장하였다.[37] 또한 10월 14일 전국 학생연맹 총대회 선언문을 통해 "반공법, 국가보안법을 폐기하여 모든 민중의 자유로이 발표된 의사와 열망을 집약하고 반反통일세력의 긴장격화책동을 막아내는 것이 우리의 당면한 과제"이며, "억압받고 있는 민중 속에서, 내일의 민족사를 개척할 위대한 동력을 발견하고 있다. 민중 속에서 민중과 함께 싸우는 가운데서, 우리는 이 위대한 동력을 동원하여 적을 굴복"시킬 것이라고 강조하였다. 또한 결의문 1항에서 민중의 생존권 보장을 요구하는 투쟁을 전국 각지로 확대 · 강화할 것이라고 밝히고 있다.[38]

한편, 전태일 분신사건은 1970년대 기독교 학생운동이 현장운동에 관심을 갖게 되는 계기가 되었다. 한국기독학생회총연맹(KSCF: Korea Student Christian Federation)은 1971년 7월의 여름대회에서 발표한 선언문에서 "양극화의 쓰라린 고난의 현실 속에 처해 있는 노동자계급에 대한 정부의 무책임한 대우의 결과는 전태일과 김진수사건 등을 외면하게 한 비정한 사회로 만들"었다고 비판하고, "노동자와 눌린 자의 참 이웃이 되기 위해 … 기독교의 사랑을 근거로 한 진실한 정신무장이 우리 임무"라고 밝혔다. KSCF의 1970년대 초기 활동은 학생사회개발단(이하 학사단) 운동을 중심으로 이루어졌는데, 전태일 분신사건이 발생한 이후 활동 범위를 빈민지대에서 노동사회로 확대해 나갔다. 여름방학을 이용하여 4개 팀을 한 달 동안 특정 공장지대에 투입하여 노동사회의 여러 가지 문제점들을 파헤치고 몸소 노동을 경험하는 프로그램을 진행하였으며, 신진자동차 부평공장의 어용노조 문제를 해결하기 위해 관여하기도 하였다. 1972년부터는 현장경험 중심을 극복하여 구체적인 현장문제해결과 이를 위한 민중의 조직에 초점을 두고 활동을 전

개해 나갔다.[39]

전태일 분신사건과 더불어 학생운동의 성격변화에 영향을 미친 것은 1971년 8월의 광주대단지 사건이었다. 학생들은 이 사건을 통해 민중의 역사적 힘을 발견하였으며, 민중의 문제를 해결하는 주체는 민중 자신의 역량임을 확인하였다. 학생들은 "모든 인간적이고 민중적인 지식인은 빨리 지식인 특유의 기회주의적 악성을 극복하고 민중 속에 뛰어들어야 할 것"이며 "이제 문제의 해결을 위해서는 단 하나 우리의 단호한 행동, 민중 속에 들어가고 민중을 조직하고 민중과 더불어 생존권 보장을 위하여 싸우는 것만이 남았다"고 주장하기에 이르렀던 것이다.[40]

1971년 후반기 전국학생연맹에서 내세운 민족·민주·민중의 이념은 1974년 전국민주청년학생총연맹에 의해 삼민이념으로 자리잡게 된다. 민청학련의 이름으로 발표된 '민중·민족·민주선언' 등 각종 유인물은 유신체제의 폐기와 민주주의의 확립과 함께 노동자·서민대중의 생존권 문제를 전면에 부각시켰다. 이는 학생운동 내부에서 꾸준히 성장해 온 민중지향성을 이어받은 것이라 할 수 있다. 4월 3일에 배포된 '민중·민족·민주선언'이라는 선언문에서 민중을 맨 앞에 놓고 강조한 것은 당면 투쟁이 민주주의 실현뿐만 아니라 노동자, 민중의 투쟁으로 나아가기 위한 정치사회적 분위기와 역량의 구축에 주요한 목표가 있었기 때문이었다. 결의문에서는 "오늘 우리의 궐기는 학생과 민중과 민족의 의사를 대변하고 이 땅에 진정한 자유와 평등을 실현하기 위한 민중적·민족적·민주적 운동"이라고 학생운동의 기본적 성격을 규정하였으며, 근로대중의 최저생활 보장, 노동악법 폐기 등을 내세웠다.[41] 또한 4월 3일 시위 당일에 '근로대중이여 궐기하라'는 격문전단을 살포하는 한편 노동자들을 주축으로 시민들과 연합하여 시위를 전개하기 위하여 노동자, 소상인의 밀집 지역인 청계천 5가로 결집할 것을 촉구하였다.[42]

그런데 1970년대 초, 학생운동은 노동운동과 결합하는 단초적인 양상만을 보였을 뿐, 보다 차원 높은 연대운동으로 발전하지 못한 한계를 보였다. 단지 학생운동세력은 선언문과 구호로써 민중에 대한 관심을 표명하는 수준에 머물렀다. 이는 학생들이 주로 비인간적인 조건으로 고통 받는 노동자들을 인도주의적 관점에서 바라보는 한계를 안고 있었기 때문이다. 이리하여 학생운동과 노동운동이 결합되어 하나의 운동적 흐름으로 구체화되기까지에는 오랜 시일을 필요로 하였다.

1970년대 중반 이후 변혁운동의 주체로 민중 특히 노동자대중을 설정하고 노동자대중을 의식화·주체화할 것을 주장하는 세력이 등장하고 있었다.[43] 1975년 2월 민청학련 주동자 대부분이 석방된 이후, 일부 선진적인 의식을 가지고 있던 일부는 노동현장에 직접 투신하였다. 현장에 투신한 인물로는 송운학, 김수길, 김영준, 김영곤, 임규영, 이학영, 신철영 등이며, 이들은 학생운동 내에 "현장으로 들어가야 한다"는 분위기를 지배적으로 형성하는데 중요한 역할을 하였다. 민청학련과 직접적으로 관련되지 않았던 김승호, 김영곤, 문성현 등도 노동현장 진출 흐름을 대세로 만드는 데 역할을 하였다.

1975년 긴급조치 9호 발동 이후 학원에 대한 탄압이 가중되고 민주화투쟁이 위축되면서 학생운동가 사이에서는 '현장론'이 강조되기도 하였다. 또한 학생들은 먼저 야학활동을 하면서 노동문제에 접근하다가 졸업 또는 제적 후에는 노동현장에서 직접 생활하면서 노동자로서 노동운동에 참여하거나 노동조합의 전문 실무자로서 참여하여 노동운동 발전에 기여하기도 하였다. 1970년대 후반에 들어서면서부터 학생운동은 민주노조의 근로조건 개선과 생존권 투쟁에 직접 간접으로 연대하여 투쟁하였다.[44] 1978년 동일방직 사건 이후 학생들은 노동자들의 희생이 정치체제와 깊이 연관되어 있다는 것을 인식하였으며, 노동운동과 학생운동과의 연대를 강화시켜 나갔다. 특히 학생운동의 민중적 성격은 YH여공들의 신민당사 점거농성 이후 더욱 분명히 드러나고 있다.[45]

2부

일제에 맞선 사회주의자

7

김철수, 상해 국민대표회의의 조직자

임경석

1912년 도쿄 와세다대학 졸업
1922년 고려공산당 중앙위원
1923년 상해 국민대표회의 대의원
1926년 조선공산당 책임비서
1930년 일본 경찰에게 체포되어 10여 년간 투옥
만년에 고향인 전북 부안에 칩거

1922년 (30세) 상해에서 찍은 김철수 사진

1. 자살 충동

5월 그믐녘에 대표를 일찍 사임해 버리고 항주라고 하는데 가서. 항주
가서는 내가 자살하고 싶은 심정이여. …… 차라리 죽는 것이 제일이다
그런 생각이 나여. 총을 나도 가지고 댕기는데, 그런 생각이 그때 나.
자꾸 저녁에 뒷산에서 두견이는 울어 쌓고. 절에 갔었네.[1]

노년의 김철수(金錣洙, 1893~1986)는 젊은 시절에 자살 충동을 느꼈던 때를 이렇게 회상했다. 94년간의 긴 인생 속에서 유일하게 겪은 일이었다. 희망을 찾을 수 없어서 "차라리 죽는 것이 제일"이라고 느꼈고, 심지어 그를 실행에 옮길 구체적인 방법마저 생각했다. 휴대하고 다니던 권총을 이용하여 일본 정부의 고관이나 하나 쏘아 죽이고 자기도 그 자리에서 생을 마감하는 상상을 떠올리곤 했다. 중국과 러시아 각지를 오가는 해외 망명자들이 으레 호신용 무기를 휴대하던 시절이었다.

그의 나이 31세 되던 1923년의 일이었다. 김철수는 그해 5월 말일 즈음에 상해上海를 떠나 항주杭州로 향했는데, 바로 그 도시에서 생을 마감하고 싶어하는 이상 심리에 시달렸다. 항주에는 일본 유학시절부터 친하게 지내던 동갑내기 이규홍李圭洪이 머물러 있었다. 상해임시정부 내무차장을 지낸 그는 심장병으로 인해 일상생활에 곤란을 느끼고서 질병 치료차 그곳에서 정양하고 있었다. 두 사람은 1893년생 동갑으로서 나이가 같을 뿐 아니라 일본 도쿄에 유학한 시기도 거의 같았다. 김철수는 1912년에 와세다(早稻田)대학에 입학했고, 이규홍은 그 이듬해에 메이지(明治)대학에 입학했었다.[2] 김철수는 병고에 시달리는 친구를 위문함과 동시에 세상일에 지친 자기 자신을 위로하기 위해서 그곳으로 향했던 것이다.

대표를 사임해 버린 뒤에 항주로 갔다는 언급에 주목하자. 여기서 말하는 대표란 그해 1월부터 줄곧 개최 중이던 국민대표회의의 대의원을 가리키는 말이었다. 국민대표회의는 침체 상태에 빠진 조선독립운동을 다시 소생시키기 위하여 국내외 각지에 산재한 독립운동 단체의 대표자 백 수십 명이 한자리에 모여 앉은 기념비적인 회합이었다. 이 회합은 조선인들의 뜨거운 환영을 받으며 출범했다. 그 회의가 개막할 즈음에『독립신문』은 유사 이래로 "우리 동포에게 처음 있는 대회합"이라고 높이 평가하며, 독립운동 장래의 대방침을 세워 달라고 간곡히 요청했다.[3] 사람들은 큰 기대를 걸었다. 재상해 망명자 가운데 어떤 사람은 대의원들이 '대동단결'하여 '일

심진행―心進行'하기를 촉구했다.[4]

　김철수는 그처럼 촉망을 받던 국민대표회의 대의원 가운데 한 사람이었다. 그 자신도 국민대표회의의 역사적 의의를 높이 평가했다. 김철수의 표현에 따르면 국민대표회의는 '그때 우리나라의 큰 운동'이었다. 심지어 자신이 몸담고 있던 공산주의 운동보다도 훨씬 더 큰 운동이라고 보았다.[5] 그런데 왜 그랬을까. 그처럼 중요한 회합의 대의원 직책을 사임하고 훌쩍 상해를 떠나 버렸을까. 왜 그처럼 자살 충동을 느낄만큼 절망감에 휩싸이게 되었을까?

　항주는 아름다운 호수 서호西湖가 소재하는 이름 높은 명승지였다. 중국인들은 하늘에는 천당이 있고 땅에는 항주와 소주蘇州가 있다는 말을 즐겨 입에 올릴 정도로 그 도시들의 풍광을 높이 평가했다. 또한 항주에는 불교가 번성했던 과거 역사 덕분에 영은사, 정자사, 경산사 등을 위시한 많은 사찰이 존재했다. 김철수와 이규홍은 서호를 둘러보는 한편으로 만우사라는 불교 사찰에 머물렀다. 그 뒷산에는 두견새가 많았었나 보다. 봄이 되어 밤낮으로 슬피 우는 그 새소리를 듣자니, 세상을 비관하는 김철수의 마음은 더욱 어두워만 갔다. 서호의 빼어난 풍광을 둘러보면서도 그런 생각이 바뀌지 않았으니, 그의 낙심과 좌절감이 얼마나 깊었는지를 짐작할 만하다.

2. 대표자 선정

　　그 대회(베르흐네우딘스크 공산당대회: 인용자)가 끝난 뒤에 바로 나는 봉천
　　에 앉아서 상해에서 열릴 국민대표대회에 출석할 내지 대표들을 준비케
　　하고…[6]

　김철수는 국민대표회의 준비 업무에 참여하게 된 사정을 이렇게 증언했다. 상해로 향하기 전부터 이미 국민대표회의 참석 대표자들을 조직화하는

업무에 종사했다는 말이다. 그는 상해행 이전에는 러시아 극동지방에 체재하고 있었다. 시베리아의 지방 도시 베르흐네우딘스크(현재 울란우데)에서 열린 고려공산당 통합대회에 참석하기 위해서 그 도시에 머물러 있었다.

1922년 10월 19일부터 28일까지 열린 그 통합대회는 역사상 보기드문 대규모 공산당 전당대회였다. 개회 기간이 10일간이나 계속됐고, 개막회의 출석 대표자만도 128명에 달했다. 이 대회는 초기 사회주의 운동의 진로를 좌우하는 중요한 회합이었다. 상해파와 이르쿠츠크파로 양분된 두 갈래 사회주의 흐름을 정치적 · 조직적으로 통합할 수 있는지 여부를 가르는 분기점이었다. 그러나 베르흐네우딘스크 당대회는 기대했던 성과를 거두지 못했다. 대회 주도권을 장악한 상해파 공산당에 맞서 이르쿠츠크파 공산당이 새로이 운동 무대에 등장한 중립당 및 재일본조선인공산주의그룹의 대표자들과 함께 연합 반대파를 결성한 탓이었다. 연합 반대파는 결국 회의장을 이탈하고 말았지만, 회의장을 지킨 대의원들은 당대회 진행을 강행했다.[7]

김철수는 회의장을 고수한 대의원 그룹의 일원이었다. 그의 관점에서 보자면 공산주의 운동의 정비가 완료되었으니, 이제 다음 과제는 민족통일전선을 결성하는 데에 있었다. 서둘러야 했다. 베르흐네우딘스크 당대회가 끝난 뒤에 조금도 지체할 수가 없었다. 국민대표회의 개최가 임박했기 때문이었다. 국민대표회의 개회일은 애초에 1922년 9월 1일로 예정되었으나 대표자 집합이 순조롭지 않은 탓에 두 차례나 연기된 바 있었다. 처음에는 10월 15일로 연기되었다가, 다시 한 달 남짓 재차 연기된 상태였다.[8] 베르흐네우딘스크 당대회가 끝난 10월 28일의 시점에서 보자면 상해의 국민대표회의에 참석하려면 여간 서둘러서는 안 되는 형편이었다.

그럼에도 불구하고 김철수는 곧바로 상해로 향하지는 않았다. 중간 기착지가 있었다. 바로 봉천奉天(현재의 심양)이었다. 국민대표회의에 참가하려면 하루가 아쉬운 바쁜 때임에도 불구하고 거기에 머문 데에는 까닭이 있었다. 그에게 상해파 공산당으로부터 중대한 임무가 부여되었기 때문이었다. 국민대표회의에 참석할 조선 내지 대표자들을 가능한 한 많이 상해로 내보내는 일이 바로 그것이었다. 봉천은 그 임무를 수행하는 데에 가장 적합한 도시였다. 조선 국내와 상해를 연결 지을 수 있는 철도 교통의 중심지였다. 김철수는 그 도시에 임시 연락 거점을 마련하고서 서울에 소재하는 상해파 공산당의 국내 간부들과 비밀리에 연락을 주고 받았다.

통신 상대자는 장덕수張德秀와 최팔용崔八鏞이었다.9) 두 사람은 서울에 소재하는 상해파 고려공산당의 중앙위원으로서, 이봉수李鳳洙, 주익朱翼, 도용호都容浩, 최혁崔赫, 최익준崔益俊 등과 더불어 상해당의 국내 조직을 이끌고 있었다.10) 통신 수단은 주로 전보였다. 사전에 약속된 암호 코드에 따라 합법적으로 전보를 주고받는 방식을 택했던 것이다. 비밀 통신의 골자는 조선 내지의 상해파 공산당 간부들로 하여금 국민대표회의에 참석할 국내 대표자 선정을 주선케 하는 일이었다.

대표자는 국내의 각 도道와 여러 사회단체에서 선발하는 형식을 취했다고 한다. 농민단체, 노동단체, 청년단체, 여성단체, 교육단체 등에서 각자 대표자를 선정케 했다. 또 상해파공산당과 기맥을 통하고 있는 종교 단체들도 대표자를 보내게 했다. 천도교 대표와 보천교 대표 등이 그러한 경우였다.

김철수의 이 진술을 실제와 대조해 보기로 하자. 국민대표회의 석상에서 상해당의 입장을 지지했던 국내 각 도대표자 면면을 조사해 보았다. 전라남도(金澈, 鄭光好), 전라북도(金源白=金鎔洙), 충청남도(尹敬一), 황해도(朴應七), 강원도(李河蘇), 경상북도(金尙德), 경상남도(金常漢=文時煥, 申二鎭=尹滋瑛), 경기도(吳永善) 등이 그에 해당했다. 한편 국내 사회단체 대표자로는 13도총간부(徐保羅=徐永琬, 金甲), 경성ㄷㄹ단(鄭寅教), 명칭이 분명하지 않은 국내 청년단체(정만기), 벽동군 대한청년단(金郇山), 호남청년독립단(鄭仁濟), 평양대주교청년회(郭然盛), 황해도군사주비단(김현구), 천도교청년회(李濟河, 鄭庚燮), 천도교청년대회

(金重吉=金鍾喆, 姜逸) 보천교(裵洪吉) 등을 확인할 수 있다. 이와 같이 현재 확인할 수 있는 인명은 23명이지만, 이들이 곧 김철수가 주선한 국내 대표자 전부는 아니다. 김철수가 "우리 공산당 편으로 나온 사람이 42명"이라고 말한 것에 비춰보면,[11] 아직 밝히지 못한 숫자가 적지 않음을 알겠다.

이 대표자들은 비록 국내에 소재하는 여러 단체들의 대표자 자격을 취하고 있지만, 내면적으로는 상해파 공산당의 정책을 지지하는 입장에 섰다. 이에 대해서 김철수는 자부했다. 그때까지만 해도 국내의 대중운동과 사회단체를 상해파 공산당이 실질적으로 장악하고 있었으므로, 그러한 일이 가능했노라고.[12]

그러나 김철수의 반대 진영에 속한 사람들의 주장에 따르면 뉘앙스가 달랐다. 국민대표회의에서 상해파 공산당을 지지한 국내 대표자들은 조선 내지로부터 파견되어 나온게 아니었다고 한다. 그들은 베르흐네우딘스크 공산당대회에 참석했던 상해파 공산당의 당원들로서, 국내에서 발행한 것처럼 위조한 대표자 위임장을 휴대한 채 상해로 몰려왔다고 한다.[13] 국민대표회의에서 다수를 점할 목적으로 그처럼 부도덕한 책략을 꾸몄다는 비난이었다.

진실은 어디에 있는가? 관련 자료를 조사해 보면, 위임장을 위조했다는 비난은 사실과 다르다고 판단된다. 위임장의 진위 판정 문제는 국민대표회의 개막 초기의 가장 뜨거운 쟁점이었음을 주목할 필요가 있다. 위임장 심사는 엄격하게 진행되었다. 5인의 위원으로 구성된 대표자격심사위원회가 「국민대표회의 대표 자격 심사규정」에 따라서 대표자 한 사람씩 심사를 행했으며, 심사 결과는 본회의에서 통과되어야만 효력을 인정받을 수 있었다. 첫 본회의가 열린 1923년 1월 3일부터 그달 29일까지는 '대표 자격 논쟁 국면'이라고 이름붙일 수 있을 만큼 위임장 심사가 크게 문제시되었다.[14] 따라서 그 과정을 무난히 통과한 대표자의 위임장이라면 신뢰할만한 것이라고 볼 수 있다. 그를 가리켜 위조됐다고 일컫는 것은 근거 없는 비난이라고 생각된다.

다만 국내 여러 단체의 위임장을 휴대한 대표자들 가운데 상당수가 실제로는 베르흐네우딘스크 당대회에 참석했던 상해파 공산당원이라고 지목한 것은 사실과 가깝다고 판단된다. 왜냐하면 상해파 공산당을 지지하는 사람도 간접적이긴 하지만 그를 시인하고 있기 때문이다.15) 결국 김철수가 봉천에서 행했던 일은 조선 내지로부터 비밀리에 대표자들을 뽑아올리는 것 외에도 베르흐네우딘스크 당대회에 참석했던 자파 당원들로 하여금 조선 내지에서 보내온 각 지방·단체의 대표자 위임장을 휴대케 하여 상해로 내보내는 일이었던 것으로 보인다.

하지만 이처럼 자당의 영향력 확대를 꾀하는 일을 상해파 공산당만 행했던 것은 아니다. 다들 그러했다. 국민대표회의 대표자 선정을 자파에게 유리하게끔 유도하는 일에 대해서는 국민대표회의 안팎의 여러 정치세력이 관심을 보였다. 보기를 들면 김철수와 반대되는 진영에 몸을 담은 윤해尹海가 그러했다. 그는 국민대표회의 개막을 앞둔 1922년 11월 27일에 조선·중국·소련의 접경 지역에 위치한 혼춘琿春의 한인사회 지도자들에게 편지를 보내, 혼춘지방 대표 1인과 혼춘한민회 대표 2인을 선정하되 상해에 거주하는 자파 인사들에게 위임해 달라고 요청했다.16) 자신이 옳다고 생각하는 의견이 국민대표회의 내부에서 다수를 점하고 싶어 했다는 점에서는 김철수와 윤해, 그 밖의 다른 사람들이 모두 마찬가지였던 것이다.

봉천은 위험한 땅이었다. 명목상 중국 땅이라 할지라도 실제로는 '왜놈들 천지'나 다름없는 곳이었다.17) 남북 만주를 관통하는 간선 철도에는 일본 경찰이 세밀한 감시망을 펴 놓고 있었기 때문이다. 철도를 이용하여 러시아로부터 중국으로 나아가려면 꼭 지나야만 하는 하얼빈(哈爾賓)에서부터 조심해야 했다. 자칫 잘못되어 사복 형사나 밀정에게 의심스런 조선인으로 지목되면 일본 관할 하에 놓인 장춘長春 이남의 철도선을 지나는 열차 속에서 영락없이 체포될 수밖에 없었다. 예컨대 항일 무장부대 천마산대의 지

도자 최시흥崔時興이 1924년 12월에 일본 경찰에게 체포된 곳도 바로 봉천이
었다.[18] 체포 위험을 벗어나려면 산해관山海關을 지나서 중국 관내 지역으
로 들어서야만 했다. 그 전까지는 결코 마음을 놓아서는 안 되었다.

3. 원내 대표단

> 아령俄領에서 온 자가 불과 77인(17인의 착오: 인용자)인데 불구하고 회의
> 에선 그 사람들 의안이 유세有勢했다. 그는 푸락치 회의를 갖고 나오니
> 까 그랬다. 이 편은 다수이면서 제각기 의안을 들고 나오니까 못 당했
> 다. 그것을 내가 내려와서는 안창호安昌浩, 김동삼金東三, 임정측 등 각파
> 별로 푸락치회를 마치고 그걸 합하여 대회에서 일치행동키로 하니 아령
> 파俄領派들은 당황했었다.[19]

김철수는 국민대표회의가 개막되던 초기의 내부 분위기에 대해서 이렇
게 회고했다. 상해에 도착해 보니 '러시아아령에서 온 자'들이 회의 분위기를
좌우하고 있더란다. 그래서 그에 대한 대항책으로써 원내 각 그룹의 연합
을 추진했다는 말이다. 김철수의 이 증언은 국민대표회의 내부의 의사 결
정이 어떤 시스템에 따라서 이뤄졌는지를 엿볼수 있게 해주는, 주목할 만
한 의의를 갖고 있다. 다음 세 가지 점이 눈길을 끈다.

첫째, '러시아아령에서 온 자'들에 대해서 거론하고 있다. 도대체 누구를 가
리키는가. 김철수는 그들을 '아령파'라고 부르고 있다. 아령이란 러시아의
한자 표기인 아라사俄羅斯를 뜻했다. 아령파라는 용어는 비단 김철수 만이
아니라 국민대표회의 대표자들도 통상적으로 부르던 말이었다. 이 점은 재
러시아 조선인 대표 가운데 한 사람인 최아무개가 하얼빈의 자파 연락원에
게 보낸 통신문에서 확인된다.[20] 그에 따르면, "우리 20여명의 노령 대표자
는 아령 대표단俄領代表團이라는 것을 조직하여 우리의 주장을 철저히 하고

우리의 동작을 일치시키기 위해서 각 방면으로 활동하여 통일의 효과를 거두려고 합니다"라고 적혀 있다.[21] 개회 초창기인 1923년 1월 중·하순경에 국민대표회의 내부에 일부 대표자들로 구성된 원내 조직이 존재했고, 그것은 아령 대표단이라는 명칭을 갖고 있었으며, 구성원 숫자가 20여 명이었음을 보여준다. 게다가 아령 대표단이라는 명칭을 그 내부의 구성원들도 스스로 사용하고 있었음을 알 수 있다.

그러나 러시아에서 왔다고 해서 모두 다 아령 대표단의 일원이 되었던 것은 아니다. 보기를 들면 연해주 적기단 대표 박건, 노령 대한혈성단 대표 채영, 러시아공청 연해주위원회 대표 선우섭, 노령 한국의용군사회 대표 장기영, 연해주 고려혁명군장교단 대표 박애 등은 아령 대표단에 속하지 않았다. 아령 대표단 구성원들의 정체성을 통합하는 요인은 출신지의 공통성이 아니라, 공동의 정치적 경험이었다. 바로 대한국민의회라는 러시아 거주 조선인들의 최상위 민족 단체에 대한 소속감이 그들의 정체성을 유지시키는 공동의 심리적 기반이었다. 그러므로 아령 대표단은 곧 '대한국민의회(이하 국민의회) 대표단'이나 마찬가지였다.

아령 대표단의 위상은 비밀조직이었다. 그들은 자신의 존재가 국민대표회의의 여타 대표자들이나 재상해 조선인 사회 속에서 드러나지 않기를 바랐다. 그럼에도 불구하고 그 존재가 드러난 것은 『상해타임쓰』의 보도 기사 때문이었다. 러시아에서 온 대표자들이 이기적인 목적을 추구하기 위해서 비밀 단체를 조직했으며, 자파의 결정 사항을 국민대표회의에서 관철하려고 음모를 꾸미고 있다는 내용이었다.[22] 이 보도는 재상해 조선인 사회에 충격과 물의를 일으켰다. 그로 인해서 아령 대표단의 존재는 더 이상 비밀스러운게 아니라 공공연한 것이 되고 말았다. 비밀을 폭로한 『상해타임쓰』는 상해 조선인 사회의 내막을 전하는 소규모 소식지였다. 일본 경찰의 조사에 따르면, 이 소식지는 "불령선인이 발행하는 등사판 신문"으로서 1922년 말부터 간행되었다고 한다.[23]

김철수의 회고담에서 주목되는 두 번째 요점은 '푸락치 회의'에 관한 것이다. '프라치'란 러시아어 프락치야(фракция)에서 온 용어로서 영어의 프랙션(fraction)에 상응하는 말이었다. 원래 뜻은 전체 속의 일정 부분을 가리키는 말인데, 그 당시에는 어떤 단체 속에 존재하는, 일부 구성원들만으로 이뤄진 내부 조직체를 가리키는 용어로 사용되었다. 국민대표회의 내부에 존재하는, 일부 대표자들만으로 이뤄진 원내단체를 지칭하는 말로 쓰이고 있었던 것이다. 이 말은 오늘날에는 어떤 조직체에 잠입하여 본래 신분을 속이고 몰래 활동하는 사람을 가리키는 용어로 전화되어 사용되고 있지만, 그것은 어디까지나 후대에 파생된 의미였음에 유의해야 한다. 국민대표회의 내에서 프락치야란 곧 원내 대표단과 동의어였다.

프락치야 회의는 원내 대표단의 모든 구성원들이 합의에 기초하여 의사를 결정하는 최고 기구였다. 그런 의미에서 그것은 프락치야 구성원들의 총회였다. 프락치야 총회는 구성원들의 행동 통일을 기할 수 있는 효과적인 수단이었다. 국민의회대표단은 소수파이면서도 국민대표회의 석상에서 큰 영향력을 발휘할 수 있었는데, 그럴 수 있었던 이유가 바로 프락치야 총회였던 것이다.

러시아에서 온 대표자들 속에는 또 하나의 프락치야가 더 존재했다. '이르쿠츠크파 공산당 대표단'이 바로 그것이다. 당시 사람들은 그것을 '이시伊市당 대표단'이라고 불렀다. 이르쿠츠크를 가리켜 '이시'라고 줄여 부르던 당시의 어법에 따른 것이었다. 이르쿠츠크파 공산당의 내부 문서에 따르면 자파 대표단의 숫자는 18명이었다.[24]

국민의회 대표단과 이시당 대표단의 구성원은 상당수가 중복되었지만, 그렇다고 해서 완전히 동일했던 것은 아니다. 두 대표단의 정치적 입장은 국민대표회의 내에서 일치했다. 종전에 존재하던 지도적 독립운동 단체를 없애고 그 대신에 전국민적 통합을 이끌어갈 강력한 새로운 중앙기관을 설립하자는 주장이었다. 없애야 할 종전의 지도적 독립운동 단체란 대한민국

임시정부와 임시의정원을 가리켰다. 새로운 중앙기관을 건설하자고 주장했기 때문에 이 의견을 내세우는 사람들은 '건설파' 혹은 '창조파'라고 불렸다.

창조파는 견해를 같이하는 원내 대표단들의 연합 조직체라는 성격을 띠었다. 국민의회 대표단과 이시당 대표단은 쌍방이 공동으로 참여하는 연합 집행부를 구성했다. 거기에 더하여 창조론을 지지하는 소규모 그룹들도 그에 참여했을 것으로 판단된다. 북경 군사통일회 멤버들로 이뤄진 '북경파' 원내 대표단과 군인구락부가 그들이다. 군인구락부란 "대표회의에 래참來參한 군인들과 기외其外 상해에 있는 군인 합슴 16명으로 조직"된 단체였다.25) 김세혁(金世赫=金擎天)과 이청천李靑天 등이 이끄는 이 그룹은 개조파·창조파 분규가 한창 고조되던 5월 3일에 「성명서」를 발표하여 창조파 지지 의사를 명백히 했다.26)

세 번째 요점은 아령파에 대항하는 세력의 동향에 관한 것이다. 안창호, 김동삼, 임정측 등 여러 그룹이 각각 '푸락치회'를 갖고 있었다는 언급에 눈길이 간다. 각 그룹이 국민대표회의 내에서 각자 원내 대표단을 운용하고 있었음을 보여주고 있다.

'안창호파'는 '서도파' 혹은 '양서兩西대표단'이라고도 불렸는데,27) 대체로 평안도와 황해도 출신자들로 이뤄져 있었기 때문에 생긴 명칭이었다. 일본 경찰의 정보 보고에 따르면 이 대표단에 속하는 대표자로는 안창호를 비롯하여 이탁李鐸, 선우혁鮮于爀, 유진호柳振昊 등이 꼽혔다.28)

'김동삼파'는 전라도와 경상도 양도 출신자들로 이뤄져 있었으므로 '남도파' 혹은 '양남兩南대표단'으로 불렸으며, 동향회同鄕會라는 단체를 결성하여 구성원들의 결속을 도모했다.29) 경찰 기록에 의하면 김철金澈, 김갑金甲, 배천택裵天澤이 주도적인 역할을 맡았다고 한다.

'임정측'이란 대한민국임시정부의 입장을 옹호하는 대표자들을 가리킨다. 그들은 국민대표회의 개최 자체를 부정하는 입장을 취해 왔다. 하지만 임시정부 지지자들은 국민대표회의 개최가 불가피하게 된 조건 하에서는 그에 직접 참여하여 자기 입장을 주장하는 것이 필요하다고 보았다. 이들이 국민대표회의에 대표자로 진입한 시점은 2월 2일 회의 때부터였다. 국민대표회의 비서 오창환吳昌煥이 남긴 기록에 의하면, 이날 진입해 온 대표자 7인은 모두 '임시정부측 인사들'이었다고 한다.[30] 손정도孫貞道, 백남준白南俊, 김현구金玄九, 김홍서金弘敍, 김순애金淳愛, 이탁李鐸, 유진호柳振昊 등이었다.[31] 이중에서 이탁과 유진호는 양서대표단에 속한다는 기록이 있으므로 논란의 여지가 있지만 그 외 인사들은 임시정부 여당 인사들이라고 판단해도 틀림이 없을 것이다. 이들도 국민대표회의 내부에서 자체의 프락치야를 유지하고 있었음이 흥미롭다.

이에 더하여 '상해파 공산당 대표단'이 존재했음을 잊어서는 안될 것이다. 한 공산당원의 관찰 결과에 따르면, 이 대표단의 구성원 숫자는 28명이었다. 국민대표회의 원내 대표단 가운데 가장 규모가 컸던 것으로 판단된다. 이 대표단 내에서 주도적 역할을 하는 사람은 김철수와 윤자영尹滋瑛이었다.[32] 이 대표단에 비판적인 사람들의 주장에 따르면, 국민대표회의의 상해당 대표단의 면면은 베르흐네우딘스크대회의 상해파측 사람들과 거의 중복됐다고 한다. 국민대표회의 내에서 다수파를 점하기 위해서 자파 당원들에게 민족단체 대표자 위임장을 한 장씩 안겼다는 비난이었다.

이상에서 살펴봤듯이 국민대표회의 내부에는 적어도 6개 이상의 원내교섭단체가 존재해 있었음을 알 수 있다. 국민의회대표단, 이시당 대표단, 양서 대표단, 양남 대표단, 상해당 대표단, 임정 대표단이 그것이다. 이 외에도 미처 판명되지 않은 대표단이 존재했을 가능성이 있다. 보기를 들면 '북경파'라고 불리던 대표자 그룹이 있었다. 일본 경찰의 정보문서에 따르면 신숙申肅, 박건병朴健秉 등을 필두로 하는 한 무리의 대표자들이 창조파의 구성 요소로 간주되고 있다.[33] 자료가 좀더 발굴된다면 아마 이들도 자체의 원내교섭단체를 갖고 있었음이 드러날 가능성이 있다.

이들 원내 대표단들에게는 일정한 공통성이 있었다. 첫째, 원내 대표단은 자체의 조직 체계와 규율을 지니고 있었다. 각 대표단이 국민대표회의 본회의 개최에 앞서 각자 독자적으로 프락치야 총회를 선행했음에 주목하자. 이것은 원내 대표단 구성원들의 의견을 통합하는 의사결정과정이 뚜렷이 존재했음을 보여준다. 각 대표단은 프락치야 총회의 결정 사항을 실행에 옮길 소규모의 집행부를 두고 있었다. 보기를 들면 1923년 3~4월 현재 아령 대표단의 비서는 최충신崔忠信이었다. 그는 아령 대표단의 임원이자 이시당 대표단의 일원인데, 이시당대표단의 프락치야 회의에는 잘 출석하지 않는다는 불평을 사고 있었다.[34] 다른 원내 대표단도 독자의 집행부를 두었을 것으로 보인다. 왜냐하면 원내 대표단마다 집행부를 둬야 할 필요성이 국민대표회의 자체 내부에 있었기 때문이다. 국민대표회의 본회의 의사 진행이 원활하지 않을 때에는 원내 대표단 상호간에 미리 의견을 절충하는 것이 요청되었다.

둘째, 원내 대표단은 국민대표회의 외부에 모체 단체를 갖고 있었으며, 그 훈령을 받아서 행동했다는 점이다. 대표자들은 원외 모체 단체로부터 파견된 사람들이었으며 그에 대해서 소속감과 복종심을 지니고 있었다. 조직 규범상으로도 자신을 선발한 소속단체에 대해 복종의 의무가 있는 사람들이었다. 상해에 파견된 대표자들이 자신의 모체 단체와 정기적으로 통신을 주고받는 것은 그들의 자연스런 의무이자 권리였다.

예컨대 북간도지방 대표 강구우姜九禹와 북간도대한국민군 대표 정신鄭信의 경우를 들 수 있다. 두 사람은 간도지방 동지들에게 통신문을 보내서 상해 국민대표회의 상황을 알리곤 했다. 하지만 불운하게도 통신문 가운데 일부는 북간도주재 일본영사관 경찰에게 적발되었고, 일본 경찰은 그 요지를 일본어로 옮겨서 상급기관에 보고하는 정보문서에 수록하곤 했다.[35]

이런 사례는 더 제시할 수 있다. 연해주 고려공산청년회 대표 선우섭鮮于涉은 블라디보스토크에 소재하는 자신의 파견단체에게 정기적으로 서신을 띄웠다. 4월 12일자로 작성한 편지가 남아있는데, 거기에는 '제9호'라는 일

련번호가 붙어 있다.[36] 이 편지에 앞서서 제1호부터 제8호까지 이미 8통이나 편지를 주고받았음을 알 수 있다.

원내 대표단의 구성원들은 원외에 소재하는 모체단체와 정기적으로 교신하고 있었을 뿐 아니라, 모체 단체의 결정 사항과 훈령에 대해서 기꺼이 복종한다는 심리 상태에 놓여 있었다. 양서 대표단은 흥사단에 대해서, 상해당 대표단은 고려공산당 상해파 중앙위원회에 대해서, 임정 대표단은 대한민국임시정부 내각에 대해서, 이시당 대표단은 고려공산당 이르쿠츠크파 중앙위원회와 상해지방위원회에 대해서, 아령 대표단은 러시아에 소재하는 대한국민의회에 대해서 각각 그러했다.

국민대표회의 1923년 1월 20일자 제11차 회의 출석원 서명부. 셋째 줄 맨 왼쪽에 김철수의 이름이 보인다.

4. 삼삼프락치야

김철수의 회고담 속에는 특히 주의를 기울일 만한 값어치 있는 구절이 있다. 각 원내 대표단이 독자의 프락치야 총회를 개최한 뒤에, "그걸 합하여 대회에서 일치행동"했다는 말이 그것이다. 각 원내 대표단의 회의 결과를 종합함으로써 본회의 석상의 행동 통일을 보장하는 특별한 논의 과정이 있었음을 시사한다. 원내 대표단의 상호 관계와 행동 양상을 보여주는 흥미로운 언급이다.

각 원내 대표단의 회의 결과를 어떻게 종합했을까? 김철수의 반대편에 섰던 오창환이 남긴 글 속에 그에 관한 단서가 담겨있다. 그에 따르면 자기네와 반대 진영에 속하는 대표자들은 '삼삼프락치야'라는 연합 조직을 결성했다. 상해당 대표단에서 3인, 양남 대표단에서 3인, '북도파'(양서 대표단의 오식: 인용자)에서 3인이 그 속에 들어갔다고 한다.37) 3개 원내 대표단에서 각각 3인씩 사람을 내서 연합집행부를 구성했다는 말이었다. 그래서 명칭도 '삼삼 프락치야'라고 불렸다.

어떤 사람들이 삼삼 연합집행부의 구성원이 되었는지 아직 전모를 알수 없다. 하지만 그중 일부가 누군지는 짐작할 수 있다. 김철수의 회고록에는 양대 진영으로 분열된 국민대표회의의 결렬을 막기 위해서 세 대표단의 수뇌들이 의견 절충을 거듭하는 양상이 묘사되어 있다. 안창호, 김동삼, 김철수 등이 그들이다.38) 이들이 바로 삼삼 연합집행부의 구성원이었을 것으로 판단된다. 안창호는 양서 대표단을, 김동삼은 양남 대표단을, 김철수는 상해당 대표단을 각각 대표했던 것이다.

'삼삼 프락치야'는 세 원내 대표단의 연합 집행부였다. 정책의 공통성에 입각하여 형성된 공동의 의견 그룹이었다. 이들의 정책은 대한민국임시정부의 역사를 비판적으로 계승한 바탕 위에서 새로운 최고기관을 수립하자는 데에 있었다. 임시정부를 개조하자는 주장이었다. 그래서 국민대표회의

대표자들 속에서 '삼삼 프락치야'라는 용어는 '개조파 프락치야'라는 말과 동의어로 사용되고 있었다.[39]

양서 대표단의 지도자 안창호는 처음에는 삼삼 프락치야 결성을 망설였다고 한다. 국민대표회의는 조선 민족을 대표하는 회의이므로 공산당 사람들이 다수를 점하는 것은 옳지 않다는 판단이었다. 그래서 연합 프락치야 결성이 상해당의 힘만 강화시켜주는 결과를 가져올까봐 '겁을 냈다'는 것이다. 이에 대해서 김철수는 성의를 다하여 설득에 나섰다. 상해파 공산당 사람이 다수이기 때문에 원하는 대로 할 수 있는 유리한 위치에 있었는데도 그랬다. 장난치려면 별짓 다할 수도 있었노라고 회고했다. 하지만 그는 안창호 설득에 나섰다. 설득의 논점은 국민의회대표단의 전횡을 공동으로 저지하자는 데에 있었다. 3파 연합으로 다수파를 구성하자고 설득했다. 또한 상해파 공산당 대표단은 결코 독선적으로 행동하지 않을 것이며 연합대표단의 일원으로서 성실하게 협의에 임하겠노라고 약속했다.[40]

'삼삼 프락치야'가 언제 생겼는지 그 성립 시점을 추정할 수 있는 기록이 있다. 일본 경찰의 정보문서에 따르면, 1923년 2월 초중순경에 국민대표회의 내부에 세력의 역전 현상이 나타났다. '원세훈·윤해 일파'와 보조를 같이하던 '전라·경상의 남선南鮮파'가 최근에 태도를 바꾸어 정부 계승을 주장하는 상해파 공산당 그룹과 '안창호 일파' 쪽으로 기울었으며, 그 때문에 원세훈·윤해 일파는 놀람을 금치 못하고서 긴급 대응책을 마련하고자 힘쓰고 있다고 한다.[41] 이 정보는 국민의회 대표단과 이시당 대표단에 맞서서 양남 대표단, 상해당 대표단, 양서 대표단이 연합 집행부를 성립했음을 시사하고 있다.

삼삼프락치야가 해소된 시기는 국민대표회의가 결렬된 때와 동일하다고 생각된다. 1923년 5월 15일 회의에서 김동삼을 비롯한 양남 대표단의 요인들이 탈퇴했고, 뒤이어 그 이튿날인 5월 16일에는 상해당 대표단의 주요 구성원들이 대거 탈퇴했다. 이틀 동안 국민대표회의에서 탈퇴하겠노라고 의사를 밝힌 대표자는 45명이었다. 그 이후에도 대표 자격을 사임하는 사람들이 드문드문 뒤를 이었다.

국민대표회의 비서 오창환이 기록한 「국민대표회의 경과사정」 첫 페이지

5. 파국

삼삼프락치야가 이끄는 의견 그룹은 '개조파'라고 불렸다. 그들의 입장은 "대한민국임시정부의 조직, 헌법, 제도 및 기타 일체를 실제 운동에 적합하도록 개조"하는 방법을 통해서 독립운동의 중앙기관을 형성하자는 데에 있었다.[42] 이러한 정책은 임시정부를 부인하고 독립운동의 새로운 중앙기관을 건설하자는 창조파의 입장과 정면으로 맞서는 것이었다.

개조파는 본회의장 내에서 절대 다수였다. 삼삼프락치야에 속하는 대표자들, 다시 말해서 양남, 양서, 상해당 대표단에 속하는 대표자들이 이 진영에 섰다. 국제당 고려총국의 파견자로서 상해에 출장을 갔던 김만겸金萬謙

이 의견 그룹별로 구분한 바에 따르면, 전체 125명의 대의원 가운데 창조파
는 35~40명이고, 임시정부 옹호파는 약 20명이며, 나머지 65~70명이 개조파
에 속했다.43) 임시정부 옹호파는 나중에 의견 대립이 예각화됨에 따라서
개조파로 합류하는 양상을 보였다.44) 그 결과 개조파의 수적 우위는 더욱
뚜렷해졌다. 김철수의 회고에 의하면, "3분의 2 이상이 우리 쪽으로" 가담했
다고 한다.45)

　그러나 다수파라고 해서 본회의장에서 의안을 좌지우지할 수 있는 것은
아니었다. 왜냐하면 사실상 만장일치제를 택했기 때문이었다. 그럴 수밖에
없었다. 다수결로 회의 안건을 처리하려고 할 경우에 커다란 분란이 야기
될 터였다. 다수파의 의견대로 결정을 내려고 시도했다가는 "회의 진행이
될 수가 없었"다. 소수파 대의원들이 발을 구르고 고함을 지르며 야단을 쳤
다. 그 당시에 출석 대표자들은 제각각 권총과 폭탄을 휴대하고 다녔다. 다
수결로 밀어붙이면 회의장에 폭탄이 터질게 분명했다. 그뿐 아니라 삼삼프
락치야 내부에서 양서대표단과 양남대표단의 리더인 안창호와 김동삼이
그에 반대했다. "그렇게 나가면 회의가 깨져버린다"는 것이 이유였다.46) 다
수결이 아니라 만장일치제에 입각해서 문제를 해결해보려 했던 것, 바로
이것이 국민대표회의 결렬의 한 원인이 되었다.

　만장일치제의 운영 방식은 어떠했는가. 이에 답하기 위해서 국민대표회
의의 회의 시스템에 주목할 필요를 느낀다. 국민대표회의는 각급 회의체의
복합적 구성물이었다. 공식적인 회의체로는 대표자 전원으로 구성되는 '본
회의'가 있었고, 그에 더하여 상임 '분과'와 비상임 특별위원회(자격심사위원회,
회의규정기초위원회)가 있었다. 이 회의체들은 「국민대표회의 규정」에 명시되
어 있는 공식적인 기구들이었다. 본회의의 집행부는 '회의 간부'라고 지칭
되었는데, "의장 1인, 부의장 2인, 비서장 1인, 비서 3인으로 조직"되었다.47)
1923년 1월 18일 회의에서 의장에 김동삼, 부의장에 윤해, 안창호가 선출되
었다. 그 이튿날에는 비서장에 배천택, 비서에는 김우희, 오창환, 박완 3인

이 선임되었다. 이들이 '회의 간부'의 면면이다. 김철수가 회의 간부에 속하게 된 것은 2월 13일 회의에서였다. 그 회의에서 박완 대신에 새로이 비서로 선임되었다.

공식적인 회의체 외에도 비공식적인 회의체가 존재했음에 주목해야 한다. 그에 속하는 것으로는 원내대표단과 그 연합 집행부를 들 수 있다. 앞서 살펴 본바와 같이 원내대표단 숫자는 약 6~8개가 존재했고, 의견 그룹별 연합 집행부는 2개가 존재했다. 이들 비공식 회의체는 비록「국민대표회의 규정」에는 명시되어 있지 않지만, 의사 진행 시스템의 실질적인 근간이 되었다. 격렬한 의견 충돌로 인해서 본회의가 교착될 때마다 이 비공식 회의체가 작동되었다. 원내대표단 상호간의 막간 절충이 활발히 이뤄졌던 것이다. 만장일치제를 유지할 수 있었던 것은 바로 절충 시스템이 효과적으로 작동되었기 때문이었다. 7인으로 구성된 '회의 간부'진이 이 막간 절충을 주선하는 위치에 있었다. 회의 간부진과 각 원내대표단의 임원진이 한 자리에 모여서 안건 제출 전이나 후에 따로 협의를 가졌던 것이다.

그러나 개회 이래 5개월째 유지되어 오던 국민대표회의는 5월 15일 회의에서 마침내 결렬되고 말았다. 시국문제 의안을 다루는 과정에서였다. 개조안 의안이 기각되자 개조파에 속하는 대표자들이 무리지어 회의장에서 이탈하기 시작했다. 의장 김동삼과 비서장 배천택이 대표직을 사퇴한 것을 필두로 해서 대표자들의 사퇴 행렬이 줄을 이었다. 탈퇴 성명서가 연이어 발표되었다. 이리하여 온 민족의 부푼 여망 속에 출범했던 국민대표회의는 대 파국을 맞았다.

대회장을 지키는 사람들은 40명으로 줄어들었다. 대표자 총수 125명 가운데 32%에 해당하는 숫자였다. 잔류 대표자들은 자파만으로 회의를 속개하기로 결정했다. 결원이 생긴 회의 간부부터 다시 선출했다. 이어서 미뤘던 의안 토의에 들어갔다. 회의는 일사천리로 진행되었다. '한韓'이라는 국호와 단군기원 연호가 채택되었고, 헌법이 제정되었으며, 새로운 중앙기관이 조직되었다.

그러나 이 회의 결과는 민족적 대통합의 소산이 아니라 분열의 소산이었다. 반쪼가리에 지나지 않았다. 창조파의 독선을 비난하는 성토문이 쏟아져 나왔다. 국민대표회의를 탈퇴한 57인 대표자들이 연명으로 성명서를 발표했다. 상해임시정부도 나서서 「내무부령 제1호」와 「국무원 포고」를 발포하여 창조파의 행위는 민국에 대한 반역행위에 해당한다고 규탄했다.48) 만주 한인사회에서도 경고문을 발표했다. 북간도 35인 경고문, 길림성 22인 경고문, 서간도 79인 경고문이 차례로 나왔다. 수많은 사람들이 장탄식을 토했다. 김철수도 그랬다. 사람들은 너나없이 자포자기의 심정에 빠져들었다.

6. 새 모색

> 다시 정신 차려가지고 인제 조선 안에 와서 돈 좀 모아가지고 가서, 톡톡히 뭘 해 보려니, 그러다가 친구 집에 갔다가 붙잡혔어. …… 그 때는 공산당 있는 것 잘 모르고 그럴 때여. 거주제한이다, 일 년 반 동안. …… 그때 일 년 반 지냈어. 그랬네.49)

국민대표회의의 결렬로 인한 극심한 좌절감 탓에 생을 마감하고 싶다는 극단적인 이상 심리에 시달렸던 김철수는 서서히 원기를 회복했다. 다행스럽게 정신을 차릴 수가 있었다. 자유와 독립을 위해서 아무 것도 할 게 없어 보이는 캄캄한 절망 속에서 새로운 희망을 모색할 수 있었기 때문이었다. 그의 표현에 따르자면 국내에 잠입하여 혁명자금을 모금한 뒤에 그걸 갖고서 뭔가 톡톡한 것을 해볼 계획이었다.

'뭔가 톡톡한 것'이란 무엇일까? 김철수의 회고록에는 명시적으로 드러나 있지 않다. 그러나 짐작하기 어렵지 않다. 혁명적 열기가 식고 해방운동의 전망이 암담하게 된 조건 속에서, 객관 정세의 불리함을 인정하고 그에 알 맞는 장기적인 활동 계획을 수립했을 것으로 판단된다. 그것은 국내에서의 대중운동 강화론과 궤도를 같이했을 것으로 보인다. 해외에서 장기적인 운 동을 감당할 수 있는 뭔가 기반을 마련하고, 국내에서는 이제 막 고조되고 있는 노동자·농민·청년운동 속에 혁명의 뿌리를 내리는 것이었다고 생각 된다.

하지만 김철수의 새로운 계획이 마음먹은 대로 순조롭게 추진된 것은 아 니었다. 그는 귀국하자마자 장애에 부딪쳤다. 경찰에게 체포되고 말았다. 그나마 다행스러운 것은 경찰에게 아무런 물적 증거도 발각되지 않았다는 점이다. 게다가 공산당 비밀결사 사건이 아직 한 번도 문제시되지 않았던 시기였다. 김철수는 자신의 혁명 경력을 전부 베일에 감출 수 있었다. 일본 경찰은 그가 제국의 치안을 교란했을 성 싶다는 의심을 하긴 했지만 구체 적인 범죄행위를 특정하지 못했다. 근거를 제시할 수 없었다. 그래서 결국 오랜 해외 체류 끝에 국내에 잠입해 온 김철수에게는 거주제한 처분이 주 어졌다.

거주제한이란 일제의 대한제국 주권 침탈이 격화되던 1907년 7월에 발포 된 「보안법」상의 행정처분이었다. 그 법의 제5조를 보면 "내부대신은 정치 에 관하여 불온한 동작을 행할 우虞가 유有하다 인認하는 자에게 대하여 그 거주 장소로부터 퇴거를 명하며, 차且 1개년 이내의 기간을 특정하여 일정 한 지역 내에 범입犯入을 금지함을 득得한다"고 규정되어 있다. 이 처분은 아무런 물증이 없더라도 피의자를 처벌할 수 있는 장치였다. "불온한 동작 을 행할 우려가 있다"고 인정하는 것만으로도 얼마든지 구금과 격리 효과 를 거둘 수 있었다.50) 경찰관이 제멋대로 인민의 인신을 구속할 수 있는 악 법이었다. 이 법률은 일본의 조선 강점 이후에도 계속 효력을 갖고 있었다. 특히 1919년 3·1운동 당시에 이 법이 널리 적용되었다. 3·1운동 가담자 중에는 거주제한 처분을 받아 외딴 섬이나 두메산골에서 하릴없이 '유배의

고초'를 맛보았던 사람이 적지 않다. 보기를 들면 신석우申錫雨는 양주군 시
둔柴芚면 선양線楊리에 거주제한 처분을 받았는데, 1920년 6월 21일에야 해
제되었다.[51] 또 노동운동의 초기 지도자로서 노동대회 간사로 재임 중이던
김사민金思民은 1920년 9월 1일자로 인천 덕적도에 1년간 거주제한 처분을
받기도 했다.[52]

  김철수에게 부과된 거주제한 기간은 1년 반이었다. 이 기간 동안에 그에
게 허용된 거주 공간은 전라북도 부안의 자택, 도쿄, 서울 등 세 곳이었다.
이 공간을 벗어나는 것은 불법시되었다. 도쿄나 서울에는 왕래할 수 있었
지만, 그럴 때마다 숙박 장소를 경찰에게 신고해야만 했다.[53] 거주제한 처
분은 김철수에게 꼼짝도 하지 못하는 구속 상태를 강제했지만, 그에게 새
로운 출발을 가져다주는 기회가 되기도 했다. 그를 계기로 하여 국내에서
활동할 수 있는 합법 신분을 얻었던 것이다. 이때부터 김철수에게는 국내
대중운동에 뿌리를 내리는 지하 혁명운동의 시기가 개막되었다.

노년기에 접어든 김철수

8

김단야, 드높은 이상과 허망한 현실

최규진

1915년 계성학교 고등보통과 입학
1919년 학생비밀결사 결성 참가, 만세 시위 주동 태형
　　　90선고 받음. 12월 상해 망명
1921년 상해 고려공산청년단 참여
1924년 출옥한 뒤에 『동아일보』, 『조선일보』 기자로
　　　활동
1925년 고려공청 중앙위원, 상해 망명
1926년 모스크바 국제레닌학교 입학
1934년 동방노력자공산대학 조선민족부 책임자
1937년 '일제의 밀정'이라는 혐의로 소련 내무인민위
　　　원부 경찰에게 체포되어 1938년 사형

양복을 입은 혁명가 김단야

1. 단야의 1929년

1) 1929년 여름, 국경을 넘는 단야

　1929년 6월 말, 그다지 크지 않은 키에 호리호리한 몸매를 지닌 서른 살 남짓한 사나이가 모스크바를 떠나고 있었다. 앙다문 입에 심상치 않은 결의가 물려있고 날카로운 눈에는 팽팽한 긴장이 묻어있다. 치타를 거쳐 만

주로 갈 참이다. 그는 7월 중순이 되어서야 만주리에 다다랐다. 만주리는 소련과 중국의 국경지대로 이곳에서 여권심사를 받아야 국경을 넘을 수 있었다. 그때 그곳은 서로 마주보고 있는 대포에서 금방 불이 튕겨 나올 듯, 살벌하고 묵직한 분위기에 잠겨있었다. 무거운 정적 속에서 마른 풀을 가득 실은 수레가 바퀴를 삐걱이며 짐짓 게으르게 국경을 넘고 있다. 그 수레 풀 속 깊이 단야가 숨죽이고 숨어있었다. 빼어난 이론가이며 비합법활동가이자 '국제주의자'였던 김단야였다. 그는 1929년 여름을 그렇게 맞이하고 있었다.

단야는 온 몸이 땀으로 범벅인 채 심장이 터질듯 한 긴장을 풀 더미 속에서 견뎌내고 있었다. 몇 번의 검문을 아슬아슬하게 지난 뒤에 마침내 중간 연락기관에 닿았다. 비로소 맥이 탁 풀리며 안도의 한숨이 절로 나왔다. 단야는 보름 남짓했던 긴장된 시간에서 벗어나 조금 한가하게 보내며 지친 몸을 추스르기로 마음먹었다. 그러나 깊은 곳에 잠겨있는 생각까지 밀쳐낼 수는 없었다. 일제의 탄압과 감시망을 뚫고 '혁명운동의 참모부'인 조선공산당을 어떻게 재건할 것인가. 지식인과 학생이 중심이었던 1920년대 운동의 한계를 극복하고 새로운 사회주의운동의 씨를 뿌리려면 무엇을 어찌 해야 한단 말인가. '코민테른 전권위원'이 되어 조선공산당을 재건할 임무를 띠고 조선에 파견되었던 그로서는 이 같은 생각을 잠깐이라도 잊을 수 없었다. 그때마다 그는 코민테른이 1928년 12월에 발표한 '12월테제'를 떠올렸다. "지식인 조직이었던 조선 공산당의 파벌투쟁을 없애고 당에 노동자와 농민을 많이 끌어들이라"는 '12월 테제'는 단야의 나침반이었으며 강령이었다. 그러나 '12월테제'는 하나의 원칙이고 방침일 따름이었다. 실천해야 할 낱낱의 사항은 오직 단야 몫이었다. 어디서부터 시작할 것인가. 단야는 온갖 생각을 밀쳐두고, 먼저 국경을 넘어 조선으로 들어가는 것만을 생각하기로 했다.

중간 연락기관에 머물면서 중국옷을 사서 입었다. 중국 땅을 지나면서는 중국인 행세를 하기로 했다. 곳곳에서 일본 경찰과 끄나풀들이 조선 운동가를 낚아채려고 눈에 불을 켜고 있었다. 아무래도 중국 사람으로 위장하는 것이 좋을 듯 했다. 7월 20일, 단야는 하얼빈, 장춘, 봉천을 거쳐 안동에 다다랐다. 바로 저기 압록강 너머 조국 땅이 보인다. 여름 풀 냄새에 실려오는 조국의 공기는 상큼하고 싱그럽고 익숙하다. 단야는 같은 공기라도 나라마다 다르다는 것을 느끼고 있었다. 소련 땅의 그것이 서늘하고 알싸하다면 중국의 공기는 비릿하고 느끼하며 텁텁하다고 생각했다. 마음이 울컥인다. 조국이 가까이 있다는 또 다른 증거였다.

단야는 머리를 휘젓는 온갖 생각과 울렁이는 마음을 깊이 잠금질 해 둔채, 압록강 철교를 마냥 노려보았다. "예전 경험으로 저 철교를 지나 조선 국경을 넘는 것은 그다지 어려운 일이 아니다. 그러나 그 동안 무슨 사건이 있었다면, 경계가 더욱 심하겠지." 국경의 정세를 알지 못했고 며칠째 신문조차 볼 수 없었던 탓에 그는 머뭇거렸다. 만약 일본 경찰이 특별경계를 하고 있다면, 검거될 위험도 그 만큼 커진다. 국경수비대는 장사꾼들의 보따리까지 풀어헤치고 수상쩍다싶은 사람들은 죄다 옷을 벗겨보는 등 빈틈없이 검문을 할 터였다. 철교를 무턱대고 건널 수 없는 노릇이다.

단야는 좀 더 신중하게 처리하기로 마음먹었다. 되돌아와 중국인 옷을 입고 중국 여관에 들었다. 단야는 여관 구석진 방에 웅크리고 앉아 신의주에서 활동하고 있는 모스크바 공산대학 출신 고한수에게 엽서를 썼다. 그의 주소를 모르기 때문에 신문지국으로 엽서를 보냈다. 언뜻 보면 빚을 빨리 갚으라는 독촉장처럼 보이지만, 소금물로 쓴 엽서를 불에 태우면 어느 때 어느 곳에서 만나자는 내용이 나타나게 되어 있었다. 그러나 약속한 날이 되어도 그는 오지 않았다. 단야는 초조하게 사흘을 보냈다. 만약 엽서가 발각되어 그가 검거되었다면, 단야가 국경을 넘는 것은 더욱 위험한 일이다.

자신의 임무를 포기할 수 없었던 단야는 국경을 넘는 모험을 하기로 했다. 이번에는 새로운 작전을 세웠다. 그럴싸한 양복으로 갈아입고 턱하니 인력거를 불러 타고 아무렇지 않은 듯 철교를 넘기로 했다. 권세 좀 있어 보이는 사람에게 지레 주눅 드는 국경수비대의 허점을 찔렀다. 이 작전은 통쾌하게 성공했다. 그는 아무 탈 없이 국경을 넘어 꿈에 그리던 조국 땅을 밟았다.

2) 식민지 조국에서

단야는 중국과 러시아를 드나드는 운동가가 많았던 '사상의 도시' 신의주에 들어섰다. 하루라도 빨리 서울로 가야했다. 그러나 곧바로 기차를 타는 것은 위험하기 짝이 없다. 안전원이나 순사가 국경열차 안에서 눈을 희번 뜩이고 '불령선인'을 찾아다니기 때문이다. 단야는 철길을 따라 35Km 남짓한 길을 걸어 남시역 쪽으로 가기로 했다. 국경도시 신의주에서 하룻밤을 지내고 다음날 어둑발이 번질 무렵에 급행열차를 탈 계획이다. 그러면 어둠살이 채 가시지 않은 모레 새벽 6시쯤 서울에 다다를 것이라고 생각했다. 먼저 신의주에서 묵을 곳을 찾아보기로 했다. 늦은 밤 어느 때라도 일본 경찰이 불쑥불쑥 검문을 해대는 여관은 아예 머리에서 지워버렸다. 어쩔 수 없이 옛 동지의 집을 찾아 나섰지만, 한사람도 그대로 사는 사람이 없다. 초조하기도 하고 실망스럽기도 했다.

단야는 더위도 식힐 겸, 얼음사탕을 먹으며 생각을 공글리기로 했다. 양과자 가게로 들어섰다. 이곳 신의주 같은 도시에도 몇 년 전부터 양과자 가게 간판을 그럴싸하게 걸고 여름이면 얼음사탕을 만들어 팔았다. 설탕물에 색깔을 타서 길쭉하게 얼려낸 얼음사탕은 5전 이었으며 얼추 사과 한 개 값이었다. 입에 짝 달라붙게 달짝지근하면서도 얼얼한 맛이 사람들의 혓바닥을 유혹하고 있었다. 단야는 얼음사탕을 비식 베어 물며 문득 영하 30도를 넘나드는 소련의 겨울을 생각했다. 살을 찌르는 매서운 바람, 그리고 털모자를 깊이 눌러쓰고 가죽장화를 신은 그들의 겨울 정장을 떠올렸다. "나는 왜 모스크바로 갔고 지금 이곳에 무엇 하러 다시 왔는가." 자못 마음이 무겁다.

언뜻 유리창 너머 길거리를 내다보니 아는 얼굴이 눈에 설핏 들어온다. 예전부터 알고 지내던 김치곤이 어디론가 바삐 걸어가고 있다. 단야보다 서너 살 아래인 그는 신의주공업보습학교 교사였다. 단야는 먹다 남은 얼음사탕을 팽개치고 밖으로 나가 다짜고짜 그의 팔을 붙잡았다. 눈이 휘둥그레진 그는 입마저 쩍 벌린 채 "어쩌자고 조선에 왔습니까"하고 거푸 묻는다. 일제 경찰의 검거를 피해 해외로 망명했다는 소문이 왁자했던 단야가 갑작스레, 그것도 한 낮에 나타났으니 그럴 만도 했다. "자네 집에서 하룻밤 신세를 져야겠네." 단야는 그 말만을 낮은 목소리로 말했다. 그는 무겁게 고개를 끄덕였다.[1] 저녁상을 물린 뒤에 환청인지 실제인지 모를 기차소리를 들으며 단야는 깊은 잠에 빠졌다.

그 다음날 단야는 기찻길을 옆에 끼고 먼 길을 걸어 남시역에서 밤기차를 탔다. 자기를 변호사라고 소개한 어떤 노인에게 심드렁한 이야기를 걸며 승객을 감시하는 이동경찰의 눈길을 피하려고 무던히도 애를 썼다. 밤기차는 벅찬 숨을 뱉어내며 어둠에 묻힌 조국의 산과 들을 뒤로 밀쳐냈다. 얼마나 시간이 흘렀을까. 곧 서울이다. "어떻게 탈 없이 역을 벗어날 수 있을까." 신의주에서 한번 데이고 나니 모든 것이 걱정이다. 여름이라 새벽 6시에 벌써 해가 높이 떠있다. 단야는 시끌벅적한 사람들 틈에 끼어 후다닥 역을 벗어났다. 한 짐 벗은 듯 마음이 개운하다. 그래도 누가 볼세라 몸을 던지듯 인력거를 탔다. 입성이 추레한 인력거꾼은 횡재다 싶은지 남대문 쪽으로 냅다 달음질이다. 남대문 주변은 서편으로 길이 나서 전차와 자동차가 다닐 수 있고 수많은 사람이 오고 갈 수 있게 만들어져 있었다. "옆 언덕의 비스듬한 비탈에 배추밭이 여기저기 있고 그 배추밭 가에는 탕건 쓴 노인들이 장죽에 담배를 피워 물던", 남대문 풍경이 사라진지 이미 오래다. 길 저쪽에 총독부 건물이 보인다. 1926년에 경복궁 터를 깎아내고 화강

암 덩어리를 짜 맞추어 3층 높이 200미터 길이로 지었다. 총독부 건물은 경복궁을 가린 채 식민지 민중의 기를 짓누르며 거만하게 버티고 있다.

단야는 한번도 민족해방과 노동해방의 신념을 놓친 적이 없었지만, 총독부의 권세와 일제 경찰이 쳐놓은 촘촘한 그물망을 생각하면 한순간 가슴이 움츠러드는 것도 사실이었다. 그러나 단야에게 '세계 혁명운동의 참모부'인 코민테른의 정세분석과 예견은 늘 튼실한 버팀목이 되었다. 1928년 7월에 열린 6차대회에서 코민테른은 자본주의가 '일반적 위기 3기'에 빠지고 모순이 커져 드디어 무너질 위기에 빠졌으며, "제국주의 중심부에서도 혁명적 위기가 성숙했다"고 하지 않았던가. "가난으로 내몰린 프롤레타리아트의 약속된 반란이 세계 곳곳에서 일어나고, 조선 대중도 혁명적으로 진출할 것이다. 아니, 전투적인 파업투쟁이 이미 조선의 공장지대에서 자주 일어나고 있다." 단야는 속으로 이런 생각을 하며 마음을 다잡았다. 실제로 1929년에 들어서 조선 노동자 파업이 크게 늘고 투쟁도 굳세졌다. 더구나 그 해 1월 22일부터 시작해서 84일 동안 노동자 2000 명 남짓이 함께 투쟁했던 원산총파업은 노동자의 힘과 단결을 뚜렷이 보여주고 있었다. 그때 원산 노동자들은 "비겁한 자야 갈라면 가라. 우리는 붉은 기를 지킨다"며 우렁차게 '적기가'를 부르며 기세를 올렸었다.[2] 원산 시내 이 골목 저 골목에서 일제 군인과 경찰에 맞서 꿋꿋하게 싸우던 노동자 규찰대도 있었다.[3]

원산총파업을 비롯한 여러 파업투쟁이 실패로 끝나고 말았지만, 노동자들의 가슴에 묻어둔 투쟁의 불꽃은 쉬이 꺼지지 않을 것이라고 단야는 믿었다. 그가 생각하기에 대중은 이미 충분하게 급진적이다. 그러나 노동단체 지도자들은 개량주의에 물들고 있었다. 원산총파업을 이끌었던 원산노련마저도 한낱 지역연합체에 지나지 않게 되었고, 그나마 합법주의 틀 안에 갇혀있지 않은가. 더욱이 1925년에 건설해서 네 번이나 심각한 타격을 받으면서도 활동을 멈추지 않았던 조선공산당마저 1928년에 해산되었다. 지금 조선에는 노동운동을 짜임새 있게 지도할 전국적 정치조직이 없다.

규모가 작은 몇 개의 정치조직은 곳곳으로 흩어져 분파투쟁에 흠뻑 빠졌다. 단야가 판단한 조선의 정치정세는 그랬다. 단야는 이런 현실을 돌파하려고 지금 코민테른의 비밀 명령을 받아 서울에 온 것이다.

3) 다시 전선에 서서

경성, 단야를 추적한다

40만 인구가 산다는 서울에도 어디 한군데 마음 놓고 머무를 곳이 없었다. 단야는 친구 소개로 묵을 곳을 어렵사리 마련했다. 한숨 돌렸다. '코민테른 대표'였던 미국인 스미스와 모스크바에서 파견한 조두원을 만나는 일부터 시작했다. 스미스와는 서양인들이 몰려 살던 정동 골목에서 저녁 산보하는 것처럼 만나 짧게 토론했다. 조두원에게는 안정된 거점을 마련해 둘 것을 부탁하고 헤어졌다.

하루 이틀 지났을까. 해온 일을 점검하면서 좀 느긋한 마음으로 신문을 펼쳐들던 단야는 화들짝 놀랐다. "해외에서 들어온 유력한 공산당원 한 사람이 체포되었다"는 기사가 단야의 눈에 박혔다. "끝내 조두원이 잡히고 말았구나! 모스크바에서 계획했던 일이 여기서부터 어그러지는군." 단야는 그런 생각이 들자마자 앞 뒤 가릴 것 없이 짐을 꾸렸다. 막막했다. 할 수 없이 옛 동지인 정재달을 만났지만 그저 놀랄 뿐, 단야를 위해 당장 해줄 일이 없는 듯 했다. 단야는 예전에 함께 사회주의운동을 했던 허정숙을 떠올렸다. 하정숙의 아버지인 허헌을 찾아갔다. 신간회 회장을 하던 변호사 허헌은 역시 통이 큰 사람이었다. 허헌은 단야를 반갑게 맞이하면서 자기 집에 있는 것이 가장 안전할 것이라고 말했다. 단야는 허헌 집에서 몸을 숨겼다.

조두원과 다시 만날 수 없었기 때문에 모스크바에서 파견한 10명 남짓한 동지와 연락할 길이 완전히 끊어졌다. 단야는 정재달을 통해 김태희를 소개받았다. 신간회 오오사카 지회 상무집행위원을 지낸 사람이다.[4] 코민테른과 연락할 방법이 적힌 암호문을 블라디보스토크에 전달하도록 김태희에게 부탁했다. 이제 기다려야 했다. 단야는 허헌 집에 3주일 동안 머물면서 신간회 활동과 국내 정세를 살폈다. 그러나 시간이 흐를수록 허헌의 부인은 더욱더 겁먹은 얼굴을 한 채 단야를 피한다. "더 이상 머물 수 없구나." 단야는 무턱대고 허헌의 집을 나섰다.

늘 이런 식이었다. 왜관 근처에 사는 친척집에 들렀을 때도 단야는 그저 위험한 인물일 따름이었다. 오히려 고향 근처를 스쳐 지나갈 때면 기차 화장실에 숨어 고향 사람의 눈을 피해야만 했다. 서울 후미진 곳의 낯선 집이라 해도 그다지 다를 것이 없었다. 1929년 9월 박람회가 열릴 때에는 일제 경찰이 '일시검색'을 한다면서 일주일에 한번 씩 모든 집을 이 잡듯이 뒤졌다. 일제는 '시정 20주년'을 기념한답시고 1929년 9월 중순부터 10월말까지 경복궁 안에서 근대 물품을 전시했다. 일제가 조선 박람회를 연 데에는 식민지 지배를 정당화하고 조선 사람들이 식민 지배를 자연스레 받아들이게 만들려는 속셈이 있었다. 그 즈음 특별하게 치안유지에 힘써야 했던 경찰이 단야가 머물던 어느 구석진 집에도 들이닥쳤다. 단야는 체포될 뻔한 순간을 아슬아슬하게 넘겼다. 그러나 "몸 둘 곳 없는 절박한 사정에서" 김한이 소개한 집에 머물었고 또 그에게 혁명자 후원회(모플)일을 시킨 것[5]이 단야의 운명에 불길한 복선이 될 줄은 아직 몰랐다. 뒷날의 일이지만, 김한은 소련 경찰에 검거되어 일본 밀정혐의로 사형 당했다.[6]

단야의 '조선공산당조직준비위원회'

단야는 당재건 투쟁에 앞서 일제 경찰을 따돌리는 보위투쟁을 벌어야만 했다. 그래도 그는 자신의 임무를 하나하나 실천하고 있었다. 양복을 사 입고 신식화가로 위장한 채 스미스가 살고 있는 서양인 교수 집에서 토론했다.[7] 연희전문학교 뒷산이나 한강 건너 수풀 속에서 동지와 만났다. 단야는 모스크바공산대학에 학생을 파견하는 일과 '혁명자 후원회' 사업을 했다. 10월 중순까지 서울·인천·함흥·홍원의 작은 조직과 연락을 맺었고 모스크바에서 온 동지 가운데 조두원만 빼고 모든 연결망을 만들었다. 마침내 11월 13일, 1차 회의를 열고 '조선공산당조직준비위원회'의 닻을 올렸다. "공장과 작업장 그리고 광산에 뿌리내리고 그곳에서 가장 뛰어난 분자들로 구성된 진정한 공산주의자 단위를 건설한다. 그것을 기초로 공산주의자 협의회를 소집한다." 이들은 활동 목표를 그렇게 잡았다. 노동자가 중심인 지역별 단위를 만들고 그것을 묶어 당을 재건하려 했던 것이다. 모스크바공산대학출신들을 중심으로 '노동계급에 뿌리박은 볼셰비키 당'을 건설하려는 단야의 계획이 조금씩 이루어지고 있었다.[8]

단야는 모스크바에 머물고 있는 조선 혁명가들이 국내로 들어와 운동하기를 바랐다. 단야는 코민테른에 다음과 같이 보고했다. "모스크바에 남아 있는 나머지 동지들이 하루라도 빨리 이곳으로 와야 한다. 이곳 조선에서 일할 뜻을 가진 붉은 군대나 다른 학교에 있는 동지들도 그렇게 해야 한다. 왜냐하면 우리는 소련에서 훈련받은 능력 있는 더 많은 동지가 필요하기 때문이다."[9]

떠나는 단야, 기다리는 운명

체포된 줄만 알았던 조두원이 조직에 합류했다. "아니, 신문 기사에 해외에서 온 유력한 공산주의가 체포되었다 해서, 그 사람이 바로 조두원 동지인줄 알았는데……" 조두원도 그 기사를 보았다면서 오히려 단야가 체포된 줄 알았다고 말했다. 조두원이 체포되지 않고 조직에 힘을 보태자 '조선공산당조직준비위원회'는 활기차게 움직였다. 그런데 또다시 뜻밖의 일이 터졌다. 지난번에 연락 임무를 띠고 블라디보스토크에 무사히 다녀왔던 김태희가 인천으로 가던 열차 안에서 체포되었다. 그와 함께 갔던 '단야의 아내'[10] 고명자만이 사색이 되어 돌아와 그 사실을 보고했다.

"김태희 동지는 무자비한 고문도 견뎌낼 것이다. 그렇다고 그동안 해온

우리 활동방식을 고집할 수는 없는 노릇 아닌가." 단야는 동지들이 서울에
모여 있지 말고 곧바로 지방으로 흩어질 것을 제안했다. 그러나 박민영은
경찰이 온힘을 기울여 뒤쫓고 있는 단야가 해외로 나가야 한다고 주장했
다. 단야는 벌컥 화를 냈다. "힘들게 조선까지 들어와 별로 한 일도 없는데,
이대로 떠나란 말인가. 붙잡히는 것이 두려워 떠난다면 말이 되는가." 그러
나 조직의 결정은 단호했다. 세 번째 회의에서 "우리 조직의 지도중앙은 3
명의 동지로 구성한다. 김정하는 함흥으로 가고 조두원은 원산으로 간다"
는 결정을 내렸다. 단야에게는 해외로 나가 코민테른에 '조선공산당조직준
비위원회' 상황을 보고하고 블라디보스토크나 만주에서 비밀기관지를 발행
하여 국내로 보내는 새로운 임무가 주어졌다.

단야는 추위가 시작되는 12월 초에 조선을 떠날 수밖에 없었다. 여름철
조국의 땅을 밟던 때보다 겨울철 경찰의 추적을 피해 떠나는 길이 더 가시
밭길이다. 청진으로 가서 배로 국경을 넘으리라 마음먹었다. 그러나 겨울
이라 뱃길이 끊어졌다. 단야는 활동사진순회공연 단원 틈에 몰래 숨어 조
선, 만주, 소련의 국경지대인 경흥을 지나 두만강을 넘었다. 단야가 쓰린 가
슴을 안고 블라디보스토크를 거쳐 모스크바에 도착한 것이 1930년 2월 중
순이었다. 이 사건 뒤에 한 잡지는 김단야 인물평과 '김단야의 애인' 고명자
의 소식을 다음과 같이 전했다.11)

재사(才士)이다. 몸은 가늘고 키는 날씬하고 사람을 보면 생글생글 웃고
몸 모양을 곧잘 낸다. 그는 경북 김천 태생이고 그의 부모와 가족은 독
실한 예수교 신도이다. 그의 아버지는 지금 예수교 장로회 직에 있다고
하는데 물론 김단야는 반종교이기 때문에 부자간에 의사가 화합되지 못
하고 더욱이 김단야가 일찍이 부모가 정해준 아내를 배척하고 이혼하려
한다하여 그의 아버지와는 아주 거리가 멀어지고 말았다. 그는 제1차
조선공산당사건으로부터 작년에 잡힌 6차에 이르기까지12) 지하운동에
공헌이 많은 사람으로 현재 러시아에서는 대신(大臣) 대우를 받고 있다
고 한다. 그를 말하게 되면 먼저 재인(才人)이라는 것을 말하게 되고, 재

인(才人)이라고 하여 학구적이 아니고 정치적 정책 방면의 재인이다. 그리고 그는 행운아이어서 벌써 여러 차례 위험한 고비를 무사히 넘기고 공(功)을 취한 행운아이다. 애인 고명자도 러시아에서 공산대학을 마치고 조선에 들어와서 지하운동을 하다가 방금 서대문 형무소에 수감 중이다. 김단야는 모스크바에서 멀리 동쪽을 향하여 이상의 실현을 책동하고 있다.[13)

단야는 조국에 남겨둔 동지들과 그에게 맡겨진 비밀기관지 출판 임무를 잊지 않았다. 일단 그는 1930년 중반까지 모스크바에 머물면서 코민테른 집행위원회에서 일했다. 1930년 7월부터 상해에 근거지를 두고 박헌영, 주세죽과 함께 비밀기관지 『콤뮤니스트』를 발간하여 국내로 배포하면서 또다시 당재건운동에 뛰어든다. 그가 운동에 헌신할 시간은 몇 년 더 남았고 어두운 운명의 그림자는 아직 저만치 있었다.

김단야가 모스크바로 탈출했다는 신문기사.
『매일신보』 1931년 2월 1일.

2. 누가 혁명의 길로 가라하지 않았다

1) 식민지 아들, 단야

투사의 아들도 아니었고 굳이 특별할 것도 없었던 김태연(金泰淵)을 김단야로 만든 것은 무엇인가.[14)]

단야는 1901년 1월 16일, 경북 김천군 개령면 동부동에서 중농의 아들로 태어났다.[15)] 그의 아버지는 한의사였지만, 1910년 일제가 조선을 강점한 뒤부터 한의사 자격을 빼앗겨 농민이 되었다. 단야는 예닐곱 살에 서당에서 2년 동안 한문을 배웠다. 1914년 보통학교를 마칠 때까지 여느 아이와 다름 없는 생활을 했다.

그러나 1915년 기독교 학교인 대구 계성학교에 입학하면서 조금씩 새로운 의식에 눈뜨며 식민지 아들로서 이유 있는 저항을 시작했다. 그는 선교사였던 미국인 교장과 조선 학생을 자주 때리던 일본 선생에 반대하는 동맹휴학에 앞장섰다가 1916년 12월에 퇴학당했다. 기독교를 믿던 가족들은 선교사를 반대하는 동맹휴학으로 단야가 제적되었다는 것에 큰 충격을 받았다. 그동안 학비를 대주던 할아버지께서는 불호령을 하며, "앞으로 돈 한 푼도 줄 수 없다"고 잘라 말했다. 단야는 그 순간 욱하는 마음이 생겼다. "도대체 내가 무엇을 잘못했단 말인가. 일본으로 건너가 일본사람 돈으로 공부하리라." 드디어 1917년 1월, 어머니한테만 살짝 귀띔하여 조그만 여비를 받아 들고 동경으로 떠났다. 동경에는 도움을 줄만한 사람이나 아는 사람이 아무도 없었다. 그때 나이 만 16세였다.

단야는 세이꼬꾸(正則) 영어학교 야간 수업료를 마련하려고 우유 배달부를 하거나 신문과 사탕 따위를 팔았다. 6개월 남짓을 그럭저럭 버틸 수 있었지만 공부는 뒷전이었다. 1917년 8월 "땅을 팔아서라도 네 학비를 마련할 터이니, 돌아오라"는 아버지의 편지를 받았다. 단야는 곧 조선으로 돌아왔

고, 그 해 9월에 서울 배재학교에 입학했다. 예정대로라면 부모님이 바라던
대로 1919년에 졸업할 수 있었다.

그러나 "1919년에 일어난 3·1봉기는 부르주아적 환경에서 학업을 계속
하는 길에 마침표를 찍고 말았다."[16] 단야 스스로 밝히고 있듯이, 그는 이
미 "1919년 1월부터 혁명적 삶의 길로 들어섰다." 이 무렵 단야는 학교에서
'애국적 교사'들 사이에 신망을 크게 얻었으며, 비합법신문을 발행하던 지
하 청년학생 서클에 들어갔다. 이것이 모체가 되어 3·1운동 때에는 『반도
의 목탁』이라는 비합법 유인물을 정기적으로 발간하는 일에 참여했다.[17]
3·1운동이 곳곳으로 번져가던 3월말, 고향에서 만세시위를 주도하다 체포
되어 대구지방법원 김천지회에서 태형 90을 언도 받았다. 그 뒤 단야는 비
밀결사 적성단赤星團 활동을 했으며 경찰의 추적을 피해 12월에 상해로 망
명했다.

2) 단야의 이십대

황포강이 굽이치며 양자강과 합류하는 곳에 상해가 자리 잡고 있다. 싯
누런 황포강을 따라 높은 건물이 즐비하게 서있으며 각 나라의 치외법권
지역인 조계租界가 저마다 작은 도시를 이루고 있던 상해, 그곳은 '망명자의
어머니'였다.[18] 단야는 이 상해와 1919년 겨울에 첫 인연을 맺었다. 단야와
끝까지 동지관계를 유지했던 박헌영이 상해에 온 것은 1년쯤 뒤인 1920년
11월이었다.[19]

1919년 단야는 상해에서 1달 남짓 "일정한 일 없이 보내다"가 항주杭州에
있는 학교를 다니면서 영어와 중국어를 배웠다. 언제부터 사회주의 사상을
받아들였고 그 깊이가 어느 정도인지 분명하지 않지만, 단야는 1921년 3월
부터 상해에서 박헌영과 함께 "사회주의 당사업과 혁명사업"에 본격적으로
뛰어든다.[20] 조선에서도 "이 무렵부터 사회주의사상이 학자의 책상 위에서

실제 운동으로 바뀌고 있었다."21) 박헌영의 부인이자 뒷날 단야의 부인이
기도 했던 주세죽을 이때 처음 알게 되었다.22) 주세죽은 1921년 4월 상해로
와서 안정씨여학교晏鼎氏女學校에 입학하여 영어와 피아노를 배우고 있었다.

단야는 상해로 망명했던 박헌영·임원근 등과 함께 사회주의 청년단체를
만들고 1922년 1월에 모스크바에서 열린 극동인민대표대회와 극동청년대
회에 '고려공산청년단' 대표로 참가했다. 이 대회가 끝나고 2월 20일에 그의
삶에서 가장 감명을 준 레닌과 회견하게 된다. 그는 '극동청년대회'에 참석
한 각국 대표 17명과 함께 레닌을 만났고, 그가 사회주의 사상을 확고히 한
계기가 되었다.23) 단야는 3월 상해로 돌아와 고려공산청년회 중앙총국을
결성하고 집행위원이 되었으며, 4월에 고려공청 중앙총국을 국내로 옮기려
고 입국하다가 박헌영·임원근과 함께 신의주에서 체포되어 신의주지법에
서 징역 1년 6월을 선고받는다.24)

단야는 1924년 1월 출옥하여 고향에서 요양하다가『조선일보』기자로 취
직했다.『조선일보』에「레닌 회견인상기」를 싣는 등 기자 생활을 하면서도
박헌영과 함께 '화요파'에 가담하여 활발하게 사회운동을 했다. 여러 활동
가운데 그가 힘을 쏟은 것은 1925년 4월 18일에 닻을 올린 고려공산청년회
였다. 이 공청에서 박헌영은 책임비서였고 단야는 조사부를 맡았으며, 주세
죽이 후보위원이었다.

단야는 1925년 9월『조선일보』에서 해직된 뒤 '제1차 조선공산당 검거사
건'을 피하고 코민테른 집행위원회 동양비서부와 연락하려고25) 1925년 12월
에 두 번째로 상해 땅을 밟았다. '신만청년회'의 엉뚱한 폭행사건이 계기가
되어 조선공산당의 활동이 발각된 '신의주사건'으로 조선공산당과 공산청
년동맹 집행위원 거의 모두가 체포되었다. 박헌영과 그의 부인 주세죽, 임원
근과 그의 부인 허정숙도 이때 검거되었다.26) 상해로 탈출한 단야는 1926년
1월부터 7월까지 조공 기관지『불꽃(火花)』주필이 되었다. 또한 조선공산
당 해외부 설립에 참여했으며 조선공산당의 재정을 마련하는 일을 했다.27)

김단야가 쓴 기사. 『조선일보』 1925년 2월 22일.

1926년 4월, 순종 사망소식을 듣고 격문을 만들어 국내로 보내면서 단야는 6·10만세 운동에 깊이 개입했다. 김단야는 4월 15일에 상해를 출발하여 5월 8일에 조선에 남몰래 들어오기도 했다. 이 동안에 평양에서 공산청년회의 간부들과 몰래 회견했다.[28] 단야는 1926년 7월 상해에 코민테른 극동부가 설치되면서 상해부가 해산되자, 그 해 8월 모스크바에 있는 국제레닌대학에 청강생으로 들어갔다. 국제레닌대학은 각국의 사회주의 '책임 일꾼'을 기르는 학교였다.

단야는 1928년에 모스크바에서 박헌영과 주세죽을 다시 만났다. 병보석으로 풀려났던 박헌영이 아이 낳을 때가 다되어 양수가 터지는 주세죽과 함께 배를 타고 1928년 8월 블라디보스토크로 탈출해 온 것이다. 11월에 모스크바에 온 박헌영은 딸 박 비비아나의 아버지가 되어 '정치망명가들을 위한 집'에 머물면서 국제레닌대학의 문을 두드린다. 이때 단야는 국제레닌대학의 선배이자 소련공산당원으로서 박헌영의 신원증명을 했다.

단야는 1928년부터 1929년 초까지 코민테른 산하 조선문제위원회에서 바쁘게 활동했다. 그리고 1929년 6월 말, 조선의 혁명과 당재건을 위해 모스크바를 떠나 조선으로 갔다. 박헌영은 모스크바에 남아 "매우 실천적이고 유능하며, 최상의 근면성을 발휘하면서" 국제레닌대학에서 공부했다. 박헌영은 단야의 뒤를 밟아 1929년 2월에 소련공산당에 입당했다. 주세죽은 그해 동방노력자공산대학에 입학했다.

'제1차 공산당검거사건'으로 온갖 고생을 한 박헌영은 이제 모스크바에서 혁명이론을 학습 했다. 그때 검거되지 않고 모스크바로 탈출했던 단야는 1929년에 조선으로가 실천운동에 뛰어들었다. 이렇게 혁명가들 사이에 품앗이가 시작되었다. 그렇다면 단야는 그 해 조선에서 어떤 활동을 했는가. 그것은 이미 앞에서 다루었다.

3) 다시 상해에서

단야는 조선에서 '조선공산당조직준비위원회' 활동을 하다가 일제 경찰의 수사망을 피해 1930년 2월에 모스크바로 갔다. 그는 코민테른에 자기가 한 일을 보고하고, 9월에 다시 상해로 갔다. 그는 거기서 여관 지배인 노릇을 하면서 숨 가쁘게 돌아가는 상해의 분위기를 익히고 정세를 살폈다. 중국공산당을 통해 앞으로 당재건운동을 같이할 동지 세 명을 소개받았다. 그리고 코민테른의 재정지원을 받아『콤뮤니스트』를 발간하면서 당재건운동에 뛰어들었다. 김단야 · 최성우 · 김정하가 편집위원을 맡았다.[29]

단야는 등사판 출판물이었던『콤뮤니스트』를 달마다 만들어서 "조선 공산주의운동의 특수작업대"로 쓰려 했다.『콤뮤니스트』에 혁명론과 조직노선을 싣고 그것을 국내로 들여와 당재건의 무기로 삼으려 했다. 기관지 배포망과 '독자반'을 만들며 '노동자 통신란' 등을 두어 현장과 정치 그리고 공장과 전국을 연결하여 당을 재건하겠다는 뜻이었다.

드디어 1931년 3월, "공장, 광산, 철도, 부두 등 계급투쟁의 분화구 속으로! 그 속에서 선전하라. 조직하라, 투쟁의 불을 지르라!"는 창간선언과 함께 『콤뮤니스트』 창간호를 냈다. 박헌영은 모스크바에 살면서 단야에게 글을 보내고 코민테른에 보고하는 임무를 맡았다. 이렇게 둘은 떨어져 있으면서도 역할을 나누어 함께 운동했다. 박헌영과 주세죽은 국제레닌대학과 모스크바공산대학을 마치자마자 1932년 1월 상해로 건너와 단야와 함께 '지하활동'을 시작했다. 박헌영도 『콤뮤니스트』의 편집위원이 되었다.[30]

김단야와 박헌영은 '적의 끊임없는 체포와 추격'을 뚫고 『콤뮤니스트』를 7호까지 발간했다. 이들은 기관지를 내고 배포망을 구축하면서 '대중투쟁을 성공적으로 이끌 볼셰비키 혁명당'을 건설하는 일에 온 정신을 쏟았다. 그리고 혁명당이 지도하여 노동자·농민·도시빈민의 혁명적 무장봉기를 성공으로 이끌어야 하며, 나라 안팎의 빨치산투쟁과 결합해야 한다는 혁명론을 실천하려 했다.

단야와 박헌영은 온갖 어려움을 겪으며 『콤뮤니스트』를 국내로 들여오고 그 기관지를 고리 삼아 당의 터를 닦는데 적지 않은 성과를 거두었다. 이들은 1932년 여름까지 인천, 부산, 평양, 마산, 진남포의 도시와 농촌에서 20명이 넘는 조직원이 있는 20개 남짓한 비합법조직을 유지했다.[31] 그렇지만 일제 경찰의 혹독한 탄압 속에서 조직은 더디게 확장되었으며, 김호반이 체포되면서 부산과 인천에 있던 『콤뮤니스트』 조직이 파괴되었다. 더욱이 조직에 큰 타격을 준 사건이 터졌다. 1933년 7월 박헌영이 또다시 체포되었다.[32]

박헌영은 『콤뮤니스트』에 글을 싣고 출판하는 일을 했으며 점 조직을 통해 상해와 국내 조직을 연결하는 일을 했다. 기관지는 밀수품으로 위장하여 배로 나르기로 했다. 이 일을 하려고 박헌영은 이재희라는 여자와 어떤 선원을 점 조직으로 활용했다. 그러나 그 여인이 임신하여 중간 연락임무를 할 수 없게 되자 박헌영이 직접 선원을 만나게 되면서 불길한 조짐이 시작되었다. 박헌영은 끝내 일제 경찰에 잡혔고 그가 시간을 끄는 사이에 김단야와 주세죽은 도망쳤다.

체포된 사람은 박헌영 하나만이 아니었다. 단야는 신문을 통해 김형선과 다른 동지들이 서울에서 체포되었다는 것을 알았다. 단야는 국내 연결망을 완전히 잃어버렸다. 그러나 아직 포기할 때가 아니라고 생각했다. 단야는 국내 연결망을 다시 만들고 모스크바에 학생을 파견하도록 정태희를 조선으로 보냈지만, 두 달 동안 아무런 소식이 없었다. 10월 중순이 되어서야 신문을 보고 그가 상해로 오는 기차역에서 체포되었다는 것을 알았다. 단야는 일제 경찰의 끈덕진 추적이 더욱 가까이 다가왔음을 느꼈다. 그는 마침내 모스크바에 절망적인 보고를 했다. "나는 모든 것을 잃었다. 나 혼자는 상해에서 아무것도 할 수 없다." 단야는 모스크바로 돌아오라는 답변을 듣고 1933년 말 상해를 떠나 1934년 1월 24일 모스크바에 도착했다.[33]

조선공산당재건 운동가를 재판하는 신의주 지방법원 기사. 『동아일보』 1933년 6월 3일.

3. 단야를 버린 모스크바

1) '1급 범죄자', 김단야

모스크바에 온 김단야와 주세죽은 1934년에 결혼했다. 세 번째 체포된 박헌영이 죽게 될 것이라고 생각했을 수도 있고,[34] 주변상황이 그들을 결혼하게 만들었을지도 모르겠다. 아무튼 이들은 상해에서 지하운동을 하던 때보다는 안정된 생활을 했다. 김단야는 1936년까지 동방노력자공산대학에서 조선과장을 했다. 주세죽은 동방노력자공산대학에서 5개월 남짓 공부한 뒤에 외국인노동자 출판부 조선과에서 교정원을 했다. 비록 모스크바일지라도 이들은 조선 혁명에 어떻게든 관계 맺고 있었다.

1937년에 들어서면서 단야는 당재건운동에 뛰어들 기회를 다시 맞은 듯했다. 코민테른이 단야를 조선에 파견하여 '당사업'을 추진할 계획을 세웠기 때문이다. 그러나 무언가 일이 틀어지고 있었다. 예전에 조선공산당원이었다는 김춘성이라는 인물이 김단야를 격렬하게 비난하는 '상신서'를 만들었다. 그 글에 따르면, 김단야와 그의 동지인 김찬·김한·조봉암·박헌영 등은 모두 일본의 밀정이었다.[35] 마침내 소련 정보기관은 "우리가 갖고 있는 정보자료에 따르면 당사업을 위해 그를 조선에 파견하는 것은 권고할 만한 일이 아니다"고 코민테른에 통보했다. 그리고 1937년 11월 5일, 소련 내무인민부는 김단야를 느닷없이 체포해 버렸다. 그때부터 단야는 당재건운동가에서 '일제의 밀정'으로 내몰렸다. 마침내 소련 최고 인민 재판소 군사법정은 단야에게 "일제 첩보기관의 밀정이며 반혁명폭동과 반혁명테러활동을 목적으로 한 조직의 지도자로서 1급 범죄자"라는 판결을 내리고, 1938년 처형했다.

단야는 정말 '1급 범죄자'였던가. '일제 밀정으로 판명된' 김한과 함께 1929년에 당재건운동을 했으며, 박헌영이 상해에서 체포된 것을 의심하여 단야를 일제의 밀정이라고 몰아 부친 듯하다. 그러나 그 근거가 매우 약하다. 또한 어느 문서에서도 단야가 어떤 '반혁명폭동과 반혁명테러 활동'을 했는지 아직 드러나지 않았다. 그러나 단야가 처형될 무렵, 스탈린 정권은 그 말고도 이루 헤아릴 수 없는 공산주의자를 트로츠키주의자나 간첩혐의로 숙청하고 처형했으며 고문으로 살해했다는 확실한 증거는 수없이 많다.[36]

2) 쓰디쓴 운명, 주세죽

단야를 살해한 어두운 그림자는 주세죽을 비껴가지 않았다. 1938년 3월 15일, 주세죽은 '1급 범죄자 김단야'의 부인이라는 이유만으로 '사회적으로 위험한 분자'가 되었다. 그녀는 "젖먹이 아이가 있는 점을 고려하여 모스크바시 경계를 벗어나지 않도록 하는 조치"를 받아들일 수밖에 없었다. 주세죽에게는 백일이 갓 지난 사내아이 김 비딸리이가 있었다. 김단야의 아이였다. 아홉 살 난 딸 박 비비아나는 이바노바시에 있는 국제유아원에서 생활하고 있었다. 박헌영의 아이였다. 그 해 5월 22일, 스탈린 정권은 주세죽을 카자흐스탄으로 5년 동안 유배시켰다. 그 무렵 갓난아이 김 비딸리이가 목숨을 잃었다.

주세죽은 1938년 9월부터 꼬박 2년 동안 피혁공장에서 개찰원으로 일했고, 1940년 9월부터 1946년까지 까르마끄치구역 협동조합에서 근무했다. 1946년, 주세죽은 열여덟 살이 된 딸에게 『프라우다』 신문에 실린 기사를 오려 보냈다. '조선공산당 총비서 박헌영'에 대한 내용이 있었다. 주세죽은 박헌영이라는 이름 밑에 밑줄을 긋고 그가 아버지임을 딸에게 처음으로 알렸다.[37] 그리고 스탈린에게는 다음과 같은 청원서를 올렸다.

> 1937년 11월 5일 김단야가 체포되었고 그 뒤를 이어 저는 까자흐스탄으로 5년 동안 추방되었습니다. 저는 이곳에서 1943년에 유배 형기를 마쳤습니다. 한편 저는 12년 동안 제 남편 박헌영이 어디에 있는지 전혀

알 수가 없었습니다. 주변상황은 저로 하여금 김단야와 함께 살지 않을 수 없게 했습니다. 그런데 저는 올해 1월에『프라우다』신문을 통해 제 남편 박헌영이 살아 있으며 감옥에서 석방되어 다시 혁명 활동을 하고 있다는 사실을 알게 되었습니다.

친애하는 스딸린 동지! 제 남편 박헌영을 통해 저에 대해 확인하셔서 제가 조선에서 다시 혁명활동을 할 수 있게끔 저를 조선으로 파견해 주실 것을 간청하는 바입니다. 저는 진정 충실하게 일할 것이며 제 남편을 이전과 같이 보필할 것입니다. 제 요청을 받아들여 주시기를 간곡히 빕니다. 만일 제가 조선으로 가는 것이 불가능하다면, 제가 모스크바에서 살며 제 딸을 양육할 수 있도록 허락해 주실 것을 빕니다. 제 딸 박 비비아나는 지금 제136학교에서 제9학년과정을 밟고 있습니다. 다시 한 번 제 요청을 거절하시지 말 것을 간절히 빕니다.

1946년 5월 5일   한 베라(주세죽)

이 청원은 받아들여지지 않았고 주세죽은 박헌영의 부인으로 되돌아갈 수 없었다. 주세죽은 딸을 만나지도 못했다. 주세죽은 1946년 7월부터는 봉제공장에서 직공으로 일해야만 했다.

1952년 말, 첫 남편이었던 박헌영마저 '미 제국주의 간첩' 혐의로 북한에서 숙청되었다. 그 사실을 안 주세죽은 유배지를 떠나 온갖 고생을 다하며 모스크바로 갔다. 어렵게 딸의 집을 찾아갔지만, 무용수였던 박 비비안나는 공연을 떠나고 없었다. 1953년, 주세죽은 끝내 딸을 보지 못한 채 소련인 사위의 무릎을 베고 죽었다. 그녀의 싸늘한 시신은 모스크바 공동묘지 한 귀퉁이에 외롭게 묻혔다. 그때부터 한 참 시간이 흘렀다. 2013년 11월 7일, 모스크바 병원에서 주세죽의 딸 박 비비안나 마저 숨을 거두었다.

김단야, 박헌영, 주세죽. 그렇게 허망하게 사라진 목숨이라 해도 그들의 꿈과 삶의 여운만큼은 오래 기억될까. 모를 일이다. 기억과 '역사'란 얄궂은 것이기도 하니까. 그러나 또 어찌 알겠는가. '단절의 꿈'이 넘실대며 오래된 옛 이야기가 새롭게 되살아날지.

9

김두용, 이론을 넘어 현실에 선 재일조선인 민족해방운동가

김인덕

1926년 도쿄제대 미학미술사학과 입학
1929년 무산자사 조직
1932년 호시노 기미와 결혼
1945년 재일본조선인연맹 활동

〈김두용: 김덕룡 후술 논문에서〉

1. 아, 김두용!

　한국과 일본은 가까운 나라이다. 한국과 일본에는 수많은 사람이 살아왔고 살고 있다. 이 가운데 자신의 신념을 시종일관 관철하며 살아간 사람은 소수이다. 그리고 소수의 사람 가운데 일관된 평가를 받는 사람은 그리 많지 않다고 생각한다.

　김두용, 일제강점기와 해방 공간 대표적인 재일조선인이다. 필자는 김두용에 대해 주목해 왔다. 그에 대한 연구를 진행하면서 아직도 필자는 객관성을 갖고 생애를 그려내기에는 한계를 느꼈다. 그리고 이념과 민족적 갈등도 넘어야 한다는 사실도 확인했다. 그럼에도 불구하고 김두용을 언급하는 것은 1945년의 해방 공간과 일제강점기 재일조선인의 역사를 이해하는 초석이기 때문이다.

김두용은 한자가 金斗鎔이다. 1904년 8월 13일 함경남도 함흥에서 출생했고 노동운동가라고 하기도 하며, 민족해방운동가, 문학자 등으로 불리고 있다. 『재일코리안사전』(도서출판 선인, 2013)에 보면 다음과 같이 기록하고 있다.

도일 후 구제중학舊制中學·구제삼고舊制三高를 거쳐 1926년에 도쿄제대(東京帝大) 미학미술사학과에 입학, 중퇴. 도쿄제대 재학 중에 신인회新人會에 소속. 일본프로레타리아예술동맹에 소속되어 『전기戰旗』, 『프롤레타리아예술』을 중심으로 집필 활동을 하면서, 조선프롤레타리아예술동맹 도쿄지부 설립에 참여하고, 기관지 『예술운동』(『무산자』로 속간)을 편집 간행. 1929년경부터 노동운동에 관여하여 『재일본조선노동운동은 어떻게 전개해야 하는가』(1929.11)를 집필하여 재일본조선노동총동맹이 일본노동조합 전국협의회로 해소를 추진. 1930년부터 해방 때까지 몇 번이나 체포·투옥되었다. 1930년대 후반에는 일본프롤레타리아문화연맹의 기관지 『우리동무』 편집장. '조선예술좌' 위원장으로 활동, 『문학평론』과 『살아있는 신문』에 집필. 해방 후 조련 결성에 참여했고, 정보부장과 기관지 『해방신문』의 주필을 맡았다. 일본공산당 중앙위원 후보·조선인부 부부장을 맡아 『전위前衛』에 논문을 발표했고, 일본에서의 조선인운동에 영향을 주었다. 1947년에 북한으로 귀국 후 북조선노동당 중앙위원 후보.

일반적으로 김두용이 일본에 건너 간 정확한 해는 알 수 없다. 일본에 간 김두용은 도쿄 카이세이(開成)중학교를 거쳐서 이후에는 1922년 도쿄 사립 긴조(錦城)중학교를 졸업했다. 그리고 같은 해 4월에 제3고등학교에 입학했다. 여기에서 그는 자유주의적인 학풍에서 다양한 사상과 만나게 된다. 당시 그가 다니던 학교는 모리 소토사부로(森外三郎)가 교장으로 취임하면서 자유스러운 분위기가 조성되었다고 한다.[1]

1926년 김두용은 도쿄제국대학 문학부 미학미술사학과에 입학했다. 그리고 도쿄제국대학 입학 후 신인회에 입회한다. 그는 여기에서 「걸인의 꿈」을 쓴다. 명확한 관점을 통해 민중의 삶을 관통한 김두용의 작품은 『조선의 빛』(72호, 1927년 10월)에 게재되었다.

호시노 기미(星野きみ)와 김두용은 만난다. 1932년 3월경 독일의 사회학자 베벨의 저서 『부인론』을 윤독하던 독서회에서 만났던 것이다. 이 독서회를 지도했던 인물이 다름 아닌 김두용이었다. 그 자리에서 김두용의 명쾌한 설명, 일본인 같은 능숙한 표현은 여동생 호시노 치요(星野千代)와 호시노 기미(星野きみ)가 반하게 했다.

1932년 김두용은 호시노 기미와 결혼했다. 이후 둘의 결혼 생활은 16년 동안 이어졌다. 이들은 인생의 파란만장 시기를 부부로서 온갖 역경을 함께 했던 것이다.[2]

2. 이론 투쟁의 선두에서

김두용의 재일조선인 민족해방운동과 관련하여 언급할 때는 조선프롤레타리아예술동맹 도쿄지회의 창립경과에 주목해야 할 것 같다. 이 조직은 제3전선사 결성부터 확인해 가는 것이 좋다고 생각된다.

임화, 한식, 이북만, 조중곤 등과 김두용은 1926년 11월 도쿄에서 프롤레타리아 예술의 임무를 창작에만 국한하는 것이 아니라, 투쟁을 통해 프롤레타리아 계몽을 실행하기 위해 예술을 무기로 하는 운동을 전개하기로 하고, 1927년 3월 제3전선사를 조직했다. 이 조직은 카프의 재조직 후 자진 해체하고, 『개척』의 동인과 함께 조선프롤레타리아예술동맹 도쿄지부로 전환했다. 그리고 조선프롤레타리아예술동맹 도쿄지부는 10월 2일 창립대회를 신간회 도쿄지회관에서 개최했던 것이다.

조선프롤레타리아예술동맹 도쿄지부는 조선어 기관지로 『예술운동』을 1927년 11월 15일 창간했다. 김두용은 창간호의 편집진 겸 발행인으로 조직 활동을 주도했다.

당시 조선프롤레타리아예술동맹 도쿄지부 구성원의 예술운동에 대한 기본적인 관점과 태도는 후쿠모토주의(福本主義)의 영향을 강력하게 받았다. 실제로 조직 내부에서는 김두용과 그를 반대하는 축으로 하는 대립 구도가 조성되기도 했다.

선행 연구에 기초해 조선프롤레타리아예술동맹 도쿄지부를 평가해 보면, '전위양성소'와 같은 역할을 했다고 생각된다. 실제로 그 구성원이었던 김두용을 비롯해 이북만, 고경흠, 최병한, 황양명, 조중곤, 이우적, 장준석 등이 이후 전개된 재일조선인 민족해방선상에서 주도적인 활동을 했다. 이들은 일체의 투쟁을 정치투쟁이라고 사고하고 재일조선인 민족해방운동을 일선에서 선도했던 것이다.

3. 예술운동과 만나면서

1920년대 김두용은 조선공산당 재건운동 속에서 주목되는 활동을 하게 된다. 조선공산당 일본지역 조직이 와해된 이후에도 재일조선인 공산주의 세력은 재건된다. '재건고려공산청년회 일본부'는 바로 조선공산당 일본지역 후계조직으로 등장한다. 조직된 '재건고려공산청년회 일본부'는 선전 활동을 적극 추진해 갔다. 이를 위해 신문과 잡지의 출판위원에 고경흠, 조재홍, 김시용 등을 충원하고, 여기에 김두용을 비롯해, 장준석, 이북만이 참가했던 것이다.

일본으로 간 김치정, 양명준 등은 별도로 당재건 운동을 전개했다. 이들은 회의에서 무산자사를 당재건 준비기관으로 한다. 그리고 『무산자』를 재건당의 기관지로 조직적인 준비를 결의하기도 했다. 이러한 내용에 따라 1929년 5월 합법 출판사로 무산자사를 김두용은 이북만 등과 주도적으로 조직했다. 결국 전술한 1929년 11월 조선프롤레타리아예술동맹 도쿄지회가 해체를 선언하고 여기에 가입했다.

무산자사의 운동 목표는 예술투쟁을 버리고 정치, 경제투쟁으로 돌입하여 프롤레타리아 예술의 올바른 길을 창출하는 것이었다. 그런데 이 조직 내에서는 재일조선인 민족해방운동의 헤게모니를 둘러싸고 논쟁 구도를 형성하기도 했다. 김두용과 고경흠, 김치정 등에게 지도되었던 그룹과 정희영, 김동하 그룹 사이에 해체를 둘러싸고 논쟁이 전개되었던 것이다.

김두용을 중심으로 한 그룹은 무산자사의 해체를 주장했고, 여기에 정희영 등은 반대했던 것이다. 당시 전개된 논쟁의 요지를 보면, 무산자사의 해체를 주장하는 내용은, 재일본조선노동총동맹이 코민테른의 일국일당주의 원칙에 따라서 해체된 상황에서 일본에서 재일조선인들만의 집단을 결성하여 일본 좌익단체와는 물론 보석 상태에 있는 조선의 전위들과도 연락하지 않으면서, 나아가서는 무산자 청년의 무산자신문 배포망에도 들어가려 하지 않고 독자반 조직을 따로 계획하는 것은 반동적이다는 것이었다.

무산자사에서 활동하던 김두용은 프로문학자로서의 예술운동론도 견지했다. 그의 실제적인 공격 대상은 김기진이었다. 김두용은 김기진의 예술운동론을 합법적 영역에서의 작품 활동만을 주장했다면서 예술운동의 정치적 성격을 강조하고자 했다.

당시 진행되었던 논의 속에서 '합법적 작품 행동'과 '영웅적 투쟁'이라는 표현으로 요약되는 김기진과 임화의 예술운동에 임하는 태도는 조선프롤레타리아예술동맹 경성본부와 도쿄지부의 현실 대응의 차이점이었는지도 모르겠다. 논쟁의 과정에서 김두용은 임화와 같은 입장에서 김기진을 비롯한 경성본부 전체에 대해 신랄하게 비판했다.

김두용이 한 비판의 요점은 기존 예술 운동의 관념성이었다. 그는 예술에서의 정치 투쟁을 적극 개진했다. 김두용은 단순하고 일반적이며, 조잡한 마르크스주의와 얼마 안 되는 예술적 재능을 가지고 무산계급 운동의 일익을 감당하려고 출발했기 때문에, 보다 구체적이고 복잡한 현실의 정치 투쟁 과정에서는 자기 자신을 현실에 맞추거나, 현실을 곡해하거나 이해한 척 밖에 할 수 없었다고 전면 비판했다. 이와 함께 조선의 프롤레타리아 문학자들이 이른바 '프로예술'을 팔아서 문단에서 명예를 보전하며, 민족 문학자와 협력하여 반동적 문학을 선전하는 몰락한 소부르주아 문사 이외에 아무 것도 아니라고 했다.

김두용은 참다운 프롤레타리아트의 진정한 프롤레타리아트의 예술이 생산되었다고 할지라도 정치적 자유를 빼앗긴 상태에서 그것이 얼마나 프롤레타리아 대중에게 퍼질 수 있는지 의문이라면서 정치 투쟁의 적극 추진을 역설했다.

당시 무산자사는 이른바 ML계 조선공산당 재건운동과 이면적으로 연계되어 있었다. 따라서 그들이 표면적으로 내세우는 예술운동 역시 당 재건을 조력하기 위한 선전, 선동의 일부였을지도 모른다.

이러한 점은 김두용의 「우리는 어떻게 싸울 것인가」에서 확인된다고 생각된다. 그는 예술의 역할을 선전, 선동의 힘을 갖고 정치 투쟁의 일부분이 되거나, 대중 속으로 침투하여 예술의 정치적 기능을 다한다는 식의 막연한 것이 아니라, 프롤레타리아트의 조직 사업을 조력하는 데 있다고 그 목적을 명확히 했다.

조선프롤레타리아예술동맹의 대중단체적 성격에 대해서도 김두용은 강력하게 비판했다. 그는 조선프롤레타리아예술동맹이 재조직될 때 대중 단체를 지향했던 것은 무엇보다 예술운동을 정치 투쟁과 제대로 연결시키지 못한 데서 연유했다면서 예술운동은 우선적으로 진정한 '아지프로' 예술과 이를 생산하기 위한 기술이라면서, 예술운동을 위한 단체는 계급 혹은 계층의 경제적, 정치적, 사회적 기초를 가진 노동조합, 청년동맹 등과는 다르다고 평가했다.

이와 함께 김두용은 예술의 각 부문이 어떠한 내용으로 운동을 전개할 것인가를 당 재건을 위한 선전, 선동이라는 과제와 결부시켜 구체적인 내용을 제시했다.3) 먼저 영화의 경우 쟁의 현장을 영사할 것, 음악의 경우 노동자가 부를 만한 노래와 가곡을 만들 것, 미술의 경우 포스터·삐라 기타 만화와 컷 등을 출판물과 결부시킬 것, 연극의 경우 이동극장을 확립하여 이를 기초로 대중적 공연을 실현할 것, 문학의 경우 생활 감정이 박약하더라도 슬로건·삐라적일 것 등이었다.

그의 예술운동론은 '비합법적 정치투쟁론'에 입각한 것이었다. 따라서 예술 대중화 문제를 둘러싼 김기진의 '합법적 작품 행동론'과의 대립은 예술운동 부문에서의 합법주의와 비합법주의의 분화, 대립의 과정이었다. 이것을 놓고 방향전환 과정에서 볼세비키화로 전이되는 과도적인 구실을 했다고 평가하는 것은 절대 무리가 아니라고 생각한다.

4. 또 다른 모습, 동지사, 도쿄예술좌에서

무산자사에서 활동하다가 검거를 피한 김두용은 박정석, 이북만 등의 조선프롤레타리아 예술동맹 도쿄지부 구성원, 도쿄조선프롤레타리아 연극 연구회원, 도쿄의 재일조선인 유학생과 1931년 11월 동지사를 결성했다.

당시 동지사사의 강령은 정당한 마르크스주의적 예술이론을 가지고 기술을 수련하는 연구 집단인 일본프롤레타리아 문학연맹(이하 코프)과 조선프롤레타리아 예술동맹을 적극적으로 지원하고, 확대 강화를 위해 투쟁했다. 그리고 조선과 일본 프롤레타리아 문학 연구의 지원과 조직의 강화에 초점을 맞추었다. 또한 조직의 임무는 재일조선인 노동자, 농민 사이에서의 예술운동과 조선 내 예술운동의 원조라고 규정했다.

한편 예술의 대중과의 만남에 주목해 왔던 김두용은 연극 활동에도 적극적이었다. 이러한 김두용은 재일조선인의 문화적 요구를 충족시키며, 동시에 조선의 진보적 연극 단체의 수립을 도모하기 위해 1936년 1월 도쿄예술좌를 출범시켰다. 여기에서 그는 위원장을 맡았다.

도쿄예술좌는 연극 활동을 중심에 놓고 있는 조직이었다. 그러나 이것은 겉으로 나타난 부분이었다.

기록상으로 확인되는 도쿄예술좌의 주요한 목표는 연극 활동을 통한 조선의 미조직 대중의 계몽과 전선통일의 역할을 담당하는 것이었다. 객관적 정세는 비합법적 활동에 의한 피압박 계급의 해방이 불가능하기 때문에 합법적 범위 내에서 민족 연극을 통해 민족적, 계급적 의식의 고양에 노력하는 동시에 전선통일을 도모하여 조선 민족해방의 목적을 달성한다고 되어 있었다. 나아가 공산주의 사상을 기조로 한 진보적인 민족 연극을 통해 재일조선인으로 하여금 비판적 정신을 갖도록 지도, 고양시켜 자본주의에 의한 착취와 억압을 명확히 이해시켜 그들을 '해방전선'으로 유인하는 것을 또 다른 목적으로 했다.4)

메이데이에 참가한 재일조선인

5. 이론 투쟁의 선두에서 해체를 주장하다

활동가로서 내지는 이론가로서 김두용의 생애에서 주목되는 정치 활동의 백미는 재일조선인 민족해방운동의 해체논의를 주도한 일이다. 그는 이 과정에서 국제주의를 실천했다.

무산자사에서 투쟁을 계속 하던 김두용은 이의석, 김호영 등과 1929년 9월부터 일본인 공산주의자와의 긴밀한 협의 아래, 재일본조선노동총동맹의 해체운동을 선도한다.[5]

1929년 9월 말 이성백은 김두용을 권유하여 재일본조선노동총동맹 중앙에서 활동하도록 한다. 그리고 10월 중순 재차 재일본조선노동총동맹 관동지방협의회를 개최한다. 이 자리는 이후 본격적인 재일조선인 민족해방운동의 분기점을 갖게 되는 계기가 되었다. 여기에 모인 김두용, 이성백 등은 종래의 재일본조선노동총동맹은 민족해방 투쟁을 기조로 한 좌익투쟁에 빠져 있었기 때문에 일본제국주의의 특수한 탄압을 받고 운동전선이 복잡해졌다면서, 재일본조선노동총동맹 전국대표자회의를 열어 운동을 재건하고, 11월 말 전국대표자회의를 개최하기로 결정했다.

이의석, 임철섭, 이선형 등과 김두용은 재일본조선노동총동맹을 해체하여 전협으로 합류하는 방침을 확립하고, 자문을 전국대표자회의에서 받기로 결정했다.

김두용은 재일조선인 민족해방운동의 해체를 진행하고 동시에 취지를 선전하기 위해 팜플렛을 발행했다. 이 문건은 재일본조선노동총동맹 전국대표자회의에 제출했다. 그것이 「재일본조선노동운동을 어떻게 전개할 것인가」[6]이다. 김두용은 조직 내부에서 공람하고 팜플렛으로 무산자사에서 발행했다.

팜플렛 「재일본조선노동운동을 어떻게 전개할 것인가」는 기존 운동의 오류를 지적하고, 그 대신 조직을 재편하여 일본공산당의 지도 아래 들어갈 것을 제기했다.

> 종래 재일본조선노동총동맹은 노동계급 독자의 투쟁을 등한시하고 조
> 선공산당의 지도 아래에 활동하며 혹은 조선 내의 민족적 투쟁과 결합
> 하여 노총의 혁명적 조합투쟁을 방해했다. 또한 일본 좌익단체와 연락
> 이 지속적이지 않았기 때문에 일본제국주의의 특수한 탄압에 중심 분자
> 를 잃게 되었다. 이것은 분명히 운동방침의 오류에서 야기된 것이다.
> 종래 조선공산당의 지도 아래에 있어 특수한 탄압을 받았기 때문에 일
> 본 내지에서는 일본공산당의 지도 아래 들어가 이 지배계급의 공세에
> 대항해야 한다. 진실로 노동계급의 이익을 옹호 획득하는 길은 전 노동
> 계급의 공동투쟁 이외에 아무 것도 없다. 재일본 조선 노동계급의 이익
> 을 대표하여 충실하게 투쟁하기 위해서는 모든 민족적 투쟁을 버리고,
> 오로지 좌익노동조합으로 들어가 철저히 권력 획득을 위한 투쟁을 수행
> 해야 한다. 조·일 노동자의 노동 조건은 완전히 일치하고 임금의 차별,
> 민족적 차별 등의 특수한 탄압은 일본노동계급을 위한 것이 아니며 일
> 본제국주의의 소산이기 때문에 이들 차별의 철폐는 일본노동계급과의
> 협력 없이는 실현이 불가능하다.

일본에서 김두용은 노동계급의 계급적 이해를 옹호하고 권력 획득 투쟁
을 수행하는 혁명적 노동단체는 전협이라고 판단했다. 때문에 여기에 합류
하는 것이 타당하다고 그는 생각했다.

마침내 1929년 11월 중순 김두용은 전국적인 해체 논의를 선도해 간다.
그는 이의석 등과 지방에서 재일본조선노동총동맹 가맹조합의 상황을 조
사하고, 교토(京都)에서 회합을 가졌다. 아마가사키(尼崎)에서 활동하고 있던
이윤우도 전협으로의 해소에 찬성했다. 김두용은 이의석, 이윤우 등과 지속
적으로 재일본조선노동총동맹 본부와 연락을 취했다.

김호영도 오사카(大阪), 효고(兵庫) 등지의 동지와 여러 차례 만나 전국대표
자회의의 개최를 준비했다. 몇 차례에 걸쳐 그 날짜를 변경한 후 회의 장소
는 당일까지 위원들에게도 비밀에 부쳐졌고, 시간은 심야로 선택하는 등

치밀한 준비 아래 1929년 12월 14일 밤 오사카 김용주 집에서 전국대표자회의 및 확대중앙집행위원회가 열렸다.[7] 이 자리에 김두용은 재일본조선노동총동맹 중앙의 구성원으로 참석했다.

실제로 김두용은 의장으로 회의를 주도했다. 이 자리는 재일본조선인 민족해방운동에서 해체논의와 관련하여 결정적인 결의를 했다. 그 내용은 첫째, 재일본조선노동총동맹은 해체하여 전협으로 가맹할 것, 둘째, 1산업 1조합주의에 따라 재일본조선노동총동맹을 재조직한다. 그리고 현 조합은 투쟁과정에서 점차 산업별 조직으로 변경할 것이었다.

결국 재일본조선노동총동맹은 전협으로의 가맹 방침을 전국대표자회의에서 만장일치로 가결시켰다. 이후 김두용을 중심으로 재일본조선노동총동맹 해체를 주도하던 김호영, 임철섭, 이의석 등은 도쿄에 가서 상임위원회를 열고, 재일본조선노동총동맹 신 중앙위원회, 상임위원회의 해체와 그에 대신할 기관으로 전협 조선인위원회의 설치를 결정해 버렸다.

이에 따라 1930년 1월 12일 김두용은 이의석, 김호영과 함께 도봉섭의 집에서 상임위원회를 열고, 재일본조선노동총동맹 해체를 전제로 지도부인 중앙상임위원회를 해체하여 전협 조선인위원회로 개칭할 것을 결정했다. 그리고 서면에 의해 중앙위원회에 회부하여 지령, 기관지, 뉴스 등을 발행하고 가맹조합의 해소운동을 촉진해 갔던 것이다.

재일본조선노동총동맹의 해체는 재일조선인 민족해방운동 진영 해체의 전초전이었다. 이후 분야별 재일조선인 민족해방운동은 일본 사회운동과 적극 함께 하는 길을 가는 경향이 주류를 차지하게 된다.

6. 1945년, 해방은 그에게 선택을 원했다.

1945년 해방은 국제주의자 김두용에게 본격적인 새로운 활동을 제공하는

장이 되었다. 전향의 굴곡을 넘어 그는 재일조선인이 1945년 10월 15, 16일 조직한 재일본조선인연맹(이하 조련)에서 활동한다. 이 조련의 결성 준비 과정에서 김두용은 권일, 박은철과 대립했다. 그 발단은 조선인정치범석방 위원회와 일본공산당 재건에 준비위원회의 자금을 사용했기 때문이었다.[8]

김정홍, 송성철, 박은철 등과 당시 김두용은 정치범석방촉진연맹을 결성 하고, 위원장으로 활동하기 시작했다. 김두용은 선두에서 미점령군 총사령 부에 출두하여 정치범과 사상범의 석방을 진정했다. 여기에 대해 미점령군 총사령부는 '재일조선인'이라는데 동정했다. 진정단은 김천해와 일본공산당 간부의 석방을 요청했다. 마침내 10월 10일 미점령군 총사령부는 정치범 석 방의 지령을 내려 김천해와 일본공산당 간부를 석방했다.

그런가 하면 일본공산당은 재건되어 1945년 12월 1일부터 3일까지 제4회 전당대회가 열렸다. 이 대회에서는 당 규약 제18조에 의해 당중앙위원회 내에 조선인부를 설치했다. 12월 12일 당 확대중앙위원회는 조선인부장에 김천해, 그리고 부부장에 김두용을 임명했다. 일본공산당 제5회 전당대회 에서는 당 중앙위원에 김천해, 김두용은 후보위원에 선출되었다.

조련이 재일조선인의 구심이 되어 가는 가운데 김두용은 일본공산당 기 관지『전위』창간호에서 조련을 비판했다.[9]

> 조련을 창설할 때 중앙간부 중에 협화회協和會, 홍생회興生會, 일심회一心 會에서 일본제국주의에 적극 협력했던 사람들이 참여하여, 일본정부에 대해 단지 교섭행위만을 행하고, 해방된 조선을 과거의 홍생회와 같은 일본정부의 어용기관으로 하려고 책모하고 있다.

실제로 김두용은 조련에서 활동하면서 일본공산당원으로 활동했다. 특히 조련에서는『해방신문』의 주필로 논진을 주도하는 필력을 날리기도 했다. 초기 조련은 대중단체로서 독자적으로 남한에서 전개되는 투쟁이나 조직과 적극적인 연계를 맺어갔고, 본국 투쟁의 일환으로 각종 활동을 전개했다.[10]

7. 그는 국제주의자이고자 했다.

해방 공간 김두용은 그의 생애에서 국제주의자로서 평가하는 것이 어렵지 않다. 특히 이론가로서의 모습을 평가하게 하는 글이 남아 있다.

김두용의 일련의 글11) 가운데 「일본에서의 조선인문제」는 국제주의자로서 재일조선인의 일본에서의 역할에 주목하고 있다. 김두용의 과학적 역사인식12)의 틀은 그대로 해방 정국 일본 내의 활동가로서의 입장을 견지할 때도 나타나, 일본공산당원의 입장에서 일본 사회에 대한 인식과 일본운동의 본질에 접근하는 모습을 확인케 한다. 동시에 조선혁명 문제와 재일조선인, 조련에 대한 역할론에 대해 주목하기도 했다.

김두용은 일본의 조선인 문제는 하나의 민족문제로 '조선 민족'의 정치적 동향과 일본의 혁명 상태와 결합되어 있다는 대전제 아래 출발했다. 즉, 조선의 민족문제는 토지문제이고, 토지의 민주주의적 해결의 문제는 부르주아 민주주의 혁명의 문제로 조선의 민족문제의 중심이라는 것이다. 특히 조련은 일본에서 유일한 조선인 대중의 단체로, 조련의 활동은 활발했고, 전투적이었다고 평가했다. 문제는 전술했듯이 조련 내부의 중앙간부와 구성원에 협화회, 흥생회, 일심회의 '민족반역자', '전쟁범죄

민족학교의 한글 강연

인'이 참가하여 일본 정부에 대한 요구가 '교섭'에 머물고 있다고 지적했다. 따라서 초기 조련을 반동적인 일본 정부의 어용기관으로 평가했다.

국제주의적 관점을 견지하면서도 김두용은 민족적 특수 이익에 주목하는 재일조선인 운동을 거론하고 있다. 그는 귀국문제, 식량문제, 징용노동

자 임금 및 수당문제, 사상자에 대한 조의금 문제와 배상문제, 관동대진재 책임자 문책의 문제, 흥생회 해산과 그 재산문제, 조선총독부 및 기타 건물 문제 등에 주목했다. 그리고 김두용은 재일조선인의 생활문제는 근본적으로 의료, 식량, 주택문제로 이러한 문제는 일본인이 갖고 있는 문제와 다르지 않다고 했다. 따라서 재일조선인 운동이 일본 인민의 운동과 합류해야 한다고 주장했다.

해방 전 그의 논지가 이어져 김두용은 실천적 대중 운동을 강조했고 일본운동과의 결합을 적극 천명했다.[13] 특히 김두용은 제대로 조직되지 않고, 운동 속에 있지도 않은 대중을 적극 견인하기 위해서는 문화 활동이 중요하다고 했다. 그리고 이것은 기존의 학교와 강습소 형태로는 불충분하다고 했다. 이를 효과적으로 추진하는 대안은 우선 광범위 하게 운동을 전개하고 음악, 연극, 영화, 스포츠 활동 등을 통해 대중을 사상, 정치적으로 견인할 것을 제시했다.

또한 김두용은 재일조선인운동은 노동자운동, 농민운동과 동일하게 논해지지 않고, 민족문제라는 차원에 종속되어 있다고 비판했다.[14] 그리고 대안으로 재일조선인만의 운동이 아니라 혁명운동 속에서 일본인과 함께 투쟁을 수행할 것을 천명했다.

조련의 비판에서 나아가 국제주의적 관점에서 적극 대안을 제기하던 김두용은 진정한 대중적 조직을 위해서는 청년, 부인, 소년을 각각 별도로 조직하고 직업별로 조합을 결성할 필요가 있다고 했다.

8. 김두용을 생각하는 것은

김두용은 1947년 7월 1일 이전에 북한으로 간 것 같다. 일본에서의 국제주의자로서의 역할을 마감하고 그는 북한을 선택했다.

재일조선인 민족해방운동가 중 가장 적극적인 활동을 했던 인물로 김두용을 거론하는데 그 누구도 주저하지 않는다. 이러한 그는 민족적 관점에서 1945년 해방이 되자 해방이라는 역사적 사실을 가슴으로 맞이한다.

국제주의자였던 김두용은 조선어강습소를 만들었다. 1945년 8월 하순부터 9월 초순에 조선어강습소인 도츠카(戸塚)한글학원을 개설했다. 그리고 전술했듯이 김두용은 조련에서 적극 활동했다. 특히 민족교육과 대중 선전에 주목하여 교과서편찬위원회에 개입했고, 교과서 편찬에도 집필자로서 직접 참여했다.

『해방신문』(1947년 7월 1일)에는 김두용의 글이 있다. 북한으로 가기 직전에 쓴 「조국에 돌아가」라는 제목의 글은 일본에서의 지난 시간을 회고하고 새로운 곳에서의 희망을 피력하고 있다.

> 내가 이 땅에 와서 30년 가깝게 지난다. 민족해방운동에 참가하고 나서도 벌써 20년이 됩니다. 고국의 흙을 밟는 것도 20년만이 됩니다. 고국의 정세도 날마다 변화 해 나가는 이때에, 해방 후 민주과업이 성공리에 진행되고 있는 북조선의 사정도 가까이서 볼 수가 있는 것을 생각하면, 한없는 기쁨이 가슴에 흘러넘치는 것을 금할 수 없습니다. 그리고 이후 북조선에서 일하는 것은 매우 영광으로 가득 찬 것이라고 생각하는 것과 동시에, 반면 예측할 수 없는 곤란도 많을 것임을 생각하지 않을 수 없습니다. 그러나 어디에 있든지 세계에 흉악한 것들이 있는 한, 우리들에게는 아직도 안심하고 살 수가 있는 세상은 오지 않습니다. 이것은 이 일본이나 남조선 사정을 생각해 보면 자연히 알 수 있는 일이라고 생각합니다.

아직 필자는 김두용이 북한으로 간 정확한 시기는 알 수 없다. 북한으로 간 이후 그는 1948년 3월 조선노동당 제2회 대회에서 조선노동당 중앙위원 후보위원 20명 중 16위로 선출되었다. 1949년 1월에는 조선역사 편찬위원회가 설치되자 최근사의 위원 12명의 한 명으로 임명되었다.

1963년 8월 일본조선연구소 조선방문대표단이 북한에 갔다. 당시 조선방문대표단의 일원으로 갔던 오자와 유사구(小沢有作)가 김두용을 만난다. 당시 김두용은 청진 시내의 도서관의 관장을 맡고 있었다.

재일조선인 혁명가 김두용은 일본에서의 국제주의자로서의 길을 접고 북한을 선택했다. 조선과 일본이 아닌, 남북한과 일본에서 김두용은 또 다른 모습으로 존재해 오고 있다.

10

이한빈, 105일 단식투쟁 끝에 옥사한 선진노동자

박준성

1930년 신흥탄광노동자파업 참가
1933년 동방노력자공산대학 입학
1934년 혁명적노동조합 활동
1937년 치안유지법 위반 구속
1943년 105일 단식투쟁으로 옥사

1. 이한빈과 만남

일제 강점기는 물론 지금까지 우리 역사를 통틀어 가장 오랜 시간 단식 투쟁을 벌인 사람은 이한빈李翰彬(1905~1943)이다. 그는 일제 식민지 지배하에 서 치열하게 노동운동, 사회주의 운동을 벌이다가 옥사하였다. 역사의 무덤 에 묻힐 번한 이한빈을 겉으로 불러낸 이는 조선노동조합전국평의회(전평) 위원장 허성택이었다. 나도 몇 차례 짤막한 글로 이한빈을 알렸다. 하지만 아직도 그가 남긴 삶과 투쟁의 흔적은 단편적이고 그 이름은 낯설다.

역사에 '정답'은 없다 해도 '명답'을 찾으려는 노력은 계속된다. 과거의 사 실을 규명하여 역사의 진실에 접근하는 과정에서 어떤 사건이나 인물은 시 대에 따라, 관점에 따라, 밝혀진 자료에 따라 다시 돌아보고 새롭게 평가한 다. 내게 이한빈은 그런 역사 인물이다.

1989년 5월 1일 메이데이 100회를 앞두고 구로역사연구소(현 역사학연구소)에서 회보 특집으로 메이데이 문제를 다루었다. 벌써 25년 전이다. 자료를 찾으려고 '해방공간'에서 나온 전평의 기관지 〈전국노동자신문〉을 뒤적였다. 어렵게 구한 복사본을 읽어나가는데 한 기사가 눈에 확 들어왔다. 전평 위원장 허성택이 1946년 5월 1일 메이데이 기념행사에서 연설할 '메-데-에 제하야 노동자 동무들에게'라는 기념사였다.

1898년 7월, 세계 20개 나라 391명의 노동운동 지도자들이 프랑스 파리에 모여 1890년 5월 1일을 세계 노동자계급의 국제적인 투쟁의 날로 정하였다. 일제 강점기인 1920년대부터 이 땅의 노동자들도 메이데이 투쟁을 벌였다. 해방 후 처음 맞는 메이데이는 1946년 5월 1일이었다. 전평 위원장은 그런 감격스런 메이데이를 어떻게 맞으려고 했을까? 기념사를 꼼꼼히 읽었다. '이한ㅇ 동지'를 소개한 부분에서 눈길이 떨어지지 않았다. 몇 번이나 읽고 또 읽었다. 한자를 섞어 쓴 글을 요즘 말투로 고쳐 본다.

우리들이 60주년 메이데이를 오늘 처음으로 전국적으로 맞게 된 것은 연합국의 덕택과 반일 민족 혁명가들의 거룩한 희생의 선물에서 얻은 것이라는 것을 한 사람이라도 잊어서는 안 되겠습니다. 함남북에서 노동운동을 하던 혁명자들이 망명을 하면서 또는 땅굴 생활과 삼림 생활을 하면서 일제 경찰의 총칼을 방어하기 위하여 몽둥이와 칼을 유일한 무기로 하고 용감하게 싸운 것입니다. 특히 여러분에게 소개하려는 것은 함남 신흥 출생 이한ㅇ李翰ㅇ 동지는 1929년 신흥 탄광 습격 사건으로 망명하다가 1936년 검거되어 5년 형을 마치고 강도 일제가 만들어 놓은 정치 예방 구금소에 구금됨으로부터 '정치 운동자를 내 놓으라' '예방구금소를 철폐하라' '야만적 박해와 비인간적 취급을 하지 말라'는 등 7개 요구를 들고 두 번 단식 투쟁에 적지 않은 승리를 하였으나 놈들은 제일로 미운 그를 죽이기로 결정하고 그에게 온갖 모략, 위협, ㅇㅇ 무고와 테러를 하였기 때문에 분을 이기지 못하여 1943년 3월 1일에 단식으로 들어가게 되었습니다. 놈들은 단식한지 20여일 후에도 만세일계 萬世一系의 황국 일본에 반역자임으로 죽이라고 말로서 다할 수 없는 능욕을 가하였습니다. 그는 단식한지 백오일 만인 6월 13일에 39세를 최기最期로 영원히 세상을 떠났습니다. 뼈만 남았던 그는 죽기 삼일 전에 나에게 부탁하기를, 나는 더 살 수 없으니 나의 뒷일을 동무들이 계승하여 조선 독립을 완성하기를 바라며 만일 동무가 살아 나가거든 동무들에게 일제가 이같이 나를 죽인 것을 전하여 달라고 하는 부탁을 받고 기회를 얻지 못하여 여러분에게 알려 드리지 못하고 오늘 이 기회에 소개합니다. 그는 적과 가장 선두에서 용감하게 싸우다가 비참하게도 장렬한 전사를 하였습니다. 여러분! 우리들의 선배들은 생명을 아끼지 않고 이와 같이 싸웠습니다. 우리들은 선배들의 위대하고 장렬한 투쟁을 본받아 이 기념을 통하여 더욱 굳게 단결하지 않으면 안 되겠습니다.

이 자료를 보면서 먼저 사람이 어떻게 105일 동안이나 먹지 않고 목숨을 지탱할 수 있는지 궁금했다. 일주일 단식도 쉽지 않은데 그렇게 오랜 시간을 버틸 수 있는 의지가 어디서 나왔을까? 다른 사람들이 벌였던 단식 투쟁의 역사를 찾아보았다.

2. 단식을 무기로 싸운 사람들

강제급식장면, 1909.10.29
여성참정권신문

눈에 쉽게 띄는 사례만 보아도 단식투쟁의 역사는 짧지 않다. 유럽에서는 1910년 여성참정권운동가들이 단식투쟁을 시작하였다. 메리 제인 클라크(1852~1910)는 단식투쟁을 벌이다 강제 급식을 당한 뒤 사흘 만에 숨졌다. 1920년 아일랜드 독립운동가인 테렌스 맥스위(1879~1920)는 단식 69일째 혼수상태에서 강제 급식을 당했다. 닷새 후 숨졌다. 맥스위를 숭배했던 인도의 좌익독립운동가

마가트 싱(1907~1931)은 1929년에 "내 석방보다 내 죽음이 대영제국의 분쇄에 더 도움이 될 것이다"하고 외치며 116일간 옥중단식을 벌였다. 죽지 않고 살았다. 마하트마 간디도 75살 나이에 옥중에서 3주간 단식투쟁을 하였다. 1981년에는 북아일랜드 분리주의자 10여명이 옥중에서 55일에서 75일까지 단식을 벌인 끝에 차례로 목숨을 잃었다. 그 가운데 영화 〈헝거〉(2008)의 실제 인물이 아일랜드공화군(IRA) 소속 바비 샌즈(1954~1981)다. 그는 자신을 정치범으로 취급해줄 것을 요구하며 1981년 3월 1일 단식을 시작했다. 66일 만인 5월 5일 몸무게가 71kg에서 39kg까지 빠진 채 감옥에서 죽음을 맞았다. 27살이었다.

우리역사에서도 단식투쟁의 사례는 헤아릴 수 없이 많다. 조선시대 성균관유생들은 시국에 대한 자신들의 요구가 받아들여지지 않을 때 수업거부, 단식투쟁, 동맹휴학으로 맞섰다. 단식투쟁하면 먼저 떠오르는 인물이 한말 의병장 최익현일 것이다. 대마도에 끌려가 '적국의 음식은 먹지 않겠다'며 단식하다 순국했다고 알려졌다. 그는 이틀 단식을 했고, 세달 뒤 감기와 익숙하지 않은 대마도의 풍토, 유배지의 고통이 겹쳐 한 달간 앓다가 75세의 나이로 사망했다.

1920년대 노동운동 농민운동이 활발해지면서 단식을 중요한 투쟁의 전술로 삼기 시작했다. 1923년에는 경성의 5개 고무공장 노동자들이 경성고무여자직공조합을 조직하여 임금인하를 반대하며 연설회를 개최하고 '아사동맹'餓死同盟을 벌였다. 알려지기로 조선 최초의 아사동맹이었다. 아사동맹은 굶어죽을 작정을 하고 싸우겠다는 단식투쟁이다. 1924년 '암태도 소작쟁의' 때 암태도 농민들도 아사동맹을 맺고 7월 8일부터 6박 7일 동안 단식농성을 벌였다. 그 광경을 보도한 『동아일보』 기사다.

대지로 요를 삼고 창공으로 이불을 삼아 입은 옷에야 흙이 묻든지 말든지, 쫄아드는 창자야 끊어지든지 말든지, 오직 하나, 집을 떠날 때 작정한 마음으로 그날밤을 자는 둥 마는 둥 또 다시 그 이튿날을 당하게 되었다(『동아일보』, 1924년 7월 12일)

1925년 2월 서울에 있는 대동인쇄소 노동자들은 회사의 횡포와 노동강도 강화에 맞서 동맹파업에 들어가 단식투쟁을 벌였다. 회사에서는 신직공을 고용하여 파업을 깨려고 했다. 신직공들이 "우리가 아무리 어려운 처지에 있다고 하더라도 동업자가 동맹 파업을 단행하면서 굶다시피 하고 있는데 그 자리에 뛰어들어 남의 밥줄을 빼앗을 수 없다"면서 출근을 거부하였다. 2월 파업 끝에 약속한 합의사항을 회사가 지키지 않았다. 노동자들은 8월에 2차 파업에 들어갔다. 아사동맹을 결의하고 한 사람도 빠지지 않고 단식 농성에 들어갔다.

가까운 현대사에서는 1980년 전남대 총학생회장이었던 박관현이 1982년 내란중요임무 종사 혐의로 모진 고문을 당하다 50일간 옥중 단식투쟁 끝에 목숨을 잃었다. 김영삼, 김대중도 대통령이 되기 전에 단식투쟁을 벌인 경험이 있다. 심지어는 전두환도 1995년 12월 12·12군사반란과 5·18광주민중학살 주범으로 안양교도소에 수감되자마자 단식을 벌여 "개나 소나 다 단식을 하나" 하는 소리를 들었다.

2004년과 2005년에는 지율스님이 한국고속철도(KTX) 천성산 구간의 공사를 중단해서 도롱뇽을 살리자며 100여일씩 두 차례나 단식을 했다. 2008년에는 기륭전자 김소연 분회장이 비정규직 문제 해결을 촉구하며 94일 동안 (6.11~9.12) 단식투쟁을 벌였고, 유흥희 조합원이 67일 단식으로 버텼다. 2012년에는 쌍용자동노동조합 김정우 지부장이 쌍용자동차 정리해고 문제 해결을 촉구하며 41일 동안(10.10~11.19) 단식투쟁을 벌이다 병원에 실려 갔다. 최근에는 2014년 4월 16일 세월호 참사로 딸 유진이를 잃은 김영오 씨가 기소권·수사권 보장을 통해 진상을 규명하라고 요구하며 45일 동안 단식을 했다. 글을 쓰고 있는 지금도 최일배 코오롱 해고노동자가 40일 가까이 곡기를 끊고 싸우고 있다.

사람이 살아가려면 먹어야 한다. 한 끼라도 먹지 않으면 배고픈 고통이 따르기 마련이다. 오랫동안 굶으면 끝내는 죽는다. 단식 투쟁은 힘없는 사람들이 자신의 몸에 가해지는 고통과 죽음을 걸고 싸우는 처절한 저항이다. 단식 투쟁 소식을 들을 때마다 허성택의 연설문이 떠오르고 이한빈의 모습이 어른거렸다. 이한빈은 지고한 뜻을 품고 온 몸을 던져 싸웠던 혁명가였다. 비인간적인 폭력에 맞서 인간의 자존과 존엄을 지켜내려고 목숨을 걸고 싸웠다.

3. 이한빈의 이름과 사진

허성택의 연설문을 읽으면서 또 하나 궁금했던 점은 李翰 다음에 보이지 않는 이름 한 글자였다. 내가 처음 본 자료가 복사본이라 인쇄가 잘 못돼서 안보이나 싶었다. 그 뒤 나온 영인본도 마찬가지였다. '이한○ 동지'의 보이지 않는 이름 한 글자 때문에 여러 가지 생각이 떠올랐다. '이한○ 동지'는 허성택이 소개해서 이름 가운데 두자나마 남길 수 있는 것 아닌가.

우리가 보는 역사는 과거 사실의 일부를 선택해서 재구성한 결과이다. 선택되지 못한 역사의 뒤편에도 수많은 노동해방 민족해방의 전사들이 있었다. '계급'과 '민족'과 '민중'과 '대중'이라는 일반 명사 속에, 또는 나열되는 참가자 숫자 속에는 개개인들이 자리 잡고 있다. '이한○'의 보이지 않는 이름 한자 '○'이 드러나지 않은 숱한 이름들의 기호처럼 보였다.

지나간 역사를 돌이켜 보면 노동운동 · 민중운동 · 변혁운동에 참여했던 사람들은 자신의 활동을 기록으로 남기지 못한 경우가 많다. 글을 제대로 배우지 못한 사람도 있고, 글을 알더라도 기록을 남길 틈이 없었다. 기록했다 하더라도 온전히 보관해 두기가 힘들었다. 그 기록이 자신뿐만 아니라 조직과 동지들을 옭아매는 올가미가 될 수 있기 때문이다. 때로 언론의 기사나 탄압자들의 취조 기록 속에 그들의 삶과 투쟁의 흔적이 남아 있다. 그러한 기록 역시 진실의 일부만을 담고 있을 뿐이다. 반면에 일제 식민지 시기 다양한 방식으로 친일의 길을 걸었던 자들이 남긴 기록들은 두툼하고 화려하다. 그 또한 자신들의 실체를 그대로 드러낸 것이 아니다. 숨기고 싶은 부분은 빼버리고, 빼버리기는 아쉬우나 그래도 껄끄러운 부분은 교묘하게 변명하고 분장했다.

허성택의 기념사를 보면서 처음에는 105일 동안이나 어떻게 단식했는지, 보이지 않는 이름 한 글자는 무엇인지 궁금했다. 점점 그의 삶과 투쟁 전체를 알고 싶었다. 깊이 알아볼 짬을 내지 못하고 이름 한자가 빠진 '이한○ 동지'에 대해 짤막하게 글을 썼다. 노동운동사 강의 때마다 허성택의 연설문을 소개하고 다녔다. 시간이 흘러갔다. 어느 날 전평을 연구하는 역사학연구소의 안태정 선배가 『해방일보』에도 같은 내용이 실렸다면서 기사를 복사해주었다. '이한○'의 마지막 이름자부터 찾았다. '빈(彬)'이었다. 이한빈(李翰彬)! 이름을 온전히 찾았다. 사람 이름 석자를 알았다고 해서 그렇게 기쁜 적이 없었다. '이한빈' 한 사람 이름을 찾았을 뿐인데 그 이름이 온 몸으로 역사의 물길을 바로 잡으려 했던 숱한 이름 없는 전사들을 대표하는 느낌이 들었다.

또 몇 년이 지났다. 서울대 도서관 규장각에서 자료 복사 신청을 해놓고 기다리는 동안 참고 열람실 책꽂이에서 국사편찬위원회에서 나온 『한민족독립운동사자료집─별집』을 보았다. 일제 식민지 시대 검거 투옥되었던 인사들의 신상기록 카드와 사진을 모아 가나다순으로 출판한 자료집이었다. 이씨 성을 가진 이름 쪽부터 찾았다. 아, 여기에 이한빈(李翰彬)의 신상기록 카드와 함께 사진까지 실려 있지 않은가.

서대문 형무소에서 1937년 9월 29일 찍은 사진이다. 이름 세자도 다 몰랐던 이한빈을 이제 사진으로 얼굴까지 보게 되었다. 감정을 추스를 사이도 없이 눈물이 주루룩 흘렀다. 감격스럽고 서러운 감정이 교차되었다. 수감

중이라 머리는 빡빡 깎았다. 눈이 크고 이목구비가 또렷하다. 선하면서도 단단한 풍모다. 고개를 살짝 갸우뚱하게 기울이고 찍은 사진의 얼굴에 어떤 탄압과 회유에도 결코 굽히지 않겠다는 의지와 결의가 담겨 있다. 신상카드를 살펴보았다. 1905년에 태어났고, 본적, 출생지, 주소가 모두 함경남도 신흥군 가평면 풍상리 319번지다. 직업은 농업이다. 키가 1미터 64로 되어 있다. 키에다 사진의 인상 합쳐 보았다. 단단하고 날렵한 날쌘돌이가 연상되었다.

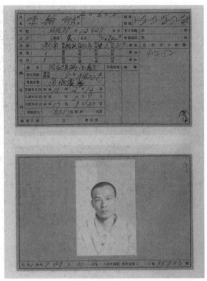

이한빈 신상카드와 사진

4. 신흥탄광습격사건과 동방노력자공산대학 시절

신상카드에는 이한빈이 어떤 사건에 연루되어 치안유지법위반으로 5년형을 언도받았는지는 기록되지 않았다. 허성택은 기념사에서 이한빈이 1929년 신흥탄광습격사건으로 망명하다가 1936년 검거되어 5년 동안 감옥살이를 마치고, 정치예방구금소에 잡혀 들어가 1943년 죽음에 이르는 단식투쟁을 벌이다 옥사했다고 알려 주었다.

허성택은 '1929년 신흥탄광습격사건'이라고 했는데 1930년을 착각한 것 같다. 신흥탄광은 함경도 신흥군 가평면 장풍리에 있던 조선탄업주식회사 장풍탄광을 말한다. 장풍탄광은 흔히 함흥탄광이라고 부를 정도로 함경남도에서 가장 규모가 큰 탄광으로 노동자 500~600명이 일하고 있었다. 1930년

5월 3일 함흥탄광 노동자 200여명이 임금인상, 노동조건 개선, 무조건 해고 반대, 배급품 가격 인하, 노조설치 간섭 반대 같은 12개조의 요구를 내놓고 1차 파업에 들어갔다. 협상안이 만들어졌으나 회사측은 이를 무시하고 앞장섰던 노동자들을 해고했다. 노동자들은 파업위원회를 구성하고 습격대를 만들었다. 6월 22일 새벽 다시 투쟁에 나선 노동자들은 먼저 탄광사무소와 전기발전소를 습격했다. 곧 바로 탄광 안으로 들어가 전선을 끊고, 인양기와 곳곳의 구조물들을 파괴했다. 관리자와 이탈자들의 사택도 그냥 두지 않았다. 탄광은 마비되었다. 함남 경찰부와 함흥서의 무장경관 50~60명이 투입되었다. 100여 명이 넘는 노동자들이 잡혀가고 23명이 구속되었다.

해방 후 1948년에 나온 『사회과학사전』에서는 '신흥탄광파업과 폭동'을 "파업이 폭동화한 것은 이것이 조선 최초의 것"이라고 평했다. 1930년대 전반 노동자 파업투쟁에 미친 영향도 컸다. 신흥탄광이 있던 가평면은 바로 이한빈의 고향이었다. 신흥탄광 노동자들이 파업투쟁을 벌였을 때 26살이던 이한빈이 어떤 역할을 했는지 드러나지 않는다. 구속되었다 풀려났는지도 알 수 없다. 신흥탄광습격사건 이후 '망명'했다는 것을 보면 잡히지 않고 도망쳐 조선을 떠난 것 같다. 그럴 만큼 깊숙이 참여 한 것으로 보인다.

망명 이후의 행적이 묘연했다. 우동수가 쓴 「조선공산당 재건운동과 코민테른 ―동방노력자공산대학 졸업자들의 활동을 중심으로」(『일제하 사회주의 운동사』, 한길사)에서 이한빈을 다시 만났다. 부록에 실은 '동방노력자공산대학 조선인 출신자의 인적사항과 활동경력'에 이한빈 이름이 실려 있다. 1932년 11월에 입학하여 1934년 6월에 졸업했는데, 1933년 2월에 준비과에 입학하고, 1933년 9월에 속성과로 진급했다는 내용도 쓰여 있다. 시간 순으로 보면 1932년 11월에 입학해서, 1933년 2월에 준비과에 입학하고, 1933년 9월에 속성과에 진급한 뒤, 1934년 6월에 졸업한 것이다.

우동수는 논문에서 동방노력자공산대학은 원래 3년제였는데 1927년 이후 1년의 예비과가 설치되어 4년제로 바뀌었고, 1930년에는 예비과를 폐지하고 1년의 속성과를 설치했다고 한다. 그렇다면 1933년에는 속성과만 있었을 텐데, 이한빈이 준비과에 입학했다가 속성과에 진급했다는 것은 어떻게 보아야 할지 모르겠다. 확실한 사실은 이한빈이 1년 이상 동방노력자공산대학을 다녔다는 것이다. 그때 함남 신흥 출신 이둔호, 이진호도 같이 입학하였다. 신흥탄광투쟁에 참여했던 노동자들로 보인다. 이들은 면접에서 투쟁과 조직활동 경력이 부족하다고 자격미달로 입학이 어렵게 되었다. 입학 원칙인 사회주의 조직이나 유력한 사회주의자의 추천이 없었기 때문일 수도 있다. 그때 배석했던 조선민족부 교관 김정하가 도움을 주었다. 이동휘의 사위이며 함경남도 출신인 김정하가 신흥탄광노동자투쟁과 이들의 활동을 알고 추천한 것이 아닐까 싶다. 입학과정에서 겪은 우여곡절을 보면 그때까지 이한빈은 사회주의 조직 활동 경험은 없었던 것 같다.

동방노력자공산대학은 1921년 4월 21일 코민테른집행위원회가 소비에트 러시아 내부의 동방 소수민족과 그 밖의 약소민족의 혁명간부를 양성할 목적으로 세운 교육기관이다. 모스크바공산대학 또는 극동공산대학으로 불리기도 한다. 중국의 덩샤오핑, 류사오치, 베트남의 호치민이 이 학교 출신이다. 비교적 귀에 익은 조선인으로는 고광수, 권오직, 김만겸, 김명시, 김용범, 김정하, 방호산, 오성륜, 정달헌, 조두원, 조봉암, 조일영, 조훈, 주세죽, 최성우, 한빈, 허정숙 같은 사람들이 이 학교를 나왔다. 이한빈을 소개한 전평위원장 허성택도 동방노력자공산대학을 나왔다. 우동수의 자료에는 허성택이 1933년 졸업했다고

동방노력자공산대학

하는데, 『한국사회주의운동인명사전』에는 1934년으로 되어 있다. 어느 쪽
이던 이한빈과 허성택은 공산대학에서 만났을 가능성이 있다.

　동방노력자공산대학의 조선학부는 1921년 5월에 만들어졌으며, 건물은
모스크바 트베르스코이 블리바르거리 13번지에 있었다. 1930년대 초반 공
산대학 내에 조선민족부가 설치되었다. 조선민족부는 당시 코민테른이 유
일하게 인정한 조선의 공산주의그룹이었다. 이한빈이 다닐 무렵인 1932~34
년 당시 공산대학 조선민족부 교관은 김단야, 최성우, 김정하, 한동익, 김신
복, 박니키호리, 김아파나스였다. 그 가운데서도 김단야, 최성규, 김정하는
「코뮤니스트」의 편집위원을 지낸 인물들이다. 「코뮤니스트」는 1928년 코민
테른 지부 승인이 취소된 조선공산당을 대신하여 한국사회주의 운동의 최
상급 기관으로 설립된 조선위원회가 발간한 잡지였다. 1934년 조선민족부
책임자는 김단야였다. 김단야는 모스크바의 국제레닌대학을 다녔고, 최성
규와 김정하는 동방노력자공산대학 출신이다.

　공산대학 속성과의 교과목은 러시아공산당사, 코민테른사, 정치경제학,
레닌주의, 민족문제, 식민지문제, 농민문제, 제국주의론, 플로레타리아독재,
조직문제, 자국문제, 군사학, 유물변증법 등이었다. 1933년부터는 군사학을
개설하여 본격적으로 군사교육을 했다. 교관들은 대부분 당대 최고 수준의
사회주의 혁명가들이었다. 탄광 노동자출신 이한빈은 공산대학을 다니는
동안 사회주의 사상을 체계적으로 학습하고 사회혁명과 민족해방운동의
활동가로 거듭날 수 있는 훈련을 받게 되었다.

5. 목숨을 던진 단식투쟁

　이한빈은 1934년 6월 공산대학 속성과를 마친 뒤 함께 학교를 다닌 이둔
호와 조선으로 돌아왔다. 군수품공장을 중심으로 혁명적노동조합 조직 활

동을 했다. 장진강수력발전, 신흥수전저수지제언방비를 위한 고사포배치상
황, 흥남질소비료공장의 군수품제조현황을 조사하고, 김용석, 박수복을 통
하여 코민테른에 보고하기도 하였다. 반 년 쯤 뒤인 1935년 1월 16일 이한
빈이 고향에서 잡혔다는 소식이 신문에 실렸다.『조선중앙일보』1935년 2월
21일자 기사였다.

> 다년간 해외에 나가 소식이 묘연하던 이한빈은 본적지인 신흥군 가평면
> 풍상리로 돌아왔다가 소관 가평면 주재소에 소환되어 다시 신흥경찰서
> 로 압송되었다는 데 이한빈은 과거 신흥에서 각 사회단체에 간부로 있
> 었던 만큼 그 사건내용은 비밀에 붙임으로 알 수 없으나 모종 중대사건
> 에 관련된듯하여 주목

　1937년 6월 21일 이한빈은 '군수공업지대 흥남을 중심으로 적색운동의 지
하공작을 꾀하고 쏘비에트 정부와 연락을 취하여 군사탐정'을 벌였다고 검
사로부터 5년형을 구형 받았다. 6월 28일 함흥지방법원은 구형보다 1년 높
은 징역 6년형을 언도했다. 이 판결에 불복하여 공소한 결과 1938년 2월 14
일 경성복심법원에서는 공소에 이유 있다고 받아들여 이한빈에게 치안유
지법위반으로 징역 5년, 군기보호법위반은 무죄를 선고했다. 바로 상고했
으나 1938년 5월 9일 고등법원은 상고를 기각하고 5월 13일 치안유지법위
반으로 징역 5년을 확정했다. 앞에서 본 신상카드에 따르면 이한빈은 고등
법원 상고가 기각된 1938년 5월 9일일부터 1942년 9월 20일까지 서대문형무
소에서 감옥살이를 하였다. 사진 찍은 날짜가 1937년 9월 27일이니까 유치
되기는 그 이전부터였다. 이한빈은 서대문형무소에서 5년형을 다 살고도
짧은 시간의 자유조차 누려보지 못한 채 바로 예방구금소에 갇혔다. 전향
하지 않는다고 1941년 5월 15일부터 시행된 치안유지법개정법률을 덮어씌
운 결과였다.
　일제는 1925년 5월 치안유지법을 시행하여 국체를 변혁하거나 사유재산

제도를 부인하는 것을 방지한다는 명목으로 사회주의운동을 포함한 민족해방운동을 탄압하였다. 나아가서 1936년 12월에는 조선사상범보호관찰령을 시행하였고, 1941년 2월에는 조선사상범예방구금령을 시행하여 정치예방구금소를 두었다. 1941년 5월 조선사상범예방구금령은 폐지되고 치안유지법개정법률이 시행되었으나 조선사상범 예방구금제도는 계속되었다. 정치예방구금소는 전향하지 않은 사상범을 검거하여 격리 수용한 서대문구치소 안의 강제수용소였다. 해방이 되었을 때 예방구금소에서 풀려난 사람들은 끝까지 전향하지 않고 비타협투쟁을 벌였던 사회주의자 · 민족해방운동가들이었다.

예방구금소에 갇힌 이한빈은 1942년 9월부터 1943년 2월말까지 굽히지 않고 옥중 투쟁을 벌였다. 예방구금소 철폐, 정치사상범 석방, 야만적 박해 중단 같은 요구를 내세우고 두 차례나 단식투쟁을 벌였다. 신흥탄광 투쟁과 공산대학의 학습, 이후 활동 경험이 큰 힘이 되었을 것이다. 일제는 갖은 모략, 위협, 무고와 테러로 이한빈의 양심과 사상, 신념을 짓눌렀다. 1943년 3월 1일, 1919년 3·1만세 시위가 벌어진 뒤 24주년 되는 날이다. 이한빈은 목숨을 걸고 마지막 단식투쟁에 들어갔다. 105일 만인 1943년 6월 13일 39살 나이로 끝내 목숨을 잃었다. 허성택은 정치예방구금소에 같이 갇혀 있으면서 이한빈의 옥중투쟁과 최후를 지켜보았고, 마지막으로 전하는 말을 들었다.

6. 되살아나는 기억

허성택이 소개한 기념사에서 시작하여 내가 이한빈의 삶과 투쟁을 보여주는 조각들을 모아 퍼즐처럼 맞춰보기 시작한지 25년이 지났다. 1905년부터 1929년까지 25년 동안 이한빈이 어떻게 살았는지 아직까지 어떤 흔적도

찾지 못하였다. 1930년부터 1943년까지 14년 동안도 가까스로 삶의 궤적을 이어보았을 뿐이다. 짐작과 상상으로는 더 많은 이야기를 할 수 있으나 이한빈이 동의할지 장담할 수 없다. 더 이상 나가지 말고 여기서 한 매듭을 묶고, 언젠가 한 번 더 이한빈에 대해 다시 글을 쓸 수 있는 날이 오기를 기다리는 것이 좋겠다. 글을 끝내기 전에 꼭 전하고 싶은 말이 있다. 죽음을 눈앞에 둔 이한빈이 왜 자기가 목숨을 걸고 단식 투쟁을 벌였는지 그 목적과 의미를 '동무'들이 알아주기를 바랐다는 점이다.

나는 더 살 수 없으니 나의 뒷일을 동무들이 계승하여 조선 독립을 완성하기를 바라며….일제가 이같이 나를 죽인 것을 전하여 달라.

1946년 5월 1일 메이데이 집회에서 허성택이 이한빈을 소개한 마지막 대목은 결코 과장이 아니었다.

그는 적과 가장 선두에서 용감하게 싸우다가 비참하게도 장렬한 전사를 하였습니다. 여러분! 우리들의 선배들은 생명을 아끼지 않고 이와 같이 싸웠습니다.

1946년 5월 1일 메이데이 서울 집회는 조선노동조합전국평의회(전평), 조선공산당, 경성지방평의회(경평)가 공동으로 주최하였다. 서울운동장 야구장에 모인 노동자들 수가 주최 측 추산으로 20만이었다. 물론 과장된 수일 터이지만 해방 후 처음 치르는 메이데이 행사라 어마어마한 노동자들이 모였다. 허성택이 이한빈 소개를 마치면서 "우리들은 선배들의 위대하고 장렬한 투쟁을 본받아 이 기념을 통하여 더욱 굳게 단결하지 않으면 안 되겠습니다"하고 호소했을 때 노동자들은 서울운동장이 떠나갈 듯 "이한빈!" "이한빈!"을 연호했을지 모른다. 아니면 잠시 숨죽여 가슴 속에 그 이름을 새겼을 수도 있다. 아마 모두들 속으로 '혼자 끝까지 단식투쟁을 벌이다 보면

죽을 수밖에 없다. 함께 힘 모아 싸워야한다'고 다짐했을 것이다. 목숨을 걸고 단식투쟁을 벌이는 '동지'들을 살리는 길은 관심과, 지지와, 연대와, 함께 싸우는 행동이다.

11

방한민, 일제강점기 언론·교육운동의 선구자

전명혁

1920.3~1921.3 『조선일보』 창립기자, 배일기사로 해
　　　　　직, 『동아일보』 기자
1922.4 니혼(日本)대학 사회경제학부 입학, 『문화
　　　　신문』 발행
1923.1 간도 용정에서 대성학교 교사 → 동양학원
　　　　설립
1923.8 '일제공관파괴 및 요인 암살계획사건'으로
　　　　체포, 징역 10년형
1929.6 '조선공산당재조직준비위원회사건'으로 체
　　　　포, 징역 7년형
1946년 민족주의민족전선결성대회에 무소속 참여

1. 출생과 성장

아성牙城 방한민方漢旻(1900~1950?)은 1900년 1월 16일 충청남도 논산군 강경
면 북정 77번지에서 아버지 방규석方圭錫과 어머니 조현정의 차남으로 출생
하였다. 그의 부친 방규석은 철종 13년인 1862년 임술 농민항쟁 시기에 태
어나 고종 22년(1885년) 무과에 합격하여 무반 3품직인 해방영간역청상가
자통정海防營看役請賞加資通政을 지냈고, 1908년 민회 의장으로 선출되었으며
1910년 한일합병 이후에도 15년간 강경면과 성동면장으로 추대된 바 있다.

방규석은 당시 면민들의 신망을 받아 1921년 성동면장 재직시에 공렴비가 세워졌으나 1926년 1월 논산군수 후지이(藤井熊之助)에 의해 사직 권고를 받았다. 이에 당시 성동면민들은 면민대회를 열고 부당한 사직에 대해 격렬히 항의하며 면장 유임운동을 벌이기도 하였다.

방한민은 성질이 온순하고 영특하였으며 다섯 살 때 서당에서 수학하였고, 여섯 살 때 보통학교에 입학하여 4년 과정을 마치고 보습과補習科 2년 과정을 졸업하였다. 또한 15세 때 공주농학교를 입학하여 3년 수료 후, 수원 권업모범농장(수원농림전문학교)에서 약 1년 간 잠업을 공부하고 실습하였다. 방한민은 19세에 김해 김씨 현규의 여식 김한배金漢培와 결혼한 후 슬하에 독자 방준영方駿榮을 두고 1919년 동경에 있는 니시하라西原 잠계蠶系 전문학교에 유학했다. 그러나 몸이 아파 학업을 포기하고 1년 후 고향으로 되돌아와 요양하였다.

이 무렵 방한민은 일본제국주의의 무단통치에 항거하는 전민족적 항일운동인 3·1운동을 겪으면서 점차 일제에 저항하는 정치의식에 눈을 뜨게 되었다. 이때부터 그의 손에는 잠업서적 대신 문학과 사회과학 서적들이 쥐어졌다.

2. 항일 언론운동의 선구자 방한민

1920년 방한민은 고향인 논산을 떠나 서울에 상경하였다. 이 무렵은 3·1운동 시기 우리 민중의 격렬한 저항에 놀란 일제가 '문화정치'를 표방하여 표면적이나마 언론, 출판, 집회, 결사의 자유를 허용하면서 『동아일보』와 『조선일보』 등 우리 민족 신문 발간이 추진되고 있었다.

서울에 올라간 방한민은 창간준비를 하는 조선일보사에 엄격한 입사시험을 통과하여 입사하게 되었다. 『조선일보』는 3월 5일에 창간하여 총 16면으로 창간호를 내놓았는데 창간 23일 만인 1920년 3월 28일자 신문부터 조선총독부 경무국에 압수당하기 시작하였다. 『조선일보』의 창간은 친일단체인 대정친목회가 주도했지만 1920년대에는 '항일'적 논조로 수차례 기사 압수를 당했다.

방한민은 『조선일보』의 사회부 기자로서 최국현崔國鉉, 홍덕유洪惠裕 등 반일사상이 투철한 젊은 엘리트 기자들과 더불어 반일기사를 활동하게 되었다. 한편 방한민은 그의 형 방한승方漢昇은 『동아일보』창립 기자로, 동생 방한호方漢昊는 중외일보 기자로서 3형제가 모두 기자로 활동한 것으로 유명하였다.

당시 방한민은 일제의 이른바 문화정치의 회유책동을 분쇄하기 위해서는 신문기자의 양심을 지켜 식민지 강점자 일제와 친일 매국역적들의 죄악상을 가차없이 폭로 단죄하면서 민족의 가슴속에 항일의식을 심어주는 것이 무엇보다도 중요하다고 생각하였다. 그는 1920년 6월 9일자 '조선 민중의 민족적 불평: 골수에 심각深刻된 대혈한大血恨의 진수眞髓'라는 기사에서 다음과 같이 일본군국주의를 비판하였다.

> 일찍이 일본 군마의 발굽에 함부로 짓밟힌 조선민중은 누구누구 할 것 없이 모두 일본 군인을 두려워하였고 총과 칼을 무서워하였다. 그 뒤로부터 일본정부는 군인을 내어 보내 당시의 (통감부)로 하여금 조선 전체의 땅덩어리를 한 손에 주무르고 조선민족 전체를 총끝과 칼끝으로서 주무르려 하였다. 조선민중은 눈물을 흘리며 벌벌떨기를 오래하였다. 우는 아이가 울 때에 아이고 **왜놈** 온다 하는 것이 울음을 그치는 오직 한가지 모책이었다. 검은 두루마기를 입은 사람만 보아도 어린아이들과 부녀자들은 아이고 **왜놈** 하고 달아난다. 그러한 것을 보더라도 능히 알 바이거니와 그동안에 일본사람이 총과 칼로서 조선민족을 쓸어 죽이려 한 것은 밝은 사실이 증명하는 바이라. (삭제) 총과 칼로서 인도와 정의로 삼는 일본의 군국주의는 말할 수 없이 조선 민족을 학대하고 조선민족을 멸망케 하려 하였다.

　방한민은 이 기사에서 특히 '왜놈'이라는 표현에 강조점까지 찍어 일제를 통렬히 비판하였다. 이 '조선 민중의 민족적 불평'이란 제목의 기사는 총독부의 압력으로 10회 연재로 중단되었다.

　일제는 방한민이 독립운동 관련취재에서 수차 특종을 내자 그가 쓴 기사를 문제 삼아 조선일보사에 발행정지를 수차례 명하였다. 1920년 7월 12일 3·1운동 관련자 48인의 공판이 경성지방법원에서 개정되자 "작년(1919년) 3월 1일 선명한 빛 아래에서 정의와 인도를 이용하여 대한독립만세를 높이 부르다가 그대로 서대문 감옥에 들어가 오늘까지 신음하여 오던 천도교 교주 손병희 이하 48명의 공판이 진행됐다 … 푸른날 검정구름 한 조각에서는 눈물인지 핏방울인지 굵은 물 몇 방울이 떨어지고 있다"고 3·1운동의 감격과 회한을 상기시키며 당시 공판 내용을 생생히 보도하였다.

　이어 7월 14일자부터는 48인의 심문 모습을 게재하여 일제는 긴급히 발매금지 명령을 내려『조선일보』는 반포 금지를 당하였다. 이 기사는 무기명으로 되어 있지만 당시 독립운동 관련 취재를 주로 맡고 있던 방한민의 기사로 여겨진다.

　『조선일보』는 1920년 8월 27일 '자연의 화化'란 사설이 문제가 되어 1920년 8월 27일부터 9월 2일까지 7일간 한국 민간 신문사상 처음으로 정간 처분을 당하기까지 하였는데 당시 그 기사는 방한민이 쓴 것으로 알려졌다. 당시 조선총독부 경무국은 조선일보사 발행인을 호출하여 배일색채의 기자 축출을 강요하여, 결국 방한민을 비롯하여 최국현 등 3명의『조선일보』기자가 해직되고 말았다.

　암흑기의 일제에 항거하면서 열정적으로 기자의 양심을 걸고 기자의 역할을 수행하다가 일제의 식민통치기구인 조선총독부의 강요에 의해 조선일보사에서 물러나온 방한민은 치밀어 오르는 의분을 가라앉힐 수가 없었다.

　그는 1921년『동아일보』기자로 있던 형 방한승의 도움으로『동아일보』편집기자로 입사할 수 있었다. 1920년 4월 1일 창간한『동아일보』는 '조선

민중의 표현기관을 자임'한다는 창간의 취지를 내걸고 수난을 무릅쓰고 민족의 진로를 개척하는데 힘을 다하고 있었다.

방한민은 『동아일보』에 입사해서도 계속적으로 반일 색채가 짙은 글과 기사들을 정력적으로 게재하였다. 당시 3·1운동 2주년을 맞이하여 연재한 『동아일보』(1921.3.4) '일본 친구여'는 총독부 경무국에 의해 압수당하였다.

> 아! 일본친구여, 우리로 하여금 속에 서리고 서린 說話와 가슴이 아프고 쓰린 심정을 충분히 토로케 하라. … 아! 일본친구여, 우리로 하여금 忌憚없이 터놓고 말하고자 하노라. 한일병합 후 과거 10년간에 그대는 총독부가 우리들에게 무엇을 주었다고 생각하는가 … 朝鮮 全道에 그물 늘어놓듯 하였던 저 유명한 '헌병제도'는 무엇을 의미하며 조선 전체에 자갈을 물려 일언반구의 심사를 吐치 못하게 하였던 저 유명한 '언론압박'은 무엇을 의미하였던가.
> 우리는 솔직하게 말하노라. 이 모든 것은 곧 조선인이 당시 총독정치에 대하여 불평을 抱한 까닭이며 불평의 폭발을 막고자 한 까닭이라 하노라. 그러나 타는 불을 옷깃으로서 가리울 수 있으며 흐르는 물을 손으로 막을 수 있는가. 이 不平은 폭발되고 말았도다. …

이무렵 『동아일보』는 1921년 6월~8월까지 무려 73회에 걸쳐 '니콜라이 레닌은 어떠한 사람인가'라는 표제 아래 러시아혁명을 성공으로 이끈 레닌의 일생과 활동 등이 연재되고 있었다. 또 이 시기에 창간된 『개벽』, 『공제』, 『아성』, 『신생활』 등의 잡지에 맑스의 계급론, 프롤레타리아 독재에 대한 사상, 크로포트킨의 상호부조론 등 사회주의와 아나키즘에 대한 글들이 게재되는 등 사회주의 이념이 수용되기 시작하였다.

또 1922년 1월과 4월 '김윤식 사회장사건'과 '사기공산당사건'이 일어나 민족운동 내부에 이념과 노선이 분화되어 그 과정 속에서 사회주의세력이 민족해방운동의 주도적 세력으로 부상하게 되었다.

이 무렵 방한민은 국내 언론에 반일의식을 고취시키는 기사를 통해 일제에 저항하는 활동보다도 더욱 본격적으로 일제에 투쟁하는 활동을 모색하게 되었다. 그는 이러한 생각을 실행에 옮겨 다시 일본에 건너가게 되었다.

도쿄에 건너간 방한민은 1922년 4월경 니혼대학(日本大學) 사회경제학부에 입학하여 정치경제학을 전공하며 각종 사회과학 서적을 공부하였다. 당시 방한민은 대부분의 조선인 유학생들이 그러하듯이 신문배달이나 우유배달 등 고학을 하면서 대학을 다녔다. 당시 방한민과 문화신문을 발기했던 도요대학(東洋大學) 철학과에 다녔던 정창선鄭昌先은 자신의 유학생활을 다음과 같이 회고하였다.

> 나는 그 동안 10리나 되는 배달配達을 가서 4백여 장을 배달하였다. 그리다 7,8일 전에 발에 못을 찔리어서 보행步行을 엇지 못 하야 10리가 넘는 먼 곳에 나의 사랑하는 정군鄭君을 대신 부탁하고 상床에 누워서 돌아올 때를 기다리노라고 식은 밥을 노코-이때나 저때나 바라는 나사첩四疊 다다미 작은 방 속에서 낫이나 밤이나 울울鬱鬱한 심사心思를 억제치 못하는 나-우리네 동지가 만약 목견目見하면 동정의 일루一淚를 아끼지도 아니하리라. 중상은 아니다. 그러나 어느 때 완치될는지 기일이 망연하다. (『개벽』 제10호, 1921.4.1.)

이와 같이 아침에는 신문배달을 하면서 고학을 하고 낮에는 대학을 다니면 방한민은 뜻을 같이는 유학생들을 모아 '문화신문'의 창간을 준비하였다. 일본 도쿄에서 방한민이 발행한 조선어 신문인 '문화신문'이 발행되었다는 소식은 국내에 전해져 1922년 7월~12월 『조선일보』와 『동아일보』에 다음과 같은 기사가 실렸다.

> 동경 유학생 정창선, 방한민씨 외 10여인의 발기로 조직된 문화신문은 지난달 18일에 발행하기로 되었던바, 여러 가지 사정으로 인하여 지연되더니 지난 15일에 창간호를 발행하였는데 '민족의 철학으로 본 조선 문화의 장래'라는 긴 논문을 시작하여 중국인 기타 우수한 청년의 충실

한 논문 10여건이 되었는데 근래에 발행하는 유학생의 잡지로는 매우 충실하게 되었으며 그 신문의 주간 방한민씨는 사무를 가지고 입신 체재 중이라더라. (『조선일보』 1922.7.12.)

방금 동경 동양대학에 재학 중인 정창선 군과 일본대학에 재학 중인 방한민 군 등 다수 한류 학생의 발기로 文化新聞이라는 월간잡지를 발행한다는데 창간호는 來 이십오일에 발행되리라더라. (『동아일보』 1922. 10.18.)

동경 유학생 정창선씨와 십여 인의 발기로 11월 15일에 동경에서 창간호를 발행하려던 문화신문은 여러 가지 사정으로 발행이 지체되던 중 지난 15일에 창간호가 발행되었는데 내용은 '민족성 철학으로 본 조선문화의 장래, 교육의 혁명, 민족운동과 사회운동' 외에 여러 가지 취미 있는 기사가 만재되었더라. (『동아일보』 1922.12.21.)

이러한 신문 내용을 종합해 보면 방한민은 정창선 등 10여명과 1921년 6월 15일 경 월간지『문화신문』을 창간하였는데, 그 내용은 '민족성 철학으로 본 조선문화의 장래', '교육의 혁명', '민족운동과 사회운동' 등을 주제로 한 논문으로 구성되어 있었음을 알 수 있다. 한편 1922년 7월에 니가타현에서 조선인 노동자 학살사건이 발생하였다. 이는 일본 니가타현(新潟縣) 신월信越 전력회사가 1921년 겨울부터 신농천信濃川이란 곳에 동양 최대의 수력발전소를 건설하는 공사현장에서 노예 같은 강제노동으로 고역을 견디다 못해 도망치는 조선인 노동자 백여 명을 학살한 사건으로, 당시 국내외에 큰 파문을 일으켰다.

당시 국내와 일본에 있는 조선인 사회단체는 이 사건의 진상을 규명하기 위해 현지에 조사단을 파견하였다. 당시 국내에서는 1921년 1월에 조직된 서울청년회가 김사국을 보내어 이 사건의 진상을 조사하도록 하였다. 김사국은 1922년 8월경 조사결과를 가지고 귀국하였다. 방한민과 서울파의 지도자 김사국과의 인연은 여기에서 비롯된 것으로 여겨진다.

당시 방한민 등이 창간한 『문화신문』은 이사건의 진상을 자세히 보도하고 조선 유학생들의 항의 데모를 조직하여 일본의 만행을 규탄하였다. 이에 일본 당국자들은 치안을 방해한다는 이유로 문화신문의 발행 정지처분을 명하고 이 신문 주간인 방한민을 '공산주의적 사상이 점차 커지고 있다'는 허울을 씌우며, 요주의 인물로 정하고 감시하자 그는 다시 일본을 떠나야 했다.

3. 동양학원 설립운동

일본에서 언론 활동을 더 이상 계속할 수 없게 된 선생은 1922년 12월 조선에 돌아왔다. 그리운 아내와 세 살배기 아들 준영을 오랜만에 만났지만 앞날의 투쟁에 대하여 생각하면 도저히 마음의 안정을 가질 수가 없었다. 방한민은 마침내 1923년 1월초 중국 북경에 도착하였다.

님 웨일즈의 『아리랑』의 주인공 김산(장지락)은 당시 북경에 대하여 다음과 같이 회고하였다. 1921년 당시 김산의 나이는 17세에 불과하였다.

> 그 무렵 북경에는 학생 300명을 포함하여 800명의 조선인이 살고 있었다. 학생들은 두 파로 나뉘어 서로 지배권을 장악하기 위해 싸웠다. 민족주의자가 통제하는 '조선학생회'와 공산주의자가 지도하는 '조선인학생동맹' … 조선학생회는 테러리스트 지지파였고 반면에 조선인학생동맹 쪽은 공산당의 테러리즘 반대방침에 따라 테러에 반대하였다. 나는 조선인학생동맹과 역시 좌파인 조선사회과학연구소에 가입하였다 … 1921년 북경에 도착하자마자 나는 마르크스주의 문헌을 읽기 시작하였다. 우선 '공산당선언'을 공부한 후, 레닌의 '국가와 혁명'을, 그 다음엔 '사회발전사'라는 논문집을 읽었다.

1928년 대전형무소장이 조선총독에게 제출한 '가출옥집행결과보고서'에
서는 방한민이 용정에서 동양학원 설립운동을 하게 되는 이유를 "당시『동
아일보』주필이 북경에 있고 사회학 등 연구의 목적을 가지고 북경으로 가
게 되었는데 그곳에는 조선의 현 상태에 충분히 만족하지 못하고 독립을
희망하는 소위 불령분자들이 많아 자연히 그들과 내왕을 거듭하던 중 드디
어 본죄를 범행하기에 이르렀다"고 언급하고 있다.

또 1924년 1월 청진지방법원의 '판결문'에는 "피고(방한민)는 사회주의를
포회抱懷하고 동경 또는 경성등지에서 이를 선전하기에 노력하였으나 뜻대
로 이루어지지 않자 국내의 사회주의 상태를 시찰하고 또한 이를 연구하기
위하여 독립취지의 의사를 가지고 있던 차, 대정 12년(1923년) 1월 지나 간
도 용정촌으로 와서…"라고 언급하였다.

방한민은 무정부주의, 민족주의, 사회주의의 이념이 혼재되면서 복잡한
사상적 분화가 일어나고 있는 북경의 분위기에 그다지 매료되지 못하였다.
방한민은 좀 더 구체적인 항일의 꿈을 이루기 위하여 북간도 용정으로 발
길을 돌리게 되었다. 용정은 일제 치하에 조선독립지사들의 항일 근거지로
이곳에 들어와 사립학교를 세우고 우리말과 역사를 가르치고 항일의식을
심어주던 장소였다. 그가 체포되었을 당시 신문에 그를 『동아일보』 지국장
으로 기재한 것으로 볼 때 그는 당시 『동아일보』 지국장의 자격으로 용정
에 건너갔던 것으로 보인다.

당시 북간도는 일본군의 침입으로 초토화되어 있었다. 이러한 상황 속에
서 한인들은 촌락을 재건하고 민족학교를 건립하기 시작하였다. 이러한 속
에서 1921년 4월과 8월에 동흥중학교와 대성중학교가 건립되었다.

대성중학교 교사(校舍)

오늘날의 대성학교 모습(2013년 7월)

방한민은 1923년 1월 용정촌에 와서 대성학교에서 교편을 잡았다. 그러나 대성학교가 일본의 교육이념에 어긋난다는 이유로 학교 폐쇄조치가 내려지자 뜻을 같이하는 김정기金正琪, 김사국金思國 등과 함께 대성학교 내에 졸업생들을 모아 동양학원東洋學院을 설립하였다.

1924년 1월 청진지방법원의 판결문에는 "대정 12년(1923년) 1월 지나 간도 용정촌으로 와서 이곳 사립 대성학교에서 잠시 교편을 잡고 있었으나 교장과 뜻이 맞지 않아서 사직을 하고 동년 4월경 피고 김정기, 김사국 등과 함께 사립 동양학원을 설립하고 자기 자신이 직접 사회학, 경제학 등의 교육을 담임하고 한편 동 학원 학생들을 격려하고 사회주의 사상 주입에 노력을 경주해 왔으며…"라고 '동양학원 설립과정'을 서술하였다.

또 1923년 10월 「용정촌중대사건 예심종결결정서」에는 '방한민 등의 일제 공관파괴 및 요인암살 계획 사건'을 다음과 같이 언급하고 있다.

> 따라서 방한민은 사회주의를 철저하게 선전하여 왔고 마침내 파괴행동을 단행하려고 이 기회를 기다리고 있던 차 동년(1923년) 5월 상순경 피고 한금복韓金福의 소개로 알게 된 尹喆이라는 사람을 사회주의자로 인정을 하고 동인으로 하여금 직접 파괴행동을 실현하도록 하기 위하여 수차에 亘하여 방한민의 자택 및 기타 장소에서 동인과 회합을 하고 자신의 의사를 전달하고 동년 6월 중순경에는 조선혁명가가 될 사람들을 조직하고 선전부와 군사부를 구분하고, 동년 8월 12, 13일 경 천도경편天圖輕便 철로鐵路개통식 거행시 기회를 잡고 군사부로 하여금 용정촌 국자가구 도구 각 영사관, 공관 및 은행 등지에 폭탄을 투척投擲, 동 건물 등의 파괴 및 주요 관리들을 암살하여 인심을 교란시킬 것을 기도하고 선전부에서는 사회주의 선전 삐라를 살포하는 한편 군사부는 윤철로 하여금 선전부에서는 방한민이 각각 책임을 지도록 조직을 하고 단행에 완수를 기하도록 협의 결정을 한 것이다.

위의 판결문과 예심종결 결정서에 따르면 방한민은 동양학원 내에 사회주의 선전부와 군사부를 조직하여 1923년 8월 12일, 13일경 일제가 천보산

天寶山 광산의 은광석과 동광석을 약탈해 가기 위하여 이른바 '중·일합작'의 간판을 내걸고 제1단계로 개산툰(두만강 내)—용정 사이에 '천도경편 철도'를 부설하고 '개통기념식'을 개최할 예정이었는데, 그때 참석할 예정인 일본총독을 살해하고 용정, 국자가 등에 있는 일본영사관과 공관 및 일본 은행 등을 폭파하여 일제의 통치기관에 심대한 타격을 가하여 그것을 신호로 민중 봉기를 일으킬 행동계획을 완료하였으나 안타깝게도 거사 직전 발각되어 체포되었다는 것이다.

또한 연변문사자료에 따르면 김사국이 방한민 등과 대성중학교의 부설로 '동양학원'을 설립하였는데 일제가 '작탄매설사건'을 조작하여 동양학원을 폐교시켰다고 하면서, 이에 대해 다음과 같이 설명하고 있다.

> 1923년 3월, 초기공산주의자인 김사국金思國이 로씨야 연해주에서 룡정으로 왔다. 그는 방한민方漢民, 김정기金正琪, 리명희李明熙등 인사들과 힘을 합쳐 대성중학교의 부설학교로 ≪동양학원(東洋學院)≫을 꾸리고 교사 아래층 2칸을 내여 대성중학 제1회 졸업생들을 위주로 70여명의 학생들을 모집하였다. 동양학원에서는 공산주위선전부와 특별부를 설치하여 맑스주의와 사회주의리론을 기본교수내용으로 삼고 선진청년들을 양성하였다. 동양학원은 연변의 첫 무산계급민주주의 새 교육을 창시한 학교였다.
> 하여 동양학원은 일제의 눈에 든 가시로 되었다. 일본총령사관에서는 동양학원을 큰 화근으로 여기고 없애버리려고 꿍꿍이를 꾸몄다. 1923년 8월 일제는 저들의 주구들을 사촉하여 야밤에 학교마당에다 작탄을 매설하여놓고는 령사관경찰들을 출동시켜 사출해낸 후 50여 명의 사생들을 체포하는 ≪작탄매설사건≫을 조작, 끝내 동양학원을 폐교해버렸다. 체포된 대부분 학생들은 인차 석방되였으나 김정기 등은 서울 서대문형무소에 압송되어갔다. 김사국과 리명희 등은 로씨야로 망명할 수밖에 없게 되었다. 하여 혁명활동이 활발히 전개되던 대성중학교는 한때 혁명의 저조기에 들어서게 되었다. (한생철,「혁명적 열의로 들끓던 배움터 -대성중학교」,『연변문사자료』6, 1988)

또 일제의 간도총영사 스즈키 요타로(鈴木要太郞)이 외무대신 우치다 고사이(內田康哉)에게 보내는 비밀문서 「공산주의 선인共産主義鮮人의 불령음모사건不逞陰謀事件 검거檢擧에 관한 건件」(1923.7.9.)의 별첨 자료는 1923년 5월 간도 용정촌 동양학원의 「하계대학개강취지서夏季大學開講趣旨書」가 첨부되어 있었다. 이에 따르면 "현대에 이르러서는 자본주의 경제조직을 토대로 하야 무산계급의 한혈汗血을 착취하는 외에 또한 사실상으로 교육을 독점하고 유산계급의 행복을 위하야 침략과 정복의 악사상을 고취할 뿐이오, 다수한 무산대중을 위하야는 하등의 행복을 기여치 안이할 뿐 아니라 … 무산계급은 내부적으로 교육상 멸망을 당하게 되었나니 '현대교육혁명現代敎育革命'의 근본적 필요가 이에 있는지라 … 무산대중의 해방을 극성克成하는 데 필요한 지식을 섭취케 할 것"이라 하여 '무산대중의 해방을 위해 필요한 지식'의 섭취가 '동양학원'의 설립 취지임을 언급하고 있다.

이 '동양학원사건'에 대해 청진지방법원의 아라이[新井] 판사는 1923년 12월 24일 방한민에게 '폭발물 취체벌칙' 제4조와 '지나재류제국신민취체법支那在留帝國臣民取締法' 제8조, 제61조를 위반했다고 징역10년을 언도하였다. 일본의 '재류금지제도'는 원래 외교정책상 조선이나 중국 등에 거주하는 불량 일본인을 통제할 목적으로 1883년 제정되었으나, 그 취지가 왜곡되어 일본제국의 확대에 따라 '제국 신민'에 대한 통제수단으로 적용이 확장되었다. 그런데 일본 외무성 경찰사의 통계에 따르면 1923년'중국에서의 재류금지처분' 71건 가운데 조선인에 해당하는 13건 중 '한인민족운동관계처분수'가 12건으로 압도적이었다.

또한 차병욱, 박종주는 징역8년, 한금복은 징역4년, 김시룡 · 김대규 · 정기형 · 김병진 · 이용운은 징역3년, 강희적은 징역 1개월 집행유예2년, 이병운 · 김진택 · 김정기는 무죄가 언도되었다. '예심종결결정서'에 따르면 김정기 · 이용운 · 박원희 · 방명원 · 김사국 · 맹진 · 차병욱 · 방종주 등의 '폭발물취체벌칙'위반에 대한 공소사실은 증거불충분으로 면소되어 이들은 방면放免되었다.

이 사건의 최대 피해자는 방한민이었다. 서울청년회의 지도자 김사국 등은 증거 불충분으로 면소되었던 것이다. 당시 김사국은 1922년 11월 무렵 '신생활사 필화사건'을 피해 간도와 만주 등지에 왔다. 이후 1923년 2월 김사국은 국내에서 고려공산동맹을 창립한 이후 블라디보스토크에 건너가 코민테른집행위원회 원동부를 통해 코민테른의 승인을 받으려 했으나 성과를 얻지 못하였다. 이후 김사국은 1923년 3월 그의 처 박원희와 더불어 간도 용정에 와서 동양학원 창설을 주도하였던 것이다.

그런데 이 '동양학원사건'은 김사국의 고려공산동맹과 어떠한 관련이 있었을까? 당시 민족해방운동과 사회주의운동의 경험을 볼 때 이 사건의 주모자는 김사국이어야 하는데 김사국은 증거 불충분으로 면소 처분을 받고 풀려났던 것이다. 그런데 당시 김사국의 '서울파 노선'에 따르면 '건물폭파' 또는 '요인암살' 등은 무정부주의의 테러리즘으로 채택되지 않았기 때문에 이러한 내용은 일제의 조작일 가능성이 농후하다. 따라서 방한민은 김사국의 사회주의운동에 공감하며 이 사건의 책임을 자임한 것으로 여겨진다.

이후 김사국은 영고탑寧古塔에 가서 동양학원의 후신으로 대동학원을 설립하고 운동자 양성에 노력하던 중 중국 관헌에게 해산되고 또 다시 노령에 가서 한인사회주의운동의 통일을 위하여 활동하다가 국내로 들어와 1926년 5월 숨을 거두고 말았다. 방한민은 1929년 4월 『별건곤』에 기고한 「신춘新春과 창조와 해방」에서 고인이 된 해광解光 김사국과 그의 동지이자 부인인 박원희에 대한 추모의 염을 담기도 하였다.

일제는 김사국, 방한민 등이 설립한 '동양학원'이 당시 간도에서 '항일 혁명의 온상'이었기 때문에 '동양학원'을 폐교시키려 하였던 것이고 마침내 이 계획을 '작탄매설사건' 등을 조작하여 실현하였던 것이다. 그러나 간도를 중심으로 한 조선인 교육운동, 민족해방운동의 불길은 여기서 그치지 않았다.

동양학원 폐교이후 1923년 8월 21일 간도교육협회가 조직되어 '모범적 중등교육기관'을 표방하게 되었고, 일제의 간도총영사 스즈키 요타로(鈴木要太

郎)가 외무대신에게 한 비밀 보고 「요주의선인要注意鮮人ノ간도교육협회조직
間島敎育協會組織ニ관關スル件」(기밀機密 제283호, 1923.9.16)에 따르면 "동양학
원강사 방한민 일파의 음모사건 검거 이후 동 학원강사 김사국은 몰래 블
라디보스토크로 건너가 공산당 고려부(러시아공산당 연해주당 고려부로 추
정된다)를 움직여 동 학원의 기도실패의 전말 및 계속 경영의 어려운 정황
을 이야기 하고 간도지방에서 청년학생을 선동하여 주의선전을 하기에 유
리함을 역설하여 그 동의를 얻어 8월 하순 동부 집행간부원 임호林虎, 허기
許璣, 박웅세朴雄世 등 일행 5명과 함께 몰래 국자가 지방에 잠입하여 동지同志
사이에 분주히 조직 종료 후 9월 9일 임호, 김사국은 먼저 블라디보스토크
로 돌아갔으나 두 사람은 금후 오로지 연락사무에 전념하고 고려부는 이
설립을 위해 5만원을 보조할 것을 결정했다"고 하였다.

1923년 12월 24일 함경북도의 청진지방법원에서는 피고 방한민에 대한 공
판이 벌어졌다. 판사는 초보적인 증거조사의 절차도 거치지 않고 '폭발물취
체벌칙위반 및 지나재류금지명령위반죄'의 죄명을 뒤집어씌우고 징역 10년
을 언도했다.

당시 방한민은 판결문을 듣고 있다가 다음과 같이 당당히 항변하였다.
"일본인들이 조선땅에 들어와서 조선사람을 공판한다는 이 자체가 무법이
아니고 무엇인가? 일본인들은 마치 한일합방이 두 나라 백성들의 호의에서
나온 것처럼 주장하고 있지만 우리 조선사람들은 원한이 뼈에 사무쳐 있
다. 이건 '합병'이 아니라 '병탐'인 것이다. 민족의 독립을 짓밟는 곳에 자유
가 어디에 있고 평등이 어디에 있으며 선정이 무엇이란 말인가?" 이어서 그
는 '조선독립만세'를 소리 높이 외쳤다. 이 공판정 소란 건으로 인하여 방한
민은 10년 징역형 외에 10일간 편지와 책을 읽지 못하는 처벌이 추가로 내
려졌다. 당시 1923년 12월 29일자 『동아일보』는 판사가 판결언도를 하자 방
한민이 법정에서 "공산당만세"를 높이 불렀다고 하였다.

방한민은 청진지방법원에서 징역 10년형을 언도받고 복역하던 중 1924년

4월 청진으로부터 대전형무소로 이송되어 고된 징역살이를 강요당하였다. 대전형무소에 옮겨간 뒤에 그는 독방에 수감되어 다른 재감동료들과 접촉할 수가 없었다. 당시 대전형무소에 수감된 방한민의 '신상표身上票'에는 "교육에 관한 사항: 본 기간 서양사, 문예부흥사, 영문 성서 등을 탐독함. 교육에 관해서 항상 서적을 열독하는데 태만하지 않고 본 기간 근대문예 12강및 영문일역 연구서등에 취미를 가지고 있음. 교육은 항상 자습 독서에 노력하며 본 기간 진종성전眞宗聖典, 일본외교사, 심리학 강의 등을 탐독함"이라고 되어 있었다.

이 외에도 '신상표'에는 그가 술을 마시지 않고 종교를 믿지 않으며 독서를 즐기고 사리 판단이 명석하고 정치적으로도 드물게 보는 온후하고 과묵하고 자만하지 않으며 또한 일어에 숙달하고 중국어는 회화, 통역등 유창하며 영어는 번역까지에는 미치지 못하지만 일상 평이한 회화는 할 수 있는 정도라고 씌어져 있다.

1925년 4월 4일『조선일보』에는 '간도사건수령 방한민 신음 중'이란 표제하에 다음과 같은 기사가 실리였다.

> 재작년 간도사건의 두령으로 청진지방법원에서 징역 10년형을 선고받고 지금 대전형무소에서 복역 중인 방한민은 금년 1월 이래로 소화불량으로 병감에서 신음 중이라더라.

이 소식은 그의 고향인 충청남도 논산군 강경면 주민들에게 전해졌다. 대전형무소에서 복역 중이라는 소문을 듣고 가슴 아파하던 고향사람들은 그가 병감에서 앓고 있다는 신문기사를 읽고서는 더 이상 앉아 있을 수가 없었다.

그의 고향 강경면의 사람들은 그의 가출옥을 위한 진정운동을 벌렸다.『조선일보』는 1926년 11월 27일자에 '방한민군 가출옥을 대전형무소에 진정'이란 표제로 다음과 같은 소식을 발표하였다.

간도 용정촌에 있던 동양학원의 강사로 투쟁조직을 강화하고 각 관공서
등을 파괴하여 요인을 암살하려던 음모가 그 지방 영사관에 발각되어
청진지방법원에서 10년 징역형의 판결을 받고 대전형무소로 이감되어
복역 중인 아성 방한민군을 위하여 강경면 유지일동은 여러 가지의 비
참한 그 가족의 생활을 들어 형무소 당국에 진정하고 다시 그의 가출옥
이라고 될까하여 2백여 명의 연서로 이십칠팔일 경에는 대전형무소장
에게 진정서를 제출할 터이라더라.

　1927년 6월 28일에 대전형무소장은 법무국장 앞으로 보낸 보고서에서
"대정 15년(1926년) 11월 30일 논산군 강경면의 김재형 등 211명, 소화 2년
(1927년) 6월 4일 동면의 박대동 외 108명의 연서로 진정서를 제출해왔다"
고 썼으며 1928년 2월 3일 강경면 경찰서장은 대전형무소장에게 "본월 2일
강경면 소재지 사정 덕유정에서 방한민이 가출옥의 은전을 받도록 운동 중
에 있는데 이미 약 200여 명의 조인을 받고 있으며 1,000여 명의 조인을 받
아서 대전형무소장(귀관) 앞으로 진정서를 제출할 계획을 하고 있다"고 통
보하였다.

　논산군 강경면 고향사람들의 진정운동이 언론에 알려지는 등 점차 사회
문제가 되자 대전형무소장은 1928년 5월 18일 조선총독 앞으로 "방한민의
가출옥을 허가해 주실 것을 바라나이다"라는 보고를 올렸다. 마침내 방한
민은 형기를 1년 3개월을 남겨둔 상황에서 1928년 6월 2일 오전 10시 당국
의 형집행정지로 출옥하게 되었다.

4. 조선공산당 재건운동

　감옥에서 나온 방한민의 건강은 몹시 허약하였다. 조선일보사에서 그가
활동할 건강이 회복된 것을 알고 다시 『조선일보』에 와서 근무해달라는 전

같이 오자 그는 망설임 없이 승낙을 하고 곧바로 『조선일보』 편집부에서 일을 다시 시작하게 되었다.

그러나 1929년 6월 12일 새벽 경성의 종로서 고등계 형사들이 학생과 청년 10여명을 검거하였다. 당시 검거된 사람은 협동조합운동사 주요간부 정헌태, 이시목과 방한민, 안상훈과 학생과학연구회 검사위원이며 보성전문학교 학생 현운필, 중동학교 학생이며 학생과학연구회 회원인 박승원, 안상윤, 김상섭, 청년회관 생도 이병각, 연희전문학교 학생 이모(李某), 고학당 苦學堂 교장 이준열, 경원선 열차 내에서 이규송 등이었다. 또 6월 13일 오전 안국동에서 서울청년회 간부 홍승유, 이준호와 신간회 회원 한봉석 등이 검거되어 총 16명이 검거되었다.

이 사건은 경상북도 안동 출신의 사회주의자 안상훈安相勳의 '열성자대회 사건'으로 알려졌다. 안상훈은 모스크바 동방노력자공산대학 출신으로 '화요파' 조선공산당 당원이었으나, 1926년 2월 무렵 화요파를 비판하며 여러 분파의 연합으로 공산당을 재조직할 것을 코민테른집행위원회에 제안한 바 있다. 이후 그는 1929년 3월 만주 길림성 돈화현에서 '조선공산당 재건설 준비위원회'의 발기회가 결성된 직후 국내에 파견되어 서울에서 당재건운동을 준비하다가 검거되었던 것이다. 조선공산당 재건시도에 대한 최초의 탄압이었다. 이때 방한민은 이 사건의 배후인물로 체포되었다.

1928년 모스크바에서 열린 코민테른 6차대회에서 조선 사회주의 그룹들은 서로 대표권을 얻기 위해 '엠엘파'에서는 양명과 한빈을, '서울-상해파'에서는 이동휘와 김규열을 보냈지만 뜻을 이루지 못했다. 이동휘와 김규열은 상해파의 김철수·윤자영·오산세·김일수 등과 서울파의 김영만, 엠엘파의 김영식, 화요파의 안상훈 등 각 분파 사람들을 모아 만주 길림성에서 1929년 3월에 당 재건 방침을 협의하고 국내에 '조선공산당 재건설준비위원회'를 설치하기로 하였다. 이른바 '서울-상해파'의 당재건운동이었다.

김철수의 회고에 따르면 '조선공산당 재건설준비위원회'는 이 목적을 달성하기 위하여 안상훈과 송무영에게 밀령을 내려 국내로 보내 거점구축에 힘썼으나 검거되자 1929년 7월 경 '준비위원회'로 개편하고 1930년 1월 김철수 자신이 직접 당을 재건하기 위해 입국하였으나 검거되었다고 하였다.

일제의 한 비밀자료 「조선공산당재조직계획 기타 검거에 관한 건」(경고비 京高秘 제7182호, 1929.8.10)는 이 사건의 '前史'를 좀 더 구체적으로 언급하고 있다. 이 자료에 따르면 1928년 5월 신의주경찰서에서 '서울파'를 중심으로 한 조선공산당사건검거를 교묘히 면하고 잠복해있던 이운혁李雲赫이 비밀리에 당원인 재경성고학당 교사 이준열을 불러 "관헌의 탐색이 엄중하여 도저히 선내에서 활동은 당분간 난망함으로 나는 블라디보스토크에 건너가 해외 동지와 연락하여, ML당(동년 3월 종로서 검거) 검거 후 선내 공산당은 자파 외 잔존하지 않는다는 뜻을 설명하고 그 승인을 얻기 위해 성공하도록 사자를 밀파하는데, 귀하(이준열)는 선내에서 고려공산청년회원 이민용 기타 잔당원을 수습하고 최근 출옥할 방한민(동년 6월 가출옥) 등과 도모하여 후계기관조직준비"를 부탁하고 블라디보스토크로 탈출했다는 것이다. 위의 내용에 따르면 '서울파'의 이운혁이 1928년 8월 블라디보스토크에 가기 이전에 이미 고학당 교장인 이준열과 '서울파'의 후계 조직을 논의했다는 것이다.

이후 이준열은 방한민이 석방되자 이운혁의 전언을 전하고 1929년 1월 이준열, 이민용, 방한민은 후계당조직에 관한 첫 번째 회합을 하였다. 이후 1929년 3월 이운혁의 밀사 김세권金世權이 코민테른의 '조선정치문제에 관한 결정서'('12월테제')를 가져와 이 방침에 기초하여 당재조직을 하도록 하였다. 또 1929년 4월 길림성에 있던 서울파 출신 김영만이 안상훈을 국내에 파견하여 '코민테른 결정서'('12월테제')와 김영만의 밀서를 휴대하여 방한민에게 전달하였다. 여기서 김영만의 지시는 "금후 공산당열성자회(악티비스회)를 각 지에 개최하여 당조직을 촉진"하도록 한 점에서 이운혁의 지시와 차이가 있었다.

조선총독부 경무국은 이 사건을 '서울파의 재조직운동'으로 파악하고 '조

선공산당재조직준비위원회'로 지칭하면서 "동년 4월 상순 재길림 당지도간
부 서울계 김영만은 밀사로서 안상훈, 송무영을 입선시켜 이준열 등의 일
파인『조선일보』기자 방한민에게 코민테른 결정서 및 당재조직 준비로서
악티비스(열성자)회를 일으키라는 지령을 수교함으로써 재조직준비는 구체
하되어 야체이카, 고려공산청년회, 조선피압박동맹회 등 조직에 착수"하였
다고 언급하고 있다.

'당재조직준비위원회'는 "책임비서 이준열, 조사부책임 방한민, 조직부책
임 이민용, 정치부 책임 정헌태, 고려공산청년회는 책임비서 이민용 동후보
정헌태 경기도간부 정관진, 야체이카 책임 방한민, 정관진, 주윤흥, 정헌태,
조선피압박동맹회는 방한민 등이 중심"이 되었다. 이준열의 회고에 의하면
"전국의 무산운동자의 검거가 시작되었다. 이영도 검거되었다. 사전에 내가
서울파를 대표하여 비서로 재조직 활동하기로 선출되었다. 안상훈이가 노
령서 귀환하여 활동하다 동지였던 허일이란 자의 간첩 소행으로 150여 명
이 종로서에 검거되었다"라고 '서울파'의 '조선공산당' 후계조직의 결성을
언급하였다.

1929년 6월 경성 종로경찰서는 관계 피의자 86명(미체포 41명)을 7월 16일
치안유지법위반으로 관할 검사에게 송치하였다. 안상훈을 비롯한 이준열,
방한민, 정헌태, 민병로, 박승룡, 주
윤흥, 이민용 등 관련자 8인에 대한
공판은 사건 발생 후 무려 1년 10개
월이 지난 1931년 4월 23일 경성지
방법원에서 진행되었다. 안상훈은
이 사건에서 치안유지법위반으로 징
역 5년을 선고받았고, 방한민은 치
안유지법 위반으로 징역 7년을 선고
받았다.

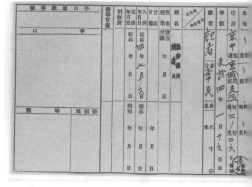

대전형무소에서 옥고를 치를 때 만들어진
수형기록카드(1930. 12. 17)

5. 출감 후

방한민은 다시 대전형무소에 수감되어 7년의 형기를 마치고 1937년 10월
에야 출옥하였다. 형기를 마친 방한민은 모진 고문과 두 차례 13년간이란
오랜 감옥생활로 정신이상자가 되어 서울 대방동에 있는 정신이상자 수용
소에 들어가 수감생활을 하다가 해방을 맞았다.

1946년 2월 15일 서울 종로2가 YMCA 대강당에서 열린 민주주의민족전선
결성대회에 방한민은 무소속으로 참석하기도 하였다. 해방 후 그는 수원농
대에서 잠사농업을 강의한 바 있으며 1950년 5월 30일 제2대 국회의원 선거
에서 서울 동대문구에서 무소속으로 출마를 하기도 했으나 낙선되고 말았
다. 방한민은 1950년 6월 한국전쟁 발발 이후 행방불명이 되었다. 정부는 평
생을 일제하 독립과 민족해방을 위해 투쟁한 방한민에게 1990년 8월 15일
건국훈장 애국장을 추서하고 독립유공자로 추앙하였다.

3부

혁명의 길에 선 여성

12

정칠성, 근우회의 버팀목이 된 신여성

김일수

1919년 3월 서울에서 3·1운동 목격
1924년 5월 조선여성동우회 결성에 참여
1926년 1월 '신여성이란 무엇인가?' 발표
1929년 7월 근우회 중앙집행위원회 위원장
1945년 9월 조선민주여성동맹 부위원장

정칠성(丁七星, 1897~1958)은 한국 근대 여성운동을 대표하는 인물 중 한 사람이다. 그녀는 원래 기생이었으나 3·1운동을 경험하면서 여성운동가가 된 이래 일제강점기와 해방시기를 거쳐 1950년 후반까지 여성에 대한 계몽운동과 사회운동을 줄기차게 벌였다. 그녀의 여성운동에서 가장 열정적이고 적극적인 활동이 이루어진 것은 근우회槿友會에서였다. 더욱이 그녀의 여성운동에는 사회주의 사상이 밑바탕을 이루고 있었다. 그러기에 세간에서는 그녀를 '사상기생'이라 부르기도 하였다.

1. 기생 금죽에서 여성운동가 칠성으로 변신

단발하기 전의 정칠성

정칠성은 3·1운동을 경험하고서 여성 운동가가 되기로 작정하였다. 1919년 당시 서울의 한남권번에서 기생으로 일하고 있던 그녀에게 있어 전민족적 항일운동으로 평가되는 3·1운동은 기생 생활에 대한 회의를 품게 하는 동시에 자신의 새로운 존재감을 느끼게 한 계기가 되었다. 그녀는 그때의 느낌에 대해 "3·1운동 즉후 조선 안은 수선수선하든 판이라 기푼[깊은] 뜻은 모르나 종로 네거리에 서서 바라보는 절문[젊은] 가심[가슴]은 흥분에 넘치는 뜨거운 눈 물을 흘니면서 그 뒤를 따라 단닌[다닌] 일도 있었다."[1]고 회고하기도 하였 다.

3·1운동을 계기로 그녀는 그녀의 이름을 금죽錦竹 대신에 칠성七星으로 고쳐지었고, 평소 영화에서 봤던 서양에 가서 여성으로서 새로운 삶을 살 요량으로 일본 유학길에 오르게 되었다. 그리하여 그녀는 일본에서 어학을 익히면서 타이프라이트(타자기)를 배웠고, 다시 영어권 나라로 유학을 가기 위해 1922년 일본 동경영어강습소에 입학하였다. 그녀에게 있어 일본 유학 생활은 사회가 무엇인지에 대해 점차 깨닫게 하였을 뿐 아니라 그녀를 자 연적 존재에서 사회적 존재로 거듭나게 하였다.

1923년 1월 그녀는 잠시 귀국하여 자신의 고향인 대구에서 자신과 가까 운 친구 이춘수李春壽와 함께 대구여자청년회를 결성하였다. 이를 계기로 명실공이 기생에서 여성운동가로 거듭났다. 대구에서는 이보다 앞선 계몽 운동 시기인 1909년에 교육부인회(여자교육회)가 여학교를 설립하면서 계몽과 교육이 이루어진 역사적 경험이 있었다. 당시 대구에는 대구청년회, 조선노동공제회 대구지회 등이 사회운동을 이끌고 있었기에 대구여자청년회는 일제시기 대구 최초의 여성운동 단체로 등장한 것이었다. 이춘수는 그 뒤 대구지역 여성운동을 대표하는 인물로 성장하였고, 정칠성과 함께 서울에서도 여성운동을 벌인 인물로서 정칠성과는 막역한 친구에서 동지로 거듭났다. 그녀는 대구여자청년회를 결성한 뒤 물산장려운동에 참여하였다.

1924년 5월 무렵 그녀는 서울에서 우리나라 최초의 사회주의 여성단체인 조선여성동우회 결성에 참여하였다. 그녀는 1923년 말부터 나타나기 시작한 새로운 사상을 기초로 하여 여성해방과 사회변혁을 꾀하는 움직임에 동참하여 정종명과 함께 일반부인계를 맡아 조선여성동우회의 결성을 주도하였다. 조선여성동우회는 창립대회에서 무산여성의 해방을 목표로 하는 「선언」을 발표하였고, 신사회의 건설과 여성해방운동가의 양성과 훈련 그리고 조선여성해방운동을 위한 여성의 단결을 「강령」으로 내세웠다. 그 뒤 그녀는 조선여성동우회의 선전활동, 이론공부, 여성직업조합 설립 등의 활동에 나섰다. 또 그녀는 조선여성동우회가 1925년부터 매해 국제무산부인데이(3월 8일) 기념행사를 추진함에 1925년 3월 초 대구에서 이춘수와 함께 대구여자청년회 주최의 국제무산부인데이 기념 강연회에 「국제부인운동의 의의」, 「여성으로 본 여성」 등의 제목으로 각각 연설하였다. 이때 정칠성은 1925년 3월 경북 도단위 사상단체 사합동맹四合同盟의 결성에 참여하였다.

정칠성은 사합동맹 결성 이후 곧바로 다시 일본으로 건너가 동경기예학교에 입학하였다. 동시에 일본에서 여성사상단체인 삼월회三月會를 결성하였다. 삼월회는 일본 사회주의 여성운동가 야마카와(山川菊榮)의 영향을 받아 조직된 단체였고, 무산계급해방운동과 여성해방을 목표로 창립되었다. 그녀는 삼월회 간부로서 「신여성이란 무엇인가」(『조선일보』1926.1.4.)는 제목으로 "진정한 신여성은 모든 불합리한 환경을 부인하는 강렬한 계급의식을 가진 무산여성으로서 새로운 환경을 창조코자하는 열정 있는 새 여성"2)

이라고 정의하였다. 삼월회는 1926년 11월말 정칠성의 동지 이춘수와 한신광 등의 주도로 해체됨과 동시에 동경조선여자청년동맹으로 재조직되었다.

이처럼 정칠성은 3·1운동을 계기로 기생 생활을 정리하고 새로운 세상을 익히기로 작심하여 일본 유학길에 오른 이래 서울, 일본 도쿄(東京), 대구 등을 왕래하면서 사회주의 여성운동가로 명성을 쌓아 나갔다. 곧 그녀는 식민지 조선 여성의 해방을 부르짖는 여성운동가가 되어 제2인생을 살게 되었다.

2. '나의 결정', 근우회

1920년대 중반 민족협동전선론에 따라 신간회가 창립되자 방향전환론의 여파는 여성운동계에도 어김없이 밀어닥쳤다. 그리하여 1927년 5월 27일 종로의 중앙기독교청년회관에서 여성운동의 전국적 통일기관으로서 근우회가 창립되었다. 여기에는 민족주의 여성운동계와 사회주의 여성운동계가 모두 망라되었기에 21명의 중앙집행위원도 양진영의 인물들이 고루 선출되었다. 근우회는 신간회와 달리 처음부터 위원회제를 채택하였고, 1928년 임시전국대회까지 집행위원장 없이 중앙집행위원회에 의해 운영되었다. 근우회는 여성만을 따로 묶는 부문별 대중운동 조직 형태로 만들어졌다.

정칠성은 근우회 제1회 창립준비위원회에서 선전조직부에 소속되어 회원모집의 역할을 맡았고, 이후 근우회 창립대회에서 중앙집행위원으로 선출되었다. 그녀는 정종명, 박신우 등과 함께 선전조직부 위원이 되었다. 그녀는 1927년 6월 이후 중외일보 평양지국 주최의 여성문제 강연회에 연사로 활동한 것을 시작으로 신간회경성지회 개최 강연회(1927.12.2. 신간회와 여성운동), 신간회 강연회(1927.12.8. 신간회와 여성운동), 대구, 진주, 진남포, 황주, 겸이포, 울산, 영주, 의주, 인천 등지를 방문하여 여성운동의 의의를 연설하였다.

이 가운데 그녀는 1928년 2월 25일 근우회대구지회 창립대회에 본부대표로 참석하여 근우회의 운동에 대한 취지를 설명하였다. 이날 창립대회에는 70여 명의 회원과 방청객으로 여성 백여 명, 남성 5, 6백 명이 참석할 정도로 큰 성황을 이루었다. 또 같은 해 근우회 대구지회가 조양회관에서 개최한 강연회에 연사로 나서 「여성으로 본 현대사회」라는 제목으로 연설하였다.3) 그러나 그녀의 강연은 1928년 5월 20일 신간회황주지회 주최 사회문제대강연회에서처럼 늘 일제 관헌의 간섭과 탄압을 받기 일쑤였다. 이날 강연은 「여성운동과 신간회」라는 제목 아래 조선 여성의 옛날 형편을 언급하던 가운데 "우리 여자는 남자의 완롱물玩弄物이오, 남자의 위안물이오, 일개의 생식기관에 지내지 못하는 노예였다."4)는 말이 나오기 무섭게 일제 경찰에게 강연 중지를 당하고, 강연회는 강제 해산되고 말았다.

근우회 창립대회(1927, YMCA)

1929년 7월 근우회 전국대회 모습

　정칠성은 민족협동전선으로 조직된 신간회에서도 활동하였다. 당시 신간회의 회원 가입은 개인으로서만 가능하였고, 단체 가입은 허용되지 않았다. 이에 그녀는 근우회 회원이면서 개인적으로 신간회에 가입하였다. 1927년말 그녀는 신간회 본부의 의안작성부 부원으로 선출되었다. 그보다 앞서 1926년 6월 신간회 경성지회 설립에 참여하고, 임원 선출에서 간사로 뽑혔다.

　정칠성은 사회운동을 벌이다 사망한 활동가들을 위한 장례나 추도 모임에 적극 참여하였다. 먼저, 1927년 8월 고박순병(朴純秉)동지재경사회단체연합추도회에 근우회를 대표하는 일원으로 참여하였으며, 이 추도회의 준비위원으로 활동하였다. 박순병은 1926년 6월 6·10만세운동에 참가했다가 검거되어 8월 25일에 사망한 인물이었다. 다음으로 1928년 1월초 조선여성운동의 선구자 중의 한 사람인 박원희(朴元熙)가 지병으로 사망하자 근우회에서는 박원희의 여성운동을 높이 평가해 고박원희동지사회단체연합장의 준비회를 발의하였다. 정칠성은 30여 명으로 구성된 준비위원이 되었다. 준

비위원회에서 장의 명칭을 고박원희동지각사회단체연합장의위원회로 결정
하고, 그 준비위원장으로 유영준을 선출하였다. 정칠성은 준비위원 재무부
부원이 되어 장의에 필요한 경비를 확보하는 데 노력하였다.[5]

이처럼 맹렬한 활동을 보인 정칠성은 1929년 7월 16일 근우회 제1회 전국
대회에서 의안부 책임으로 선출되었다가 같은 해 7월 27일부터 사흘간 개
최된 제2회 전국대회에서 중앙집행위원장 선거에
서 20표를 얻어 정종명(13표)과 조신성(6표)을 누
르고 당선되었다. 이로써 정칠성은 조선여성운동
의 대표하는 인물로 자리매김하게 되었다. 더군다
나 1928년부터 근우회의 집행부 구성에서 사회주
의계가 압도적인 수를 차지하게 되고, 이에 반발한
김활란, 최활란, 황애시덕, 김영순 등 기독교계 인
물들 몇몇은 이후 근우회와 결별하게 되었다. 그리
하여 이때부터 근우회의 성격에 큰 변화가 예고되
었던 것이다.

잡지 『근우』 창간호

이 대회는 근우회 운동의 방향을 보다 분명하게 정립한 의미 깊은 대회
였다. 강령과 행동강령을 수정하여 근우회의 목적성을 명료하게 정립하였
다. 근우회의 기존 강령은 조선여자의 공고한 단결을 도모함, 조선여자의
지위 향상을 도모함이었다. 그러다가 1929년 전국대회에서 ① 조선여성의
역사적 사명을 수행키 위하여 공고한 단결과 의식적 훈련을 기함, ② 조선
여성의 정치적·경제적·사회적·전적 이익의 옹호를 기함으로 바뀌었다.
1927년 전국대회에서 기존 행동강령 7개항을 수정·보완하였다. '교육의 성
적 차별 철폐 및 여자의 보통교육 확장'과 '언론 출판 결사의 자유' 그리고
'노동자 농민 의료기관 및 탁아소 제정 확립' 등 3개 항이 추가로 채택되었
다. 이 시기 근우회 본부가 중점을 두고 벌인 사업은 선전계몽활동과 노동
여성의 조직화 그리고 여학생운동의 활성화 지원 등이었다.

근우회 강령과 규약

정칠성 역시 1930년 신년을 맞아 언론과의 대담을 통해 농민·노동여성의 교양 함양을 근우회의 역점 사업으로 전개할 계획임을 밝혔다. 또 그녀는 탁아소 설립을 다음과 같이 근우회 운동의 핵심 사업으로 여길 만큼 주력하였다.

> 한동안 槿友會의 슬로-깐이 되다시피 丁七星, 鄭鍾鳴 등이 부르짓든 농촌탁아소는 최근에 비상한 속도로 각처에 설치되고 잇다. 그래서 금년 봄까지는 數個所에 불과하든 것이 농번기에 필요를 갑작히 늣기엇슴인지 이 곳 저 곳에 작고 느러서 최근 조사에는 그 수가 110個所의 多數에 달하엿다. (탁아소 백십개소託兒所 百十個所)[6]

정칠성은 탁아소 설치를 여성의 경제적 독립과 그것은 통한 여성의 사회활동을 보장할 수 있는 시설로 보았던 것이다. 때문에 탁아소의 설치를 위해 많은 노력을 기울였던 것이다.

근우회가 제2회 전국대회를 계기로 새로운 집행부의 구성과 함께 여성운동의 성격과 방향성을 보다 분명하게 정립하게 되자 근우회에 대한 일제 관헌의 감시와 감독이 훨씬 강화되었다. 더구나 1929년 이후 광주학생운동, 사회주의 세력의 신간회 해소론과 계급노선 제기 등 조선 사회운동이 고양

되고, 농업공황을 계기로 세계대공황이 일어나 일본 경제의 위기가 급속히 증가하는 상황은 일제의 식민지 지배를 더욱 강화하는 방향으로 몰아갔다. 그리하여 근우회의 중앙집행위원장인 정칠성은 주요 사건이 발생할 때 마다 일제 경찰에 검거되는 등의 인권 탄압을 받았다. 1929년 8월 서울에서 신간회 경성지회 회원과 청년들이 검거될 때 별다른 이유 없이 종로서에 검거되었다가 석방되는가 하면, 같은 해 9월 말 정칠성은 허정숙과 함께 종로서에 검거되었다가 10월 1일 석방되었다. 또 1930년 1월 16일 저녁 조선극장에서 중학생들이 광주학생운동에 대한 격문을 뿌린 사건이 있자 정칠성은 이 사건에 연루된 혐의로 자신의 집에 놀러온 사람들과 함께 경기도 경찰부 고등과에 의해 검거되었다.[7] 그 뒤 같은 해 2월에도 격문 사건이 다시 발생하자 또 다시 경기도 경찰부 고등과에 검거되었다. 뿐만 아니라 근우회의 상무위원회와 전국대회가 경찰 당국의 불허 조치로 인해 근우회의 사업 활동을 물론 임원개선도 제대로 추진하지 못하게 되었다.

한편, 신간회 해소론에 따라 1931년 5월 신간회가 해체되고, 그 영향으로 근우회의 해산 문제가 현안으로 떠올랐다. 1930년 12월 근우회는 전국대회 대신 확대중앙집행위원회를 열고 새로운 집행부를 선출하였다. 이 위원회에서 정칠성을 이을 새로운 중앙집행위원장엔 민족주의 계열의 조신성(평양지회)이 선출되었다. 이후 근우회는 정칠성 위원장 시기의 활동 방향을 재조정하는 것으로 조직을 정비해 나갔다. 곧 근우회의 노동

근우회식당
(근우회 바자회 모습, 『조선일보』 1928. 1. 28.)

부를 폐지하는 등의 조치가 있었다. 이러한 상황에서 민족협동전선의 해소론은 근우회 해소론의 대두로 이어지게 되었던 것이다.

근우회 해소론의 대표적 논자는 정종명이었다. 그녀는 근우회가 전민족적 단일여성단체로서 조직상 성별 대립의 중대한 결함을 가지고 있어 조선의 노동부녀의 모든 차별과 학대를 스스로 해결할 수 없는 단체인 것으로 정리하였다. 그리하여 그녀는 노동·농민부인은 노동자계급, 농민계급이 일부분으로서 노동조합, 농민조합에 조직되어야 한다고 주장하였다.

정종명과 오랜 시간 동안 동지로 함께 활동해 온 정칠성은 근우회 해소론에 대해 어떤 견해를 가졌을까. 그녀는 처음엔 정종명의 해소론에 반대하는 입장을 가졌다. 곧 그녀의 입장은 다음과 같았다.

> 근우회는 … 조선 사회의 특수성과 그 필요에 의해 발생 존재한 것으로…노농부인들의 각 부문운동이 충분히 격화할 시기에는 … 당연히 해소함에 이르리라. 그러나 금일과 같이 각 부문운동의 분야에 대하여 일반 조선여성은 당연히 투입할 것임에도 불구하고 마치 남성전유의 분야인 것처럼 인식하고 있는 시기에 있어서는 일반 여성의 의식을 촉성시키기 위한 계몽운동 같은 방면이 크게 의의 있는 것이다.[8]

그러나 이후 그녀는 근우회 해소 반대 입장에서 선회하여 "여성운동은 근우회를 버리고 새로운 딴 길을 찾는 곳에서만 전개될 수 있을 것"이라고 주장하였다. 그녀도 민족협동노선에서 계급 대 계급노선으로 방향을 전환한 사회주의운동 세력의 운동노선 변화의 거대한 물결을 피해 갈 수 없었던 것이다. 그리하여 근우회는 해소집회도 열지 못한 채 해체되고 말았다.

이러한 생각을 가진 정칠성은 대구여자청년회를 창립한 것을 계기로 근우회 중앙집행위원장으로 활동하기까지 조선을 대표하는 여성 정객으로 성장하였다. 특히, 그녀는 근우회 활동을 '나의 결정'이라 할 만큼 자신의 삶에서 온 힘을 쏟아 부은 가장 소중한 시간으로 여겼다.

3. 해방 후 여성운동의 현장에 다시 서다

해방된 지 이틀 뒤인 1945년 8월 17일 서울 YMCA회관에서 전국부녀동맹 창립대회가 열렸다. 이는 해방후 처음으로 결성된 여성단체였다. 정칠성은 부녀동맹의 농촌부에 속해 농촌부인 또는 농촌여성에 대한 계몽과 이익을 옹호하는 활동에 나섬으로써 근우회 해산 이후 중지했던 사회운동을 다시 펼치게 되었다. 같은 해 9월 국내 독립운동세력들이 해외 독립운동세력의 귀국과 연합국을 환영하기 위한 임정 및 연합군환영준비회를 조직하고, 그녀는 준비회에 참여하여 설비부 실행위원이 되었다. 또 국내 사회주의운동 세력이 미군의 진주에 앞서 조선인민공화국을 선포하고, 경성시 인민위원을 발표하였는데, 여기에 그녀의 이름이 올랐다. 그리고 그 직후 그녀는 자신의 고향인 대구로 내려가 조선공산당 경북도당 결성에 참여하고 부녀부장으로 선출되었다. 1945년 10월에는 조선혁명자구원회 결성에 참여하여 조사부를 맡아 활동하였고, 같은 해 12월에는 조선사회문제대책중앙위원회의 결성에 참여하였다. 정칠성은 해방공간에서 여성운동에 복귀하여 근우회에서 활동하는 것처럼 맹렬한 활동성을 보였다.

정칠성은 1945년 12월 22일부터 24일까지 사흘 동안 풍문여고 강당에서 열린 전국부녀총동맹 결성대회에서 임시 집행부 선거에서 유영준 등과 함께 6인의 임시의장에 선출되어 대회의 원만한 진행을 도왔고, 중앙집행위원및 부위원장으로 선출되었다. 남북에서 모두 194개 단체가 참여한 이 대회에서 그녀는 자주적 국민국가의 수립에서 "진보적 민주주의를 위하여 누구보다도 싸우고 있는 공산당하고 손을 안 잡으면 누구하고 손을 잡느냐"는 주장을 제기하였고, 이 주장이 만장일치로 가결되었다. 이렇듯 정칠성은 해방후 사회주의 노선에서 여성운동과 정치운동을 전개하였다.

조선부녀총동맹 부위원장 정칠성은 1945년 11월 독립신보와의 대담에서 다음과 같은 말을 하였다.

11월혁명 기념일을 이렇게 초라하게 맞는 것은 정말 쓸쓸합니다. '짜르' 왕조의 철쇄를 끊은 이 빛나는 날을 맞이하기 위해서 당시 러시아 여성들이 바친 피와 노력은 참으로 위대하였지요. 우리도 그 무섭고 악착한 지하운동시대에도 이날이 닥쳐오면 어떻게 하던지 동무들끼리 서로 만나서 축하하고 힘을 얻고 하던 것이었는데 해방이 되었다는 이 땅에서도 옛날과 똑같은 마음으로밖엔 이날을 맞이할 수밖엔 없군요. 북조선에서는 성대하게 이날을 기념할 겁니다. 필수과업의 한 가지로 남녀동등권 법안이 실시된 거기서는 몇 천 년을 두고 잃어버렸던 여성들의 권리를 도로 찾을 수가 있잖았어요! 그런데 이 남조선에선 이게 무슨 모양이요. 근로대중은 모조리 도탄에 빠지고 민주진영은 결정적 탄압을 받고 그중에도 이중삼중으로 억눌리고 질식하는 여성들의 운명은 언제까지든지 기구만 하구려. 정치적 압력은 우리들의 직접적인 투쟁대상이니까 말할 것도 없지만은 더욱 절박한 고통을 주는 건 조선의 남편들이에요. 소위 민주진영의 일꾼들까지 가정 내의 민주주의는 영 모르고 안해 (아내 - 필자)를 계몽하지 않고 독서나 집회를 위해서 시간을 주지 않고 이러고는 여성운동이 활발하지 못한 것만 개탄하잖아요.[9]

그녀는 남한지역의 여성 상태와 미군정의 국내 정치 활동에 대한 탄압에 대해 큰 우려를 나타내고 있었다. 1946년 이후 정칠성을 비롯한 남한지역 사회주의 여성운동 세력은 1945년 11월 북한지역에서 결성된 북조선민주여성동맹에 영향을 받고서 조선민주여성동맹을 결성하였다. 그녀는 이 동맹의 부위원장으로 선출되었다. 그녀는 1947년 '8 · 15폭동 음모사건'에 연루되어 미군정에 검거되기도 하였다. 이즈음 남한지역에서 사회주의 운동 세력의 활동공간이 크게 위축되자 그녀는 월북하였다.

정칠성은 월북 후 1948년 해주에서 열린 남조선인민대표자대회에서 제1기 최고인민회의 대의원이 되었고, 같은 해 조선민주여성동맹 중앙위원이 되었다. 그 후 한국전쟁을 경험하고 1955년 조선평화옹호전국민족위원회 부위원장, 1956년 조선노동당 중앙위원 후보, 1957년 조선민주여성동맹 부위원장, 최고인민회의 평북대의원을 역임하였다. 이처럼 남로당계 숙청에서 비껴나 있던 기생출신 여성해방운동가로 이름을 널리 떨쳤던 정칠성은 1958년 향년 61세의 나이로 세상을 마감하였다.

4. 기생 정금죽을 만나다

정칠성은 1897년 대구에서 태어나 유년시절을 보냈으며, 이후 남도 출신 여자들을 기생으로 수업시키는 한남권번에 들어간 것으로 알려져 있다. 이 것이 출생과 성장에 대한 거의 전부다. 부모는 어떤 사람들이며, 어려서 공부는 어디서 어떻게 했는지 등에 대해선 거의 알려져 있지 않다. 또 결혼 생활과 가정에 대해선 더더욱 알 수 없다. 1930년대 별건곤, 삼천리 등 많은 잡지에서 유명 여성 인물들의 연애관과 애정 관계를 기사로 실었지만 정칠성에 대해선 만큼은 예외였다. 그녀도 기생 생활을 언급하는 것은 극히 조심스러워 했고, 기자들 또한 그런 그녀의 입장을 고려하는 듯 했다.

정칠성은 잡지 삼천리의 1937년 1월호의 '저명인사 일대기'에 자신의 유년시절과 청년시절에 대해 딱 한 번 속 시원하게 털어놓았다. 그녀의 기억에 따르면, 그녀는 어렸을 때 우연히 당시 경상 관찰사의 화려한 모습을 보고 부러움을 느껴 그 길로 기생집을 찾아다니며 기예를 배웠다고 하였다. 그런 그녀가 기예에 뛰어난 재능과 끼가 발휘하자 주위로부터 천재라는 칭찬을 받게 되었고, 그것이 그의 부모들이 부득이하게 그녀를 기방에 들여놓게 된 계기가 되었다고 했다. 그 때 그녀 나이 겨우 8세로서 초등학교에 입학할 나이였다.

그녀의 스승도 사람들에게 어린 그녀가 시조를 잘 한다고 소개를 시키거나 실제 소리를 하게도 했다고 한다. 그때마다 그녀의 소리 듣던 사람들은 웃음과 칭찬으로서 그녀를 대해 주었다고 했다. 그리고 대한제국의 순종황제가 남순행 중 대구의 달성공원을 찾았을 때, 그녀는 다른 기생들과 함께 황제에게 인사를 올리기도 하였다. 그녀의 기억에 따르면 그녀가 기생이 된 계기가 가난 보다는 뛰어난 기예에 있었고, 또 곧바로 한남권번에 들어 간 것이 아니라 적어도 1909년까지는 대구에서 기생으로서 기예공부를 익혔던 것이다.

그 뒤 그녀는 서울로 무대를 옮겨 당시 일류라고 일컬어지는 경성의 대표적 기생이 되었다고 한다. 아마 이즈음 한남권번에 들어간 것으로 보인다. 서울에서 기생생활을 하던 중 그녀는 두 세 곳의 명문대가의 소실이 되는가 하면 어느 관료의 며느리가 된 적도 있었다고 했다.

이때 정칠성은 칠성이 아니라 금죽(錦竹)이란 이름을 가지고 있었다. 흔히들 근대시기 서울의 명기의 계보는 배정자를 필두로 하여 제병―다동총채―송산월―백운선―현계옥 · 정금죽 · 강향란 등으로 이어지는 것으로 보았다. 여기의 강향란은 강석자(姜石子)로 이름을 고침과 동시에 머리를 단발로 하여 여성운동에 뛰어 든 인물이었다. 정금죽은 가야금과 단가(短歌, ① 시조나 시조와 비슷한 형식의 짧은 시가를 두루 일컫는 말, ② 판소리를 부르기 전에 목을 풀려고 부르는 짧은 노래. 만고강산 · 운담풍경 · 강상) 그리고 남도소리에 능했던 것으로 알려졌다.

정칠성은 자신의 삶에서 가장 통쾌했던 순간을 기생생활을 하던 17세 때 남자의 복장으로 말을 타고 성 내외를 돌아다닐 때로 기억했다. 화류계에 몸담고 있으면서 기쁠 때도 있었지만 슬프고 외롭게 느낀 시간들이 더 많았던 터라 늘 가슴 속에 응어리가 쌓여 있었던 금죽은 외국의 영화나 책에서 등장하는 말 탄 여성들의 진취성을 느끼고 싶어 했던 것이다. 그리하여 조선의 여장부가 될 꿈을 꾸며 곧 잘 말을 탔고, 그 때가 가장 통쾌했던 순간이었다고 기억했다.

뿐만 아니라 정금죽을 본 사람들은 그녀의 외모에 대해 가무(歌舞)도 잘하고 버들잎 같이 갸름한 아름다운 얼굴의 소유자였다 거나 다소 파리한 얼굴에 눈이 크고 빼빼 마른 체격의 날씬한 몸매에 손이 유난히 예뻤다고 한

다. 또 그녀의 외모는 날씬한 태도와 칼칼한 맵시를 갖추고 있어 정말 여선
배의 태가 난다고도 하였다. 그리고 그녀의 외관에서 나타나는 이미지에
대해 어떤 이는 그녀를 지개청초(志漑淸楚 : 의지와 기개가 있으며 산뜻하고 곱다)한
여성으로 보았고, 어떤 이는 비온 뒤의 풍란(雨後風蘭)에 비유하기도 했다.
어떤 이는 그녀를 꽃에 견준다면, "동백꽃이나 진달래라기보다 송이가 크고
오래 피는 백일홍, 향기 독한 장미꽃 보다 아담한 매화꽃"이 어울릴 것이라
고도 하였다.10)

　여하튼 기생으로서의 정금죽은 대구와 서울에서 기예와 인물을 겸비한
명기로 유명세를 떨치고 있었다. 그런 정칠성은 이후 여성운동가로 변신한
후 부지런히 열성적으로 부지런히 활동을 했으나 강인한 체력의 소유자는
못되었기에 가끔 요양을 해야 했고, 주변 사람들로부터 건강해지길 요망하
는 얘길 자주 듣곤 했다. 이런 정칠성에 대해 한 잡지에서는 다음과 같이
칭송하였다.

　　하늘이 당신을 접역(鰈域=조선)에 보내심이 우연한 일이 안이외다.
　　가느다란 당신의 홈목이
　　무궁화 붓돗기에 야위워지이다.
　　보담 더 파리하여 지이다.
　　우리는 당신의 파리한 얼골을 보고
　　감격의 눈물을 흘닐 줄도 아니다.
　　그러나 그러나 무궁화는 당신의 등에 매치는
　　피땀의 이슬을 밧어야 더욱 소생되지
　　안을 것이 옴닛가.
　　더욱 소생되지 안을 것이 옴닛가?
　　하늘이 당신을 접역에 보내심이 우연한 일이 아니외다.
　　우리는 이 한마디로 땀 흘리는 당신의 등에 더운 땀 한 방울을 더하게
　　재촉노니
　　보수를 의심마소서!
　　당신의 머리에 당신이 붓도든 무궁화 송이로

주렁주렁 화관을 씌워드리오리다!11)

5. 신여성, 정칠성을 만나다

정금죽은 3·1운동을 겪고 난 뒤 기생을 그만 두고 더 넓은 세계를 경험하고자 하였다. 그리하여 그녀는 자신의 이름을 칠성(七星)으로 바꾸고, 머리도 단발로 바꾸었다. 일본 유학 생활 중 그녀에게 영향을 미친 인물과 책이 있었다. 그녀는 일본 도쿄東京에서 삼월회 회원으로 활동할 때, 로자 룩셈부르크(Rosa Luxemburg)의 영향을 받아 「로자 룩셈부르크 여성과 사회」라는 제목의 팜플렛 발간 작업에 많은 힘을 쏟았다. 또 베벨(1840~1913)의 부인론을 읽고 깊은 감명을 받았고, 다른 사람에게도 권하고 싶었던 책으로 기억했다. 베벨의 부인론의 원제는 여성과 사회주의(Women and So-cialism)이다. 이 책은 국내에서는 배성룡에 의해 1925년 무렵『부인해방(婦人解放)과 현실생활(現實生活)』으로 번역 소개되었다. 이 책은 생산양식에 따른 계급불평들 사회의 젠더의 문제를 다루어 당시 국내의 페미니즘 이론에 중요한 기초가 되었다.

정칠성이 생각하는 여성 해방이 어떤 상태였을까. 당시 잡지 삼천리가 기획으로 콜론타의 성도덕에 대하여 비판하고자하는 하는 의미에서 정칠성과 대담하였다. 이때 기자는 노르웨이의 극작가 입센의 작품『인형의 집』의 주인공 노라와 콜론타이 작품『적연赤戀』의 주인공 왓시릿사와 비교하여 여성해방이 어떻게 차이가 있는지를 물었다. 이에 대해 그녀는 다음과 같이 대답하였다.

노라는 個人主義的 自覺이엇지요. 그래서 그는 個性에는 눈을 떠서 눈보래치는 날 밤에 남편인 辯護士의 집을 뛰어나오지요. 그러나 그는 어

되가서 무얼하고 사라갑니까. 街頭에 나가 굶어 죽고 어러 죽는 「解放」
은 解放이 아니겟지요. 그러니 經濟的으로 解放을 엇지 못하면 다 소용
업는 일입니다. 노라가튼 女性은 空想的 女性이 아니면 解放이 조곰도
되지 못한 女性이지요. 그대신 왓시릿샤는 以上에 말한 바와 가치 모든
것에 徹底하게 自由스럽게 되지 안엇슴니까. (삼천리 2호, 1929.9.1.)

정칠성은 기생 생활을 그만 둔 뒤로는 그녀의 뛰어난 가야금 연주나 단
가 그리고 남도 소리를 하지 않았다. 심지어 그녀는 1927년 무렵 이화여자
전문학교 음악과로부터 가야금 교수를 요청받았으나 한사코 거절할 정도
였다. 또 그 어떤 회식 자리에서도 가야금 연주나 단가를 하지 않았다.

그 대신 그녀는 자수刺繡로서 자신을 드러내었다. 자수는 도시의 부인 여
성들에게 직업이 되어 경제적 독립성을 갖추도록 하는 수단이 될 것이라
여겼다. 곧 그녀는 여성해방의 선결 조건은 여성이 남성으로부터 경제적
독립을 확보하는 것이라 믿었다. 그에 따라 그녀는 그녀의 장기인 강연과
더불어 부인 여성들에게 자수 강습회를 자주 열었다. 나아가 근우회에 열
정을 쏟고 있던 1929년 무렵 낙원동에 위치한 경성여자소비조합 옆 건물에
다 분옥수예사粉玉手藝舍라는 상호를 내걸고 자수와 편물을 전업하는 상점을
열었다. 여기에서 자수와 편물을 배우려는 여성들에게는 무료로 가르치기
도 하였다. 그러나 부지런한 사회활동으로 인해 분옥수예사를 제대로 돌볼
수 없어 얼마 못 가 문을 닫을 수밖에 없었다. 그 뒤에도 그녀는 경제력이
넉넉하지 못해 무교 다리 주변에서 전세로 살면서 편물과 자수를 하며 근
근히 생활을 이어갔다. 그렇지만 그런 정칠성의 자수 열정에 대해 언론도
높이 평가하였다.

정칠성의 연애와 결혼에 대한 시각은 어떠했을까. 우선, 그녀는 그녀가
좋아하는 사람 유형은 '남자나 여자나 책임 관념이 굳세고 자기 맡은 일을
완전하게 하여 나가는 인물'이라고 하였다. 곧 일꾼형의 인물을 선호하는
것이었다.

다음 그녀는 당시 여성 사회에 시비 거리가 되어 있던 운동가의 부인의 수절 문제에 대해선 이런 생각을 가졌다. 남편이 수감 중 병을 얻어 출옥했다면 마지막까지 간호해야 할 것이라고 주장하였다. 남편의 긴 수감생활 중 다른 남자와의 연애의 경우는 경제적 문제가 아니라 생리적 문제로 보면서 다른 남자와 사랑을 나눌 수 있으나 남편이 석방된다면 다시 결합하는 것이 옳은 것이라 생각하였다. 또 형제간 연애와 근친간의 결혼은 불가하다고 강조하였다.

정칠성은 자신의 결정인 근우회가 해산된 이후 어떻게 살았을까 ? 근우회가 해산될 즈음 국내외 정세에는 큰 변화가 생겼다. 세계대공황의 발생, 일본의 만주침략과 전쟁정책 강화, 사회주의 운동 세력의 계급노선으로의 전환과 그에 따른 조선공산당재건운동과 혁명적노동운동의 전개 등이 그것이었다. 그에 따라 근우회의 해산과 함께 해외로 나가 운동을 계속 하는 경우와 국내에 있지만 영어囹圄의 몸이 되거나 소식이 끊긴 경우가 생겼다. 그로 인해 근우회에서 활발하게 움직이던 활동가들은 국내외로 흩어져 서로간의 관계는 거의 끊어지다시피 했다.

정칠성의 경우 국내에 남아 주요 언론사와 대담하고, 편물과 자수로 생활하고 있었다. 잘 알다시피 그녀는 근우회에서 자신의 온 힘을 쏟아 부은 데다 다른 여성운동가와 달리 가정을 꾸리지도 않았던 터라 늘 혼자인 것이나 다름없었다. 그리하여 그녀는 옛 동지들과 근우회에 대한 회상을 하면서 다시 만날 날을 학수고대하였다. 그녀는 그런 애달픈 심정은 이렇게 말로 표현했다.

…그런데 나의 청춘은 엇잿든고. 나의 청춘은 쓸쓸하였다. 너무도 외로웠다. 지금도 청춘이 아닌 바는 아닐지나 남들이 사랑이니 행복이니 할 때에 나는 근우회관을 우둑하니 지키고 잇섯다. 한해, 두해, 세 해, 네 해… 그러는 사이에 동무들은 시가 갓다 아들 나엇다 딸 나엇다. 그리고 시대의 바름에 휩쓸려 모든 동무가 하나 둘 떠나 버린 뒤 남아 잇든 근

우회관조차 비바람에 쓰러지고 그리고 나중에는 일흠조차 해소되어 버 렷다. 한 시대는 지나갔다. … 그러나 가는 청춘 애달버 한들 무엇하리. 우리의 몸에도 마음에도 새움이 돗아 다시 부활하여야 하겟고, 남어 잇 는 동무들도 조곰도 낙심치 말고 이 땅에 모든 꼿피우기에 애써다오! 이 것이 부탁이요 나의 원이다. …12)

그리고 그녀의 여성운동 동지에 대한 애정과 그리움은 생각보다 마음 속 깊이 새겨져 있었다. 계속해서 보고 싶으나 만날 수 없는 현실을 안타까워 하며 애달픈 감정을 숨길 없이 드러내고 있었다.

…목이 쉬도록 불러 봐도 옛날의 내 동무는 어대에 가 숨었는지 대답조 차 업구나.…아. 하, 어느 동 어느 번지로 가서 찾으면 그립든 내 동무들 이 다시 옛날과 같이 「언니여」, 「동무여」 하고 뛰어 나와 손을 마주 잡 어 줄는고.

…이리하야 한 가지에 앉은 수십 마리 참새들 모양으로 아침나절 같이 지절대든 동무들은 다 떠나가고 가을밤 새추 밭에서 외로이 울며 나는 추야장천秋夜長天 저 외기러기 같이 나만 고달프게 서서 있구나. 있어 서 혼자 벗들의 이름을 부르고 있을 뿐이구나. 세월이 이렇게 변할 수 어디 있으랴. 이렇게 동무들이 다 떠나는 것이 어디 있으랴. 나는 오늘 도 종로 뒷거리 공평동의 옛 근우회 터를 바라보고 전차 속에서 혼자 울었노라. 한참 번영하든 그 당철에는 종로 네거리를 좁다고 네 활개치 고 다니든 우리가 아니었든가. 어느 동리, 어느 모퉁이를 지나 봐도 유 쾌하게 기운 있게, 씩씩하게 지나다니든 우리 동무들이 아니었던가. 그 러 하건만 아아, 모든 것은 가고 지금은 한갓 애상의 추억만이 남았구 나. 괴로운 적막한 이 옛 생각만이 보신각普信閣 위를 떠도는 유유한 한 편의 흰 구름 같이 가슴을 괴롭게 굴 뿐이구나.

이렇듯 정칠성의 옛 동지들에 대한 애틋한 그리움은 1930년대 국내 사회 운동의 침체된 현실을 그래도 보여주는 듯하다. 그러나 또 한편에서는 민족 과 계급의 해방을 위한 운동이 지속되고 있는 것에도 주목해야 할 것이다.

그렇지만 정칠성은 패배주의에 젖어 있었던 것은 결코 아니었다. 어떤 이로부터 죽어서 다시 태어난다면, 어떤 사람이 되고 싶은가라는 물음에 대해, 그녀는 '부자도 다 싫다, 역시 지금과 같은 일꾼으로 태어날 것이라' 호언장담하였다. 나아가 '피 있는 인간이면 누구라도 뛰어들어야 할 그 일에 우리 몸을 바칠 생각뿐이 있을 뿐이겠지요.'라며 자신의 의지를 더욱 굳게 표현했던 것이다. 이처럼 그녀는 스스로 부지런히 쉬지 않고 맹렬하게 여성운동을 벌인 것과 마찬가지로 다시 태어난다 해도 철저한 사회적 일꾼이 되길 희원했던 것이다. 그런 그의 생각과 의지는 해방 후에 여지없이 현실로 나타났던 것이다.

13

조원숙, 조선부녀총동맹의 맹장

오미일

1924년 조선여성동우회 집행위원
1926년 중앙여자청년동맹 집행위원
1927년 근우회 집행위원
1945 조선부녀총동맹 조직부장

1. 출생과 성장

조원숙(趙元淑, 1899~?)은 일제시기 사회주의와 민족주의 여성단체의 통일전선기관인 근우회 간부로 활동하면서 반일운동에 앞장서고, 해방 이후 조선부녀총동맹 중앙의 조직부장으로서 민족국가 건설에 매진함으로써 평생을 조선 여성의 인간다운 삶을 위해 노력한 여성운동가이다. 그의 평생은 일제 경찰로부터의 추적, 검거를 피해 피신, 망명하기에 고달팠고 또한 해방 이후에도 가정적인 안온한 생활을 누리지 못하고 조국의 통일과 여성권리 옹호를 위해 분망했다. 그러나 오늘날 그의 생애에 관한 기록은 제대로 남아있지 않아 그의 삶을 온전히 고찰하기에는 많은 어려움이 있다.

　조원숙은 1899년 강원도 양양군襄陽郡 현남면縣南面 포매리浦梅里에서 태어났다.[1] 경찰 기록에 신분이 상민이라고 되어 있지만 명문가 태생으로 알려져 있다. 오빠 조두원(趙斗元, 본명은 趙一明)은 일제시기에 신흥청년동맹 회원, 고려공산청년회의 중앙집행위원으로 활동했으며 이후 모스크바공산대학을 졸업하고 당재건 운동에 참여한 인물이다. 그가 사회주의 여성운동에 참여하게 된 데에는 오빠의 영향이 적지 않았을 것이다.

모스크바공산대학 출신
조두원(『조선일보』 1930.3.6.)

『중외일보』 1930.3.6.

　그는 서울로 유학하고 싶어 며칠씩 밥도 먹지 않고 병까지 나기도 했지만, 완고한 집안에서는 허락하지 않았다. 그는 마침내 15살 되던 해 봄에 고향의 부모들이 정해놓은 결혼을 거부하고 가마를 타고 서울로 야반도주할 만큼 독립심이 강했다. 훗날 그는 이 가출을 가장 '기억에 남는 통쾌한 일'이었다고 술회했다.[2]

　늦은 나이에 근화학원槿花學院에 입학하여, 학생들이 조직한 학내 단체 근화학우회의 서기로 활동하기도 했다. 그러나 2학년 때 동맹휴학을 주도하여 퇴학당했다. 이후 긴 머리카락을 잘라 단발하고 여성운동에 투신했다. 조선여성동우회원이었던 그의 단발은 신문에 기사화될 정도로 세간의 관심거리였다.

조선여성동우회원들의 단발 기사
(『조선일보』 1925.11.9.)

　규방의 인형이던 여성들이 '모던 걸'로 변신하고 사회에 진출한 '직업여성'들이 남자들을 상대로 경쟁하던 시대로 바뀌었으나, 여성에 대한 사회적 차별과 봉건적 인습이 여전한 현실이 그녀를 여성운동가로 만들었던 것이다. 그는 어느 잡지와의 인터뷰에서 '남자가 되었으면'이란 말은 현재의 제도 하에서 하는 말이지 우리 이상대로 제도가 고쳐진다면 사람으로서의 성性의 구별은 없을 것이요 다만 그 인격, 능률 여하가 문제가 될 것이라는 견해를 밝혔다.[3)

　조원숙은 당시 주세죽·허정숙·심은숙과 함께 여성운동가 '사미인四美人', 혹은 근우회의 '미인 명물 삼숙三淑(허정숙·조원숙·심은숙)'으로 꼽힐 정도로 미인이었다고 한다.[4) "풍염한 얼굴과 편운片雲같은 단발의 미美, 유룡遊龍 같은 좋은 체격 등 그 모든 조건은 이성의 눈을 끌기에 너무 충족하여 일하는 전도에 도리어 방해가 되었다"고 한다. 한 때 오빠 조두원이 관계한 신흥청년동맹의 투사 김동명金東鳴과 연애설이 있기도 했다.

2. 1920년대 여성운동계의 지형

1920년대에 들어서 여성운동이 본격적으로 전개되었다. 여기에는 일제가 3·1운동 이후 통치 방침을 문화정치로 전환하면서 제한적이나마 집회·결사의 자유를 허용함으로써 실력양성론에 기초한 사회운동이 활발해진 배경에 기인한다. 또한 여성 교육의 확대를 통해 상당수의 여학생이 배출되고 이들 중 교사·간호원·의사·산파 등 직업여성들이 생겨났다. 일본·미국 등지의 여자유학생도 증가하여 여성의 권리 신장을 위한 사회운동의 필요성이 제기되고 있었다.

1920년대 초의 여성단체는 성격에 따라 애국운동단체, 교육계몽단체, 직업단체, 노동단체, 종교단체 등으로 분류할 수 있다. 애국운동단체는 1910년대의 비밀결사 조직과 3·1운동 이후 1920년대 초반에 결성된 단체로 주로 평안도·황해도를 중심으로 한 북부지방을 근거로 하였다. 교육계몽단체는 1920~1928년에 조직된 것이 70여 개로 전국적으로 분포되어 있었다. 또한 전문직에 진출한 여성들이 직업단체를 결성하거나 여자들끼리 경제단체를 조직하는 현상이 나타났다. 1922년에 결성된 조선여자침공회, 1923년에 조직된 조선간호부협회 그리고 경성여의회京城女醫會를 그 예로 들 수 있다. 노동단체로는 경성고무여자직공조합(1923), 선미여공조합選米女工組合(1924), 염직여성노동자조합(1926) 등을 예로 들 수 있다. 종교여성단체로는 천도교의 내수단內修團(1924, 신파, 계몽활동에 치중)과 천도교여성동맹(1927, 구파, 근우회 참여, 1931년에 내수단과 합쳐 내성단內誠團으로 조직됨), 불교부인회(1921년 결성)

와 조선불교여자청년회, YWCA(조선여자기독청년회연합회, 1923) 등이 조직되어 있었다.

이와 같이 다양한 주체들에 의해 전개된 여성운동은 이념에 따라 민족주의 여성운동과 사회주의 여성운동으로 나눌 수 있다. 민족주의 여성단체의 대부분은 기독교, 천도교 등의 종교계열에서 조직한 단체였다. 3·1운동 후 1923년경까지 실력양성운동 차원에서 조직된 여성단체의 수는 전국적으로 대략 150여 개에 달했다. 이 당시 여성운동의 목표는 교육 계몽을 통해 여자도 인간이라는 자각을 일깨우고 여성의 자질을 향상시키는 데에 두었다. 주로 제기된 여성운동의 현안은 미신 타파, 의복개량, 위생, 조혼 금지, 인신매매 금지 등 일상생활에 관계된 사안들이 많았다.5)

민족주의 여성단체로 대표적인 것으로는 1920년 4월 조직된 조선여자교육협회(나중에 조선여자교육회로 명칭을 바꿈)를 들 수 있다. 인습타파, 여자보통교육의 보급을 목적으로 김미리사金美理士 · 김선金善 · 방신영方信榮 · 유옥경俞玉卿 등의 기독교여성들이 주도했다. 여자야학강습소를 운영하며 강연회 · 음악회 · 연극대회를 개최하고 기관지 『여자시론』을 발간하여 여성 계몽에 주력하였으며, 여자교육공로자 표창 등의 사업을 전개하였다. 이 단체는 여성교육기금을 마련하여 근화학원(1923년 3월 설립, 1925년 학교로 신청)을 설립할 정도로 그 활동이 대단했다. 조선여자교육회에는 나중에 사회주의자로 전환하는 허정숙許貞淑 등의 일부 여성도 초기에 참가하여 함께 활동했다.

1923년 이후 부르조아민족주의계열에서 주도한 물산장려운동에 보조를 맞추어 중년 부인을 중심으로 토산애용부인회가 조직되어 조선물산 사용을 통한 경제적 권리를 주장했다. 이 물산장려운동에는 특히 전국 각지에서 여성들의 참여가 두드러졌는데 평양 · 부산 · 동래 · 군산 등지에서는 기생들까지 적극 참가하였다. 이 물산장려운동을 계기로 여성들이 주도하는 부인저축회나 소비조합, 생산조합, 계와 같은 경제단체가 보편화되기 시작했다.

1923년 이후 실력양성론에 의거한 여성운동이 침체되면서 사회주의여성
해방론에 기초한 여성단체가 조직되었다. 사회주의계열 여성단체의 출현에
는 여성노동자들이 당시 고조되고 있던 노동운동에 적극적으로 참여하면
서 여성계의 의식 전환을 유도한 점이 크게 작용했다. 1920년 4월 전국적인
대중노동단체인 조선노동공제회가 창립되었으며, 일본유학생과 중국유학
생, 러시아 이주교포를 거쳐 사회주의사상이 국내로 유입되면서 노동단체
들의 계급적 성격이 강화되었다. 이에 노동자들의 파업투쟁이 빈발하였고,
여성노동자들도 여기에 적극 동참했다. 식민지 조선의 경제구조상 여성노
동이 투입되는 산업부문은 주로 정미업과 방직, 고무공업이었다. 이 시기
여성노동자들의 대표적인 파업투쟁 사례로 부산의 각 정미소 선미공정 여
성노동자 350명의 파업(1919.8), 인천 정미공장 여성노동자 파업(1919.12), 부
산 조선방직주식회사 파업(1922.3), 경성 고무공장 여성노동자 파업(1923.7), 인
천 사이토(齋藤)정미소 여성노동자 파업(1924.3) 등을 들 수 있다.

당시 여성노동운동은 계급적 민족적 억압과 함께 여성에 대한 성적 폭력
이 결합되어 가중됨으로써 발생하는 경우가 많았다. 1924년 3월에 일어난
선미여성노동자 파업은 일본인 감독의 여성노동자 능욕에 대한 항의를 목
적으로 한 것이었다. 또한 1924년 11월에 일어난 인천 가토(加藤)정미소 여
성노동자파업은 일본인 여성검사원의 구타에 분노하여 일어난 것이었다.
이와 같이 여성노동자들은 단지 임금 인상이나 임금 인하 반대와 같은 경
제적 요구뿐만 아니라, 일본인 감독의 성적 희롱, 비인격적 대우에 항의하
여 투쟁하면서 민족적 모순과 여성으로서 받는 억압도 인식하게 되었다.

기층 여성 대중운동의 활성화와 함께 『동아일보』나 『조선일보』 기타 잡
지 등에 베벨의 『부인론』(1925년 배성룡에 의해 『부인해방과 현실생활』이란 제목으로 번
역 출간)과 엥겔스의 『가족, 국가 및 사유재산의 기원』 등 사회주의여성해방
론이 소개되면서 여성운동계에도 사회주의단체가 조직되었던 것이다.

3. 조선여성동우회와 경성여자청년동맹에서 활동

1924년 5월 23일 사회주의여성을 망라한 조선여성동우회가 창립되었는데 조원숙은 여기에 가입하여 활동했다. 원래 명칭은 경성여성동우회였으나 범위를 전국으로 확대하면서 조선여성동우회라고 변경했다. 그동안 종교적인 청년단체는 많이 설립되었으나 사상운동단체로서의 여성단체 조직으로는 조선여성동우회가 처음이었다. 당시 사회주의 청년, 사상단체가 모두 각파별로 조직되었는데 반해, 조선여성동우회에 파벌 구별이 없었던 것은 아직까지 여성계에 사회주의 이념이나 운동세력이 그다지 뿌리내리지 못한 초창기였던 점도 작용했을 것으로 보인다.

이 회의 강령은 '① 사회진화 법칙에 의하여 신사회의 건설과 여성해방운동에 입立할 일꾼의 양성과 훈련을 기함 ② 조선 여성해방운동에 참가할 여성의 단결을 기함'이었다.[6] 조선여성동우회는 그 선언문에 나타나듯이 계급 해방=여성 해방이란 도식적인 '무산여성적 시각'에서 여성운동의 방향을 설정하고 있는데, 이는 가부장적 봉건유제와 제국주의자본에 억압당하는 식민지 조선 여성이 처한 현실에 대한 인식이 심화되지 못함으로써 민족문제와 조선 여성운동의 연관성이나 전체 여성의 해방과 계급 해방의 단계적 차이를 고려하지 못한 것이다. 이 '무산여성적 시각'은 '여성노동자적 시각'에 이르지 못한 것으로 사회주의이론의 미숙한 수준 또는 조선 여성의 사회경제적 현실에 대한 분석이 미흡함을 나타낸다.

창립 당시 회원은 18명이었으나 1926년 7~80명으로 증가했는데 직업별로 보면 학생·의사·간호부·교원·기자·직공 등으로 주로 인텔리들이 많았다. 연구반을 조직하여 매주 한 번씩 모여 부인문제에 대해 토론했으며, 직공부인위안음악회나 국제부인기념일 기념식을 거행하는 등의 활동을 전개했다. 또한 지방단체의 요청에 부응하여 대중강연을 하기도 했다.

앞에서 언급했듯이 조선여성동우회의 주도적 인물인 허정숙·주세죽·

김조이金㸯伊 등은 모두 단발머리로 유명했는데 조원숙의 단발 역시 신문에 기사화될 정도로 이들의 동정은 세간의 주목거리였다. 1926년 4월 황해도 재령청년회와 무산청년회 주최 강연회에서 조원숙이 「단발여성으로 여자 해방의 근본적 의의」란 제목의 강연을 하다가 임석 경관에게 '주의' 경고를 듣는데서 알 수 있듯이, 이들에게 '단발'은 단순히 모던 여성으로서 외양갖추기가 아니라 봉건적 인습에 대한 도전이자 여성 해방의 상징적 각오였던 것이다.

조선여성동우회는 1년이 못되어 화요회와 북풍회가 경성여자청년동맹(1925년 1월 창립)을 조직하고, 서울계가 경성여자청년회(1925.2.)를 결성하며, 양파에 속하지 않는 이들이 프로여성동맹을 조직하면서 정파 간 경쟁이 시작되었는데 조원숙은 경성여자청년동맹 계열이었다. 경성여자청년동맹의 발기인은 허정숙·김조이·주세죽·김필순金弼順·정봉鄭峯 등이었으며 회원은 대개 학생이었다. 동맹의 강령은 ① 청년여자의 대중적 교양과 조직적 훈련을 기함 ② 청년여자의 단결의 힘과 상호부조의 조직으로써 여성의 해방을 기하며 당면의 이익을 위하여 분투함이었다. 이를 실천하기 위해 일반 청년여성에게 해방적 의식을 각성케 할 교양기관을 설치하고 출판·강연·강습·연구회 등을 수시로 개최했다.[7] 특히 부서 구성에서 서무·조사 이외에 교양부와 학생부를 둔 것은 주요 조직 대상이 학생이었고, 이들을 대상으로 여성 해방의 의식과 교양을 고취하는 것이 동맹의 주요 활동이었음을 말해준다. 매주 토요일 저녁마다 과학연구회를 개최하고 유물사관과 세계 정세, 자본주의 등에 관한 이론을 공부했다.[8]

2차당 때부터 대두된 민족통일전선론은 사회주의여성계 내에서 통일의 분위기를 조성함으로써 1926년 1월 말경 경성여자청년회와 경성여자청년동맹이 합동하여 중앙여자청년연맹으로 결성되었다. 1926년 말 정우회선언 이후 사회주의운동의 방향전환이 시작되면서 3차 조공의 책임비서 안광천의 처인 동경유학생 이현경李賢卿과 황신덕黃信德 등의 주도 하에 중앙여자청년연맹은 동맹 조직으로 전환되어 여성계의 역량이 한층 강화되었다. 동맹은 청소년 남녀의 인신매매 금지, 만 18세 이하 소년 남녀의 결혼 폐지, 청소년 남녀 직공의 8시간 이상 노동야업勞動夜業 폐지, 무산 아동 및 산모의 요양소 설립 등을 결의했다. 조원숙은 이 중앙여자청년동맹의 집행위원(상무)으로 일했다.

한편 1925년 8월 아현청년회阿峴靑年會, 인쇄직공청년동맹, 경성여자청년동맹 등 경성 및 고양 부근의 무산청년단체 21개를 규합하여 한양청년연맹이 결성되었다. 연맹은 서무부 · 교양부 · 조사부 · 조직부 · 학생부 · 소년부 등의 6부체제로 각 면마다 1개의 청년단체로 연합하여 군연맹을 두고 다시 도연맹을 이루어 전국적 차원에서 조선청년동맹을 조직하는 구상을 가지고 있었다. 한양청년연맹은 전조선주일학교대회를 기하여 반기독교운동을 전개하고 칼 로자 룩셈부르크 기념카드 발행, 자본주의경제체제와 유물사관 연구, 러시아어 연구와 같은 교양운동에 주력했다. 조원숙은 이 청년연맹의 간부로 활동했다.

1926년 6 · 10 만세사건으로 각종 사상 · 청년 · 노동 · 여성단체가 수색당하고 사회운동가들에 대한 수사가 시작되면서 여성동우회 회원들과 함께 조원숙도 체포되었다. 6 · 10만세 사건은 제2차 조선공산당의 '6 · 10운동투쟁지도특별위원회' 지도 하에 순종의 국장을 이용해 시위운동을 계획한 것으로 살포된 격문으로 인해 사전 발각되었는데, 이는 2차 조공에 대한 수사로 확대되었다. 이 사건으로 그뿐만 아니라 당시 연희전문학교 학생으로 신흥청년동맹 위원인 오빠 조두원과 아버지(趙鍾龜) 등 일가족이 체포되는 고통을 당했다.9) 당시 가족들은 서울로 올라와 수창동에서 살고 있었는데, 일가족 특히 남매가 함께 체포된 것은 드문 일이었다. 조원숙은 6월 6일 검속 후 석방되었다가 22일 다시 체포되었는데, 이틀 만에 부친과 함께 석방되었다.

조선공당원이자 고려공산청년회 중앙집행위원인 조두원은 검거를 피해 러시아로 망명했다. 그는 1929년 4월 모스크바 동방노력자공산대학을 우수한 성적으로 졸업하고 이후 코민테른으로부터 김단야와 함께 조선공산당 재건설의 지시를 받고 국내로 들어와 한동안 원산에서 이주하李舟河와 함께 혁명적 노동조합운동을 전개했다. 권오직 등과 함께 조선공산당재조직준비위원회를 결성하고 활동하던 중 1930년 1월 체포되어 서대문형무소에서 징역 3년을 살다가 1933년 9월 석방되었다.

4. 근우회의 3차 조공 야체이카 책임자로 활동

이후 그는 1927년 5월 조직된 여성단체의 통일전선기관인 근우회에서 주로 활동했다. 근우회는 민족협동전선인 신간회의 자매기관이다. 당시 부르조아민족주의계열은 『개벽』에 발표한 이광수의 「민족성개조론」(1922)과 역시 이광수가 쓴 『동아일보』 사설 「민족적 경륜」(1924)에서 잘 나타나듯이 자치론을 주장하는 타협적 민족주의계열과 이에 대응하여 '대일비타협노선'에 기초하여 일제에 저항적인 모든 세력을 망라한 '민족주의좌익전선' 결성을 주장하는 안재홍을 비롯한 『조선일보』 계열의 비타협적 민족주의계열로 분화되어 있었다.

그러나 여성운동계에서는 민족주의여성운동이 뚜렷한 이념과 정체성을 지니고 있지 못했고 사회주의여성운동과의 사이에 전면적인 대립관계가 형성되어 있지도 않았다. 1920년대 초반에 활동한 여성계몽단체는 대부분 침체상태에 빠져 있었고, 비교적 활발하게 활동하고 있는 종교여성단체에서는 여성 해방보다 선교가 중심이었기 때문에, 이념이나 운동의 주도권 장악을 둘러싼 갈등은 일반 사회운동계보다 훨씬 적었다. 여성운동계 내부에 정치적 입장과 관련하여 자치운동론이나 타협노선을 고수하는 세력이 뚜렷하게 존재하지 않았던 때문이다.

사회주의계열의 여성운동가들은 이미 1925년경부터 파벌 청산, 민족진영과의 협동전선문제에 호응하여 파벌별로 조직된 여성단체를 해체하고 연합단체를 결성하기 시작했다. 그리고 아직까지 여성노동자층의 형성이 미약한데다 여성의 대다수인 농촌 부인이 무산여성 해방보다 봉건적 억압 철폐에 보다 관심을 가지지 않을 수 없는 현실 상황에서 '여자운동계도 방향전환의 필요'를 느꼈기 때문이다. 근우회에는 민족주의계열로 조선여자교육협회·조선여자청년회·조선간호부협회·반도여자청년회·경성여의회·조선여자여학생상조회·YWCA·기독교여자절제회·불교여자청년회·천도교여성동맹 등이 모두 망라되었고 사회주의 각 계열의 여성단체도 모두 참가했다. 초기 근우회는 민족주의진영의 김활란金活蘭·유각경兪珏卿·유영준劉英俊·차사백車士伯·현신덕玄信德·김영순金英順 등이 장악했으며, 사회주의진영에서는 민족주의진영에 주도권을 양여하고 전면에 나서지 않다가 1928년 이후 주도권을 장악했다. 공평동 54번지에 사무실을 둔 근우회는 전국에 57개 지회와 해외에 3개 지회를 두었다.

근우회의 강령은 처음 '조선 여자의 공고한 단결을 도모한다. 조선 여자의 지위 향상을 도모한다'로 다소 추상적이었으나 1929년 7월의 전국대회에서 '조선 여성의 역사적 사명을 수행하기 위해 공고한 단결과 의식적 훈련을 기한다. 조선 여성의 경제적 사회적 전적 이익의 옹호를 기한다'로 바뀌었다. 근우회의 행동강령은 ① 교육의 성적 차별 철폐 및 여자의 보통교육 확장 ② 여성에 대한 사회적 법률적 정치적 일체 차별 철폐 ③ 일체 봉건적 인습과 미신 타파 ④ 조혼 폐지 및 결혼·이혼의 자유 ⑤ 인신매매 및 공창 폐지 ⑥ 농민 부인의 경제적 이익 옹호 ⑦ 부인노동자의 임금차별 철폐 및 산전産前 4주간, 산후産後 6주간의 휴양과 그 임금 지불 ⑧ 부인 및 소년노동자의 위험노동 및 夜業 폐지 ⑨ 언론·출판·결사의 자유 ⑩ 노동자·농민 의료기관 및 탁아소 제정·확립 등 여성의 기본권익 옹호를 중심으로 한 내용이었다.10)

조원숙은 발기총회에서는 회원 모집을 담당했으며 이후 집행위원으로서 서무부 상무로 일했다. 다른 집행위원들과 함께 하계순회강연단을 조직하여 지방에 내려가 연사로 활동하거나 선전대를 꾸려 근우회 활동과 여성해방을 선전하기도 했다.[11]

한편 그는 3차 조선공산당의 근우회 야체이카 책임자였다. 그는 3차 조선공산당사건이 터지기 전까지 월 2회 내지 3회의 야체이카회를 개최하고 여성운동에 대한 당 중앙의 지령을 토의하고 회원의 계급의식, 교양훈련에 노력했다. 근우회에서 함께 일한 강정희姜貞熙·김필수金弼壽·이현경·이덕요李德耀(한위건의 처)는 3차 조공당원이거나 조공의 프락치였다. 당시 근우회는 김활란·유각경 등의 종교계와 허정숙·황신덕 등의 서울계 및 박호진朴昊振·백신애白信愛·정종명鄭鍾鳴 등의 화요계 그리고 조원숙·강정희 등의 일월계로 구성되어 근우회에 대한 3차당의 헤게모니가 조원숙을 매개로 완전히 관철되기에는 어려운 상황이었다.

그는 오빠 조두원이 2차 고려공산청년회의 중앙집행위원으로 자택에서 고려공산청년회의 중앙집행위원회를 열고 밀의하는 상황을 늘 지켜보았을 것이다. 그러나 2차 공산당사건 때 체포되었다가 석방된 것으로 보아, 직접 2차 조공에 관계한 것 같지는 않고 화요계 여성단체에서 간부로 활동하다가 3차당 때 당원이 되었던 것 같다. 『조선사회운동약사코스』에서는 김준연金俊淵·박응칠朴應七·하필원河弼源 등과 함께 그를 3차당의 중요인물로 거론하고 있으니 그의 정치적 비중을 짐작할 수 있을 것이다.

조원숙은 1928년 2월 2일부터 시작된 3차 조선공산당사건으로 다시 종로경찰서에 검거되었다. 당시 신문자료에 의하면 3차당 탄압사건의 발단은 해외로부터 조원숙에게 오는 편지가 경찰 검열에 걸려 수사가 시작되었다고 한다. 일제 경찰은 2차당 이후에 반드시 후계 3차당이 존재할 것으로 예측하고 밀정을 놓아 활동가들을 추적해오다 검거의 단서를 잡기는 했으나 운동자금 2천 원 이외에 공산당 결성의 물적 증거로 인장이나 강령, 선언서

등을 발견하지 못해 8개월여 동안 수사를 계속했다. 조원숙은 3차당의 주요인물인 안광천安光泉·하필원河弼源·최창익崔昌益 등 30여 명과 함께 검거되어 석방, 체포를 되풀이하며 고초를 겪었으나 결국 증거불충분으로 석방되었다.

5. 상해 망명과 결혼

이후 일제 경찰의 감시가 심해 활동이 어렵게 되자, 상해로 망명했다. 근우회 내의 3차 조공당원인 이현경과 이덕요도 각기 안광천, 한위건과 함께 망명하였다. 상해에서 3차당의 선전부 간부이자 4차당의 정치부 위원인 양명梁明과 결혼하였는데 이때 그의 나이 서른이었다. 그러나 두 사람은 이미 양명이 『조선일보』 기자이던 때에 만나서 봉익동鳳翼洞에서 동거생활을 했었다. 그 후 3차 공산당 사건으로 검거가 시작되자 각기 해외로 망명하여 다시 상해에서 재회했던 것이다.[12]

양명은 이후 주로 상해를 거점으로 북중국, 만주, 모스크바로 다니며 4차 조공의 해외 연락을 담당하였다. 조원숙은 검거와 피신, 망명으로 지쳐 있는 상황에서 다소 안정적인 생활을 원했던 것 같으나, 혁명가 남편을 선택한 이상 그것은 바랄 수 없는 것이었고 또한 자신 역시 평범한 가정부인으로 안주할 수 없음을 잘 알고 있었다. 해방 후 『독립신보』와의 회견에서 '안온한 가정생활이 그리운 적이 없지 않아 있었지마는 그인 밤낮을 가림이 없이 연락사업에 바빴고 때로는 소련, 연안 등지로 장기 여행을 떠났기 때문에 동거생활 3개년에 한 달을 함께 살아본 일이 없어요'라고 술회하는 데에서 이 무렵 상해에서의 생활을 짐작할 수 있을 것이다. 양명이 4차 조선공산당의 상해 야체이카 위원으로 혁명사업에 바쁜 나날을 보낼 때 자신도 이론 공부에 전념했다. 상해 시절은 아마 그가 모처럼 마음먹고 여성운동

이나 사회주의이론에 관한 많은 서적을 탐독할 수 있었던 시기였을 것이
다.

당시 사회주의 여성운동가들은 같은 조직에서 활동하던 남성 활동가와
동지적 관계로 만나 연인이나 부부관계로 발전하는 경우가 많았다. 박헌영
과 주세죽, 김단야와 고명자, 조봉암과 김조이, 임원근과 허정숙, 김원봉과
박차정, 김사국과 박원희, 안광천과 이현경, 이재유와 이순금 · 박진홍 등을
예로 들 수 있다. 봉건적이고 가부장적인 인습이 만연해있던 시절에 활동
적이고 분방한 여성운동가의 연애사건은 세간의 흥밋거리가 되기에 충분
했다. 그래서 당시의 잡지에는 '붉은 연애' '프롤레타리아 연애'의 주인공들
에 대한 기사가 자유주의적 신여성의 스캔들과 같은 수준으로 다루어지기
도 했다. 사회주의 운동가들 가운데 일부도 이를 의식, 비판하기도 했다.
그러나 부부나 연인운동가의 결합관계가 지속적이고 일관되게 유지될 수
없었던 가장 중요한 요인은 일제의 탄압과 검거 뒤에 따르는 고문과 전향
공작이었다. 두 사람 중 누군가가 체포되면 하루아침에 생이별이 될 뿐더
러 더구나 검거 뒤에 따르는 전향공작으로 출옥 후에도 신념과 신뢰에 바
탕한 동지애 및 부부관계를 유지하기 어려웠던 것이다.[13]

한편 1928년 말 코민테른으로부터 조선공산당의 해소가 결정되자 이후
조선공산주의자들은 12월테제의 당건설 방침에 따라 '혁명적 노동자 농민
대중에 기초한 볼세비키당 건설'을 목적으로 공장 · 광산 · 농촌 등의 대중
속으로 들어갔다. ML계 역시 1929년 4월과 5월경 길림과 블라디보스토크에
서 한해韓海, 한빈韓斌, 고광수高光洙, 한위건韓偉健 등이 모여 조선공산당재건
설위원회를 조직하고 국내에서의 당재건운동에 나서게 되는데 양명은 중
국관내에서 국내의 당재건활동을 지원하는 임무를 맡았다. 양명은 1930년
어느 폭풍 부는 날에 모스크바로 간다고 떠난 후 연락이 끊어졌다. 이때 조
원숙의 배에는 아기가 자라고 있었다.

6. 귀국 후 거제도 시댁에 은둔

무거운 몸으로 운동을 지속할 수도 없고 기다리는 남편도 소식이 없자 해산 후 상해에서의 힘겨운 생활을 청산하고 1930년경 귀국하였다. 타국 생활도 힘들었지만 아마도 당시 국내에서 ML계의 당재건운동이 진행되고 있었으므로 혹시 남편의 소식이라도 전해들을 수 있지 않을까 하는 바람에서 위험을 무릅쓰고 조선으로 향하였을 것이다. 고향인 양양을 거쳐 서울로 오자 즉시 일제 경찰에 소환되어 고초를 겪기도 했으나 별 혐의 없어 석방되었다.

이후 남편의 고향인 통영군 거제도의 시댁에 들어가 아이를 키우며 시집살이를 하였다. 아들을 북경대학에 유학 보낼 정도로 지역 내에서 유산가인, 완고한 시댁에서의 생활을 선택한 것은 곧 일선운동에서 물러나 전적으로 어머니로서 며느리로서의 역할을 감내하겠다는 의지의 표현이었다. 이러한 선택은 차라리 일제 경찰의 감시권 안에 있으면서 자식을 키우고 또한 남편과의 재회를 기약할 수 있을 것이라는 믿음에 기초했다. 이 시기의 생활을 그 자신이 '거제도 섬 속에 들어가서 하고 많은 날 시어머니의 푸념을 들으며 무·배추를 가꾸면서 그만 이렇게 늙어버렸답니다. 이 시집살이하는 동안 나의 운동이란 극히 미온적이었던 것이 사실이었습니다.'라고 말하듯이 정치운동 일선에서 떠나 자신의 신념과 정열을 평범한 여성으로서의 일상생활에 소진하려 애썼다. 어느 잡지에서 표현했듯이 "근우회 맹장猛將으로 풍려한 미를 자랑하던 그는 긴 치마에 고무신을 줄줄 끌고 어린애를 안은 채로 젖가슴을 헤치고 아이에게 젖을 먹이는, 한마디로 말하면 시골부인 같이 되어버렸다."[14]

한동안 모스크바에 머물던 남편 양명은 1936경 입국하여 이종림李宗林·최성우崔聖禹 등과 함께 경기도 김포군 내에서 '조선공산당연구협의회'라는 비밀결사를 조직하여 당재건 운동을 하다가 1937년 초 체포되었다. 아마도 이무렵 조원숙은 양명을 수년 만에 재회했을 것이다.

1937년 중일전쟁이 발생하고 일제의 군사침략이 가속화되면서 여성운동 지도자들 중 일부가 변절했다. 예를 들어 3·1운동 때 비밀결사에 관계하여 운동에 적극 참여하고 이후 1920년대에 기독교, 교육운동 등 계몽운동에 주력했으며 근우회 의장을 지내기도 했던 김활란(이화여전 교장)은 애국금차회[15], 조선임전보국단(1941), 조선언론보국회(1945)에 참가하여 일제의 전쟁수행을 선전, 지원했다. 조선여자교육협회와 근우회에서 활동했던 민족주의계 여성운동가인 김선·박순천朴順天·유각경·방신영·차사백 그리고 고황경 高凰景 등도 변절하여 같은 길을 걸었다. 사회주의계열 여성운동가 중에서는 서울계 사회주의자로 근우회의 중진이었던 중외일보 기자 황신덕(중앙여자고등보통학교 교장) 역시 근우회 해소 이후 교육활동에 주력하다 1930년대 이후 친일단체에서 활동하기 시작했다.

거제도에서의 생활은 일제의 파쇼군사정책이 극대화되어가는 1930년대 중후반 이후 당재건운동이나 혁명적 대중운동이 침체되고 운동가들이 예비검속, 구금으로 활동이 거의 불가능해지는 정세 속에 전향이나 일제에 대한 타협을 하지 않으면서 고난의 시기를 피해갈 수 있었던 유일한 방도였는지도 모르겠다.

7. 해방 후 여성운동 재개와 신국가건설운동

해방 후 그는 거제도 생활을 정리하고 다시 서울로 올라와 사회운동에 뛰어들었다. 오빠 조두원은 해방된 다음날 결성된 장안파 공산당 참여를 시작으로 『해방일보』 편집국장, 민주주의민족전선 중앙위원, 조선공산당 서기국원, 『노력일보』 주필로서 활동했다. 해방이 되었으나 남편은 돌아오지 않았다. 1945년 9월 수립된 조선인민공화국의 후보위원 명단에 양명의 이름 역시 다른 많은 활동가들과 함께 올라 있었으나 조원숙은 1946년 11월 말경까지도 그 생사를 확인할 수 없었다. 그는 '자신의 고독을 위로하기 위해서라도' 운동에 전념했다. 조원숙은 생계를 위해 삼청동에 산원産院을 내는 한편 여성운동에 적극 참가했다. 일제시기 조공당원이자 각종 여성단체에서 활동한 그의 선도적인 투쟁경력은 이미 40대 후반에 들어선 연륜과 함께 해방 후 여성계에서 그가 정치적 활동을 재개하는 데에 크게 작용했다.

1945년 9월 1일 휘문중학교 강당에서 열린 경성시민대회에서 조직된 조선건국준비위원회 경성지회 상임위원회에서 경성시 인민위원 90여 명을 선출했는데, 그 명단에 오빠 조두원과 함께 조원숙의 이름이 올려져 있었다.[16] 이때 여성계에서는 정칠성丁七星 · 우봉운禹鳳雲 · 강정희 · 허하백許河伯 · 이계순李桂順 · 고명자高明子 등이 함께 포함되었으니, 해방 정국의 여성계에서 조원숙이 차지했던 비중을 짐작할 수 있다.

일제가 물러간 뒤 가장 시급한 것은 일제 잔재의 청산과 민족국가 건설이었다. 이러한 민족적 당면과제를 해결하기 위해 여성계에서도 조직사업에 분주했다. 1945년 8월 17일 1500만 부녀의 건국사업 참여와 지원을 위해 건국부녀동맹이 결성되었다. 간부진은 위원장 유영준, 부위원장 박순천, 집행위원 조원숙 외 15명으로 민족주의계열 인사들이 상당수 참여했으며 또한 친일 경력을 가진 이들까지 망라되었다. 강령으로는 ① 조선 여성의 정치적 · 경제적 · 사회적 해방 ② 조선 여성의 의식적 계몽 및 질적 향상 ③ 조선 여성의 단결을 공고히 하여 완전한 독립국가 건설에 일익을 담당할 것 등을 채택하였다. 그것을 실천하기 위한 구체적인 행동강령으로는 ① 남녀 동등의 선거 및 피선거권 주창 ② 언론 · 출판 · 집회 · 결사의 자유 확보 ③ 여성의 자주적 경제활동의 확립 ④ 남녀 임금차별의 철폐, ⑤ 공사창제公私娼制 및 인신매매 철폐 ⑥ 임산부에 대한 사회적 보건시설, ⑦ 여성의 대중문맹과 미신의 타파 ⑧ 창조적 여성의 지향 등을 제시하였다.

이를 모체로 12월경 안국동 풍문여고 강당에서 전국부녀단체대표자회의를 소집하였다. 영하 10도가 넘는 혹한의 날씨에도 불구하고 전국 각지 148개 부녀단체의 대표가 모였는데 젖먹이 어린애를 가슴에 품은 젊은 어머니 대의원까지 참가한 열광적인 분위기 하에 모름지기 38도선 이남과 이북의 조선 전체를 대표하는 조선부녀총동맹(이하 '부총'으로 표기)을 조직하였다. 사흘간 열린 부총결성대회에서 운동노선을 둘러싸고 토의하는 과정에서 여성해방을 강조한 나머지 여성이 남성을 지배하려는 사상과 생활개선은 매우 곤란한 일이니 인민공화국이 승리한 후에 하자고 주장하는 좌편향적 주장이 제기되기도 했으나 이는 각하되었다.

부총의 강령은 ① 조선 여성의 정치적 · 경제적 · 사회적 완전해방을 기함 ② 진보적 민주주의국가 건설과 발전에 적극적으로 활동하기를 기함 ③ 조선 여성이 국제적 제휴를 도모하고 세계 평화와 문화 향상에 노력함이었다. 행동강령은 16조항으로 ① 남녀평등의 선거권, 피선거권 획득 ② 친일파와 민족반역자를 제외한 민족통일전선 결성에 적극 참여 ③ 언론 · 출판 · 집회 결사 · 종교의 자유를 요구 ④ 여성의 경제적 평등권과 자주성 확립 ⑤ 남녀 임금차별제 폐지 ⑥ 8시간 노동제 확립 ⑦ 근로부인의 산전 산후 각 일개월간의 유급휴양제 확립 ⑧ 사회시설(탁아소 · 산원 · 공동식당 · 공동세탁소 · 아동공원)의 완비 요구 ⑨ 공사창제와 인신매매 철폐 ⑩ 일부일처제의 철저한 실시 ⑪ 교육에서의 남녀차별 철폐 ⑫ 국가기관에 의한 부녀문맹퇴치기관 즉시 설립 ⑬ 생활개선 ⑭ 모자보호법 제정 ⑮ 봉건적 결혼제 철폐 ⑯ 농촌에 국가부담의 의료기관 설치로 여성의 정치 경제 사회적 제권리를 옹호하는 구체적이고 현실적인 안을 제시하였다. 부총은 기관지로『부녀조선』을 발간하였다.

부총의 대표적 활동을 들면, 군정법령 제70호(1946년 5월)로 부녀자 매매 금지령이 내리자 근본적으로 공창제도를 폐지하기 위해 '공사창폐지대책좌담회'를 열고 정당단체의 날인을 받아 그 건의문을 제출하고, 농번기에 농촌부녀원조사업으로 '이동원조반'을 설립하여 간이탁아소를 개설하며, 수해구

조사업과 항일운동 유가족원조사업 등을 전개했다. 또한 주부좌담회를 개최하여 각 정(町) 대표 주부로써 '식량대책협의회'를 구성하고 쌀을 달라는 시위운동을 전개하기도 했다. 그러나 한편으로는 모스크바삼상회담결정 지지 성명서 발표, 민주주의민족전선 결성 촉구, 정당등록법령 철회 요구, 좌우합작과 입법기관에 관한 정당한 인식을 위한 해설 사업 등 정치적 선전운동에 치중함으로써 고유의 대중사업에 매진하지 못하는 오류를 범하기도 했다.

조선부녀총동맹 간부 조원숙 검거 기사
(『자유신문』 1946.2.5.)

부녀총동맹 조직은 총무부·조직부·선전부·문교부·조사연락부·재정부·원호부로 구성되어 있었다. 지방조직은 도 총지부, 군 동맹, 면 지부, 리(동) 분회와 같이 행정단위별로 결성되었다. 조원숙은 서울 대표로서 부총 중앙집행위원회의 조직부장으로 선출되었다. 부총의 구성원은 대개 1920년대 중반부터 여성운동에 종사해온 40대 후반과 50대의 원로, 30년대 초반이후 운동에 투신한 30대 중진, 그리고 해방 이후 세대인 20대로 이루어져 있었는데, 조원숙은 새 세대의 운동가들에게 많은 기대를 걸고 이들을 독려하여 운동대열의 중추로 조직하려는 방침을 취하였다. 1947년 2월 부총은 남조선민주여성동맹으로 개칭하고 조직 확대를 꾀하였는데, 그는 중앙 조직부장으로서 이 일을 주도했다. 그리고 1946년 2월 민주주의민족전선의 결성 때에도 부녀동맹의 대표자로 참가하여 중앙위원 및 상임위원 후보 전형위원으로 선출되어 활동했다.

그 외에 조원숙이 활동했던 단체는 1945년 10월 적색구원회, 조선혁명자구원회, 조선인민구원회를 합쳐 결성한 조선혁명자구원회였다. 이 단체의 강령은 첫째, 조선 혁명 완성을 위해 경제적 정치적 구원활동의 완전을 기함, 둘째, 혁명운동자·혁명운동희생자 및 그 가족에 대한 구원을 기함, 셋째, 국제혁명운동구호사업과 완전 제휴를 기함이었다. 위원장은 서중석徐重錫이었고, 부서는 비서·기획·조사·조직·선전·구원·재정으로 구성되었는데, 조원숙은 구원부장救援部長 직책을 맡았다.

조원숙은 1947년 7월 초에 남로당 기관지『노력인민』에 부녀총동맹 위원장을 지냈고 남조선여성동맹 위원장, 민주주의민족전선 상임위원인 유영준의 생애에 관한 글을 집필하는 것으로 보아 이 시기까지 남한에서 적극적으로 활동하고 있었음을 알 수 있다. 이후 1948년 8월 해주에서 열린 남조선인민대표자대회에서 최고인민회의 대의원으로 선출되었다. 남한에서 단독정부가 구성되고 많은 운동가들이 활동의 장을 북한으로 옮기면서 그도 비슷한 경로를 걸었을 것으로 보이나 이후의 행적에 대해서는 알려지지 않고 있다.『노력인민』의 주필로 활동하던 오빠 조두원이 1947년 12월 월북하여 1948년 9월 문화선전성 부상을 지낸 것으로 보아 그도 따라서 월북했을 가능성이 크다.

14

양즈화, 혁명의 약속을 지키다

구수미

1921년 선젠롱과 결혼.
1924년 11월 이혼, 취츄바이와 재혼.
1925년 10월~1926년 7월 국민당중앙부녀부 서기.
1927년 2월~4월 상해노동자 무장봉기 참여.
1928년 4월~1930년 7월 모스크바 생활.
1930년 8월 중공중앙부녀위원회 비서, 중화전국
　　　　　총공회 부녀부 부장.
1931년~1935년 6월 상해 지하공작활동.
1935년 7월~1941년 소련 생활.
1954년~1959년 전국총공회 여공부 부장

1. 약속

1933년 말, 상해. 찌뿌듯한 하늘에서 눈이 내렸다. 펑펑 내리는 눈 속에서 두 사람이 헤어졌다. "우리가 즐겨 읽던 이 책들을 언제까지 보존할 수 있을지 모르겠소. 당신이 빨리 와 주기 바라오. 가능하면 이 책들도 가져 오시오." 언제 만날지 모르는 먼 길을 떠나며 남자는 목매인 목소리로 말했다. 그런 남자의 마음을 헤아린 듯이 여자가 말했다. "걱정하지 말아요. 과거에도 우리는 여섯 차례나 헤어지지 않았나요? 이번에도 그전처럼 다시 만날 거예요." 그러나 이것이 두 사람의 영원한 이별이 될 줄은 아무도 몰랐다.

그로부터 40년 후인 1973년 10월 문화대혁명의 거센 폭풍이 온 중국을 뒤덮고 있던 때, 북경에서 한 여인이 과거의 그 남자에 대한 무한한 그리움을 보이며 세상을 떠났다. 그녀가 그리워한 그 남자는 중국혁명의 이론가이며 문학가이며 실천운동가였던 취츄바이(瞿秋白)이고, 그러한 취츄바이가 이루고자 했던 혁명사업을 계속 실천하며 살았던 여인이 양즈화(楊之華)이다.

1920년대에 중국 상해지역에서 여성노동자 교육과 조직 활동을 한 양즈화는 근대적인 학교 교육을 받은 신여성이다. 중국의 신여성 대부분이 그러하듯이 양즈화도 5·4운동을 겪으며 중국사회를 새롭게 바라보기 시작하였고, 사회주의청년단원으로 상해대학에서 정치활동을 하며 사회에 대한 인식을 확대시켰다.

양즈화는 1923년 상해대학 재학 시절부터 1927년 장제스의 4·12쿠데타로 상해를 떠나기까지 여성지식인과 여성 노동자가 연합하여 국민혁명에 참여해야 한다는 입장에서 상해대학시절부터 인연을 맺은 상해 방적공장 여성노동자들을 교육하고 조직하는 활동에 참여하였다. 상해대학에서 설립한 노동자야학에서 학우들과 함께 여공들을 가르쳤고, 졸업 후에는 공장에 들어가 여공조직을 담당하였다. 양즈화는 중국사회와 여성의 역할에 대한 자각을 이끌어준 그녀의 시아버지 선쉬엔루(沈玄廬), 여성노동자에 관심을 갖고 그들과 함께 하는 삶을 제시했던 샹징위(向警予), 연인이며 동지로서 생의 한 순간을 함께 했던 취츄바이 등의 영향을 받으며 혁명활동가로 성장하였다.

이혼과 재혼이라는 삶을 스스로 선택하고, 혁명이론가로 널리 알려진 취츄바이와 함께 혁명활동에 참여하면서 양즈화는 중국공산당 정치지도자의 아내라는 그늘이 아니라 독립적 인격체로서 스스로 혁명의 이상을 추구하며 공산당 활동을 하였다. 취츄바이가 소비에트지역으로 떠난 후 홀로 남겨진 그녀는 굴곡진 삶을 견디며 살아야 했지만, 연인이며 동지였던 사람과의 약속을 지키기 위해 평생을 바친 혁명가였다.

2. 만남

1901년 절강성 소산현蕭山縣에서 태어난 양즈화[1]는 어려서부터 커다란 눈과 달콤한 웃음으로 '고양이아가씨'라 불리며 주위 사람들에게 인기가 있었다. 그녀의 어머니는 전통적인 집안의 관습에 따라 양즈화에게도 전족을 하려 했다. 그러나 양즈화는 고함을 지르며 강하게 거부하였고, 마침내 부모도 양보할 수밖에 없었다. 이 전족 거부로 그녀는 오빠와 함께 학문을 할 수 있는 기회를 갖게 되었다. 여자교육이 사회적으로 확대되는 시대적 조류 속에서 13세에 소산현성 이등소학蕭山縣城二等小學에 입학하였다. 그런데 이 소학교가 운영비 부족으로 문을 닫게 되어, 절강사립여자실업학교(절강여자직업학교의 전신)로 전학하였다. 봉제ㆍ자수ㆍ염색공장을 설립하고 학생들의 실력을 배양하던 이 직업학교에서 2년 수학하고 졸업한 양즈화는 이후 사회활동을 하는 중에도 항상 직접 의복을 만들어 입었다. 1934년 양즈화의 남편 취츄바이가 처형될 때 입었던 검은색의 상의도 그녀가 직접 봉제한 것이었다. 또 직업학교 생활의 경험과 기초지식은 양즈화가 여공조직활동을 할 때 방직 여공들과 교류하는 데에도 큰 도움이 되었을 것이다. 이후 양즈화는 교사가 될 생각으로 항주杭州에 있는 절강여자사범학교에 들어갔다.

이 때 5ㆍ4운동이 일어났다. 항주에서는 절강성교육회, 항주지강대학杭州之江大學과 각지의 학교, 사회단체 등이 북경정부에 체포된 북경대학 학생의 석방을 요구하며 격앙된 구호를 외쳤다. 학생들의 수업거부, 시위행진 등을 선동했던 항주학생연합회는 상세한 활동 경과 및 관청의 잔혹한 진압 상황을 항주학생연합회보에 보도하였다. 학생들은 항주시내를 시위행진하였고, 학생대표를 선출하여 절강성 독군과 성장省長에게 청원서를 보내기도 하였다. 항주 거리에는 남학생이나 노동자와 어깨를 나란히 하고 보이코트운동을 하거나 가두연설에서 활약하는 여성들의 모습이 눈에 띄었다. 양즈화도 그 가운데 한 사람이었다.

전국을 진동시킨 오사운동의 풍조 속에서 신문화와 신사상을 선전하는 많은 간행물이 발행되는 가운데, 항주의 선진적인 학생과 지식인들은 "사회개조"를 둘러싸고 열띤 토론을 하였다. 양즈화는 진보적인 여학생들과 『진보進步』라는 간행물을 발행하였고, 절강제일사범학교의 스춘퉁(施存統)·천왕다오(陳望道), 항주공업학교의 샤옌(夏衍) 등과 『절강신조浙江新潮』를 창간하였다.

이러한 분위기에서 양즈화는 새롭게 중국사회를 보기 시작하였고, 교사가 되려는 생각으로 사범학교에 들어갔지만 새로운 이상을 꿈꾸며 학업 포기라는 인생의 중대한 선택을 하게 된다.

1920년 2월 양즈화는 사회주의사상을 전파하던 상해의 『성기평론星期評論』에 상해공독호조단上海工讀互助團을 모집한다는 글이 실린 것을 보고 상해로 갔다. 『성기평론』은 1919년 6월 8일부터 1920년 6월 6일까지 다이지타오와 리한준, 천왕다오, 선쉬엔루 등의 지식인들이 만든 주간 잡지로 러시아혁명, 국제노동운동, 노동문제와 노동운동 상황 등 5·4운동 이후 사회주의사상을 전파하는데 중요한 역할을 하였다. 성기평론사의 편집장인 리한준李漢俊은 청년들을 소련으로 보내기 위해 러시아인 집에서 이들에게 러시아어를 가르치도록 하였다. 그러나 다이지타오(戴季陶)는 청년들을 소련이 아닌 독일로 보내고자 하였다. 결국 다이지타오의 저지로 이 일은 무산되고 말았다. 소련유학이 좌절된 후에 양즈화는 성기평론사에 남아 일하였다.

성기평론사에서 일하는 동안 양즈화는 초기 공산주의 활동가들과 만날 수 있었다. 특히 양즈화가 처음 상해에 와서 사회운동에 참여하는 인생의 기점에 중요한 영향을 미쳤던 사람은 아버지의 오랜 친구였던 선쉬엔루(沈 玄廬)[2]이다. 그는 5·4운동시기에 마르크스주의를 전파한 『성기평론』의 창간자 가운데 한 사람이며, 중국공산당 창립활동에 적극적으로 참여하였던 인물이다. 양즈화는 선쉬엔루의 도움을 받아 성기평론사에서 일하며 공산주의사상을 수용하기 시작하였고, 중국의 위기를 구제할 방안에 대해 고민하였다. 특히 『성기평론』에서는 5·4운동시기에 중요한 사상논쟁의 주제였던 여성문제와 여성해방에 대하여 지속적으로 다루었다. 이러한 글들은 그녀에게 급격한 사상적 충격을 주었고, 이후 그녀의 행보에 큰 영향을 미쳤다.

선쉬엔루와의 인연으로 1921년 1월 양즈화는 선쉬엔루의 아들 선젠룽(沈 劍龍)과 결혼하였다. 미술을 애호하는 선젠룽은 준수하고 총명한 청년이었다. 그러나 점점 현실과 타협하며 타락한 생활에 물들었다. 사회변혁의 이상을 가지고 있던 양즈화는 선젠룽과 어떤 사상도 공유할 수 없었다. 두 사람 사이에 갈등은 더욱 심해졌다.

시간이 갈수록 심해지는 가정 내부의 갈등에서 벗어날 수 있는 출로를 찾던 양즈화는 스스로 가정의 속박에서 벗어나 혁명에 참가할 결심을 하였다. 그리하여 그녀의 시아버지인 선쉬엔루와 농민협회 지도자인 리청후(李 成虎)가 감조투쟁(減租鬪爭)을 하며 농민운동을 전개하던 소산(蕭山) 아전(衙前)으로 갔다. 양즈화는 절강제일사범의 학생운동 동료들인 셴중화(宣中華), 쉬바이민(徐白民) 등과 함께 아전농촌소학교에서 소학교사로 활동하였다. 1921년 9월 중국 최초의 농민협회가 소산현 아전에서 성립되었다.

농촌소학교 교사생활을 통해 교육의 중요성을 깊이 인식하게 된 양즈화는 1922년 7월 여성운동의 인재 양성과 여성업무 전개를 목적으로 설립된 상해의 평민여학교를 찾아갔다. 상해평민여학교의 학생들은 학습 이외에 의복 만들기 및 양말 생산에 종사하였다. 학생들이 일을 하는 것은 경제적인 이유뿐만 아니라 기술을 배워서 공장으로 들어가 노동운동을 하기 위한 준비였다. 상해평민여학교는 중국 여성이 자신의 권리와 이익을 쟁취하기 위해 혁명의 길로 나아가는데 교량 역할을 하였다. 이 학교 출신의 많은 학생들이 학습과 사회실천을 통하여 혁명에 대한 이상을 세우고 혁명의 길로 들어섰다.3)

그러나 양즈화는 평민여학교에 입학하지 않고 중국사회주의청년단에 가입하여 활동하며, 상해『민국일보民國日報』부간副刊『부녀평론婦女評論』4)에 여성문제에 관한 글을 발표하였다. 이때부터 자신의 삶과 중국 여성의 문제를 연결시켜 생각하고 그 문제를 해결하는 방법에 대해 고민하기 시작한 것으로 보인다.

1924년 양즈화는 상해대학5) 사회학계에 들어갔다. 사회학계의 학생은 상해대학 전체 학생의 절반 정도를 차지하였으며, 대부분 가정형편이 빈한하고 정치적으로는 혁명적 경향이 강하였다. 여기에서 양즈화는 취츄바이, 덩중샤鄧中夏), 쟝타이레이(張太雷), 윈다이잉(惲代英), 차이허산(蔡和森) 등의 수업을 들었다. 이들은 학생들과 나이 차이가 별로 나지 않았지만 지식이 해박하고 정치투쟁에 뛰어났기 때문에 학생들 속에서 인기가 있었다. 양즈화는 취츄바이가 강의한 사회과학개론과 사회철학을 들었다.

상해대학의 교수였던 취츄바이는 상해대학시절의 양즈화에게 깊은 인상을 주었다. 취츄바이는 항상 동서고금의 고사를 풍부하게 인용하며 문제를 분석하고 마르크스주의 이론과 실제투쟁을 결합시켜 강의하였다. 많은 학생들이 그의 강의를 들었기 때문에 강의실은 항상 학생들로 가득했고, 심지어 강의실 밖에서도 학생들이 그의 강의를 서서 들었다.

상해대학학생회에서 활동하며 국민당 상해집행부 청년부녀부 공작에 파견되었던 양즈화는 여러 활동을 통하여 취츄바이를 관심있게 보기 시작하였다. 한번은 양즈화에게 사회주의청년단 상해대학지부의 지시가 전달되었다. 그것은 소련에서 중국에 파견된 고문인 보로딘 부부에게 상해 여성운동의 정황을 설명하라는 것이었다. 국민당 부녀부 부장인 샹징위가 상해에 없었기 때문에 양즈화가 그 일을 하게 되었다. 상해의 여성공작에 대해 충분히 알고 있었음에도 그녀는 처음 맡은 일이라 불안해하며 보로딘이 거주하는 곳으로 갔다. 그 곳에는 뜻밖에 취츄바이가 있었다. 그는 통역을 해주기 위해 온 것이다. 취츄바이는 그녀가 마음의 평정을 찾아 상해여성운동의 상황을 잘 보고하도록 격려해 주었다. 양즈화는 취츄바이가 매우 성실하고 다른 사람을 배려할 줄 알며 동지에 대한 겸허함과 열정을 지닌 사람임을 느꼈다. 겉으로는 잘 보이지 않으나 그에게 느껴지는 깊은 열정을 알게 되었다.

취츄바이와 양즈화 두 사람이 함께 활동할 수 있는 계기가 된 것은 취츄바이가 양즈화에게 입당 권고를 한 이후이다. 당시 중국공산당 기관의 정규 사무실이 없었기 때문에 차이허산과 샹징위의 집을 당의 활동장소로 사용하고 있었다. 입당문제로 이곳을 방문한 양즈화는 개인적 환경, 자신의 당에 대한 인식, 당을 위해 헌신할 결심 등을 말하였다. 취츄바이는 양즈화에게 "당신이 봉건적인 가정에서 나온 것은 용기 있는 행동이지만, 혁명은 장기적이고 첨예한 계급투쟁이니 더욱 많은 어려움을 만날 것입니다. 당신이 공산당원이 되려면 반드시 계급투쟁의 풍랑 속에서 종종 시험을 거쳐야 할 것입니다"라고 했다. 양즈화는 취츄바이와 샹징위의 도움과 교육을 받아 마침내 상해대학 당지부 대회에서 입당 결정을 받았다. 이후 양즈화는 중국공산당 당원으로서 각종 혁명활동에 참가하였다.

1924년 10월 쌍십절의 국민대회가 무산되고, 상해지역의 당 활동을 지도하던 취츄바이는 더 이상 상해대학에서 활동할 수 없었다. 그는 행동위원회를 조직하여 대중투쟁을 지도하였고, 그 후 지하활동으로 전환하여 상해에서 계속 활동하였다. 소수의 사람만이 조직적으로 그와 연계를 가졌는데, 양즈화도 그 가운데 한 사람이었다. 양즈화는 취츄바이와 가까이 지내면서 그에 대해 갖고 있던 존경과 애정을 더 깊이 느꼈을 것이다.

결혼할 당시 취츄바이와 양즈화

1924년 11월 28일 상해『민국일보』의 광고 란에 실린 통지문이 사람들의 눈길을 끌었다. 거기에는 11월 18일부터 양즈화와 선젠룽의 이혼, 취츄바이와 양즈화의 결혼, 취츄바이와 선젠룽의 친구관계라는 내용이 동시에 실렸 다. 아직도 봉건적인 전통과 사상이 남아있는 중국 사회에서 두 사람의 연애와 결혼은 센세 이션을 일으킬만한 사건이었다. 취츄바이의 행동에 대해 당내에서도 비난의 소리가 나올 정도였다. 특히 취츄바이의 전 아내였던 왕젠 홍(王劍虹)의 절친한 후배 딩링(丁玲)은 취츄바 이를 만나려고도 하지 않았다.

취츄바이와 왕젠홍의 연애와 결혼생활6)을 가까이서 지켜보았던 딩링은 당 활동에 바쁜 취츄바이를 이해하면서도, 가장 절친한 교우였던 왕젠홍의 죽음 앞에서 취츄바이를 원망하는 마음이 더 컸다. 더구나 왕젠홍이 죽은 지 5개월도 지나지 않아 새로운 여자와 결혼한 취츄바이를 용서할 수 없었 다. 사회활동에 적극적이고 지적으로 탁월했던 왕젠홍이 취츄바이와 결혼 한 뒤 한 남자의 여자로서 남편에게 충실했음에도 불구하고, 남편의 무관 심 속에 폐병으로 세상을 떠났다는 상황에 분노하였다.7) 그러나 취츄바이 는 그의 아내 왕젠홍이 병중에 있을 때 공식적인 회의 이외에는 아내 곁에 서 글을 쓰며 그녀를 돌보아주었다고 한다. 이러한 그의 태도는 애절한 사 랑이 없으면 나올 수 없는 행동이다. 왕젠홍의 죽음을 보면서 취츄바이는 가정보다는 사회활동에 적극적인 양즈화를 새로운 반려로 선택했을지도 모른다.

취츄바이와 양즈화는 '추백秋白'과 '지화之華'를 융합한 '추지백화秋之白華'라 는 인장을 새겨 사용하였고, 결혼할 때 취츄바이가 양즈화에게 '생명의 반

려'라는 표현을 할 정도로 서로 깊은 애정을
갖고 있었다.

취츄바이의 양즈화에 대한 사랑과 배려는
양즈화의 딸 취두이(瞿獨伊)에 대한 태도에서
도 충분히 알 수 있다. 처음에 취두이는 양즈
화의 전남편인 선젠룽 집에 있었다. 그런데
양즈화가 두이에 대한 생각으로 잠을 못 이
루자 취츄바이가 고향에 함께 내려가 두이를
데리고 올라왔다. 그 과정에서 양즈화는 자
신과 함께 가슴아파하는 취츄바이의 눈물과
노력을 보았다. 이러한 취츄바이의 사랑은 모스크바에 있는 동안에도 여러
차례 느끼게 된다.[8] 바쁜 공작활동 중에도 딸과 함께 보내는 시간을 소중
히 여겼던 취츄바이의 관심과 배려에 양즈화는 그에 대한 더욱 깊은 신뢰
감을 가질 수 있었다고 생각한다. 양즈화가 취츄바이의 이상과 행동원칙에
끝까지 함께 할 수 있었던 것은 일상생활 속에서 보여준 그의 원칙과 실천
에 대한 신뢰였을 것이다. 이러한 두 사람의 동지로서의 삶과 사랑을 그린
영화 "추지백화(秋之白華, The Seal of Love)"가 2011년 6월에 상영되기도 하였다.
인민대회당에서 열린 영화시사회에는 양즈화의 딸 취두이가 참석하여 '추
지백화'의 의미를 설명하였다.

사회주의청년단원으로 상해대학에서 활동하던 양즈화는 대학 내의 활발
한 정치활동 속에서 사회에 대한 인식을 확대시켰고, 공산당 입당과 스승
이었던 취츄바이와의 결합을 통해 더욱 깊이 혁명활동에 참여할 수 있었
다. 상해지역 공산당활동의 지도자인 취츄바이와의 인연으로 양즈화는 당
조직의 중요한 구성원이 되었던 것이다.

두 사람은 혁명의 길을 함께 한다는 강한 동지애로 결합되었다. 삼엄한
정치상황 속에서 그들은 체포와 죽음에 대한 문제를 항상 이야기했다. 취

츄바이는 "우리의 부자유는 대중의 자유를 위한 것이고, 우리의 죽음은 대중의 삶을 위한 것"이라고 하였다. 1935년 취츄바이가 죽은 후 양즈화가 마음속의 비통함을 참으며 취츄바이가 이루지 못한 사업을 계속해 나갈 것을 결심할 수 있었던 것도 이러한 훈련의 결과였다고 생각된다.

3. 여성노동자 교육과 조직 활동

1920년대 중국에서는 경공업 중심의 공업이 발달하면서 여성노동자의 비율이 상대적으로 증가하고 있었다. 여성들은 주로 제사, 방적 등 섬유업을 비롯한 성냥, 연초, 제지업 등 경공업 분야에서 노동자로 일하였다. 특히 방직업에서 여성이 차지하는 비율은 70% 이상이었다. 그런데 하루에 12-14시간을 일하고 그들이 받는 하루 임금으로는 최저의 생활조차 유지하기 힘들었다. 공장측은 여러 가지 구실로 임금을 가로채고 노동자를 학대하였다. 방적공장 여공은 기계를 멈추고 밥을 먹을 시간이 없어서 밥을 먹으면서 일을 할 수 밖에 없었다. 어린 아이를 가진 여공은 작업 시간에 젖을 먹이는 것조차 허용되지 않았다. 어떤 공장에서는 심지어 노동자들의 대소변 횟수까지 제한하기도 하였다.

이러한 상황을 잘 보여주는 곳이 상해이다. 상해 방직업 노동자의 대부분이 여성이어서 1920년대 상해방직공장에서 일어났던 여러 차례의 파업에는 여성노동자들이 많이 참여했고, 여성노동자가 파업을 주도하기도 하였다. 샹징위의 조사에 의하면, 1922년 한 해 동안 여성노동자는 60여 개 공장에서 18차례 파업하였고, 파업에 참가한 노동자도 3만 명에 이르렀다. 파업을 통해 여성노동자들은 임금인상, 노동시간 단축, 공장규약 개정, 노동자 학대 금지 등을 요구하였고 이밖에 노동조합 승인과 유지 등을 주장하기도 하였다. 특히 2만여 명이 참여하여 생존의 절박함을 표현했던 상해제사공장여성노동자동맹파업은 미증유의 여성노동운동이었다.

  그러나 대부분의 파업은 실패로 끝났다. 농촌에서 대도시로 올라왔던 많
은 여성노동자들은 문화적 수준도 낮고 지식도 없었으므로 쉽게 개량적 조직
에 끌려들어갔다. 여성노동자들은 궁지에 몰려 있었고, 핍박당하면서 함께
일어나 파업을 하였지만 진정으로 자기의 계급적 지위나 상대의 본질에 대
한 인식이 없었으므로 초기의 여성노동운동은 여러 차례 좌절을 맛보았다.

  노동여성의 계급적 각성과 전투정신이 일반 지식여성에 비해 뛰어남을
지적했던 샹징위도 "여성들의 문화가 없고 정치적으로 깨어있지 않으므로
현재는 사회적으로 관용된 자매 교우 관계의 방식으로 공작을 진행할 수밖
에 없으며, 이후에 점차 공회 조직을 건립해야 한다"고 하였다.

  상해대학에 입학한 지 몇 개월 후 처음으로 노동자거주구역에 변장을 하
고 들어간 양즈화는 그 곳에서 무즈잉(穆志英)과 사이비 공회조직을 접하였
다. 여성노동자들의 남루한 의복과 선명하게 대조되는 비단옷을 입고 이상
하게 걷는 무즈잉의 권위적인 태도를 보고, 양즈화는 무즈잉을 자본가가
고용한 '工賊'이라 하였다.

  1924년 겨울부터 1925년 3월과 4월까지 양즈화는 여성노동자들이 집중되
어 있는 양수포楊樹浦의 노이화老怡和・동방東方・대강사창大康紗廠, 인상항引翔港
의 공대公大・동흥同興・후생사창厚生紗廠, 포동浦東의 일화방적공장日華紗廠・
영미방직공장 등을 돌아다니며 노동자야학에서 여성노동자들을 가르쳤다.
그녀는 항상 노동자의 복장과 신발을 착용하고 공장에 들어가, 그들의 고
통에 관심을 기울이면서 그들을 일깨워 주었다. 또 일상적인 말과 생동감
있는 사례로 여성노동자들에게 이야기하고, '인터내셔널가'를 가르쳐 주면
서 그 가사의 의미를 해석해 주었다. 자연스럽게 여성노동자들 사이로 들
어가 그들과 친밀한 자매적 우정을 나누면서 주잉루(朱英如), 양롱잉(楊龍英)
등의 여공을 입단 입당시키기도 하였다.

  1925년 2월에 상해 일본인 소유의 내외內外 면사공장 제8공장에서 조사

粗紗부문 남자노동자들을 견습공으로 대체한 것에 불만을 품은 노동자들이 4일부터 파업을 일으켰다. 이것이 5·30운동의 단초를 열었던 2월 파업이다. 양즈화는 중공상해지위中共上海地委의 지시에 따라 호서공우구락부滬西工友俱樂部에 파견되어 여공공작을 진행하였다. 야학생들과 함께 상해총공회의 주도 하에 진행된 5·30운동에 참여하며, 공작 중에 부딪친 곤란함이나 노동자들이 제기한 문제를 대답할 수 없을 때는 취츄바이에게 자문을 구하였다. 『熱血日報』9)를 발행하고 있던 취츄바이는 수집한 자료나 책을 주면서 양즈화에게 계통적으로 노동자문제의 해답을 주었다. 취츄바이는 공산당내에 노동자 출신의 당원이 매우 적다는 것을 지적하며 양즈화에게 노동자 속으로 들어가 그들을 이해하고 구체적으로 당을 발전시킬 대상을 찾으라고 하였다.

양즈화가 여성노동자에 대한 선전과 조직활동에 직접 관여하게 된 것은 국민당중앙부녀부 서기를 담당하면서부터이다. 1925년 10월에 샹징위가 리이춘(李一純), 양쯔리에(楊子烈)와 함께 모스크바로 떠난 후10), 양즈화가 국민당중앙부녀부 서기 직무를 대리하였다.11)

부녀부서기 시절 양즈화(오른쪽)와 그 후임인 "천비란"

양즈화는 여공운동에 관한 견해를 여러 차례 당에 제출하였다. 상해의 방적공장과 방직공장 여공의 수는 방적방직공장 전체 노동자의 약 2/3를 차지하므로 이후에 특별히 여공을 입당시켜야 하지만, 그들의 사상과 능력이 아직 부족하므로 '부녀운동특별반'을 조직해야 한다고 제기하였다. 또 1926년 4월 20일 중공상해구위 주석단회의에서는 상해총공회와 협력하여 여공문제를 해결하는 몇 개의 조치를 제출하며, 일반 여성동지들 속에서 일부를 차출하여 여공 공작을 전개할 것을 제안하였다. 회의의 결정에 따라 양즈화와 몇 명이 노동자구역으로 들어가서 실제활동에 참가하였다.

1926년 6월 갑북閘北, 홍구虹口의 제사공장에서 파업이 일어났다. 이 지역 제사공장 여공들은 5·30운동에도 전혀 참여하지 않았고, 날로 고조되는 상해노동운동과 비교하여 매우 낙후되어 있었다. 때문에 이 지역의 파업은 중공상해구위의 주목을 받기에 충분하였다. 6월 한 달 동안 4차례 파업이 일어났고 60여 곳의 제사공장에서 3만여 명이 파업에 참여하였다. 양즈화는 이러한 여성노동자들의 파업활동 상황을 『중국부녀』[12]를 통해 선전하였다.

양즈화는 당내 회의에서 여러 차례 각종 건의를 하고, 직접 여공운동에 참여하며 그 경험을 당조직에 보고하였다. 이 때문에 그녀의 보고는 교조적 지시나 빈 설교가 아니라 생생한 실제내용으로써 사람들이 믿을 수 있는 결론을 내려 현실투쟁을 지도할 수 있도록 하였다. 양즈화와 여성노동자들은 서로 자매라고 불렀고, 여성노동자들은 그녀와 가까워지기를 원하였다. 그녀의 작업방법은 다양하였다. 어떤 때는 노동자의 집에 찾아가기도 하고, 어떤 때는 공장 입구에서 퇴근하는 여성노동자들을 기다려 길거리에서 이야기를 나누기도 하였다. 그녀가 방적공장에서 일하고 있었을 때는 조계경찰의 수사를 피하기 위해 참배객으로 위장하고 옥불사玉佛寺 또는 재신묘財神廟 입구 등에서 여성노동자들과 만났다. 당시 사찰이나 사당에서 향이나 초를 태워 참배하는 사람들이 많았기 때문에 당국의 감시를 피할 수 있었다. 양즈화는 심지어 몇 명의 비구니들과 사귀어 보호장치를 만들어 두기도 하였다.

그리고 여성의 절실한 문제, 즉 민며느리에 대한 학대, 여공들의 비참한 죽음, 연애, 자살, 축첩문제, 단발 금지, 여공의 파업 등에 대해 실제적인 토론과 도움을 제공해야 한다고 지적하며, 여성생활에 대한 조사에도 관심을 기울였다. 그녀는 항상 현장에서 여성노동자들을 만나고 싶어 했으며, 그들의 생활 상황과 투쟁에 깊이 들어가 조사하였다. 그들의 파업투쟁에 대해서도 많은 관심을 갖고 있었기에, 당면한 어려움을 해결하도록 도와주고 굳세게 파업을 계속해 나갈 수 있도록 격려하였다.

1927년 여성노동자에 대해 특별히 관심을 가지고 있던 양즈화는 중국의 여성운동이 사회혁명과 불가분의 관계에 있음을 지적하며 『부녀운동개론婦女運動概論』13)을 썼다.

『부녀운동개론』에서는 5·4운동, 5·30운동에 직접 참여했던 경험을 바탕으로 여성투쟁이 반제반봉건의 민족민주혁명투쟁 - 국민혁명과 긴밀하게 결합되어야 함을 주장하였다. "여성운동은 단순히 여성주의적 운동이 아니고, 다른 피압박민중과 연합하여 함께 해방을 도모하는 혁명운동이다. 반드시 반제반군벌전선에 참가해서 혁명의 의무를 다해야만 비로소 여성해방의 가능성에 도달할 수 있다"고 하였다. 이는 중국여성해방운동이 반드시 혁명투쟁과 긴밀하게 결합해서 진행되어야 한다는 점을 설명하고 있는 것이다.

1927년 북벌중인 국민혁명군이 상해로 진입하는 가운데 상해지역 노동자들은 3차례 무장봉기를 일으켰다. 이 때 양즈화는 취츄바이와 상해 프랑스 조계지에 있었다.

1927년 2월 상해의 노동자들이 제2차 무장봉기를 일으켰고, 15만 상해노동자가 파업에 참가하였다. 파업이 있던 때 양즈화도 상해권업여자사범학교에서 열린 상해시 적극분자회의에 참석한 후, 10명씩 조를 나누어 전단지를 돌렸다. 이 때 군벌 쑨촨팡(孫傳芳)의 대도대大刀隊 대원들이 시민을 살해하는 현장을 목격하고 즉시 중공중앙기관에 긴급정황을 보고하였다. 그런데 중공중앙에서는 상해총동맹 파업이라는 새로운 투쟁을 준비하기 위해 파업 정지를 발표하였다.

상해노동자들은 무장봉기가 실패한 후, 비밀리에 사격 연습을 하고 주변을 정찰하며 투쟁준비를 하였다. 3월 21일 상해총공회에서 총동맹파업령을 내렸고, 각 지구의 노동자들이 무장봉기를 일으켰다. 마침내 상해노동자 3차 무장봉기의 성공으로 상해시민정부가 성립되었다.

양즈화는 상해의 정황을 계속 취츄바이에게 편지로 알렸고, 취츄바이도 양즈화에게 조심하라는 편지를 보냈다. 취츄바이는 열정적인 격려와 함께, "혁명의 전도는 빛나지만 그 길이 순탄치만은 않다"고 하며 혁명형세에 대한 냉정한 분석을 하였다. 두 사람은 부부이기도 했지만, 그 이전에 당 활동을 함께 하는 동지의 관계에서 정치적 상황에 대한 끊임없는 보고와 분석을 반복하였을 것이다.

취츄바이가 염려한대로 4월 12일 장제스의 반혁명쿠데타가 일어났다. 상해 기업가들과 청방 등 암흑가 인물들을 접견하고 상해은행가들로부터 거액의 호의적인 대출을 받기로 합의한 장제스는 무장한 청방과 군대로 노동조합 본부를 공격하여 노동자들을 학살하였다. 계속되는 테러 속에서 상해 총공회 조직은 파괴되었고, 공산당원들은 체포되어 살해되었다. 쿠데타가 일어나던 날, 양즈화는 취츄바이의 병이 위중하다는 중공중앙의 연락을 받고 무한으로 갔기 때문에 국민당 군대의 학살로부터 피할 수 있었다.

1927년 4월 27일 무한에서 열린 중국공산당 제5차 전국대표대회에서는 상해정권의 조직문제 등을 둘러싸고 천두슈·펑수즈와 취츄바이·뤄이눙 등의 의견 대립이 첨예화되고 있었다. 그러나 장제스의 4·12쿠데타 이후 정세에 대한 대책이 목적이었던

중국공산당 제5차 전국대표대회에 참가한
양즈화와 취츄바이

이 대회에서는 처음부터 국민당 좌파와의 협조를 중시하며 국공합작을 계속 유지하려는 코민테른의 입장이 강하게 반영되었다. 당 총서기의 지위에

는 여전히 천두슈의 이름이 걸려 있었다. 대회에서 양즈화는 중앙위원에 선출되었고, 회의 후에 무한의 중공중앙부녀위원회에서 활동하였다.

4. 모스크바와 상해에서의 생활

국공합작이 결렬된 후 국민당정부의 공격으로 중국공산당 각급 조직이 모두 파괴된 상황에서 취츄바이는 중공중앙임시정치국의 공작을 주지하며 무장투쟁을 전개하였다. 그러나 각지의 봉기는 대부분 국민정부군에

모스크바에서 찍은 가족사진

게 진압되고 코민테른의 지시에 따라 진행된 광주콤뮨도 실패하였다. 중국 공산당의 모든 활동은 지하공작으로 전환되었다. 코민테른의 결정에 따라 중국공산당 제6차 전국대표대회도 모스크바에서 개최되었다. 1928년 4월 29일 취츄바이가 중공 제6차 전국대표대회 준비를 위해 변장을 하고 모스크바로 떠난 후, 곧이어 양즈화도 딸 두이와 함께 모스크바로 가서 대회에 참석하였다. 대회가 끝난 후 취츄바이는 코민테른 중국대표단의 주요 책임자로서 소련에 남았다. 이 때 취츄바이가 병이 났기 때문에 양즈화는 딸을 고아원에 보내고, 취츄바이의 생활을 돌보면서 모스크바 중산대학 특별반에서 공부하였다.

모스크바 중산대학의 특별반에는 나이가 많은 동지들이 학습을 하고 있어 "노땅반(老頭子班)"이라 불렀다. 양즈화는 러시아어를 학습하며 레닌요양원에 입원 중인 취츄바이의 생활을 열심히 돌봐주었다. 학습이 끝난 후에

는 모스크바의 전구공장에서 노동자로 있으면서 소련 여공의 노동과 생활을 배웠다.

취츄바이와 모스크바에서 머물던 양즈화는 1930년 8월 취츄바이를 따라 상해로 귀국하여 중공중앙부녀위원회 비서, 중화전국총공회 부녀부 부장으로서 공작에 참여하였다. 중국공산당 중앙에서는 노동여성운동의 중요성을 지적하며 임금인상, 남녀평등, 여공휴식, 수유, 의학, 야학 등을 포함한 여공투쟁의 구체적인 투쟁요구를 제출하였다.

그러나 상해에서는 어떠한 활동도 할 수 없는 살벌한 상황이었다. 더욱이 1931년 1월 코민테른 대표 미프의 지지아래 소련유학파인 왕밍(王明) 등이 사실상 중공중앙의 지도권을 장악하면서 취츄바이는 중앙정치국 위원에서 물러났고, 동시에 양즈화도 중앙부녀 책임자에서 물러났다. 양즈화는 독서, 습작, 소련문학작품 번역을 하며 취츄바이와 함께 좌익문화사업을 시작하였다. 당시의 상해는 국민당정권의 테러가 매우 심하였다. 국민당측 특무의 감시와 공산당 내 배신자의 밀고로 양즈화 일가의 생활은 매우 불안정하였다. 이사를 자주 다녀야 했고 이름도 항상 바꾸었다. 자주 이사를 하는 과정에서 루쉰의 도움으로 취츄바이는 체포령이 내린 상해에서도 붙잡히지 않고 피해 다닐 수 있었다. 국민당정부의 테러가 심한 상해에서 루쉰 자신도 안전을 보장할 수 없었지만, 취츄바이와 양즈화가 위급해졌을 때 루쉰부부는 오히려 그들을 보호하였다. 어느 때는 국민당 정보원을 피해 루쉰의 집에서 한 달 이상을 함께 생활한 적도 있었다. 루쉰과 취츄바이는 좌익작가연맹에 참여하며 매우 오래 전부터 만난 사이처럼 날이 갈수록 우의가 깊어졌다.

정치적으로 당지도자의 지위에서 떠난 후 취츄바이는 루쉰과 함께 마르크스주의 문예이론과 소련작가의 작품을 번역하고, 문예의 대중화에 힘을 기울였다. 당시 생활은 궁핍하였으나 양즈화는 루쉰의 번역을 돕고 받은 적은 돈으로 생활하며 묵묵히 취츄바이에게 용기를 주고 그를 도왔다.

1933년 말, 중공임시중앙에서는 취츄바이에게 중앙소비에트구로 갈 것을 지시하였다. 이 통지를 받은 취츄바이는 기뻐서 매우 흥분하였다. 양즈화는 취츄바이가 중병의 몸으로 소비에트구에 가는 것이 걱정되어 함께 가기를 당에 요구하였으나, 상해에서 활동할 사람이 없다는 이유로 거절당하였다. 양즈화는 담담하게 취츄바이의 짐을 정리하였다. 취츄바이는 열 장의 흑색 옷감을 절반으로 나누어 양즈화에게 주며 "우리가 헤어진 후 서로 연락할 수 없으니 이 위에 하고픈 말을 쓰고, 다시 만날 때 교환하여 보자"고 하였다. 취츄바이는 또 양즈화에게 읽어야 할 책 목록을 주었고, 즐겨 읽던 책들을 잘 보관했다가 다시 만날 때 가져올 것을 부탁하였다. 1934년 1월 11일 저녁 두 사람은 헤어졌다. 양즈화는 취츄바이가 입은 얇은 옷을 보고 그의 병약한 몸을 걱정하였다. 그날 저녁 많은 눈이 내렸고 그 눈 속으로 취츄바이의 모습은 사라졌다.

양즈화는 취츄바이가 없는 텅빈 집에서 그가 그녀를 위해 세운 독서계획을 보며 자신을 충실히 다질 것을 결심하였다. 보름 후에 취츄바이가 홍색의 땅인 중앙소비에트구에 도착했다는 소식을 들었다. 그녀도 여러 번 소비에트구역으로 가고자 했으나 상해의 당 조직이 계속 파괴되는 가운데 그곳으로 가는 교통도 끊겼다. 그녀는 이것이 그들의 영원한 이별이었음을 알지 못하였다.

국민당의 잔혹한 탄압 속에서 공산당 조직은 계속 파괴되었다. 상해에 남아 지하당조직 활동을 하던 양즈화는 얼마 후 당 조직과 연락이 끊겨 노동자 동료 집에서 머물다가 공장에 들어갔다. 자신의 신분을 위장하고 생활을 도모하기 위해 두 달 동안 공장에서 하루 10시간 이상의 노동을 하며 생활하였다.

1935년 봄, 양즈화는 홀연 루쉰을 통해 한통의 편지를 받았다. 그 편지는 옥중에서 취츄바이가 루쉰에게 보낸 편지였다. 취츄바이는 린치샹(林祺祥)이라는 이름을 사용하고 있었고, 아직 그 신분이 노출되지 않았다. 루쉰은 자신이 경영하던 인쇄소를 저당 잡혀 취츄바이를 보석으로 석방시키고자 하였으나 실패하였다. 양즈화는 취츄바이가 이번에는 희생될 수도 있음을 느끼고 마음의 준비를 하였다.

몇 일후 신문지상에는 취츄바이의 체포 소식이 보도되었고, 국민당정부도 린치상이 바로 현상금을 걸고 잡고자 했던 공산당의 중요인물인 취츄바이임을 알았다. 취츄바이는 소비에트구에서 당 조직이 철수할 때 후방에 남으라는 당의 결정에 따라 장정을 떠나지 않고 소비에트구에 남았다가 체포되었다. 1935년 6월 18일 취츄바이는 총살되었다.[14] 이 때 양즈화의 어머니는 양즈화에게 고향으로 돌아가자고 설득하였다. 그러나 양즈화는 마음속의 비통함을 참으며 취츄바이가 이루지 못한 일을 계속해 나갈 것을 결심하였다.

5. 이별, 그 이후

취츄바이가 죽은 후 양즈화는 당의 조직배치에 따라 모스크바에서 열린 코민테른 제7차 대표대회에 참석하기 위해 소련으로 갔다. 이후 그녀는 국제홍색구제회의 중국대표를 맡아 딸 두이와 함께 모스크바에 머물렀고, 그 생활에 대해서는 알려진 바가 없다. 그러나 끊임없이 중국으로 돌아오려는 노력을 했던 것으로 생각된다. 그러한 노력은 1940년 저우언라이가 소련에 왔다가 귀국할 때 양즈화가 저우언라이를 직접 찾아갔던 것에서 알 수 있다. 그녀는 귀국하여 활동하기를 청하였고, 저우언라이는 그녀에게 병이 완치되면 귀국하여 활동할 수 있을 것이라고 하였다.

양즈화의 바람은 이루어졌다. 1941년 독일과 소련 사이에 전쟁이 일어났고, 코민테른에서는 중국의 공산당원들에게 귀국할 것을 알렸다. 양즈화는 소련에서 육로로 딸과 함께 귀국하였다. 우르무치에 도착하였으나 연안으로 가는 교통이 끊겨 신강新疆의 민박집에 머물러 있었다. 이름도 두닝(杜寧)으로 바꾸었다. 그런데 신강의 군벌 성스차이(盛世才)는 공산당과 협의한 통일전선을 깨고 팔로군, 공산당원, 혁명동지 및 그 가족들을 모두 체포하여 감금하였다. 양즈화도 이 때 체포되어 제4감옥으로 이동되었다. 4년 동안의 감옥생활 속에서 그녀는 국민당통치구역에서 활동했던 경험을 거울삼아 감옥 안의 동지들과 함께 끊임없이 이론학습을 하며 여러 가지 방식으로 투쟁하였다. 부족한 식량 공급으로 건강을 해친 동지들을 위해 여성 동지들과 함께 들판에서 채취한 채소를 보내는 등 식량지원투쟁을 벌이기도 했다.15)

1945년 10월 중경담판으로 모든 정치범 석방이 결정된 후, 신장감옥에서도 130여 명의 공산당원들이 석방되었다. 이들은 1946년 6월 우르무치를 떠나 중국공산당 중앙이 있는 연안으로 갔다. 양즈화도 이 때 연안으로 돌아와 중공중앙부녀위원회 위원, 중공 진기노예晋冀魯豫 중앙국 부녀위원회 서기를 지냈으며, 토지개혁에도 참여하였다.

1949년 5월 공산당이 상해를 점령하였을 때, 양즈화는 상해로 내려가 상해국면上海國棉 17공장에서 여공들과 함께 먹고 생활하며 지냈다. 여공들이 스스로 문화, 기술, 자각이 있는 노동자가 되도록 인내심을 가지고 세심하게 격려 지도하였다. 1954-59년 양즈화가 전국총공회 여공부 부장을 하는 기간 동안 여공부에서는 공회工會 가족위원회를 조직함으로써 여공들이 우려하는 가정의 문제를 없애고 그녀들의 관심을 생산으로 돌렸다. 여공부의 직원이었던 탕위산唐玉山의 회고에 의하면, 이 시절 여공부는 화목한 가족적 분위기였다고 한다. 양즈화는 여공부의 직원이 결혼할 때는 반드시 참석하여 축하해주고, 신방이 작을 때는 자신의 집을 기꺼이 빌려주기도 했다. 가정생활에 어려운 직원이 있으면 달려가서 아이를 돌보는 등 도움을 주었다.

1961년부터는 중공중앙감찰위원회 위원과 후보상무위원으로 활동하였다. 1965년 항주 화풍華豐 제지공장에서 이 공장의 몇몇 간부들이 우파로 몰리고 있었는데, 양즈화는 그들과 개별적 면담을 하고 자세한 조사를 하여 그것이 잘못되었음을 밝혀냈다. 그러나 당시 그녀는 이 일을 완전히 해결할 수 없었다.

구사상, 구문화, 구풍속, 구습관에 대한 전면적인 공격을 내세우며 시작된 문화대혁명으로, 양즈화도 항주의 화풍제지공장에서 하던 일을 마무리 짓지 못하고 북경으로 돌아와야 했다. 그들에게는 "상황이 매우 복잡하니 인내심을 가지고 기다려야 하지만 꼭 해결될 수 있을 것"이라고만 설명하였다. 모든 학교와 대학이 문을 닫은 가운데 많은 젊은이들이 자신의 도시나 마을의 오래된 건물, 절 예술품을 부수고 그들의 스승, 학교 행정관, 당지도자를 공격하였다. 그녀를 기다린 것은 상상하기 어려운 액운이었다.

노동자들과 항상 함께 하며 노동자들의 의견과 요구에 귀를 기울이던 양즈화는 문화대혁명을 겪으며 급격한 좌절을 겪게 된다. 먼저 북경 정법학원의 학생들이 취츄바이 성토대회를 열었다. 회의에서 양즈화를 모독하고 구타하면서 여러 가지 죄명을 뒤집어씌웠다. 특히 양즈화가 취츄바이의 역사자료를 수집하였다는 것으로 그녀를 압박하였다. 1967년 취츄바이의 묘는 훼손되었으며, 양즈화는 격리되어 재판을 받고 체포되었다. 이후 양즈화와 지인들의 연락이 끊겼고, 지인들도 그녀가 어디로 끌려갔는지 알지 못하였다. 그로부터 6년 후인 1973년 10월 베이징의 한 병원에서 암 투병 중이던 양즈화는 주변 사람들에게 국가사업을 잊지 말아야 함을 상기시키고, "나의 문제는 당이 반드시 해결해 줄 것임을 믿는다"고 하였다. 한 사람의 여인으로서 한 남자를 사랑하고 그와 같은 길을 걸었던 평범하지만, 또한 비범했던 양즈화는 생의 마지막 순간까지 당에 대한 강한 믿음을 갖고 있었다.

취츄바이의 말처럼 혁명은 장기전이다. 양즈화는 봉건적인 가정에서 용기있게 뛰쳐나와 공산당 입당과, 스승이었던 취츄바이와의 결합을 통해 더욱 깊이 혁명활동에 참여할 수 있었다. 노동자 야학에서 여성노동자들과 접촉하며 그들의 생활 실태를 조사하고 파업투쟁을 선동하였다. 그녀는 여성운동을 단순히 여성주의적 운동이 아니라 피압박민중과 연합하여 함께 해방을 도모하는 혁명운동이라는 관점에서 이해하고, 여성노동자가 여성운동의 선봉이 되어야 한다고 하였다. 처음에는 상해대학의 스승이며 공산당 지도자인 남편 취츄바이의 권위 속에서 성장하였으나, 점점 여성운동의 독자적인 활동영역을 확보해갔다. 1925년 상해 2월 파업과 5·30운동, 1927년 상해 노동자봉기에 참여한 그녀는 국민혁명기 여성노동운동을 이끌었던 지도자로서 중요한 역할을 하였다. 양즈화는 1920년대 상해노동운동사에서 가장 규모가 크고 영향력이 있던 세 차례의 방직공장 파업과 긴밀한 관계가 있다. 당시 20여 세의 양즈화는 이 과정에서 한 사람의 공산당원으로 단련되었다.

그러나 남편 취츄바이가 죽은 후 양즈화는 공산당 활동에서 배제된 삶 속에서 많은 어려움을 겪으며 한 생애를 마쳤다. 여성이 경제적 주체가 될 수 있는 사회경제적인 조건이 마련되지 않은 상태에서 여성운동은 남성에 의한, 남성을 판단기준으로 진행되었다. 이에 따라 남성들은 정치투쟁의 필요에 따라 여성해방을 인식하였다. 양즈화의 경우에도 자유연애, 이상적인 결혼생활, 혁명사업활동, 여성노동자 생활 등 중국공산당 지도자 아내의 전형적인 모습을 보여 주었다. 그리하여 남편 취츄바이가 당내에서 지위가 하락하고 결국 사망한 후에는 또 다른 삶을 선택할 수밖에 없었다. 독립적인 한 여성의 역할보다는 남성의 보조적인 존재로 여성을 취급했던 중국공산당의 여성관을 볼 수 있는 측면이다.

그럼에도 불구하고 양즈화는 항상 여성노동자의 중요성을 강조하였고, 공산당 지도자의 아내라는 지위보다는 한 사람의 공산당원으로서 자신의 역할을 다하였다. 취츄바이가 사망한 후 그녀의 활동과 문화혁명기의 시련은 그녀의 삶을 비극적으로 그리고 있으나, 양즈화는 젊은 시절 그녀와 함

께 했던 반려자 취츄바이의 이상을 끝까지 지키고자 하였고, 여성노동자들
과 함께 하는 삶 속에 생을 마감하였다.

15

크루프스카야, 남성 지배 역사가 지운 볼셰비키 혁명가

황동하

> 그녀는 레닌의 충실한 동지이자 흠잡을 데 없는 혁명가였고,
> 혁명의 역사에서 가장 비극적인 인물 가운데 한 사람이었다.
> — 트로츠키(Лев Давидович Троцкий)의 조사

교육인민위원회 부위원
소비에트중앙집행위원회 위원
1918년 사회주의아카데미 회원
1927년 공산당 중앙위원회 위원
1931년 소비에트 과학아카데미 회원

1. '레닌의 아내'

역사에 이름을 남긴 혁명가의 어머니, 아내, 자매 등등의 이야기는 어떻게 쓸 수 있을까. 우리는 혁명가의 그늘에 가려진 그들의 삶을 오롯이 복원해낼 수 있을까.

20세기 역사에서 손에 꼽히는 인물 가운데 블라디미르 일리치 레닌(Влад имир Ильчи Ленин)이 있다. 그는 러시아에 최초로 사회주의 사회를 실현하는 데 이바지했다. 세계적인 사건 덕택일까. 레닌이라는 이름은 참 익숙하다. 나제즈다 콘스탄티노브나 크루프스카야(Н. К. Крупская, 1869~1939)는 어떨까. 어떤 사람은 '아! 레닌의 아내' 하고 말할 것이다. 다른 사람들은 '누군데요'라고 되물을 지도 모른다. 아마 사회주의 역사에 관심이 없는 대부분의 사람들에게 크루프스카야의 이름은 낯설 수도 있다.

지금부터 1백 45년 전, 1869년 2월 14일 러시아 상트페테르부르크에서 한 여자아기가 태어났다. 군인의 딸로 태어난 이 아이의 이름은 나데즈다 콘스탄티노브나 크루프스카야(14(26).2.1869, Петербург, - 27.2.1939, Москва)다.

> 나제즈다 콘스탄티노브나 크루프스카야는 다 아는 바와 같이 레닌의 부인이요 오랫동안 레닌의 활동에 많은 조력을 하였다. 현재는 소비에트 교육인민위원으로서 문맹퇴치와 여성을 가정으로부터 완전히 해방시키는 일에 온 힘을 기울이고 있다. 러시아의 부녀들은 정치상으로나 직업상으로나 남자와 같은 권리를 갖고 있지만 그들이 가정에 있어서는 완전히 해방되지 못했기 때문에 이것이 부녀의 진보 상 적지 않은 장애가 된다. 크루프스카야는 특별히 이 문제에 착안해서 세탁소·식당·재봉소·육아소 등을 공설하고 요리나 세탁·재봉 등을 그곳에 의탁하게 함으로서 그들의 활동력이 가정에 예속되지 않도록 노력하고 있다. 그는 1890년에 유형지의 한 회합에서 그가 연단에 나타났을 때 레닌에게 야지를 당하게 된 것이 그들이 결합하게 된 동기였다. 그는 1867년에 가난한 집에서 태어나서 그의 모친처럼 가정교사로 어렸을 때부터 생활고를 맛보았다. 이런 환경에서 자라난 만큼 그는 일찍이 사회제도의 모순을 깨닫게 되었다. 그가 혁명전선에 몸을 던지게 된 것은 18-9세의 어린 때부터였다. 어릴 때부터 62세의 지금까지 그의 모든 활동은 계급운동으로 여성의 이권획득운동으로 만국노동자농민의 별인 레닌의 혁명사업의 보조 등으로 어려움이 없었다. 무쇠 같은 의지를 가진 이 할머니는 지금 러시아 크렘린 궁전 안 아파트에서 레닌의 미망인의 옷을 입고 극히 검소한 생활을 하고 있다.[1]

식민지 조선에서 크루프스카야를 소개한 글이다. 이 글에서는 크루프스카야를 어떻게 평가하고 있을까. 첫 대목이 눈에 들어온다. '레닌의 부인'과 '레닌의 활동을 도운 사람.' 식민지 조선에서 이름도 낯선 크루프스카야를 소개하려고 그녀보다 많이 알려진 레닌의 이름을 빌어 설명한 것일까. 아니면 크루프스카야는 그렇게 알려져 있었던 것일까. 확인할 길이 없다. 답을 찾으려면, 서구의 평가가 어떠했는지를 알아야 할 것이다.

서구에서는 크루프스카야를 어떻게 평가하고 있을까. 크루프스카야는 "레닌에게 없어서는 안 될 조력자, 레닌이 외부 세계와 통하는 통로, 그가 가장 믿을 수 있는 정보원"[2]이었다. 크루프스카야는 레닌의 아내이자 레닌의 충실한 비서로 그려지고 있다. 또 다른 이야기를 보자. 크루프스카야는 "러시아 혁명운동에서 레닌이 대의에 온 힘을 쏟아야 했을 때, 그를 지지하고 도와주는 협력자"였다.[3] 이때도 크루프스카야는 레닌을 '그림자'처럼 도와주는 사람에 지나지 않는다. 심지어 "남편의 논평이 없었다면, 그녀의 사상도 아주 보잘 것 없었을 것이다."[4] 크루프스카야는 러시아 혁명운동에서 독립적인 존재가 아닌 '레닌의 그늘'에 가려져 있었다. 실제로 크루프스카야는 레닌과 연결될 때만 '존재의 의미'가 있었다. 크루프스카야라는 이름이 불리지 않을 때도 많았다고 한다. 그래서일까. 그녀는 우리에게 레닌의 아내로 기억되고 있었던 것이다.

그렇다면 크루프스카야는 레닌의 아내이기만 한 것인가. 그녀의 '잊힌' 이름을 찾아주자.

2. '열성적인' 볼셰비키 활동가

그때 나는 중앙위원회 서기였다. 나는 그 일에 푹 빠져 있었다. 다른 한 사람의 서기는 미하일 세르게예비치(바인슈타인)였다. 내 조수는 베라 루

돌포브나 멘진스카야였다. 서기국은 그렇게 이루어졌다. 미하일 세르게 예비치는 전투조직 일을 더 많이 했기 때문에 니키치치(크라신)의 지시 를 수행하느라 늘 바빴다. 나는 비밀 회합 장소, 위원회들 및 사람들과 의 관계를 관리했다. 그때 중앙위원회 서기국이 기술적으로 얼마나 단 순했는지 지금은 상상하기 어려울 것이다. 내 기억으로는, 우리는 중앙 위원회 회의에 참석하지 않았다. 중앙위원회에서는 아무도 우리를 '관 리하지' 않았다. 의사록을 작성하지도 않았다. 암호로 처리한 주소들은 성냥갑이나 책표지 속이나 그 비슷한 곳에 보관해두었다. 우리는 기억 에 의존하여 활동했다. 사람들은 한꺼번에 우리에게 밀어닥쳤다. 우리 는 최선을 다해 그들을 접대하면서 문건이나 증명서, 지시 사항과 충고 사항 등 필요한 것들을 그들에게 전했다. 우리가 그때 어떻게 일을 처리 했는지, 누구의 통제도 받지 않은 상태로 스스로 관리하며 이른바 '신의 의지대로' 생활하였는지 지금은 상상조차 되지 않는다.5)

크루프스카야가 자신의 지난날을 회고한 글이다. 크루프스카야는 1905년 말에 러시아사회민주당(Российская социал-демократическая рабочая партия, РСДРП) 중앙위원회 서기국에서 일을 하고 있었다. 그때 그녀는 거의 4년 동 안의 망명생활 끝에 페테르부르크로 돌아와 있었다. 1905년 1월 '피의 일요 일 사건' 탓이었다. 이 사건은 그 뒤 1917년 10월 혁명이 성공할 때까지, 러 시아사회를 '뒤흔든' 혁명의 도화선이 되었다. 크루프스카야는 망명지에서 출발하기 전에 들뜬 마음으로 혁명의 열기가 가득 찬 페테르부르크를 상상 했었다. 그러나 그녀가 도착했을 때, 그곳에서는 이미 혁명의 기운이 사그 라졌다. 기대에 어긋나긴 했어도, 그녀는 혁명을 잉태한 페테르부르크에서 혁명을 위해 조직 활동을 계속했다. 서기국에 찾아오는 혁명가들과 일일이 접촉하며 그들에게 중요한 지시를 전달하는 따위의 일은 차르 러시아와 같 은 억압적인 사회에서 혁명의 불씨를 당기는 것처럼 중요한 일이었다.

크루프스카야가 했던 일은 '명망'을 쌓는 것과 아무런 관련이 없었다. 그럼 에도 그녀는 모든 일을 스스로 판단해서 결정하는 고집스런 성격을 지녔다.

나제즈다는 교과서에서 잘 모르는 문구가 나오면 그냥 지나치는 일이 없이 몇 시간이고 골똘하게 들여다보면서 반드시 정확한 뜻을 이해하고 넘어갔다.[6]

친구들이 그린 크루프스카야의 학창시절의 모습을 보면, 크루프스카야가 지닌 성격을 알 수 있다. 그녀 스스로 확신이 서지 않는다면, 그 일이 혁명운동의 발전에 아주 중요하다 하더라도, 크루프스카야는 그 일을 하지 않았을 것이다. 서기국의 일이 누군가에게는 하찮은 일이고 설사 그 일이 남성혁명가를 단순히 보조하는 일이라 하더라도, 그녀는 스스로의 판단에 따라 그 일을 맡았다. 그래서 그녀는 혁명가들에게 가장 좋은 환경을 마련해줄 수 있었던 것이다.

크루프스카야는 1869년 2월 14일에 상트 페테르부르크에서 태어났다. 부모는 가난한 지주의 후손이었지만, 진보적인 인텔리겐치아였다. 그런 부모가 있었기 때문일까. 아니면 초롱초롱한 그녀의 눈빛이 말하고 있듯이, 호기심이 많았기 때문일까. 어쨌든 그녀는 자연스럽게 진보적인 세계관을 형성해갔다. 크루프스카야가 자라날 때, 러시아 사회는 팽팽한 긴장감에 휩싸여 있었다. 혁명

크루프스카야의 어린 시절, 1879년

운동의 물결이 거세게 일어나면서, 차르 정부가 이를 막아내려고 강경하게 대응했다. 1860~1870년에 위기감에 휩싸인 차르 정부가 위로부터의 개혁을 추구했지만, 혁명운동이 나날이 드세지는 것을 막을 수는 없었다. 인민주의자들은 거듭해서 차르의 목숨을 노리다가 1881년에 결국 알렉산드르 2세를 암살하였다. 인텔리겐치아는 혁명운동에 직접 참여하든 그렇지 않든, 교육받은 특권적 존재로서 민중에게 커다란

부채의식을 느꼈다. 그 때문에 '브나로드(В Народ)'라는 광풍이 일어나기도
했다. 크루프스카야도 어떤 식으로든 그 같은 분위기를 호흡할 수 있었을
것이다. 크루프스카야는 다음과 같이 썼다. "그때 이미 나는 많은 혁명적
토론에 대해 이야기를 들었다. 물론 나는 혁명가들에 동조하고 있었다."[7]

크루프스키 부부는 딸을 오볼렌스카야(Оболенская) 황녀 여학교에 입학시
켰다. 이 학교는 60년대와 70년대에 적극적으로 활동한 인민주의자들이 세
웠다. 러시아에서 가장 우수한 여학교 가운데 하나이기도 했다. 크림전쟁
에서 러시아가 패배한 뒤, 러시아 사회에서는 더는 개혁을 늦추어서는 안
된다는 인식이 퍼져 나갔다. 그 영향 탓일까. 여성의 교육과 취업에 대한
논의들도 나오기 시작했다. 자유주의적 여성주의자들이 그 논의를 이끌었
다. 그들은 여성의 교육기회를 확대하고 여성을 남성과 동등한 사회적·공
적 존재로 끌어올리려고 애썼다. 그들은 19세기 후반부터 여성의 참정권,
고등교육권 획득을 요구하면서 법적·제도적 남녀평등을 지향하는 운동을
활발하게 펼쳤다. 자유주의적 여성주의자들은 여성문제가 독자적으로 존재
하며 주로 법적·제도적 측면에서 체제내적 개량을 통해 여성의 지위가 궁
극적으로 나아질 수 있다고 믿었다. 이들의 활동 덕분에 1860년대 말, 70년
대에 이르러 여성에게도 베스투제프-류민(Бестужев-Рюмин) 강좌를 비롯한
고등교육강좌가 제공되었다. 중등교육 기회도 확대되었다.[8] 오볼렌스카야
황녀 여학교도 그런 시대 분위기에서 세워졌던 것이다. 여성의 교육기회
확대는 여성 혁명가들의 출현을 가져온 요인이기도 했다.

러시아 여성들은 1860년대부터 인민주의 운동에 적극적으로 참여했다.
베라 자술리치(Вера Ивановна Засулич)나 소피야 페로프스카야(Софья Львовна
Перовская)와 같은 여성 혁명투사들은 이러한 움직임 속에서 나왔다. 차르
암살을 모의했던 소피야 페로프스카야는 최상층 명문집안 출신이었다. 그
때 교육을 받은 여성들이 혁명 활동에 기울어진 비율은 같은 조건을 지닌
남성들보다 훨씬 높았다. 왜 이들은 모든 것을 포기하면서 혁명 활동에 뛰

어들었을까. 아마도 러시아 사회가 이들에게 교육수준에 걸맞은 활동공간을 제공하지 못했고 더 나아가 차르 체제가 그들의 정당한 염원을 억압했기 때문일 것이다.[9] 사실 그때 여성은 한 사회의 구성원으로서 정당한 대우를 받지 못했다. 이런 불평등을 없애려고 처음 나선 사람들은 자유주의 성향을 지닌 여성주의자들이었다. 19세기 말 러시아사회에서 자유주의적 여성주의자들은 여성도 혁명가, 정치적 존재가 될 수 있다는 사실을 입증했다. 이 점에서 그들이 다음 세대 여성 혁명가들에게 남긴 정신적 유산은 컸다. 크루프스카야는 이러한 사회, 이러한 시대의 딸이었다.

비교적 평온했던 1870년대가 1881년 알렉산드르 2세(Александр II Николаевич)의 암살 때문에 격동의 1880년대로 넘어가면서, 크루프스카야는 그 격동의 소용돌이 속으로 빠져 들었다. 한 때 그녀의 친구였지만, 나중에 백군에 가담하면서 혁명의 반대편에 섰던 아리아드나 티르코바(Ариадна Тиркоба)는 이때 크루프스카야의 모습을 다음과 같이 전했다.

> 우리는 러시아 사회의 문제점을 놓고 끊임없이 토론했다.…교양 있는 러시아 가정의 젊은 세대는 민감한 감수성 탓인지 사회불안을 일으키는 '병균'에 쉽사리 감염되었다. 친구들 가운데 이런 병균에 가장 크게 감염된 사람은 크루프스카야였다. 그녀는 자신의 주관을 확실하게 세워놓았다. 그녀는 우리들보다 훨씬 앞서 앞으로의 진로를 분명하고 확고하게 설계해 놓았다. 그녀는 어떤 생각이나 이념에 완전히 또 영원토록 헌신할 수 있는 그런 사람이었다.[10]

'병균'에 감염된 크루프스카야는 사회적 모순과 삶의 격변에 관심을 기울였다. 그런 만큼 그녀는 러시아사회에 널리 퍼진 부정의의 원인과 그것을 없앨 방법을 찾으려 했다. 그런 노력 끝에, 1890년 그녀는 소규모 마르크스주의 서클에 가입하게 되었다. 여기서 그녀는 러시아와 외국 저자들이 사회를 분석했던 책들을 읽었다. 또 칼 마르크스(Karl Marx)와 프리드리히 엥겔스(Friedrich Engels)가 쓴 책들도 공부했다. 마르크스가 쓴 『자본론(Das Kapital)』을 읽고 난 뒤, 크루프스카야는 마치 '시원한 물을 마시는 것과 같았다'고 했다. 왜 그랬을까. 아마도 마르크스가 자본주의 사회를 명쾌하게 분석했기 때문일지도 모른다. 무엇보다도 다가올 혁명의 '주체'를 노동자로 분명히 여겼기 때문일 수도 있다. '그렇다. 노동자, 그들을 깨어나게 해야 한다'고 그녀는 생각했을 것이다. 그 사실을 알고 난 뒤, 크루프스카야는 자신의 진로를 분명히 정했다. 앞선 여성혁명가들이 했던 것처럼, 테러와 같은 개별적인 행위는 사회를 근본적으로 바꿀 수 없다. 그것은 달걀로 바위를 치는 것과 다름없었다. 사회를 바꾸려면, 대중이 그 사회의 모순을 느끼고 알아야 한다. 또 대중이 진정으로 변화를 갈망해야 한다. 그런 면에서 1890년은 한 순진한 처녀의 의미 있는 변신, 즉 혁명가로 나서는 길을 모색하면서 삶을 이끄는 지침이 될 이념을 찾아낸 해였다.

나중에 크루프스카야는 마리야 울리야노브나(Мария Ильинична Ульянова)에게 쓴 편지에서 마르크스주의를 받아들이게 된 배경을 다음과 같이 썼다. "젊었을 때 아주 혼란스럽게 살았습니다. 농촌 교사가 되겠다고 결심했지만, 일 할 곳을 찾을 수 없었습니다.…베스투제프 과정이 열렸습니다. 나는 내가 관심을 갖고 있는 모든 것을 얻을 수 있다고 생각해서 이 과정에 참가했습니다. 그러나 이 과정에서 나는 바라는 것을 얻지 못했습니다. 그래서 나는 그 과정에 더는 참여하지 않았습니다. 요약하면, 나는 어찌해볼 수도 없이 무언가를 갈망하고 있었습니다."11) 그런 갈망의 끝에, 그녀는 마르크스주의를 접하게 된 것이었다.

크루프스카야는 사람들 앞에 나서는 것을 싫어한 내성적인 성격을 지녔다. 그런 성격 탓일까. 그녀는 말보다는 행동과 실천에 관심을 기울였다. 1891년에 그녀는 상트페테르부르크에서 노동자일요야간학교(the Workers' Sunday evening school)의 교사가 되었다. 이 학교는 러시아에 본격적으로 조직적인 사회주의 운동이 등장하기 전부터 운영되고 있었다. 선생들 가운데 일부는 마르크스주의자였다. 그런 선생들은 지하서클에서 활동했다. 그들은 노동

자를 교육시켜 지하 서클에 가입할 수 있게 했다. 또 그들은 러시아에서 싹
트고 있는 공업 발전의 중심인 상트페테르부르크 주변에 있는 공장에 팸플
릿과 광고지를 배포하기도 했다. 크루프스카야는 이 서클의 회원이었다.
그녀는 노동자들과 함께 이야기하고 학습하면서, 혁명운동에 한 발 더 다
가갔다. "학교에서 일한 5년은 내가 책으로 접한 마르크스주의에 생명을 불
어넣었다. 또 그 경험은 나를 노동계급에 끈끈하게 연결시켰다."[12] 크루프
스카야는 스스로의 경험을 통해 자신의 미래를 다지고 있었다.

　크루프스카야에게도 시련이 찾아왔다. 그녀는 1896년 파업의 물결 속에
서 체포되었다. 그녀는 6개월 동안 교도소에 갇혔으며 3년 동안 추방당했
다. 이때 그녀는 레닌과 결혼했다(1898년). 1901년부터 크루프스카야와 레닌
은 해외에서 살았다. 망명지에서 그녀는 볼셰비키(большевики) 조직을 발전
시키는 데 중요한 역할을 했다. 크루프스카야는 '이스크라(Искра)' 조직의 서
기로 일했다. 그것은 망명자들과 러시아에 있는 혁명가들을 연결시키는 통
신업무였다. 그녀는 한 달에 300통 가량의 편지를 받아 답변했다. 그 편지
에는 많은 기사 또는 메시지가 암호로 처리되어 있었다. 상트페테르부르크
경찰 총장은 크루프스카야를 '해외 이스크라 조직에서 중심적 지위를 차지
하고 있고 음모적인 서신교환을 처리한 사람으로' 확증하기도 했다. 크루프
스카야는 망명 혁명가들과 혁명운동의 조직적 토대인 러시아 지하조직을
긴밀하게 연결시켰다. 그녀는 이를 통해 혁명운동이 발전하는데 크게 이바
지했다.

　"편지쓰기는 비밀활동을 감독하고 이끄는데서 당 활동의 가장 중요한 방
법 가운데 하나였다." 이 일에서 크루프스카야는 "그 누구에게도 뒤지지 않
았다."[13] 트로츠키는 크루프스카야가 『이스크라』의 편집부에서 맡았던 활
동을 다음과 같이 묘사했다.

　그녀는 모든 조직 활동의 중심에 있었다. 그녀는 동지들이 도착했을 때

그들을 맞이했고, 그들이 떠날 때 그들에게 지시했으며, 접촉선을 만들었고 비밀 주소를 주었으며, 편지를 썼고 서신에 암호를 달고 암호를 해독했다. 그녀의 방에서 늘 그녀가 읽고 난 뒤 불에 태우는 편지의 종이 냄새가 났다. 그녀는 자주 점잖으면서도 단호하게 사람들이 편지를 충분히 쓰지 않는다는 것, 또는 그들이 혼란스러운 암호를 이용하거나 편지의 한 줄이 다른 줄을 덮어버리는 식으로 화학 잉크로 썼다는 것 등등을 불평했다.[14]

크루프스카야는 "한 주에 300통의 편지를 대부분 암호로 쓸 수 있었다. 러시아 안에서 끊임없이 이용하고 있는 사람들의 주소와 별명도 알고 있었다. 계좌 관리도 도맡아 하는 등 아주 근면하고 유능한 여성"이었다.[15]

많은 사람들은 크루프스카야가 『이스크라』 조직이나 중앙위원회에서 맡은 서기 역할을 '잔심부름'으로 폄하하고 있다. 그러나 경찰의 감시에서 상대적으로 자유로웠던 크루프스카야가 없었더라면, 혁명조직은 유지될 수 없었을지도 모른다. 그녀는 그만큼 중심적인 역할을 했다.

1908년에 다시 러시아를 떠난 뒤, 크루프스카야는 1917년 4월에야 비로소 페트로그라드로 돌아왔다. 크루프스카야는 예전처럼 중앙위원회 서기국으로 출근했지만, 흥미를 느끼지 못했다. "나는 주변의 생활 속으로 숨 막힐 듯 빨려 들어갔다. 그때 거리에서는 흥미로운 광경들이 펼쳐지곤 했다. 어디에나 사람들이 무리 지어 모여 있었다. 이 무리 지은 사람들 속에서는 어디서나 현 시국과 모든 사건에 대한 열띤 논쟁이 벌어졌다. 나는 군중 속에 다가가서 귀를 기울이곤 했다."[16] 이제 상황이 달라졌다. 크루프스카야는 아래로부터의 볼셰비키 조직을 세우는 일에 관심을 기울였다. 그녀는 특히 여성 노동자와 청년을 조직하는 일에 온 힘을 쏟았다. 그래서 그녀는 서기국이 아닌 대중을 관찰할 수 있는 현장에서 활동할 것을 요청했다. 그 요청이 받아들여지자, 그녀는 븨보르그(Бывorg) 지구에서 활동했다. 사실 븨보르그 지구는 혁명의 요람이라고 해도 지나치지 않았다.

크루프스카야는 5월에는 병사 부인들의 구제를 위한 븨보르그 위원회를 맡았다. 그것은 볼셰비키에게 또 다른 핵심 요소였다. 이 위원회는 니나 알렉산드로브나 게르트(Нина Александровна Герт)[17]가 맡고 있었다. 그녀는 노동자운동 초기에는 사회민주주의자로서 크루프스카야와 동지였지만, 지금은 다른 정치적 견해를 지녔다. 그녀는 이 위원회를 크루프스카야에게 넘기면서, "병사의 부인들은 우리를 믿지 않아, 우리가 무슨 일을 해도 불만이지. 그들은 볼셰비키만 믿더구나. 뭐, 어쩌겠어. 일을 직접 맡아서 해 봐. 너는 더 잘 꾸려 나갈 수 있을 거야!"라고 말했다.[18] 6월에 크루프스카야는 븨보르그 지구 두마 의원으로 선출되었다. 그녀는 두마 의원으로서 주로 교육을 담당했다. 1890년대 초처럼, 그녀는 글을 읽을 수 있는 계급을 조직하는 일과 노동자를 위한 도서관을 세우는 일, 고용주에게 도움을 요청하는 일, 그리고 노동자의 저항을 조직하는 일에 힘을 쏟았다.

크루프스카야는 언제나 레닌의 조력자 이상이었다. 그녀는 혁명운동에 대한 그녀 자신의, 독자적인 관심을 갖고 있었다. 그녀는 망명지에서, 1905~1907년 러시아로 잠시 돌아왔을 때, 그리고 또 다시 1917년 4월에 러시아로 완전히 돌아왔을 때 혁명운동에 독자적으로 참여했다. 특히 노동자 교육과 여성노동자를 조직하는 일은 혁명가로서 그녀의 활동에서 중심을 차지했다.

레닌과 크루프스카야, 1919년

3. 사회주의 교육의 창시자

> 기억 속에 떠오르는 한 순간이 있다.…누구인가(셰블랴긴이었던 것 같
> 다) 문맹퇴치위원회의 활동이야말로 매우 중요한 것이라고 했다. 블라
> 디미르 일리치는 웃음을 터뜨렸다. 어쩐지 악의적이고 냉담하게 여겨지
> 는 웃음이었다. 그 후로는 단 한 번도 그가 그렇게 웃는 것을 보지 못했
> 다. '뭐, 문맹퇴치위원회에서 조국을 구하고 싶은 사람이 있다면 우리야
> 말리지 않습니다.'[19)]

이 글은 크루프스카야가 1894년 2월에 레닌을 처음 만났던 장면을 묘사
한 것이다. 팬케이크 파티로 위장한 마슬레니차(Масленица)[20)] 날에 열린 정
치집회였다. 크루프스카야는 지식에 대한 대중의 갈망이 크다는 것을 알고
있었다. 그렇기에 크루프스카야는 노동자의 자기해방에 필요한 전제조건으
로서 그들이 홀로 지식을 습득할 수 있어야 한다고 생각했다. 그런 만큼 노
동자가 문맹 상태에서 벗어나는 일은 시급했다. 그 회의에서 셰블랴긴이
'문맹퇴치위원회'를 제기했을 때, 크루프스카야는 있을 수 있는 일이라고
생각했다. 그러나 레닌은 전혀 그렇지 않았다. 심지어 '문맹퇴치위원회'를
비웃기까지 했던 것이다. 여기서 크루프스카야는 교육에 대해 레닌과 다른
관점을 지녔음을 알 수 있다. 크루프스카야에게는 교육은 훨씬 더 강력한
혁명의 수단이었다. 크루프스카야는 레닌과 '기념비적인 만남' 이전부터 노
동자를 해방시키기 위한 수단으로서 교육이 지닌 가치를 믿고 있었다.

크루프스카야는 똑똑한 학생이었다. 그녀는 중등학교를 아주 좋은 성적
으로 마쳤다. 그러나 그녀는 여성을 배제한 반동적 법 때문에 고등교육을
받을 수 없었다. 그녀는 졸업하고 난 뒤 학교에서 후배 여학생들의 졸업시
험 준비를 돕는 일을 시작했다.

> 지난 2년 동안 여자 가정교사 N. K. 크루프스카야는 저녁마다 10명의

학생을 지도하고 가르쳤다. … 지도받은 학생이 모두 졸업시험에 무난
히 통과한 것을 보면, 이 가정교사의 탁월한 교수 능력과 폭넓은 지식,
그리고 꼼꼼한 지도방식을 충분히 알 수 있다.[21]

교사로서의 자질이 빼어났지만, 정식 교사는 될 수 없었다. 그럼에도 크
루프스카야는 끊임없이 교육이론과 실천에 관심을 포기하지 않았다.

궁하면 통한다(窮則通)고 했는가. 크루프스카야에게도 자신의 꿈을 실현할
수 있는 기회가 찾아왔다. 물론 그 길은 '우회로'였다. 교사 자리를 찾으려
고 시간을 보내던 어느 날, 그녀는 우연히 톨스토이(Лев Николаевич Толстой)
가 신문에 낸 '번역자' 구인광고를 보았다. 크루프스카야는 망설이다가 용
기를 내서 여기에 지원했다. 1887년 그녀가 18살이었을 때였다. 그녀는 톨
스토이에게 다음과 같은 편지를 썼다.

> 존경하는 레프 니콜라예비치 선생님! 저는 다른 사람의 노동을 활용하
> 는 과정에서 제가 헛되게 써버린 노고와 에너지, 즉 건강이 얼마나 큰
> 것인가를 날이 갈수록 더욱 분명히 깨달았습니다. 제가 지금까지 지식
> 을 얻으려고 이렇게 살아왔던 것은 지식을 쌓게 되면 나중에 쓸모 있는
> 인간이 될 것이라는 희망을 가졌기 때문입니다. 오늘에 와서 저는 제가
> 얻은 지식이 다른 사람들에게 아무런 도움이 되지 못하고 있음을 느끼
> 고 있습니다. 그 지식을 제 자신의 삶에 적용해서, 가령 게으름을 얼마
> 간이라도 고쳐보는데 조차 활용하지 못하고 있기 때문입니다. 저는 그
> 렇게 활용하는 방법도 모르고 있습니다.[22]

톨스토이는 교육의 특권을 누린 사람들이 대중을 가르쳐야 하고, 그들을
위한 문학작품을 수정하고 교정해야 한다고 생각했다. 톨스토이는 이런 활
동이 인민에게 봉사하는 실천 활동이라고 믿었다. 톨스토이는 크루프스카
야에게 알렉상드르 뒤마의 『몬테크리스토 백작』을 러시아어로 옮기는 작업
을 제안했다. 그녀는 그 제의를 받아들였고 번역 일을 시작했다.

그러나 크루프스카야는 그 작업에 흥미를 잃었다. 톨스토이가 번역을 제안했던 책들은 주로 오락용이었다. 이런 책은 대중의 의식을 문화적으로나 정치적으로 고양시킬 수 없었다. 더구나 번역 일은 오히려 대중과의 접촉을 막았다. 그녀에게 다시 탐색의 시간이 이어졌다. 그런 탐색 끝에 크루프스카야는 마르크스주의 서클에 가입하게 되었다. 그때 그녀는 20살이었다. 그녀는 대중을 계몽하려면 마르크스주의적 접근이 필요하다는 결단을 내렸다.

무수한 헌신, 끊임없는 박해와 체포, 추방을 당했지만, 교육에 대한 관점은 혁명에 대한 관심과 떼려야 뗄 수 없는 관계였다. 혁명과 교육은 하나의 몸체였다. 그녀는 1910년에 다음과 같이 썼다. "때가 올 것이다. 그 때 떠오르는 세대에게 필요한 문제를 풀 수 있을 것이다. 우리는 그런 학교를 세우는 방법을 알아야 할 것이다. 그것을 위해 우리에게는 경험이 필요하다."[23] 그녀는 지난날의 뛰어난 교육학자들의 저작을 철저히 연구했다. 또 그녀는 코멘스키(Jan Amos Komenský), 장 자크 루소(Jean-Jacques Rousseau), 페스탈로치 (Johann Heinrich Pestalozzi), 우신스키(Констатин Дмитриевич Ушинский), 톨스토이, 존 듀이(John Dew) 등의 책도 읽었다. 러시아와 외국의 교육체계에 대해서도 알 필요가 있었다. 크루프스카야는 여러 차례에 걸친 망명생활로 학교와 도서관, 교사와 교육 현장의 사람들과 친숙해질 수 있었다. 크루프스카야는 이런 경험 덕분에 세계의 교육 상태를 비판적으로 분석할 수 있었다. 또 그녀는 이런 분석을 바탕으로 '학교교육과 관련해서 마르크스주의적 입장을 될 수 있는 한 정확하게 세울' 수 있었다.

나는 제네바의 학교 체계도 연구하기 시작했다. '국민' 학교라는 부르주아 학교가 어떤 것인지를 처음으로 알게 되었다. 나는 고상한 창문이 달린 멋진 건물에서 노동자계급의 아이들이 유순한 노예로 길들여지고 있는 모습을 보았다. 바로 그 교실에서 교사가 노동자의 아이들을 때리고 머리를 쥐어박으면서 부잣집 아이들은 평온하게 그냥 두는 것을 보았다. 아이들의 온갖 독자적인 생각들을 억누르고 모든 것을 주입식으로 채워 넣으며 단계마다 아이들에게 권력과 부에 굴종하라고 가르치고 있는 것을 보았다.[24]

주입식 교육이 낳은 폐해와 학교 안의 계급차별을 지적한 글이다. 주입식 학교는 육체노동을 모두 제외하고 다만 읽기, 쓰기, 계산을 교육했으며, 명령을 수행하는 온순한 노동자로 길러냈다. 이것은 인간에게 노동의 즐거움을 앗아가고 자신의 노동에서 인간을 소외시키는 것이다. 그뿐만 아니라, 교실 안에서 버젓이 계급 차별이 이루어지고 있었다.

그렇다면 사회주의 사회에서 교육은 어떻게 이루어져야 할까. 사회주의 교육이라면, 학생들을 완전하고 전면적으로 발전시킬 수 있을 것이다. 또 그 교육은 개성을 억압하는 것이 아니라, 개성을 발전시키는 데 도움을 줄 것이다.[25] 그녀는 이런 화두를 물고 늘어졌다. 인간은 어떻게 인간으로 만들어졌는가. 머리로 생각하고 손으로 일하면서 인간은 인간으로 태어난 것이 아

루나차르스키와 크루프스카야, 그리고 공산주의 교육 아카데미 졸업생들, 1920년 1월 3일.

닐까. 그렇다면 사회주의 교육은 완전히 새로운 노동 분업 형식에 따라야 하지 않을까. 정신노동과 육체노동은 분리되지 않을 것이다. 육체노동에는 정신노동이 가득 차게 될 것이다. 노동은 더는 강제노동이 아니라, 자발적인 노동이 될 것이다. 노동은 따분하고 귀찮은 것이 아니라, 창조적이 될 것이다. 이런 고민 끝에, 크루프스카야는 육체노동과 정신노동이 분리되지 않는 새로운 노동 분업에 따른 사회주의 교육을 구상했다.

사회주의 교육을 실현할 방법은 무엇일까. 지적발달과 육체적 발달, 그리고 학습과 생산노동을 결합할 수 있는 방법은 없을까. 그녀는 역사에서 답을 찾기로 했다. 생산노동과 지능의 발달을 결합시키려는 사상은 민주주의의 환경 속에서 어떻게 발생하고 발전하였을까. 이런 문제의식을 갖고 쓴 책이 바로 『공교육과 민주주의(Public Education and Democracy)』[26]다.

크루프스카야는 이 책에서 이른바 '종합기술교육(Polytechnic education)'을 제기했던 사상가들, 루소와 페스탈로치, 존 벨러스(John Bellers)[27]와 로버트 오웬(Robert Owen), 마르크스와 엥겔스 등을 면밀히 분석했다.

> 종합기술교육은 어떤 직업에 대해서도 준비하는 것, 그것은 학생의 지적인 견해를 넓히고 전체를 파악하며 각 부분의 관계를 정확히 평가하게 하는 것, 노동 위에 구축된 사회적 관계를 평가하기 위한 올바른 척도가 되는 것, 그것은 현존하는 사회질서에 대해서 진정한 이해를 얻게 할 것 등이다. 루소는 그의 학생이 '농부로서 노동하고 철학자로서 생각' 하기를 바라고 있었다.[28]

레닌의 평가에 따르면, 크루프스카야의 책은 노동계급의 관점에서 위대한 민주적인 교육학자 루소와 페스탈로치를 새롭게 해석했다. 또 그것은 교육과 생산노동 사이의 결합에 대한 마르크스와 엥겔스의 교의를 체계적으로 착수하면서 벨라스와 오웬의 교육 사상을 러시아 사회에 충분히 이해시킨 최초의 저작이었다. 그녀는 노동자교육의 사상이 지닌 실체가 그것을 형성했던 계급과 조건에 따라 역사의 여러 단계에서 어떻게 바뀌었는지를 보여주었다. 마지막으로 이 책은 노동자 교육의 역사에 대한 분석을 요약하면서 끝맺는다. "학교사업의 조직이 부르주아지의 손아귀에 있는 한, 노동자 학교는 노동계급의 이익에 맞서는 무기이다. 노동계급만이 노동자학교를 현 사회를 전환시킬 수 있는 무기로 만들 수 있다."[29]

크루프스카야는 죽기 전까지 교육 분야에서 계속 일했다. 그러나 상황은 좋지 않았다. 1937년 말 숙청이 한창일 때, 크루프스카야는 종합기술교육의 파괴에 맞서 싸웠다. 그녀는 스탈린의 교육 기관이 들어선 뒤 그것에 대해 논평했다. "전형적으로 낡은 학교, 그 곳에서는 아주 따분한 연구에서 전혀 벗어날 수는 없다.…우리가 처음부터 싸웠던 죽은 교육이 완전히 새롭게 도입되었다."30)

4. 나데즈다 콘스탄티노브나 크루프스카야

내가 뮌헨에 도착한 이후로 우리는 독일인 노동자의 집에서 살았다. 그들 가족은 6명이었는데도 부엌과 작은 방 하나에서 지냈다. 그러나 집은 티끌하나 묻어 있지 않을 정도로 깨끗했으며, 자녀들 또한 깔끔하고 예의범절이 발랐다. 나는 블라디미르 일리치에게 손수 음식을 해주기로 마음먹었다. 되도록 소리를 적게 내도록 애를 썼는데, 그것은 그 무렵 블라디미르 일리치가 「무엇을 해야 할 것인가?」를 쓰기 시작하였기 때문이었다. 그는 글을 쓸 때면 늘 방안을 빠르게 왔다 갔다 하면서 그가 쓰려고 하는 내용을 혼자 중얼대곤 하였다. 나는 이미 그러한 그의 습관에 익숙해져 있었으며, 따라서 그가 글을 쓸 때면 누구도 그에게 말을 걸거나 뭘 물어 보지도 않았다. 그날의 일과를 마치면 우리는 산책을 하였고, 그때 그는 무엇을 썼으며, 또 무엇을 생각하고 있는지 나에게 얘기해 주었다.31)

크루프스카야가 쓴 『레닌을 회상하며(Воспоминания о Ленине)』에 나오는 글이다. 이 글을 보면, 크루프스카야는 '레닌의 충실한 비서'이다. 아마도 이 책 때문에, 크루프스카야를 '레닌의 충실한 비서'로 여기는 평가가 나왔을 수도 있다. 그녀는 왜 자신을 그렇게 그렸을까. 여기에는 크루프스카야와 스탈린 사이의 관계, 크루프스카야와 시누이들 사이의 관계가 놓여 있다.

크루프스카야와 스탈린은 이미 레닌이 죽기 전부터 관계가 좋지 않았다. 스탈린은 크루프스카야가 맡고 있던 문화와 교육 분야에 대해 레닌이 지나치게 관대하다고 생각하면서 그녀를 싫어했다. 1923년 1월 4일, 레닌은 "1922년 12월 24일자 서한에 대한 부연"을 받아 적게 했다.[32] 그러나 스탈린은 그 사실을 알게 되었다. 그때 스탈린은 크루프스카야에게 전화를 걸어, "왜 당신은 병든 지도자에게 이러한 일을 하도록 했느냐?"면서 무례한 욕설을 쏟아 부었다. 스탈린의 이런 행동은 결코 우연한 일이 아니었다. 레닌이 "서기장의 직위에서 스탈린의 경질방법을 심사숙고 하도록" 제안했던 '부연'의 내용은 그것이 매우 간략한 것이었기 때문에 곧 다른 사람들에게 알려지게 되었다.[33] 레닌은 이렇게 쓰고 있다.

> 그런 사람을 찾아야 한다. 더 인내심이 있고, 더 예의바르며, 더 충성스럽고, 동지들에게 더 세심하고, 덜 무례한 사람을…[34]

크루프스카야는 레닌의 유언장을 1924년 5월에 열린 제13차 당대회에서 읽으려고 했다. 그러나 그 일은 좌절되었다. 같은 해에 크루프스카야는 당 지도부의 정책을 공격하는 '강령'에 서명했다. 1925년 12월에 열린 제14차 당대회에서 크루프스카야는 지노비예프와 카메네프를 포함한 이른바 레닌그라드 반대파의 편에 서서 스탈린과 부하린 등 당 지도부의 정책을 공격했다. 크루프스카야는 1926년부터 연합반대파와 함께 하면서 〈13인 강령〉에 서명하기도 했다.[35]

그러나 갑자기 크루프스카야는 '장막 뒤로' 물러나기로 결심했다. 1927년 5월에 크루프스카야는 『프라브다(Правда)』에 쓴 한 편지에서 더는 반대파를 지지하지 않는다고 선언했다.[36] 왜 그랬을까.

이때 크루프스카야가 처한 상황은 여러 가지로 어려웠다. 스탈린은 끊임없이 그녀를 위협했다. 심지어 스탈린은 '레닌의 미망인'의 자리도 다른 사람으로 갈아치울 셈이었다. 흐루시초프(Никита Сергеевич Хрущёв)에 따르면, 스탈린은 "측근들에게 나제즈다 콘스탄티노브나가 레닌의 미망인이 아닐

수도 있다는 의혹이 일고 있다고 말하곤 했고," 필요하다면 "그는 다른 여성이 레닌의 미망인이라고 선언할 수도 있다"고 주장했다.[37] 스탈린의 지지자들도 레닌의 부인으로서 크루프스카야의 지위를 위협했다. 1925년에 오르드조니키제(Григорий Константинович Орджоникидзе)는 그녀에게 "당신은 공산당의 존경을 잃기 바랍니까? 당은 당신이 뛰어난 인물이기 때문이 아니라, 우리의 위대한 레닌과 가까운 사람이기 때문에 당신을 사랑하는 것이오."[38] 하고 겁을 주기도 했다. 또 다른 위협도 있었다. 레닌의 자매인 안나(Анна Ильинична Елизарова-Ульянова)와 마리야는 자신들이 레닌의 유산에 대한 수호자라고 주장하려고 했다.[39] 이런 상황에서 크루프스카야에게는 그녀 자신의 이상과 활동을 정당화하려면 무엇보다 레닌의 이름이 필요했다. 그래서 크루프스카야는 『레닌을 회상하며』를 쓰는 데 온 힘을 기울였다. 또 그 책에서 그녀는 철저히 레닌을 부각시켰다. 그것만이 온갖 위협에서 자신의 지위를 지키는 일이었으리라.

1939년 2월 26일 저녁 크루프스카야는 70회 생일을 맞아 지인들을 초대했다. 스탈린은 참석하지 않았고 대신 케이크를 보냈다. 그날 밤 늦게 크루프스카야는 심한 식중독을 일으켜 곧바로 병원으로 옮겨졌다. 그러나 그녀는 다음날 아침에 숨을 거두고 말았다.

크루프스카야는 레닌보다 15년을 더 살았다. 아마도 가장 고통스런 시기였을 것이다. 그 사이에 볼셰비즘이 스탈린주의로 서서히 변형되는 것을 지켜보아야 했기 때문이다. 그래서 트로츠키는 그녀를 '혁명의 역사에서 가장 비극적인 인물'이라고 본 것 같다.

크루프스카야는 볼셰비키의 제도와 체제를 구축하는 데 초기부터 깊숙이 관여했다. 그녀는 여성해방 투사이기도 했다. 러시아에

서 3월 8일이 '여성의 날'로 지정된 것은 크루프스카야 덕택이었다. 무엇보다 그녀는 11권의 책을 펴낸 '베테랑' 사회주의 교육 이론가이자 창시자였다. 오늘날 유네스코에서는 〈나제즈다 크루프스카야 상과 학위UNESCO's international Nadezhda K. Krupskaya Prize and diploma〉가 제정되기도 했다.

나제즈다 콘스탄티노브나 크루스카야. 그녀는 '레닌의 아내', '레닌의 충실한 비서'가 아니었다. 역사는 그녀의 이름을 잊지 않았다. 남성 지배적인 역사(가)가 그녀의 이름을 '지운' 것일 뿐이었다.

1부

■ 정약용, 새로운 인간관을 바탕으로 토지혁명을 꿈꾸다

1) 다산의 현손인 정규영(丁奎英)이 1921년에 작성한 『俟菴先生年譜』에 의하면, 다산은 4세(1765, 영조41)에 천자문을 배우기 시작했으며, 6세 때는 연천현감으로 나간 부친을 따라 그 곳에서 교육을 받았고, 7세 때 지은 '산'이라는 제목의 오언시 "작은 산이 큰 산을 가렸으니, 멀고 가까움이 다르기 때문이네.(小山蔽大山 遠近地不同)"는 아버지를 크게 놀라게 하였다. 10세 이전의 시를 모아 『三眉子集』을 엮었으니, 다산의 시문학적 능력을 익히 알 수 있겠다.

2) 순암 안정복이 공서적(攻西的)인 성호 우파의 계보를 형성한다면, 녹암 권철신은 성호 좌파의 맥을 잇는 신서파(信西派, 혹은 親西派)의 좌장으로서 손암 정약전은 권철신을 스승으로 모시고 권일신 등과 이 강학회에 참여하였는데, 그것은 주로 유학 경전을 공부하고 실천을 다짐하는 모임으로서 10일 이상 지속되었다고 한다. 이때 일찍이 역관 김범우가 청에서 가져온 서학 서적을 접하고 과학기술뿐만 아니라 천주교리마저도 스스로 이해하기 시작한 이벽이 천주교에 대한 지식을 동료학자들에게 전한 것으로 알려져 있다. 그러나 당시로서는 어디까지나 보유론적(補儒論的) 측면에서 유학에 대한 토론과 이해를 돕기 위한 것이었겠으나, 훗날 자생적으로 천주교 신앙이 일어나게 되는 계기가 되었다고도 할 수 있다.

3) 김성환, 「정약용의 별호」, 『다산 조선의 새 길을 열다』, 실학박물관, 2011, 52~53쪽.

4) 『與猶堂全書』 5, 卷1 4면, 經世遺表引. (景仁文化社 影印本, 1970)

5) 금장태, 「다산공부론의 유학사적 위치」, 『茶山學』 제2호, 전통과현대, 2001, 14~21쪽.

6) 尹絲淳, 「茶山의 人間觀」, 『丁茶山研究의 現況』, 民音社, 1985, 150~156쪽; 금장태, 위의 논문, 22~23쪽.

7) 金泰永, 「茶山 實學에서의 社會 倫理論」, 『韓國實學研究』 創刊號, 솔출판사, 1999, 2장 및 3장 참조.

8) 『與猶堂全書』 1, 卷11, 19면, 五學論1, "性理之學 所以知道認己 以自勉其所以踐形

之義也"

9) 『與猶堂全書』2, 卷2, 40면, 心經密驗, "若愼獨以事天 强恕以求仁 又能恒久而不息 斯聖人矣".

10) 金泰永, 앞의 논문 참조.

11) 『與猶堂全書』1, 卷9, 16면, 農策, "若夫立民之本 亦惟在均田二字 噫井地助耕之法 雖不可與論於今世"

12) 『與猶堂全書』1, 卷9 48~54면, 應旨論農政疏.

13) 金容燮, 「18,9世紀의 農業實情과 새로운 農業經營論」, 『增補版 韓國近代農業史研究』上, 一潮閣, 1990, 79~87쪽.

14) 『與猶堂全書』1, 卷11, 3~7면, 田論.

15) 『與猶堂全書』5, 卷20, 7면, 『牧民心書』卷5, 戶典 稅法下.

16) 『與猶堂全書』1, 卷9, 61면, 擬嚴禁湖南諸邑佃夫輸租之俗箚子, "今計湖南之民大 約百戶 則授人田而收其租者不過五戶 其自耕其田者二十有五 其耕人田而輸之租者七十".

17) 『與猶堂全書』1, 卷11, 3면, 田論1.

18) 위와 같음.

19) 위와 같음.

20) 위와 같음.

21) 『與猶堂全書』1, 卷11, 4면, 田論2.

22) 『與猶堂全書』1, 卷11, 5면, 田論5.

23) 위와 같음.

24) 토지를 분별하여 경제작물을 재배하도록 하고, 水利를 일으키며, 편리한 기계를 만들어 노동력을 덜어주고, 농사기술과 畜牧法 등 실질적 이치를 연구하고 가르쳐 농민을 돕는 등 농업 여러 분야의 전문성을 제고시키는 지식인들의 노동가치는 육체노동자의 그것보다 훨씬 높게 오히려 10배로 평가되어야 한다고 보았다. 농업생산력의 발전과 利用厚生을 위한 실학적 경세론에서 능동적 지식인의 역할은 적극적으로 강조되고 있다.

25) 박진태, 「다산과 여전론 -閭田論 형성의 의미를 중심으로-」, 『史林』제35호, 수선사학회, 2010.

26) 『與猶堂全書』1, 卷15, 33~35면, 鹿菴權哲身墓誌銘.

27) 금장태, 앞의 논문, 28~32쪽; 한형조, 「다산과 서학 -조선 주자학의 연속과 단절」, 『茶山學』제2호, 2001, 146~150쪽.

28) 『與猶堂全書』1, 卷16, 2면, 12면, 自撰墓誌銘(壙中本, 集中本)

29) 『經世遺表』卷7, 27~28면, 地官修制, 田制9, 井田議1

30) 『經世遺表』卷5, 4면, 地官修制, 田制1, 井田論3. '然則井田之法 可復於今日'

31) 김태영, 「茶山의 井田制論」, 『다산 정약용 연구』, 사람의무늬, 2012. 이 논문에서 다산의 정전제론은 井田制를 통해 주곡 생산의 농업경제를 확립한 기초 위에 다시 賦貢制를 실시함으로써 여타 경제·산업을 아울러 개발 진흥하고, 양자에다 전국 만민을 9職으로 나누어 배치함으로써 거국적인 분업적 협업관계를 연계지어 운행토록 한다는 다산의 원대한 王政論을 구현하기 위한 사회경제론의 전제가 되는 토지·농업론이라고 파악되고 있다. 다산의 실천적 경세론의 실체에 한층 가까이 다가간 분석으로 평가되어 주목된다.

32) 『經世遺表』卷5, 2면, 地官修制, 田制 1, 井田論 2.

33) 『經世遺表』卷5, 4면, 地官修制, 田制1, 井田論3.

34) 『經世遺表』卷6, 16면, 地官修制, 田制5.

35) 『經世遺表』卷7, 33~34면, 地官修制 田制9 井田議1

36) 『經世遺表』卷6, 4면, 地官修制 田制4.

37) 『經世遺表』卷5, 30면, 地官修制 田制3.

38) 朴宗根, 「茶山 丁若鏞의 土地改革思想의 考察」, 『朝鮮學報』28, 1964, 108~109쪽; 朴贊勝, 「丁若鏞의 井田制論 考察」, 『歷史學報』110輯, 1986, 120쪽.

39) 『經世遺表』卷7, 34면, 地官修制 田制9, 井田議1.

40) 『經世遺表』卷7, 36면, 地官修制 田制9, 井田議1.

41) 『經世遺表』卷7, 35~36면, 地官修制 田制9, 井田議1.

42) 김태영, 앞의 논문, 2012, 173~182쪽. 나라 안의 전지는 모두 王田이며 私主가 있는 것도 '主'라 기록해서는 안 되며 '時占'이라 고치고, 佃夫는 '時作'이라고만 해야 한다거나, 지주에 의한 '立案'은 일체 금하고 무릇 모든 땅에는 '公案'을 내어 백성을 모집해 경작케 하고 1/9세를 바치게 해야 한다는 점도 강조하고 있다(『經世遺表』권6 36면, 地官修制, 田制考6, 邦田議.).

43) 『經世遺表』卷8, 6~7면, 地官修制 田制10, 井田議2.

44) 『經世遺表』卷8, 8면, 地官修制 田制10, 井田議2.

45) 『經世遺表』卷8, 9면, 地官修制 田制10, 井田議2.

46) 『經世遺表』卷8, 9~10면, 地官修制 田制10, 井田議2.

47) 『經世遺表』卷8, 16~18면, 地官修制 田制11, 井田議3.

48) 『經世遺表』卷8 14면, 20면, 地官修制 田制11, 井田議3.

49) 『經世遺表』卷8, 22면, 地官修制 田制11, 井田議3, 27~32면, 地官修制 田制12, 井田議4.

50) 『經世遺表』卷8, 35~36면, 地官修制 田制12, 井田議4.

▌이범진, 한국과 러시아동맹을 추진한 외교관

* 이 글은 다음의 논문에 기초했다. Kim Young Soo, Yi Pŏmjin, Korea`s Diplomatic Minister to Russia, and his Role in Korean-Russian Relations, Seoul Journal of Korean studies 24-1, June 2011.

1) Note from the Korea legation in the United States. 1896.12.9, pp.1~2(NARA FM 166 Roll 1)

2) Архив внешней политики Российской империи (АВПРИ 대외정책문서보관소). Ф. 283. О п. 766. Д. 106. Л. 9~11.

3) АВПРИ. Ф. 143. О п. 491. Д. 74. Л. 55.

4) 국사편찬위원회, 『駐韓日本公使館記錄(9)』, 1995, 420쪽.

5) Речь, 19 января 1911 г.

6) 방선주, 「서광범과 이범진」『崔永禧先生華甲紀念 韓國史學論叢』, 탐구당, 1987; 강인구, 「러시아 자료로 본 주러한국공사관과 이범진」『역사비평』, 2001, 57호; 오영섭, 「을미사변 이전 이범진의 정치활동」『한국독립운동사연구』, 25집, 2005.

7) Пискулова Ю.И. Корейский политик и дипломат Ли Пом Чин(한국 정치가 및 외교관 이범진) // Проблемы Дальнего Востока(극동문제). № 6. М., 2000. С. 109~116.

8) Ли Бомджин(이범진) / Отв. ред. Ю.В. Ванин. М., 2002.(외교통상부, 『이범진의 생애와 항일독립운동』, 2003, 마스타상사)

9) 『高宗實錄』 21년 12월 28일. 李景夏는 廣平大君派 중 定安副正公派로 李範升과 李範晋을 아들로 두었다. 이범승은 생부가 國夏로서 이경하의 양자고, 이범진은 이경하의 서자였다.(朴烜, 1998 『在蘇韓人民族運動史』, 36쪽) 황현에 따르면 이범진은 이경하가 晋州兵使로 있을 때 기생과의 사이에서 태어났고, 용맹이 뛰어나 '호랑이'라고 불렸다(황현, 甲午以前『梅泉野錄』, 183~185쪽).

10) 이범진은 고종의 특명에 의해 弘文館修撰에 임명되었고, 1880년대는 同知春秋館事, 內務府協辦, 吏曹參判 등을 역임했다.(『高宗實錄』 21년 10월 21일, 21년 12월 28일, 24년 10월 25일, 24년 11월 29일, 25년 10월 15일, 32년 閏5월 28일, 32년 6월 29일; 『官報』, 『日省錄』)

11) John M.B Sill, New Korean Minister to Washington, 1896.6.23, pp.1~2(NARA FM 134 Roll 13 No 224)

12) 국사편찬위원회, 『駐韓日本公使館記錄(11)』, 加藤→大隈, 1897년 1월 20일 「내각원과 寵臣간의 알력」, 222~224쪽; 『뮈텔주교일기』 1896년 7월 25일.

13) 한철호는 정동파가 개국기원절 행사의 제반 실무를 추진했다고 주장했다(韓哲昊, 「1880~90년대 親美 開化派의 改革活動 研究」, 翰林大史學科博士論文, 1996, 79쪽)

14) 『尹致昊日記』1895년 9월 4일; 『高宗實錄』32년 7월 16일.

15) АВПРИ. Ф.150. О п.493. Д.6. Л.133 о б

16) 『日省錄』, 『高宗實錄』高宗 32년 7월 15일. 궁내부관료 이외 6명은 군부부령 洪啓薰, 군부참령 李學均, 한성부 관찰사 李采淵, 군부협판 權在衡, 외부협판 尹致昊, 교섭국장 朴準禹 등 이었다.

17) 윤치호에 따르면 이학균은 미국서기관 알렌의 약품을 훔쳐 알렌과 불편한 관계를 갖고 있었다(『尹致昊日記』1895년 9월 22일; Horace N. Allen, Korea: Fact and Fancy, 1904[金源模編, 『近代韓國外交史年表』(서울, 1984, 檀國大出版部), 149쪽]).

18) 국사편찬위원회, 『駐韓日本公使館記錄(11)』, 加藤→大隈, 1897년 1월 20일 「내각원과 寵臣간의 알력」, 222~224쪽.

19) АВПРИ. Ф.150. О п.493. Д.6. Л.68

20) Секретан Телеграмма Шпйера [왕의 비밀 메모], 1896.1.21(양2.2)(Б. Пак, 1998 앞의 책, 157쪽); 『駐韓日本公使館記錄(9)』, 小村→西園寺, 1896년 2월 13일 機密第11號 「朝鮮國 大君主 및 世子宮 露國公使館에 入御한 顚末報告」, 138쪽

21) 鄭喬, 建陽元年 2월 10일 『大韓季年史(上)』, 137쪽; 尹孝定, 「露館播遷의 動機」 『韓末秘史』, 177~178쪽.

22) 尹孝定, 「露館播遷의 動機」 『韓末秘史』, 177~178쪽; "철저한 감시 속에서도 왕은 충성스러운 상궁들과 장교 이기동의 협력이 있었기에 궁중에서 간신히 빠져 나올 수 있었다"(Карнеев и Михайлов, Поездка геиерального штаба полковника Карнеева и поручика Михайлова по Южнее Корее в 1895~1896 гг, с .185[유리바린등저, 기광서역, 1999, 풀빛, 51쪽])

23) 국사편찬위원회, 『駐韓日本公使館記錄(9)』, 小村→西園寺, 1896년 2월 17일 機密第12號 「親露派 李範晉 등의 음모에 대한 보고」, 144쪽; 춘생문사건에 공병대 중參領 金用來, 正尉 李承益, 副尉 柳錫用, 參尉 林煥奎 金元桂 등을 동원하려 하였다(국사편찬위원회, 『駐韓日本公使館記錄(7)』, 小村→西園寺, 1895년 12월 30일 機密發 第100號 「28日 事變의 顚末」, 88~89쪽).

24) 高等裁判所, 開國五百四年八月事變報告書, 建陽元年四月十五日, 1~2쪽(藏書閣-고도서-史部·雜史類)

25) 『議奏(4)』, 1896년 2월 23일, 48冊(奎 17705), 291쪽; 『議奏(4)』, 1896년 2월 24일, 48冊(奎 17705), 303쪽.

26) 『뮈텔주교일기』 1896년 2월 23일.

27) 『尹致昊日記』1896년 2월 25일; 『日省錄』建陽 元年 正月 21일(양3.4), 3월 30일(양5.12).

28) 『尹致昊日記』1896년 3월 30일

29) 국사편찬위원회, 『駐韓日本公使館記錄(10)』, 小村→荻原, 1896년 2월 15일 「奉露主義者의 國王播遷計劃에 관한 보고」, 90쪽.

30) 국사편찬위원회, 『駐韓日本公使館記錄(9)』, 小村→西園寺, 1896년 2월 17일 「親露派 李範晉등의 음모에 대한 보고」, 144쪽.

31) I.B. Bishop저, 이인화역, 앞의 책, 420~423쪽, 486~488쪽, 492~493쪽.

32) 『高宗實錄』 光武 1년 10월 20일, 10월 22일.

33) John M.B Sill, New Korean Minister to Washington, 1896.6.23, pp.1~2(NARA FM 134 Roll 13 No 224)

34) 『尹致昊日記』 1896년 3월 30일. 기존연구는 이범진의 주미공사 임명에 대해 보수적인 대신과 개명관료들에 의해 밀려난 것이거나, 베베르가 자신의 후원 아래 이범진이 권력을 전횡한다는 국내외의 의구심을 불식시키려는 조치로 이해했다(徐榮姫, 1998 앞의 논문, 20쪽; 韓哲昊, 1996 앞의 논문, 106쪽).

35) "卿勳勞乃心王室日昨特簡意"(『日省錄』 建陽 元年 5월 22일); 『日省錄』 建陽 元年 5월 23일.

36) Note from the Korea legation in the United States. 1896.12.9, pp.1~2(NARA FM 166 Roll 1).

37) 『高宗實錄』 光武 3년 3월 15일.

38) Note from the Korea legation in the United States. 1900.3.26, pp.1~2(NARA FM 166 Roll 1).

39) АВПРИ. Ф. 150. Оп. 493. Д. 69. Л. 6.

40) Правительственный вестник(관보). 1 июля 1900 г.

41) АВПРИ. Ф. 150. Оп. 493. Д. 69. ЛЛ. 15 и 22.

42) 국사편찬위원회, 『駐韓日本公使館記錄(16)』, 1997, 444~445쪽.

43) АВПРИ. Ф. 150. Оп. 493. Д. 11. ЛЛ. 38~39.

44) 국사편찬위원회, 『駐韓日本公使館記錄(16)』, 1997, 343쪽.

45) АВПРИ. Ф. 150. Оп. 493. Д. 134. Л. 150-150 об.

46) АВПРИ. Ф. 150. Оп. 493. Д. 134. Л. 155-155 об.

47) 국사편찬위원회, 『駐韓日本公使館記錄(20)』, 1997, 358~360쪽.

48) Дневник А.Н. Куропаткина(꾸라빠뜨낀의 일기) // Красный Архив(적서). Т. 2. М.-Л., 1923. С. 85, 24 ноября 1903 г.

49) АВПРИ. Ф. 143. Оп. 491. Д. 52. Л. 90-90 об.

50) Секретная телеграмма д.с.с. Павлова. Сеул, 1/14 япнваря 1904 г.//АВПРИ. Фонд Китайский стол. Опись 491, 1904 г, Дело 52, Л.6~7 об. 극동총독부 소속 외교관 쁠란손(Е.А.Плансон)은 1904년 1월 15일 주한 러시아공사 빠블로프로부터 고종의 중립화선언 결심을 보고받았다고 자신의 일기에 기록했다(Дневник Е.А.Плансона, 2 января 1904 г.(15.01), С.157//Красный Архив, Т.4-5, 1930)

51) Секретная телеграмма д.с.с. Павлова. Сеул, 5/18 января 1904 г. (04.1.17~30)//АВПРИ. Фонд Китайский стол. Опись 491, 1904 г, Дело 52, Л.40-40 об.

52) Секретная телеграмма д.с.с. Павлова. Сеул, 15/28 января 1904 г.//АВ ПРИ. Фонд Китайский стол. Опись 491, 1904 г, Дело 52, Л.90-90 об.

53) АВПРИ. Ф. 143. Оп. 491. Д. 52. Л. 90-90 об.

54) 국사편찬위원회, 『駐韓日本公使館記錄(18)』, 1997, 438, 440~441쪽.

55) АВПРИ. Ф. 143. Оп. 491. Д. 60. Л. 149~150 об.

▌ 홍명희, 뛰어난 작가·민족해방운동가

홍명희, 「자서전」, 『삼천리』 1929년 6월호.
「법정에서 운 일 -권동진씨 수차(囚車)탈 때」, 『삼천리』 1930년 11월호.
「옥중의 인물들 : 홍명희」, 『彗星』 제1권 6호(1931년 9월호).
경상북도 경찰부, 『고등경찰요사』, 1934.
이원조, 「碧初論」, 『신천지』, 1946년 4월호.
「홍명희·이재성·홍용식 판결문」, 『독립운동사자료집』 제5집, 독립운동사편찬위원회 편, 1972.
평주 이승복선생 망구송수기념사업회 편, 『삼천백일홍』, 인물연구소, 1974.
국역 심산유고간행위원회, 『국역 심산유고』, 성균관대학교 대동문화연구원, 1979.
현승걸, 「통일염원에 대한 일화」, 『통일예술』 창간호(1990), 광주.
이균영, 『신간회연구』, 역사비평사, 1993.
박걸순, 『괴산지방 독립운동사』, 괴산문화원, 1996.
임형택·강영주 편, 『벽초 홍명희와 임꺽정의 연구자료』, 사계절, 1996.
강영주, 『벽초 홍명희 연구』, 창작과비평사, 1999.
강영주, 『벽초 홍명희 평전』, 사계절, 2004.
홍순권, 「홍명희」, 『63인의 역사학자가 쓴 한국사 인물열전』 3, 돌베개, 2003.
장세윤, 「벽초 홍명희의 현실인식과 민족운동 -일제 강점기를 중심으로」, 『한국독립운동사연구』 15, 독립기념관 한국독립운동사연구소, 2001.
장세윤, 「벽초 홍명희의 생애와 신간회 민족운동」, 『애산학보』 33, 애산학회, 2007.

▌이여성, 이론과 실천을 겸비한 민족운동가

* 이글은 필자의 「일제 식민지기 李如星의 민족운동」(『사림』 제39호, 수선사학회, 2011년 6월) 원고를 개작한 것이다.

1) 송병섭, 「미술사·복식사를 개척한 민족운동가」, 『근대 대구·경북 49인 그들에게 민족은 무엇인가』, 혜안, 1999.

2) 서항석, 「이희승과 공부는 라이벌, 놀 때는 어깨동무」, 『중앙학교 100년 남기고 싶은 이야기들 계동 일번지』, 중앙교우회.

3) 김약수, 「나의 海外 亡命時代」, 『삼천리』 제4권 제1호, 1932년 1월, 32~33쪽.

4) 염인호, 『김원봉 연구 : 의열단, 민족혁명당 40년사』, 창작과 비평사, 1993, 26쪽.

5) 이여성, 「나는 무엇이 되려고 했나」, 『조광』 46, 조선일보 출판부, 1939.8, 111쪽.

6) 국가기록원 홈페이지 독립운동 판결문(http://theme.archives.go.kr/next/pages/viewer/ebook. jsp?archiveEventId=0034984709).

7) 『조선일보』 1923.1.25~1.26 석간1면, '戰線의 運命論'.

8) 이현주, 『한국사회주의세력의 형성』, 일조각, 1993, 215~216쪽.

9) 김인덕, 『재일조선인 민족해방운동 연구』, 성균관대 대학원 사학과 박사학위 논문, 1995.

10) 홍양명, 「錚錚한 當代 論客의 風貌」, 『삼천리』 제4권 제8호, 1932년 8월.

11) 「新聞紙雜誌輸移入 및 그 種類數量」, 『新聞紙要覽』[출처: 국사편찬위원회 한국사데이터베이스 http://db.history.go.kr].

12) 朝鮮總督府警務局東京出張員, 「大正十三年五月在京朝鮮人狀況」, 『朝鮮人二對スル施政關係雜件一般ノ部(2)』[출처: 국사편찬위원회 한국사데이터베이스 http://db.history.go.kr], 94쪽.

13) 『동아일보』 1923.7.12, '學友會講演團第二隊 大邱에서 檢擧됨, 연사 세사람이 다 검거되여'. 『조선일보』에 따르면, 연설 제목은 「경제의 착취」이고, 그 체포 이유는 '식민정책의 압박으로 조선경제현상의 비참을 말하'였기 때문이었다(『조선일보』 1923.7.13 석간3면 '演士三人拘禁').

14) 조선일보사 사료연구실 지음, 「통계로 조선 실상 파헤친 조사부장-이여성」, 『조선일보 사람들 -일제시대 편』, 랜덤하우스중앙, 2004. 이여성의 부인 朴慶姬는 1927년 3월에 동경음악학교를 마쳤던 알토 가수였고, 朴景嬉는 그보다 몇 년 후인 1934년 3월 일본음악학교 성악과를 졸업한 소프라노 가수였다. 1936년 홍종인이 독창회 인상기를 쓴 박경희는 소프라노 朴景嬉이다.

15) 『조선일보』, 1929.1.1 3면 '比律賓의 과거와 현재'.

16) 『조선일보』, 1929.11.26 1면, '민족문제개관'.

17) 「朝鮮日報動靜二關スル件」(京鍾警高秘第14488號, 京城鐘路警察署長 → 京城地方 法院檢事正, 1930.10.13), 『思想二關スル情報綴』 제10책.

18) 조선총독부 경무국의 「東亞日報發行停止處分ノ解除二至ル經過」(1937.6.11), 김경 일 편, 『한국민족해방운동사자료집』, 영진문화사, 1993.

19) 『조선일보』 1931.4.19. '數字朝鮮研究'.

20) 『조선일보』 1933.9.12 '가을을 當하야 읽고시푼 冊 勸하고 시푼 冊(양주동)'.

21) 『조선일보』 1938.1.8 '묵은 조선의 새 香氣(8) 화단편 B 出典과 考證이 업고는 一 線一點도 觸筆難'.

22) 이여성, 「序」, 『조선복식고』, 백양당, 1947(범우사, 1998).

23) 이여성, 「갓 : 隨筆」, 『文章』 2권 1호, 文章社, 1940.1.

24) 이여성, 「朝鮮衣服의 特質」, 『人文評論』 2권 6호, 人文社, 1940.6.

▌ 전태일, 노동해방의 불꽃

* 이 글은 한국민족운동사학회, 『한국민족운동사연구』 65(2010.12)에 실었던 글을 대폭 줄이고, 수정·보완한 것이다.

1) 『어느 청년노동자의 삶과 죽음』에서는 김개남(김영문의 가명)이 전태일의 요청 으로 성냥불을 켜서 전태일의 옷에 갖다 댄 것으로 나온다. 이렇게 기술한 데에 는 전태일이 분신한 지 1년이 지난 후 김영문이 군대 간 사이에 분신사건에 대한 증언이 채록되어 생긴 오류이다. 이러한 오류는 조영래의 『전태일 평전』(2001년 2차 개정판)에서 수정이 되었으며, 민주화운동기념사업회에서 펴낸 『시대의 불 꽃 전태일』에도 "스물두 살의 한 청년노동자가 자신의 온몸에 석유를 끼얹고 불 을 당긴 것"으로 기술하였다. 안재성, 2007, 『청계, 내청춘 -청계피복노조의 빛나 는 기억』, 돌베개, 2007, 60~61쪽.

2) 불교에서는 부처님께 공양할 때 물건을 태우는 것을 '焚(분)'이라 하고, 인체나 그 일부를 태우는 것을 '燒(소)'라고 한다. 스스로를 태우는 것은 '焚身(분신)'이 아닌 '燒身(소신)'으로 부른다. 이러한 용례에 따른다면, 전태일이 자신의 몸을 불사른 것을 燒身으로 불러야 마땅하다. 그런데 국어사전에서는 자기 몸을 스스로 불사 르는 것을 焚身으로 정의 내리고 있으며, 현재에 이르기까지 전태일이 자신의 몸 을 불사른 것을 분신으로 부르고 있다. 이 글에서는 불교적인 영역에서는 '소신' 으로, 그 외에는 '분신'으로 표기하고자 한다.

3) 안재성, 앞의 책, 53~54쪽. 전태일은 11월 7일 친구들에게 "신문기자를 불렀으니 까 기자들한테 뭔가 보여줄 필요가 있지 않겠어? 내가 잠바에 불을 붙였다가 사 진만 찍게 한 후 벗어버리면 돼"라고 했는데, 이때 친구들은 그가 정말 죽으리라

고는 생각을 하지 못했다고 한다.

4) 박승옥, 「전태일은 오늘 우리에게 무엇인가」, 『녹색평론』 85, 2005, 24쪽.

5) 최장집, 『한국민주주의의 이론』, 한길사, 1993, 243쪽.

6) 전태일기념관건립위원회 엮음, 『어느 청년노동자의 삶과 죽음 -전태일 평전-』, 돌베개, 1983, 19쪽.

7) 이원보, 『한국노동운동사』 5, 지식마당, 2004, 277~278쪽.

8) 구혜근 지음, 신광영 옮김, 『한국 노동계급의 형성』, 창비, 2002, 112쪽.

9) 조영래는 1967년 2월 24일에 재단사가 된 것으로 보았다. 그러나 전태일의 수기를 통해 볼 때, 재단사가 된 것은 그 이전이었다. 전태일은 수기에서 "이런 일(재단사가 된 일; 필자)이 있는 후 설을 10여 일 앞두고 대목일이 끝났다"고 기록하였다. 당시 설 명절의 날짜는 1967년 2월 9일이므로, 전태일이 재단사가 된 시기는 1월이었을 것으로 추정할 수 있다. 당시 한미사에서 일하던 재단사가 퇴직한 후 전태일이 설 대목 일을 앞두고 재단사로서 역할을 했을 것으로 보인다. 전태일기념관건립위원회 엮음, 앞의 책, 101쪽 ; 전태일 지음 · 전태일기념사업회 엮음, 『내 죽음을 헛되이 말라』, 돌베개, 1988, 78~79쪽.

10) 전태일기념관건립위원회 엮음, 앞의 책, 100~101쪽.

11) 전태일 지음 · 전태일기념사업회 엮음, 앞의 책, 86쪽.

12) 조영래는 의도적으로 1967년 2월 14일자 일기의 내용만을 제시하고 있고 이후 짝사랑으로 번민하는 내용에 대해서는 생략하고 있다. 그리고 사랑의 대상이 한미사 주인의 처제라는 것을 밝히지 않았다.

13) 전태일 지음 · 전태일기념사업회 엮음, 앞의 책, 103~171쪽.

14) 한국노총, 『사업보고서』, 1971, 23, 38, 46쪽

15) 이소선이 업주와 노동당국에 요구한 8개항은 다음과 같다. ① 주일휴가(유급휴일)제 실시, ② 법으로 임금인상(월급공), ③ 8시간 근로제 실시(오버타임 수당제), ④ 정규 임금인상, ⑤ 정기적인 건강진단 실시, ⑥ 여성 생리휴가, ⑦ 이중다락방 철폐, ⑧ 노조 결성 지원. 청계피복노동조합, 『영원한 불꽃 청계노조 20년 투쟁사』, 1990, 38쪽.

16) 한국노총, 『사업보고서』, 1971, 23쪽.

17) 이소선 구술 · 민종덕 정리, 『어머니의 길』, 돌베개, 1990, 44~46쪽. 이때 장기표를 비롯한 서울법대생은 학생들을 모아서 장례를 치르고 노제를 평화시장 앞에서 지낼 계획을 세우고 있었다.

18) 청계피복노동조합, 앞의 책, 38쪽.

19) 안재성, 앞의 책, 75쪽.

20) 안재성은 "창립식에는 가입 조합원 560명을 대표한 56명의 대의원이 참석했다지만 조합원 명단은 과장된 것이었고, 대의원 역시 이승철이 자기 공장 노동자 열

다섯 명을 무더기로 데려와 숫자를 채우는 등 3만여 노동자를 대표하여 거대한 권력과 싸우기에는 너무나 미약한 조직이었다"고 하였다. 안재성, 앞의 책, 78쪽.

21) 청계피복노동조합, 앞의 책, 39~40쪽.

22) 김성길은 한국노총 국제부 차장 출신이었으며, 구건회는 한국노총 서울운수노조 지부장 출신이었다.

23) 유경순, 「청계피복 노동조합의 활동과 특징 -1970년대 청계노조의 '정체성' 형성 과정을 중심으로-」, 『1970년대 민중운동연구』, 2005, 110쪽.

24) 안재성, 앞의 책, 114~115쪽, 117쪽, 125쪽; 유경순, 앞의 논문, 112~113쪽; 한국노총, 『사업보고서』, 1971, 23쪽.

25) 유경순, 앞의 논문, 115쪽.

26) 청계피복노동조합, 앞의 책, 56~58쪽.

27) 최장집, 『한국의 노동운동과 국가』, 열음사, 1988, 135쪽.

28) 한국노동조합총연맹, 『사업보고』, 1973, 171~174쪽.

29) 임송자, 「1970년대 한국노총의 공장새마을운동 전개양상과 특징」, 『한국근현대사연구』 52, 2010년 봄호, 212~213쪽.

30) 유경순, 앞의 논문, 126~129쪽.

31) 청계피복노동조합, 앞의 책, 61~63쪽.

32) 김원은 청계피복노조에 학생출신 활동가들이 연계됨으로써 투쟁 일변도의 학생운동 성격을 강하게 띠게 되었다고 비판하였다. 김원, 『여공 1970 그녀들의 反역사』, 이매진, 2006, 446~447쪽.

33) 유경순, 앞의 논문, 134쪽.

34) 이재오, 『해방후 한국학생운동사』, 형성사, 1984, 308쪽.

35) 한국기독교교회협의회 인권위원회, 앞의 책, 60~61쪽.

36) 평화시장 노동자와 각 대학의 학생, 그리고 종교단체가 합동으로 추도식을 거행할 계획이었으나 학교 당국의 저지로 연대행사는 무산되었다. 그리고 이 추도식에서 "전태일을 죽인 박정희정권·기업주·어용노총·지식인·모든 사회인 등 5대 살인자"를 고발하는 시국선언문이 발표되었는데, 이 선언문은 조영래가 초안한 것이다. 안경환, 『조영래 평전 : 세상을 바꾼 아름다운 열정』, 강, 2006, 220쪽.

37) 차성환, 「1971년 사회운동의 재평가」, 『1970년대 민중운동 연구』, 2005, 42~43쪽.

38) 71동지회 편, 『나의 청춘 나의 조국』, 나남출판, 2001, 597~599쪽.

39) 한국기독교교회협의회 인권위원회, 『1970년대 민주화운동 -기독교 인권운동을 중심으로-』 I, 1987, 94~95, 102~103쪽.

40) 한국기독교사회문제연구원, 『1970년대 민주화운동과 기독교』, 1983, 99~100쪽.

41) 정윤광, 『저항의 삶』, 백산서당, 2005, 145쪽.

42) 정윤광, 앞의 책, 145쪽. 221~223쪽의 '민중, 민족, 민주선언'과 '결의문' 참조.

43) 한국기독교사회문제연구원, 앞의 책, 138~139쪽.

44) 편집부, 『학생운동논쟁사』, 일송정, 1990, 11~12쪽.

45) 조희연, 「민청세대·'긴조세대'의 형성과 정치개혁 전망」, 『역사비평』 32, 1995.8.

2부

▌ 김철수, 상해 국민대표회의의 조직자

1) 「구술자료 정진석 소장본」, 『遲耘 金錣洙』 한국정신문화연구원, 1999, 212쪽.

2) 와세다대학과 메이지대학의 조선인 유학생들은 교류가 빈번했다. 보기를 들면 두 대학의 조선인동창회는 1914년 11월 12일에 연합토론회를 개최하여 유학생들의 큰 호응을 얻었다(「우리 소식」, 『學之光』 3, 1914.12, 52쪽).

3) 일기자, 「國民代表會를 맛는 同胞諸君에게」, 『독립신문』 1923.1.24.

4) 運鵬, 「國民代表會議의 開會을 祝하면서」, 『독립신문』 1923.2.7.

5) 「구술자료 김소중 소장본」, 『遲耘 金錣洙』 한국정신문화연구원, 1999, 52쪽.

6) 김철수, 「본대로 드른대로 생각난대로 지어 만든대로」, 『遲耘 金錣洙』 한국정신문화연구원, 1999, 18쪽.

7) 임경석, 「1922년 베르흐네우딘스크 대회의 결렬」, 『한국사학보』 27호, 고려사학회, 2007, 107~143쪽 참조.

8) ㅁㅅ 生, 「國民代表會期再延說을 듣고」, 『독립신문』 1922.10.30.

9) 「구술자료 정진석 소장본」, 『遲耘 金錣洙』 한국정신문화연구원, 1999, 222쪽.

10) Члены Обцек'а Коркомпартии Ли-Донхы и Хон-До, Список членов бывшего ЦК Корейской Компартии г.Шанхае и ответственных работников (구 상해파 고려공산당 당원과 간부 명단), с.1, РГАСПИ ф.495 оп.135 д.75 л.65 об.

11) 「구술자료 정진석 소장본」, 『遲耘 金錣洙』 한국정신문화연구원, 1999, 222쪽.

12) 「구술자료 김소중 소장본」, 『遲耘 金錣洙』 한국정신문화연구원, 1999, 66쪽.

13) Киммантен(김만겸), Доклад в Корбюро Исполкома Коминтерна(국제당 고려총국 앞 보고), 1923.3.13, с.8, РГАСПИ ф.495 оп.135 д.73 л.52-61; Лиеншен(이영선), Доклад Примгувкому РКП(б):Наша линия по отношению

к корескому револющионному движению(러시아공산당 연해주당 앞 보고: 조선혁명운동에 대한 우리의 태도), 1923.11.1, с.11, РГАСПИ ф.495 оп.135 д.75 л л.109-131.

14) 「국민대표회의 대표자격심사규정」, 『독립신문』 1923.1.24.

15) Лидонхы(이동휘), Доклад к Исполительному Комитету III Коммунисти ческого Интернационала(국제당집행위 앞 보고), 1923.12.30, с.5, РГАСПИ ф.495 оп.135 д.73 л.296-299 об.

16) 尹海, 「6位 先生 惠鑑... (原文 寫)」 1922.11.27; 鈴木要太郞(間島총영사), 「機密 제33호, 僭稱上海假政府의 國民議會代表會議 開催에 관한 건」 1922.12.21, 5-13쪽 수록, 『不逞團關係雜件-조선인의 부-상해가정부(4)』 국사편찬위원회 한국사데이타베이스, http://kuksa.nhcc.go.kr/

17) 「구술자료 정진석 소장본」, 『遲耘 金錣洙』 한국정신문화연구원, 1999, 224쪽.

18) 「癸亥, 甲子의 事」, 『개벽』 54, 1924.12, 13쪽.

19) 김철수, 「본대로 드른대로 생각난대로 지어 만든대로」, 『遲耘 金錣洙』 한국정신문화연구원 현대사연구소 편, 1999, 18쪽.

20) 이 편지를 보낸 최아무개가 누구인지 확인하기 위해서 대표자 125명 가운데 노령에서 온 최씨를 뽑아 보았다. 세 명이었다. 최준형(연해주 고려혁명군), 최충신(노령 대한혁명군), 최성필이 그들이다. 아마 이중에서 한 사람일 것이다.

21) 山內四郞(하얼빈총영사), 「機密 제63호, 國民代表籌備會員의 動靜에 관한 건」 1923.2.1, 3-4쪽, 『不逞團關係雜件-조선인의 부-상해가정부(4)』 국사편찬위원회 한국사데이타베이스, http://kuksa.nhcc.go.kr/

22) О-ЧанХван и Пак-ВонСе, О Корейском народном конгрессе(국민대표회의에 관하여), 1923,6,25, с.8, РГАСПИ ф.495 оп.135 д.75 лл.52-64.

23) 田中莊太郞(上海총영사대리), 「公信 제47호, 最近의 不逞鮮人狀況에 관한 건」, 1923년 1월 12일, 『不逞團關係雜件-조선인의 부-상해가정부(4)』 국사편찬위원회 한국사데이타베이스, http://kuksa.nhcc.go.kr/

24) Киммантен(김만겸), Доклад в Корбюро Исполкома Коминтерна(국제당 고려총국 앞 보고), 1923.3.13, с.7, РГАСПИ ф.495 оп.135 д.73 л.52-61.

25) 국민대표회의 비서부의 일원으로 있은 吳昌煥, 「국민대표회의의 경과사정」, 1923.7, с.10, РГАСПИ ф.495 оп.135 д.72 лл.148-167.

26) 위의 글, 14쪽.

27) 위의 글, 10쪽.

28) 日本外務省 編, 『外務省警察史-朝鮮民族運動史(未定稿)』 2, 고려서림, 1991, 341~345쪽.

29) О-ЧанХван и Пак-ВонСе, О Корейском народном конгрессе(국민대표회의에 관하여), 1923,6,25, с.9, РГАСПИ ф.495 оп.135 д.75 лл.52-64.

30) 吳昌煥, 앞의 글, 4쪽.

31) 「국민대표회의 기사」, 『독립신문』 1923.3.1.

32) Киммантен(김만겸), Доклад в Корбюро Исполкома Коминтерна(국제당 고려총국 앞 보고), 1923.3.13, с.7-8, РГАСПИ ф.495 оп.135 д.73 л.52-61.

33) 日本外務省 編, 『外務省警察史 - 朝鮮民族運動史(未定稿)』 2, 고려서림, 1991, 341~345쪽.

34) Письмо No.9 из Шанхая от Шенушеб к Техуну: перевод с корейского (상해의 선우섭이 조훈에게 보낸 편지 9호: 조선어로부터 번역), с.4, РГАСПИ ф.495 оп.135 д.73 лл.280-283.

35) 鈴木要太郎(間島총영사), 「機密 제34호, 上海 國民代表會議에 관한 건」 1922.12.22, 『不逞團關係雜件-조선인의 부-상해가정부(4)』 국사편찬위원회 한국사데이타베이스, http://kuksa.nhcc.go.kr/

36) Письмо No.9 из Шанхая от Шенушеб к Техуну: перевод с корейского (상해의 선우섭이 조훈에게 보내는 편지 제9호: 조선어로부터 번역), 1923.4.12 (추정: 인용자), РГАСПИ ф.495 оп.135 д.73 лл.280-283.

37) О-ЧанХван и Пак-ВонСе, О Корейском народном конгрессе(국민대표회의에 관하여), 1923,6,25, с.10-11, РГАСПИ ф.495 о п.135 д.75 л л.52-64.

38) 「구술자료 김소중 소장본」, 『遲耘 金錣洙』 한국정신문화연구원, 1999, 124쪽.

39) 吳昌煥, 앞의 글, 16쪽.

40) 「구술자료 정진석 소장본」, 『遲耘 金錣洙』 한국정신문화연구원, 1999, 222~223쪽.

41) 朝鮮總督府 警務局, 「高警 제495호, 國民代表會의 經過에 관한 건」 1923.2.15, 1쪽, 『不逞團關係雜件-조선인의 부-상해가정부(4)』 국사편찬위원회 한국사데이타베이스, http://kuksa.nhcc.go.kr/

42) 「국민대표회의 기사」, 『독립신문』 1923.4.4.

43) Киммантен(김만겸), Доклад в Корбюро Исполкома Коминтерна(국제당 고려총국 앞 보고), 1923.3.13, с.6, РГАСПИ ф.495 оп.135 д.73 л.52-61.

44) О-ЧанХван и Пак-ВонСе, О Корейском народном конгрессе(국민대표회의에 관하여), 1923,6,25, с.9, РГАСПИ ф.495 оп.135 д.75 лл.52-64.

45) 「구술자료 정진석 소장본」, 『遲耘 金錣洙』 한국정신문화연구원, 1999, 223쪽.

46) 「구술자료 김소중 소장본」, 『遲耘 金錣洙』 한국정신문화연구원, 1999, 124쪽.

47) 「國民代表會議規程」, 『독립신문』 1923.1.24.

48) 日本外務省 編, 『外務省警察史-朝鮮民族運動史(未定稿)』 2, 고려서림, 1991, 390~391쪽.

49) 「구술자료 정진석 소장본」, 『遲耘 金錣洙』 한국정신문화연구원, 1999, 212쪽.

50) 「거주제한을 폐지하라」, 『동아일보』 1920.6.1.

51) 「呂運一외 2씨 거주제한 해제」, 『동아일보』 1920.6.23.

52) 「金思民 노동대회 간사는 一年間居住制限」, 『동아일보』 1920.9.2.

53) 「구술자료 김소중 소장본」, 『遲耘 金錣洙』 한국정신문화연구원, 1999, 126쪽.

▌ 김단야, 드높은 이상과 허망한 현실

1) 그날 김단야는 김치곤과 깊은 이야기를 나눈 것으로 보인다. 김치곤은 교사직을 사임하고 동방노력자공산대학에 입학했고 1931년 5월에 졸업했다. 그 뒤에 김치곤은 적색노동조합운동에 뛰어들었다(강만길 · 성대경 엮음, 『한국사회주의운동인명사전』, 창작과비평사, 1996, 137쪽).

2) 김학철, 『격정시대』 1권, 풀빛, 1988, 189쪽.

3) 『동아일보』 1929년 1월 27일.

4) 강만길 · 성대경 엮음, 앞의 책, 141쪽.

5) 김단야, 「1929년에 조선 가서 일하던 개요」

6) 김한(金翰, 1888~?): 1928년 말 고려공청 후계간부 결성에 참여했으며 1929년 조선공산당 조직준비위원회의 혁명자후원회(모플) 책임자가 되었다. 6월 신간회 복대표대회에서 중앙집행위원이 되었다. 1930년 2월 소련으로 갔는데, 그 뒤 소련경찰에 검거되어 일본 밀정혐의로 사형 당했다(강만길 · 성대경 엮음, 앞의 책, 147쪽).

7) 스미스는 연희동 산에서 회의를 열고 앞으로 해야 할 일을 설명해주고는 10월 20일 조선을 떠났다(김단야, 「1929년에 조선 가서 일하던 개요」).

8) 자세한 내용은 최규진, 『코민테른 6차대회와 조선 공산주의자들의 정치사상 연구』, 성균관대학교 박사학위 논문, 1996, 188~197쪽을 참고.

9) 최규진, 앞의 논문, 188~195쪽.

10) 단야는 본처가 있었으며 고명자 때문에 이혼하려 했고, 이 일로 기독교 장로인 그의 아버지와 사이가 벌어졌다(김도형, 「국제공산주의자 김단야의 삶」, 『역사비평』 23호, 1993, 231쪽). 단야와 본처 사이에 자식도 있었다. 그러나 사료에 나타나는 '단야의 아내'는 고명자이다.

11) 최규진, 『조선공산당 재건운동』, 독립기념관, 2009, 91쪽.

12) 조선공산당조직준비위원회 사건을 일컫는다.

13) 「해외 망명가 열전」, 『혜성』, 1931년 9월, 41쪽.

14) 김태연은 김단야의 본명이다.

15) 김단야가 태어난 해가 1899이라는 설과 1900년이라는 설이 있지만, 러시아 자료

에 따랐다.

16) 김단야「자전」

17) 임경석,『잊을 수 없는 혁명가들에 대한 기록』, 역사비평사, 2008, 45쪽.

18) 님 웨일즈 지음·조우화 옮김,『아리랑』, 동녘, 1984, 82쪽.

19) 단야가 박헌영보다 세상 보는 안목이 열려 있었던지, 박헌영이 상해를 택한 것은 김단야 때문이었다고 한다(원경,「혁명과 박헌영과 나」,『역사비평』37호, 역사비평사, 1997, 여름, 108쪽). 그러나 상해에서 만나기 전에 단야와 박헌영이 어떤 관계였는지 아직 알 수 없다.

20) 단야는 1921년 3월 상해 고려공산청년단 결성에 참여하고 집행위원이 되어 기관지『벌거숭이』편집인으로 일했다. 8월 고려공산청년단 책임비서로 선임되었고 화동(華東)학생연합회 서기가 되었다. 10월 이르크츠파 고려공산당 상해지부에 입당하고 상해상과대학에 입학했다.

21) 러시아현대사문서보관센타, 문서군 495, 목록 135, 문서철 191,「국제공산당 동양부장 앞」2~3쪽

22) 주세죽은 박헌영과 1922년에 결혼했고 김단야와는 1934년에 결혼했다.

23) 김도형, 앞의 논문, 230쪽.

24) 이때 김단야, 박헌영, 임원근의 활동에 대해서는 임경석,『잊을 수 없는 혁명가들에 대한 기록』, 역사비평사, 2008, 41~44쪽을 참고.

25) 깔리닌,「김단야 신원조회」, 1946.

26) 김단야·박헌영·임원근의 관계 못지않게 그들의 부인이었던 고명자·주세죽·허정숙의 관계도 긴밀했다. 1920년대 초, 이 '붉은 여인' 셋이 청계천에서 흰 발을 드러내놓고 탁족을 하며 다정하게 찍은 사진이『역사비평』1997년 여름호, 110쪽에 실려 있다.

27) 1925년 11월에 체포된 박헌영은 엄청난 고문을 받은 탓에 "감옥에서 정신까지 잃었고", 1927년 10월에 병보석으로 풀려났다. 박헌영의 부인 주세죽은 남편과 함께 체포되어 1개월 남짓 감옥에 갇혀 있다가 석방된 뒤 6·10만세 운동에 참여했다는 이유로 다시 체포되어 3주 동안 투옥되었다. 주세죽은 3·1운동 때 함흥경찰에 체포되어 1개월 동안 유치장 생활 한 것까지 더하면 세 번째 감옥이었다. 단야의 또 다른 동지 임원근은 1930년 1월에야 감옥에서 나온다.

28) 임경석,『잊을 수 없는 혁명가들에 대한 기록』, 역사비평사, 2008, 55쪽.

29) 임경석, 위의 책, 64쪽.

30) 이때 박헌영은 코민테른에 다음과 같은 제안을 한다.
"당 사업을 위해 이곳을 떠나면서 다음과 같은 제안을 한다. 내 생각으로는 내 출발이 늦어진 것은 주요하게는 만주의 특별히 어려운 상황에서 비롯된다. 특별한 때에 일본 경찰이 내 사진을 들고 나를 찾고 있으며, 그리고 나는 중국말을 전혀 모른다. 물론 뒤의 것은 부차적인 이유이다. 유럽을 통해 가게 해달라. 돈이

많이 들것이다. 특히 공산대학을 졸업한 내 아내와 함께 가는 경우에 그럴 것이다"(러시아현대사문서보관연구센터, 문서군 495, 목록 135, 문서철 179, Lee-Chun, 「To the ESTERN Secretarist of the ECCI」, 1931,12,13.)

31) 최규진, 앞의 논문, 215쪽.

32) 김단야는 박헌영이 1933년 6월에 상해에서 일제경찰에 체포된 것으로 기억하고 있지만, 주세죽은 7월로 기억하고 있으며 러시아 공식문서에도 7월로 적혀있다.

33) 김단야, 「기관지 콤뮤니스트 출판에 대한 보고」(영문), 1934.

34) 그러나 박헌영은 6년형을 받고 감옥에 있었으며, 1939년에 대전형무소에서 나온다.

35) 임경석, 앞의 책, 68쪽.

36) 스탈린 정권이 코민테른 활동가와 외국 공산당 활동가들을 얼마나 탄압했는지는, 로이 메드베제프 지음·안광국 옮김, 『역사가 판단하게 하라』2, 새물결, 1993, 280~288쪽에 자세히 적혀있다.

37) 박 비비안나, 「아버지에 대한 회상」, 『역사비평』37호, 1997, 147쪽.

▍김두용, 이론을 넘어 현실에 선 재일조선인 민족해방운동가

1) 김덕룡, 「『호시노 기미』 노트-조선인공산주의자를 사랑한 일본인크리스챤의 기록-」(2008년 4월), 참조.

2) 본고는 다음의 연구를 적극 활용해서 구성한다(김인덕, 「식민지시대 재일조선인과 김두용」, 『일제시대 민족운동가 연구』, 2002, 국학자료원, 김인덕, 「김두용의 '친일파' 인식에 대한 시론」, 『일제시대 민족운동가 연구』, 2002, 국학자료원, 김인덕, 「해방 공간 재일조선인 활동가 김두용의 단상」(미간행 초고), 鄭栄桓, 「プロレタリア国際主義の屈折-朝鮮人共産主義者金斗鎔の半生-」(明治学院大学 學士卒業論文)(「金斗鎔とプロレタリア国際主義」, 『在日朝鮮人史研究』(33), 2003.), 김덕룡, 「『호시노 기미』 노트-조선인공산주의자를 사랑한 일본인크리스챤의 기록-」(2008년 4월)).

3) 김두용, 「우리는 어떻게 싸울 것인가」, 『무산자』(3-2), 36~37쪽.

4) 司法省刑事局, 『朝鮮人の共産主義運動』(『思想研究資料』特輯第71號), 1940, 참조.

5) 김인덕, 「재일조선인의 민족해방운동」, 『논쟁으로 읽는 한국사』2(근현대), 2009, 역사비평사.

6) 김정명, 『조선독립운동』(5), 1018~1036쪽.

7) 김정명, 「내선합체기운동」, 『조선독립운동』(4), 1948쪽.

8) 朴慶植, 『解放後在日朝鮮人運動史』, 三一書房, 1989, 58쪽.

9) 金斗鎔, 「日本における朝鮮人問題」, 『前衛』 1946. 2, 14~15쪽.

10) 카지무라 히데키 지음, 김인덕 옮김, 『재일조선인운동(1945~1965)』, 현음사, 1994, 52~53쪽.

11) 김두용의 해방 공간 운동과 관련한 인식의 틀은 『前衛』의 세 문건을 참조(「일본 에서의 조선인문제」(『前衛』 창간호, 1946.2.), 「조선인운동은 전환해 가고 있다」 (『前衛』 제14호, 1947.3.), 「조선인운동의 올바른 발전을 위하여」(『前衛』 제16호, 1947. 5.)(이상은 朴慶植 編, 『朝鮮問題資料叢書』(15)(日本共産黨と朝鮮問題), ア ジア問題研究所, 1991.)에 게재).

12) 김두용의 역사 관련 문건은 다음과 같은 단행본, 논문 등이 있다(『朝鮮近代社會 史話』(鄕土書房, 1947.), 『日本に於ける反朝鮮民族運動史』(鄕土書房, 1947.), 「朝 鮮のメ-デ-」(『戰旗』(2-5), 1929. 5.), 「川崎亂鬪事件の眞相」(『戰旗』(2-7), 1929.7.), 「日韓合倂하기까지」(『無産者』(3-3), 1929.8.)).

13) 「조선인운동은 전환해 가고 있다」 참조.

14) 「조선인운동의 올바른 발전을 위하여」 참조.

▌이한빈, 105일 단식투쟁 끝에 옥사한 선진노동자

국사편찬위원회 엮음, 『한민족독립운동사자료집―별집7』, 1993.

박준성 지음, 『노동자 역사 이야기』, 이후, 2009.

역사학연구소 편, 『역사속의 미래 사회주의』, 현장에서 미래를, 2004.

임경석 지음, 『잊을 수 없는 혁명가들에 대한 기록』, 역사비평사, 2008.

조선노동조합전국평의회, 「전국노동자신문」 1946.4.26.

한국역사연구회 1930년대 연구반, 『일제하 사회주의운동사』, 한길사, 1991.

▌방한민, 일제강점기 언론·교육운동의 선구자

『동아일보』, 『조선일보』, 『시대일보』, 『개벽』, 『별건곤』.

바트라코프(안상훈), 「국제공산당집행부 귀중」, 1926.2.3 (РГАСПИ(러시아국립사회정치사 문서보존소) ф.495 о п.135 д.127).

민주주의민족전선 선전부, 『민주주의민족전선결성대회의사록』, 재일본조선인연맹, 1946.

강만길 · 성대경 엮음, 『한국사회주의운동인명사전』, 창작과비평사, 1996.

김준엽 · 김창순, 『한국공산주의운동사』 5, 청계연구소, 1986.

님웨일즈, 조우화 옮김, 『아리랑』, 동녘, 1991.

독립운동사 편찬위원회, 『독립운동사자료집 별집 3』, 독립유공자사업기금운용위원회, 1978.

이준열 글 · 이달호 편저, 『선각자 송강 이준열의 삶: 3 · 1운동, 고학당교육, 광주학생운동, 대동사업의 증언』, 혜안, 2012.

전명혁, 『1920년대 한국사회주의운동연구』, 선인, 2006.

최규진, 『한국독립운동의 역사 44권: 조선공산당 재건운동』, 2009.

최민지 · 김민주, 『일제하 민족언론사론』, 일월서각, 1978.

김태국, 「연변(북간도)지역 독립운동기지와 1920년대 한인사회의 변천」, 『연변조선족 사회의 과거와 현재』, 고구려연구재단 연구총서 16, 2006.

방상현, 「민족의 등불, 아성 방한민」, 『方氏大宗報』, 2003.5.22.

이승엽, 「일제의 재류금지제도와 한인 독립운동 탄압」, 『만주지역 本邦人在留禁止關係雜件』, 국가보훈처, 2009.

이현주, 「서울靑年會의 초기조직과 활동(1920~1922)」, 『국사관논총』 70, 1996.

장신, 「1920년대 대정친목회의 『조선일보』 창간과 운영」, 『역사비평』 2010년 가을호.

전명혁, 「해광 김사국의 삶과 민족해방운동」, 『한국근현대사연구』 23, 2002.

전명혁, 「사회주의 이념과 운동」, 『새로운 한국사 길잡이』 하, 2008.

정연태, 「조선말 일제하 자산가형 지방유지의 성장 추구와 이해관계의 중층성 -포구상업 도시 강경지역 사례-」, 『韓國文化』 31, 2003.

한생철, 「혁명적 열의로 들끓던 배움터 -대성중학교」, 『연변문사자료』 6, 1988.

한창희 · 전숙자, 「아성 방한민」, 『長白山』, 연변, 1992.

3부

▌ 정칠성, 근우회의 버팀목이 된 신여성

1) 『삼천리』 9권 1호, 1937.1.1.

2) 『조선일보』 1926.1.4.

3) 『중외일보』 1928.2.28.

4) 『동아일보』 1928.5.23.

5)『중외일보』1928.1.9.

6)『삼천리』5권 9호, 1933.9.1.

7)『중외일보』1930.1.17.

8)『조선일보』1931.1.1.

9)『독립신보』1946.11.14. '조선의 남편들이여, 여성 계몽에 힘쓰는가?'

10)『삼천리』2호, 1929.9.1.

11)『별건곤』35호 1930.12.1.

12)『삼천리』7권 3호, 1935.3.1.

▌조원숙, 조선부녀총동맹의 맹장

1) 號外,「思想要視察人連名簿追加ノ件」,『檢察事務ニ關スル記錄』(3), 1926.4.19.

2)「義憤公憤心膽俱爽 痛快!! 가장 痛快하엿든 일」,『별건곤』8호, 1927.8; 觀相者,「사랑이 잡아간 女人群」,『별건곤』57, 1932.11.

3)「내가 남자면, 내가 여자면!!」,『별건곤』10호, 1927.12.

4) 草士,「현대 여류사상가들(3), 붉은 연애의 주인공들」,『삼천리』17호, 1931.7; 觀相者,「사랑이 잡아간 女人群」,『별건곤』57, 1932.11.

5) 박용옥,『여성운동』, 독립기념관 한국독립운동사연구소, 2009.

6)「여성동우발회식은」,「조선여성동우회 건실하게 앞길을 개척하자」,『동아일보』1924.5.22.

7) TY생,「사회운동단체의 현황-단체 · 강령 · 사업 · 인물」,『개벽』66, 1926.3.

8) 京鍾警高秘 제7291호,「中央女子靑年同盟執行委員會ノ件」,『思想問題ニ關スル調査書類』(2), 1927.6.29.

9) 尖口生,「京城雜話」,『개벽』71호, 1927년 7월; 「6월사건의 관계?」,『동아일보』1926.6.22.

10)「근우회의 발기회」,「근우회 대회에 行動綱領과 議案」,『조선일보』1927.4.28, 1929.7.25.

11) 京鍾警高秘 제6551호의 1「槿友會常務執行委員會ノ件」,『思想問題ニ關スル調査書類』(2), 1927.6.13; 京鍾警高秘 제7911호,「槿友會執行委員會ノ件」,『思想問題ニ關スル調査書類』(3), 1927.7.14; 京鍾警高秘 제81304호,「槿友會常務執行委員會ノ件」,『思想問題ニ關スル調査書類』(3), 1927.7.20.

12) 觀相者,「사랑이 잡아간 女人群」,『별건곤』57, 1932년 11월.

13) 오미일, 「박진홍: 비밀지하투쟁의 레포로 활약」, 『역사비평』 19, 1992.

14) 「佳人春秋」, 『삼천리』 4권 5호, 1932년 5월; 白雲居士, 「行方探索」, 『삼천리』 4권 7호, 1932.7.

15) 일제로부터 작위를 받은 귀족 부인들이 일본의 침략전쟁을 지원하기 위해 금비녀를 뽑아 바치자고 1937년 조직한 단체이다.

16) 「조선인민공화국 경성시인민위원 발표」, 『매일신보』 1945.9.11(『자료대한민국사』 1권).

▌ 양즈화, 혁명의 약속을 지키다

1) 양즈화의 생애에 관련된 일반적 사실은 中共黨史人物研究會 編, 『中共黨史人物傳』47卷(陝西人民出版社, 1991), 陳福康·丁言模 著, 『楊之華評傳』(上海社會科學院出版社, 2005), 楊之華 遺著, 『回憶秋白』(人民出版社, 1984) 참조.

2) 沈玄廬(1883-1928) 즉 沈定一은 상해사회주의청년단을 조직하였고 천두슈陳獨秀와 함께 상해의 초기 노동운동을 지도하며 중국 최초의 노동자 간행물이라 할 수 있는 『勞動界』편집공작을 하였다. 또한 절강성 소산현 아전농민운동을 지도하여 최초의 농민조직인 아전농민협회를 창설하였다. 이와 같이 초기 공산당원으로서 적극적인 활동을 하였던 선쉬엔루는 1927년 공산당에서 제적된 후 "서산화의파"로서 反共淸黨 활동에 참여하였다. 그러나 지나친 그의 정치적 야심은 장제스 등의 강렬한 불만을 사게 되었고, 결국 1928년 7월 28일 아전기차역에서 암살되었다(陳福康·丁言模, 앞의 책, 34-35쪽).

3) 錢希均, 「我所知道的平民女校」, 『紅旗飄飄』 23, 中國靑年出版社, 1995, 223-233쪽. 1921년 10월에 설립된 상해평민여학교는 정권, 족권, 신권, 부권의 압박을 받으며 사회 최하층에서 생활하는 노동여성을 혁명적인 여성 간부로 배양하기 위해 설립되었다. 이 학교는 중국공산당이 지하투쟁을 하는 상황에서 당의 공작과 연락기관을 엄호하기 위한 합법적 연락지점이었다. 전국 각지에서 상해로 오는 진보적인 인사와 당 공작원들은 모두 이 학교와 연계하였고, 당단黨團의 회의도 여기에서 하였다. 그러나 평민여학교는 공산당에서 인력과 재정을 계속 지원할 수 없었기 때문에 1922년 말 운영이 정지되었다.

4) 『婦女評論』은 1921년 8월 3일 상해에서 창간되어 1923년 5월 15일 104기로 종간하였다. 대부분의 기고자는 신문화운동과 여성운동에 적극적으로 참여했던 사람들이었다. 이 잡지의 「선언」에서는 "지금까지 여성에게 가해진 갖가지 속박을 해방시켜 여성이 자신의 능력을 마음껏 발전시키도록 해야 한다."고 하였다. 이에 따라 여성의 경제적 독립, 여성참정권, 혼인의 자유 등을 언급할 때에도 남녀평

등권이나 개성 해방의 차원을 넘어 사유재산제와 연결시켰으며, 사회주의 사회
만이 여성을 정치적 경제적으로 완전한 남녀평등을 실현할 수 있으므로 이를 위
해 세계의 모든 피압박 남성 및 프롤레타리아와 공동으로 투쟁해야 한다고 하였
다.(『五四時期期刊介紹』第二集, 213쪽) 양즈화는 1922년 7월부터 11월까지 이 잡
지에 모두 5편의 글을 기고하였다. 「社交和戀愛(제51기, 1922.7.26)」, 「對于"評論
'社交和戀愛'"評論(제55기, 1922.8.23)」, 「舊倫理底下的可怜人(제55기, 1922.8.23)」, 「
離婚問題的我見(제56기, 1922.8.30)」, 「談女子職業(제65기, 1922.11.1)」.(『五四時期
期刊介紹』第二集, 705-734쪽).

5) 상해대학의 교장은 于右任이고 사회학계, 중문학계, 영문학계의 세 계열이 있었
다. 사회학계의 주임은 취츄바이가 겸임하였고 중문학계 주임은 무당파민주인사
인 陳望道였으며 영문학계 주임은 국민당우파인 何世楨이었다. 세 계열의 주임
은 서로 다른 정치경향을 대표하였다. 학생들은 공산당원, 사회주의청년단원, 국
민당원, 국가주의파, 무정부주의자 등으로 그 사상이 더욱 복잡하였다. 상해대학
은 당시 사회의 상황을 축소한 듯하였다. 학교 내에서 정치적 사상적 투쟁도 첨
예하였다. 이후 상해대학은 중국공산당의 영향력이 점점 증가하여 혁명의 거점
이 되었다. (楊之華 遺著, 앞의 책, 2쪽).

6) 5·4운동기에 학생운동을 주도했던 왕젠훙은 평민여학교 생활, 여성잡지 편집활
동 등 활발한 활동을 하던 중 취츄바이를 만나 상해대학에 입학하였다. 두 사람
은 자주 만나는 동안에 깊이 사랑하게 되어 1924년 1월 초에 결혼하여 6개월 정
도 함께 생활하였다. 당 활동에 항상 바쁜 취츄바이의 충실한 아내였던 왕젠훙은
7월에 폐병으로 죽음을 맞이하였다. 이 일로 취츄바이는 깊은 마음의 상처를 입
었으나 곧 당의 지시에 따라 광주로 가서 국민당중앙정치위원회의 일을 하게 되
었다(陳鐵健, 『瞿秋白傳』, 上海人民出版社, 1986, 193-194쪽, 203-209쪽, 516쪽).

7) 딩링은 이미 고인이 된 왕젠훙에게 『웨이후韋護』라는 장편소설을 바쳤다. 이 책
에는 젊은 시절의 취츄바이와 왕젠훙, 그리고 딩링의 생생한 발자취가 담겨 있
다. 그러나 소설의 희망적인 결말과 달리, 딩링은 왕젠훙의 죽음에 임했던 취츄
바이의 감정을 끝내 알 수 없었다. 이후 딩링은 취츄바이를 두 번 정도 만났다.
김미란, 「5·4신문학, 집 밖을 배회하는 신여성, '소피'」, 『현대 중국여성의 삶을
찾아서』(소명출판, 2009), 163쪽; 쭝청, 『딩링』(다섯수레, 1999), 98-99쪽, 105-106쪽.

8) 1928-30년 모스크바에 있던 양즈화와 취츄바이는 매우 바빴기 때문에 딸을 국제
아동원에 보냈다. 당시 국제아동원에는 중국 아이가 3명 있었다. 수쟈오정蘇兆徵
의 두 아이와 취두이이다. 양즈화와 취츄바이는 주말마다 밤기차를 타고 아동원
에 가서 새벽에 딸을 만났다. 세 식구는 함께 부근의 숲으로 가서 즐겁고 행복한
하루를 보냈다. 딸과 함께 지내는 시간동안 양즈화는 바쁜 활동 속에서 느끼는
긴장과 피로를 모두 잊어버렸다. 두이는 취츄바이를 친아빠로 여겼고, 취츄바이
도 두이에게 항상 편지를 썼다(楊之華, 「憶秋白」, 『紅旗飄飄』8, 中國靑年出版社,
1995, 47-49쪽). 취두이도 모스크바 아동원 시절의 즐겁고 행복했던 일들을 잊지

못할 것이라고 하였다(趙曦, 「瞿秋白轟動上海的婚姻 -采訪瞿秋白与 楊之華的女 兒瞿獨伊」, 『章回小說』 2010-10).

9) 『熱血日報』는 5·30운동이 일어난 후 운동을 지도하기 위해 중국공산당에서 상 해학생연합회 이름으로 창간한 일간지이다. 중공중앙위원인 취츄바이가 주편을 담당하여 노동자에 대한 선전 교육공작을 하였다. 『五三0運動史料』 第一卷, 688-692쪽.

10) 샹징위는 1925년 10월 코민테른집행위원회 제6차 확대회의에 중국여성노동자 대 표로 참석하기 위해 소련으로 갔고, 11월부터는 동방공산주의노동대학 중국반에 서 학습하였다. 소련은 10월혁명 후에 동방공산주의노동대학을 설립하여 소련 국내 소수민족과 아시아 각국을 위해서 혁명간부들을 양성하였다. 이 학교에는 중국반, 조선반, 몽고반, 인도반, 월남반 등이 있었다. 중국공산당은 창당 초기에 당원들을 유학 보냈으며, 그 이후에도 계속해서 학생들을 파견하였다. 1928년 여 름 동방대학의 중국반은 중산대학中山大學에 합병되었다. 샹징위는 이 학교에서 소련공산당사, 철학, 정치경제학, 세계노동운동 등을 체계적으로 학습하고 1927 년 3월에 귀국하였다(중화전국부녀연합회, 박지훈 등 공역, 『중국여성운동사』 (상), 한국여성개발원, 1991, 287쪽).

11) 양즈화는 1925년 10월부터 1926년 7월까지 국민당중앙부녀부 서기로 활동하였다. 또 1926년 4월부터 6월까지는 중공상해구위 부녀부 주임도 겸직하며 여성노동자 의 조직에 심혈을 기울였다. 1926년 7월 이후에는 양즈화의 뒤를 이어 펑수즈彭 述之의 아내인 천비란陳碧蘭이 부녀부서기를 담당하였고, 딩유丁郁가 중공상해 구위 부녀부 주임을 하였다(陳福康·丁言模, 앞의 책, 474-476쪽).

12) 상해각계부녀연합회의 기관지로 창간된 『中國婦女』는 실제로 중공중앙부녀부가 전국 여성의 사상을 지도하기 위한 진지역할을 하였다. 1926년 6월 10일에는 편 집위원회가 개편되어 양즈화 등 9명이 편집위원을 맡았다. 개편된 후의 이 간행 물은 실제 경험에 입각한 보고와 비판 및 여성운동의 진행 방침에 대한 토론을 거치면서 각지 여성운동에 대해 이론적 지도를 하였다(중화전국부녀연합회, 앞 의 책, 310쪽).

13) 『婦女運動槪論』은 1927년 1월 상해 亞東圖書館에서 초판을 발행하였다. 서문에 서 장광츠[蔣光慈(赤)]는 자신의 이상을 위해 분투하며 노동여성해방운동과 혁명 사업에 참여한 양즈화가 쓴 이 책이 여성운동의 의의, 중국여성운동이 나아가야 할 길을 명료하게 함으로써 여성운동의 지침이 될 수 있다고 하였다. 이 책은 1938년 3월에 『婦女運動与國民革命』이라는 제목으로 바뀌어 다시 출판되었다. 그 내용과 판본, 목록 등은 모두 초판본인 위의 책과 동일하였고, 장광츠의 서문 만이 삭제되었다(陳福康·丁言模, 앞의 책, 215-218쪽).

14) 1935년 2월 중순 취츄바이는 덩쯔휘鄧子恢, 허슈헝何叔衡 등과 함께 일반인으로 변장하고 瑞金을 떠나 복건성위 소재지로 갔다가 민단에 발견되어 체포되었다. 처음에 그는 자신이 소비에트구에서 인민교육위원 겸 소비에트대학교장을 지낸

취츄바이라는 것을 숨기고 린치샹林祺祥이라는 의사로 행세하였지만, 국민당군 36사 사장 쑹시롄宋希濂의 주도면밀한 수사에 의해 그의 정체가 노출되었다. 취츄바이는 "혁명을 위해 죽는 것은 인생 최대의 즐거움이다. 혁명당원이 휴식할 기회를 얻기는 매우 어렵다. 체포되어 감금되는 것은 잠시의 휴식에 불과하고 '죽음'이야말로 안정된 장기간의 휴식이다"라고 하며 죽음을 의연하게 맞이하였다.

15) 일본제국주의의 침략전쟁으로 전국적인 민족민주운동이 전개되는 형세에서 서북군벌 성스차이는 반제, 친소, 민주, 청렴, 화평, 건설의 6대 정책을 제정하며 대내외 혁신을 촉진하였다. 그러나 1942년 장제스정권과 결탁한 성스차이는 반소 반공으로 급선회하며 6만 명 정도의 진보적 인사, 공산당원 등을 체포하였다. 우르무치에서만 19개 정도의 감옥이 있었고, 학살된 사람도 3만 명 이상이었다고 한다(楊南桂, 「新疆獄中鬪爭記」, 『紅旗飄飄』 10, 中國靑年出版社, 1995, 131-135쪽, 161-162쪽).

▌ 크루프스카야, 남성 지배 역사가 지운 볼셰비키 혁명가

1) 金河星, 「世界女流運動者 푸로필」, 『新女性』, 1931년 12월, 50~51쪽.

2) В. А. Куманёв, И. С. Куликова, *Противостояние Крупская-Сталин*, Москва: Наук, 1994, p. 14.

3) Beryl Williams, Lenin, Harlow, 2000, p. 29; James D. White, *The Russian Revolution 1917-1921*, London, 1994, p. 112.

4) Dmitri Volkogonov, Lenin: *Life and Legacy*, London, 1994, p. 35.

5) 나제주다 꼰스딴찌노브나 끄룹스까야 지음, 최호정 옮김, 『레닌을 회상하며』, 박종철출판사, 2011, 165쪽.

6) 라리사 바실리에바 지음, 홍수원 옮김, 『크레믈린의 여인들』, 한국경제신문사, 1994, 32쪽.

7) *Педагогичекские сочинения*, том. 1, Москва: АПН-РСФСР, 1957, p. 9.

8) R. Stites, *The Women's Liberation Movement in Russia. Feminism, Nihilism, and Bolshevism 1860-1930*, Princeton: Princeton University Press, 1978, pp. 82-83.

9) И. Юкина, *Русский феминизм как вызов современности*, Санкт-Петербург: Алетейя., 2007, с. 143.

10) 바실리에바, 『크레믈린의 여인들』, 29쪽.

11) Ю. А. Ахаркин и К. Ф. Богданова (ред.), *Ленин-Крупская-Ульяновы. Переписка 1883-1900*, Москва, 1981, p. 287.

12) *Педагогичекские сочинения*, том. 1, Москва: АПН-РСФСР, 1957, p. 37.

13) Г. Д. Обичкин, *Надежда Константиновна Крупская*, Москва, 1988, pp. 45, 47.

14) L. Trotsky, *My Life*, New York, 1970, p. 152.

15) Barbara Evans Clements, *Bolshevik Women*, Cambridge, 1997, p. 110.

16) 끄룹스까야, 『레닌을 회상하며』, 391쪽.

17) 스투르베의 아내.

18) 끄룹스까야, 『레닌을 회상하며』, 401쪽.

19) 끄룹스까야, 『레닌을 회상하며』, 19쪽.

20) 슈로브타이드(Shrovetide; Shrove Tuesday)와 같은 뜻. 사순절 시작 전날 참회의 화요일, 팬케이크 데이라고도 함.

21) 바실리에바, 『크레믈린의 여인들』, 29쪽.

22) Е. Б. Никанорова (ред.), *Наследница: страницы жизнь Н. К. Крупской*, Ленинград, 1990, pp. 60-1.

23) *Педагогичекские сочинения*, p. 142.

24) 끄룹스까야, 『레닌을 회상하며』, 215~216쪽.

25) Н. К. Крупская, *Избранные произведения*, Москва: Полиздат, 1988, p. 56.

26) 이 책의 초판은 1917년 2월혁명 직전에 나왔다. 검열 때문에 책 제목도 『공교육과 노동계급』에서 『공교육과 민주주의』로 바뀌었다.

27) John Bellers 영국의 사회개혁론자. 교육과 생산노동을 결합해야 한다고 최초로 주장함.

28) 나제즈다 콘스탄티노브나 크루프스카야 지음, 편집부 편역, 『국민교육과 민주주의』, 한울림, 1989, 33쪽.

29) 크루프스카야, 『국민교육과 민주주의』, 128쪽.

30) http://links.org.au/node/1544

31) 끄룹스까야, 『레닌을 회상하며』, 70쪽.

32) 이것이 바로 나중에 〈레닌의 유언장〉으로 알려진 편지이다.

33) 드미트리 안토노비치 볼코고노프 지음, 김일환 외 옮김, 『크렘린의 수령들(상)』, 한송, 1996, 210쪽.

34) V. I. Lenin: Letter to the Congress, in *Collected Works*, Vol. 36, Moscow: 1966, p. 596.

35) R. H. McNeal, *Bride of the Revolution: Krupskaya and Lenin*, London, 1973, pp. 250, 251, 252, 253, 256.

36) McNeal, *Bride of the Revolution*, pp. 261-62.

37) N. Khrushchev, *Khrushchev Remembers*, London, 1971, pp. 42-6.

38) Куманёв, Куликова, *Противостояние Крупская-Сталин*, p. 113. Обичкин, *Надежда Константиновна Крупская*, pp. 208-9.

39) Katy Turton, "After Lenin: The Role of Anna and Mariia Ul'ianova in Soviet Society and Politics from 1924," *Revolutionary Russia*, 15(2), 2002, pp. 106-35.

찾아보기

〈ㅇ〉

저자소개

▌ 박진태(朴珍泰)

현 대진대학교 역사문화콘텐츠학부 교수 / 수선사학회 회장
성균관대학교 졸업(문학박사)
한국근대사

▶ 대표 논저
(공저)『대한제국의 토지조사사업』, 민음사, 1995.
(공저)『1894년 농민전쟁연구4』, 역사비평사, 1995.
(공저)『대한제국의 토지제도와 근대』, 혜안, 2010.
(공저)『일제의 창원군토지조사사업』, 선인, 2013.

▌ 성대경(成大慶)

성균관대학교 졸업(문학박사)
전 성균관대학교 사학과 교수
전 성균관대학교 대학원 원장
전 대통령소속 친일반민족진상규명위원회 위원장
한국근대사

▶ 대표논저
『다산의 농업개혁론』,『대원군정권 성격 연구』.
『한국사회주의운동인명사전』, 창작과 비평사, 1996.

▌김영수(金榮洙)

현 동북아역사재단 연구위원
모스크바국립대학교 역사학부 역사학박사
한국근대사 및 한러관계사

▸ 대표 논저

『명성황후 최후의 날』, 말글빛냄, 2014.
『미쩰의 시기 : 을미사변과 아관파천』, 경인문화사, 2012.

▌장세윤(張世胤)

현 동북아역사재단 책임연구위원
성균관대학교 졸업(문학박사)
한국근현대사

▸ 대표 논저

『중국 동북지역 민족운동과 한국현대사』, 명지사, 2005.
『1930년대 만주지역 항일무장투쟁』, 독립기념관, 2009.
(공저) "*History Education and Reconciliation – Comparative Perspectives on East Asia*", Frankfurt · Oxford · New York : Peter Lang, 2012.
(공저) 『韓日强制併合100年-歷史と課題』, 東京: 明石書店, 2013.

▌최재성(崔在聖)

현 청암대학교 연구교수
성균관대학교 졸업(문학박사)
한국근현대사

▸ 대표 논저

『식민지 조선의 사회경제와 금융조합』, 경인문화사, 2006.
(공저) 『韓國の歷史を知るための66章』, 東京: 明石書店, 2007.
「일제 식민지기 李如星의 민족운동」, 『사림』 39호, 2011.6.
「해방 후 이여성의 민족국가 건설운동」, 『역사연구』 22호, 2012.6
「1910~20년대 일제의 어업조합 방침과 운영」, 『사림』 47호, 2014.1.

▌임송자(任松子)

현 성균관대학교 겸임교수
성균관대학교 졸업(문학박사)
한국현대사, 노동사, 사회사

▶ 대표 논저

『대한민국 노동운동의 보수적 기원』, 선인출판사, 2007.
「4월혁명기와 5·16 이후 부두노동조합 재편과정과 노동조합 지도자들의 동향」
    (『사회와 역사』 93, 2012.3).
「1960년대 광산노동조합 리더십 변화과정과 조직활동」, 『사림』 44, 2013.2.
「1961년 5·16 이후 국토건설사업과 국토건설단 운영 실태」, 『한국근현대사연구』
    67, 2013.12.
「미군정기 우익정치세력과 우익학생단체의 문해·계몽운동」, 『한국민족운동사
    연구』 79, 2014.6.

▌임경석(林京錫)

현 성균관대학교 사학과 교수
성균관대학교 졸업(문학박사)
한국근현대사
전 한국역사연구회 회장

▶ 대표 논저

『한국 사회주의의 기원』, 역사비평사, 2003.
『잊을 수 없는 혁명가들에 대한 기록』, 역사비평사, 2008.
『모스크바 밀사』, 푸른역사, 2012.

▌최규진(崔圭鎭)

현 성균관대학교 동아시아역사연구소 수석연구원
성균관대학교 졸업(문학박사)
한국근현대사

▶ 대표 논저

『조선공산당재건운동』, 독립기념관, 2009.
『근대를 보는 창 20』, 서해문집, 2007.
『함께 보는 근현대사』(공저), 서해문집, 2004.

■ 김인덕(金仁德)

현 청암대학교 조교수 / 재일코리안연구소 부소장
성균관대학교 졸업(문학박사)
근현대한일관계사, 재일조선인사
　▶ 대표 논저
　『식민지시대 재일조선인운동 연구』, 국학자료원, 1996.
　『식민지시대 근대 공간 국립박물관』, 국학자료원, 2007.
　『재일본조선인연맹 전체대회 연구』, 경인문화사, 2007.
　『극일에서 분단을 넘은 박애주의자 박열』, 역사공간, 2013.

■ 박준성(朴準成)

현 역사학연구소 연구원 / 노동자교육센터 운영위원
성균관대학교 박사과정 수료
한국근현대 민중사, 노동운동사
　▶ 대표 논저
　『박준성의 노동자 역사이야기』이후, 2009.
　『슬라이드 사진으로 보는 노동운동사』전국금속노동조합, 2010.
　「1894년 농민전쟁 기념 조형물의 역사상」, 『동학농민혁명의 동아시아사적 의미』
　　　서경, 2002.

■ 전명혁(全明赫)

현 동국대학교 대외교류연구원 연구교수
성균관대학교 졸업(문학박사)
한국근현대사
　▶ 대표 논저
　『1920년대 사회주의운동 연구』선인출판사, 2006.
　「해방직후 조선연극동맹연구 -일제하 재일조선인연극운동의 영향을 중심으로-」,
　　　『史林』제47호, 2014.1.
　「1970年代 ‘在日僑胞留學生 國家保安法 事件’ 硏究」, 『韓日民族問題硏究』 21호,
　　　2011.12.
　「1960년대 ‘1차 인혁당’ 연구」, 『역사비평』95호, 2011.5

▌ 김일수(金日洙)

현 금오공과대학교 연구교수
성균관대학교 졸업(문학박사)
한국근현대사

▶ 대표 논저

『근대 한국의 자본가』 계명대 출판부, 2009.

『남과 북을 만든 라이벌』, 역사비평사, 2008.

「김일식(金一植) 일가의 독립운동과 국가건설운동」, 『역사연구』 26호, 2014.6.

▌ 오미일(吳美一)

현 부산대학교 HK교수
성균관대학교 졸업(문학박사)
한국근현대사

▶ 대표 논저

『한국근대자본가연구』, 한울, 2002.

『경제운동』, 한국독립운동사연구소, 2008.

『근대 한국의 자본가들』, 푸른역사, 2014.

▌ 구수미(具秀美)

현 아주대학교 강사
성균관대학교 졸업(문학박사)
중국근현대사

▌ 황동하(黃東夏)

현 방송통신대학교 통합인문학연구소 전임연구원
숙명여자대학교 졸업(문학박사)
러시아현대사

▶ 대표 논저

『필사적인 포옹: 독·소 불가침조약(1939.8.23)과 소련 측의 동기분석』, 한국학술
정보, 2006.

(공저), 『러시아, 우리에게 무엇인가』, 신인간, 2011.

(역서), 『서구 마르크스주의, 소련을 탐구하다』, 서해문집, 2012.

「식민지 조선의 백계 러시아인 사회」, 『鄕土서울』 제83호(2013.2)

「한국 사회주의운동의 전환, 레닌을 어떻게 보았는가 -변혁적 활동가들의 러시아혁명 인식의 과거와 현재」, 『사림』 45호(2013.7)

「앙드레 지드(André Gide)의 『소련방문기(Retour de l'URSS)』에 나타난 소련인상」, 『사림』 49호(2014. 7)

「제1차 세계대전기 독일 사회민주당의 '방어전쟁'과 로자 룩셈부르크」, 『마르크스주의 연구』 제11권 제3호(2014) 등